Rüdiger Nehberg
Abenteuer Urwald

SERIE PIPER

Zu diesem Buch

31. Juli 2003 an der Grenze zu Guyana: Nach intensivem Training bei den Waiapí seilt Rüdiger Nehberg, 68, sich vom Helikopter 50 Meter tief in das Dickicht des Regenwalds ab – ohne Kompass, Karte, GPS oder Funk, ohne Waffe, Trinkwasser und Lebensmittel, ausgerüstet nur mit seiner Survival-Erfahrung. Fast vier Wochen ist Nehberg allein unterwegs, zuletzt gilt er als verschollen, und als er dann doch dem Dschungel entkommt, wird er polizeilich gesucht und muss erneut untertauchen. Wie er angriffslustigen Kaimanen und Piranhas begegnete, wie er Schmerzen, Hunger und Ängste überwand und sich schließlich retten konnte, schildert er hier mitreißend und ehrlich. – Im zweiten Teil lässt Nehberg die unglaubliche Geschichte des Tatunca Nara alias Günther Hauck auffliegen. Als angeblicher Häuptling eines Indianerstamms täuscht er Touristen wie Medienleute und bietet ihnen an, sie für viel Geld zu seinen geheimen Städten zu führen. Doch für einige von ihnen wird der abenteuerliche Ausflug zu einer Reise in den Tod ...

Rüdiger Nehberg, geboren 1935, Deutschlands bekanntester Menschenrechtler und Überlebenskünstler, lebt im schleswig-holsteinischen Rausdorf. Er wurde für sein humanitäres Engagement vielfach ausgezeichnet, unter anderem mit dem Weitsicht-Preis und 2002 mit dem Bundesverdienstkreuz am Bande. Mit TARGET setzt er sich gemeinsam mit seiner Lebensgefährtin Annette Weber erfolgreich gegen weibliche Genitalverstümmelung ein und veröffentlichte zuletzt mit ihr das Buch »Karawane der Hoffnung. Mit dem Islam gegen den Schmerz und das Schweigen«. Weiteres zum Autor:
www.ruediger-nehberg.de und www.target-human-rights.com

Rüdiger Nehberg

Abenteuer Urwald

Ausgesetzt ohne Ausrüstung
Die Morde um Tatunca Nara

Mit 16 Seiten farbigem Bildteil

Ein MALIK Buch
Piper München Zürich

Fotos: Rüdiger Nehberg / Annette Weber (30), Archiv des BKA (7), Bunte (1)

»Die Morde um Tatunca Nara« ist eine überarbeitete Neuausgabe des 1991 im Kabel Verlag erschienenen Buchs »Der selbstgemachte Häuptling«.

Von Rüdiger Nehberg liegen bei Piper im Taschenbuch vor:
Überleben in der Wüste Danakil
Abenteuer am Blauen Nil
Drei Mann, ein Boot, zum Rudolfsee
Survival-Abenteuer vor der Haustür
Medizin Survival
Survival-Lexikon
Mit dem Baum über den Atlantik
Überleben ums Verrecken
Die Yanomami-Indianer
Echt verrückt!
Abenteuer Urwald
Die Autobiographie

Jeweils Aktuelles, auch DVDs, unter: www.ruedinger-nehberg.de

Mix
Produktgruppe aus vorbildlich bewirtschafteten Wäldern und anderen kontrollierten Herkünften
www.fsc.org Zert.-Nr. GFA-COC-1223
© 1996 Forest Stewardship Council

Ungekürzte Taschenbuchausgabe
1. Auflage Dezember 2005
4. Auflage Januar 2008

erschienen im Verlagsprogramm Malik
Umschlagkonzept: Büro Hamburg
Umschlaggestaltung: Birgit Kohlhaas
Umschlagfotos: Annette Weber / Rüdiger Nehberg
Satz: EDV-Fotosatz Huber / Verlagsservice G. Pfeifer, Germering
Papier: Munken Print von Arctic Paper Munkedals AB, Schweden
Druck und Bindung: Clausen & Bosse, Leck
Printed in Germany ISBN 978-3-492-24596-8

www.piper.de

Inhalt

Vorwort

Das vorliegende Buch erzählt zwei ungewöhnliche Abenteuer-Geschichten. Es ist nicht nur der Bucheinband, der sie miteinander verbindet. Es ist viel mehr. Sie spielen beide in den geheimnisumwitterten Regenwäldern Brasiliens, sie haben Einmaligkeitswert und sie sind selbst erlebt, so unwahrscheinlich sie klingen mögen.

Was sie unterscheidet, ist, dass die erste über den reinen Unterhaltungs- und Informationswert hinaus auch als Anleitung für angehende Abenteurer verstanden werden darf. Die zweite jedoch möchte ich niemandem gönnen. Außer meinen ärgsten Feinden.

Ausgesetzt ohne Ausrüstung erzählt von der Erfüllung meines Traumes, einem Marsch allein und ohne jegliche Ausrüstung durch den Urwald Brasiliens. Vom Hubschrauber irgendwo ins Dickicht ausgesetzt zu werden und in die Zivilisation heimzufinden.

Eigentlich wollte ich mir dieses Erlebnis zum 70. Geburtstag schenken. Bei nüchterner Analyse meiner körperlichen Verfassung musste ich mir jedoch eingestehen, dass ich vielleicht mit 70 doch nicht mehr den erforderlichen Saft hätte, dem Kraftpotenzial des Regenwaldes zu trotzen. Deshalb habe ich die »Tour de Force« um zwei Jahre vorgezogen und sie im Jahre 2003 im Alter von 68 Jahren gemacht. Im Nachhinein bin ich davon überzeugt, dass die Entscheidung gut war. Zum Überleben gehört auch, sich selbst immer richtig einzuschätzen.

Mein bei den Yanomami-Indianern erworbenes Wissen, gepaart mit den Survival-Erfahrungen eines langen Lebens, Kurz-Instruktionen durch brasilianische Elitesoldaten und einem vorangehenden Training bei den Waiapí-Indianern (Nordost-Brasilien), gaben mir das erforderliche geistige Rüstzeug und Selbstvertrauen.

»Ausgesetzt ohne Ausrüstung« soll sich nicht erschöpfen in einer weiteren Abenteuergeschichte. Die Geschichte ist darüber hinaus eine Hommage an die Genialität des Regenwaldes und ein Dankeschön an die interessante indianische Lebensart. Sie soll uns – und allen voran Brasilianern als Verantwortlichen für das gigantische Naturerbe Regenwald – dessen Wert bewusst machen und zum verstärkten Schutz motivieren.

Darüber hinaus möchte ich meiner Leserschaft eine Anleitung geben zu einer eigenen spannenden und unvergesslichen Reise. Man muss ja nicht gleich per Hubschrauber ins Ungewisse fliegen. Man kann sie den eigenen finanziellen, körperlichen und psychischen Möglichkeiten anpassen. Das heißt, man kann sich mit einem Holzkanu ohne Motor und einem Mini-Equipment ausrüsten und einfach von A nach B einen Fluss hinabfahren. Hundert oder fünfhundert Kilometer. Allein, in kleiner Gruppe oder mit einem Einheimischen, der am Fluss wohnt. Dünn besiedelte oder gar unbewohnte Flussstrecken gibt es massenhaft in Brasilien.

Dass meine Reise dann doch nicht ganz wunschgemäß verlief, liegt an des Geschickes Mächten und meiner Devise, mich nie zuzuplanen, sondern dem Restrisiko immer eine faire Chance zu lassen. Und das schlug prompt zu.

Die Morde um Tatunca Nara ist zur Nachahmung niemandem zu empfehlen. Nur zum Lesen und Gruseln. Es sei denn, er ist lebensmüde und möchte das nächste Opfer eines mutmaßlichen Mörders werden. Es ist die Geschichte des Deutschen Günther Hauck, der mir zu Beginn meines zwanzigjährigen Engagements für die Yanomami-Indianer begegnete.

Da gäbe es am Rio Negro einen Indio-Häuptling, der Deutsch spräche, munkelte man in der Amazonas-Metropole Manaus. Einen Mischling mit einem indianischen Häuptling als Vater, der aus einer katholischen Mission eine Nonne geraubt und sie zu Tatuncas Mutter gemacht habe.

Ich konnte mir keinen besseren Führer vorstellen als genau diesen Mann. Er sprach indianische Sprachen, er sprach Deutsch. Er würde mich in die Geheimnisse des Waldes einführen, er würde mich problemlos auf Schleichwegen zu den Yanomami bringen können und er würde mir den Bürgerkrieg zwischen den Yanomami und den Tausenden von Goldsuchern viel glaubhafter erklären können als jeder andere in Brasilien.

Doch es kam ganz anders. Zunächst war ich seinem Charme erlegen. Tatunca ist ein begnadeter Erzähler. Ohne Pause, ohne Wiederholung kann er zwei Wochen lang erzählen und Wahnsinn an Wahnsinn reihen. Seine Geschichte war faszinierend, unvergleichlich, ungeheuerlich, hypnotisch, sie war eine Sensation. Seine Eltern seien inzwischen gestorben, nun sei er der Chef. Verantwortungsbewusst habe er sein Volk vom Wald in unterirdische Städte umgesiedelt, um ihnen das Schicksal des Völkermordes, wie er bei den Yanomami geschähe, zu ersparen.

Tatunca Nara – ein Winnetou von heute. Ich war begeistert, ich war tief beeindruckt. Ein solcher Mensch log nicht. Ein solcher Mann hatte einen neu zu definierenden Nobelpreis verdient.

Bis ich skeptisch wurde. »Ich spreche nicht nur so gut Deutsch wegen meiner Mutter. Nein, bei meinem Volk leben auch noch zweitausend Soldaten von Herrn Adolf Hitler. Er hat sie mit U-Booten den Rio Negro hochgebracht und sie sollten Brasilien von hinten angreifen, wenn Herr Hitler vom Atlantik her käme.«

Inzwischen schrieben wir das Jahr 1982. »Herr Hitler« war immerhin schon 37 Jahre tot. Von einer Sekunde auf die andere schrumpfte Tatunca für mich vom großen Häuptling des Waldes zum kleinen Engerling deutschen Ackers, von indianischen Winnetou zum deutschen Hochstapler.

Ich suchte mir einen anderen Führer und reduzierte die Story der Begegnung auf eine Glosse in meinem ersten Indianer-Buch. Davon schickte ich ihm ein Exemplar. Er sollte über sich selbst lachen können. Doch das konnte er nicht. Auf einmal hatte ich einen Feind am Rio Negro. Er schickte einen bitterbösen Brief an die Hamburger Staatsanwaltschaft und bezichtigte mich der Rassendiskriminierung. Ich, der so genannte Menschenrechtsaktivist, beleidige aufs Infamste wehrlose Indianer und diskriminiere ihn, seine Hoheit Tatunca Nara. Und nicht nur das. »Nehberg hat sogar einen Mord begangen. Ich habe Beweise.«

Er hätte sich besser ruhig verhalten. Vielleicht wäre dann Gras über seine Sache gewachsen. Aber das tat er nicht. Bei seiner Kampagne unterlief ihm ein entscheidender Fehler. Ein kleiner winziger Patzer nur. Aber der war es, der erste Recherchen auslöste, die schließlich immer neue Überraschungen zutage förderten. Sie wuchsen zu einer wahren Lawine. Weder das BKA noch ich haben das geahnt. Aus der Hochstapler-Story wurde ein Krimi par excellence, ein Urwald-Drama mit vier Toten.

Rüdiger Nehberg
Rausdorf, im Frühjahr 2004

Ausgesetzt ohne Ausrüstung

Kein Kavaliersdelikt: Plakat der brasilianischen Polícia Federal gegen Biopiraterie

Das Vorhaben

Ausgesetzt vom Hubschrauber irgendwo im unbewohnten brasilianischen Regenwald. Fernab der Zivilisation. Ohne Ausrüstung. Bekleidet nur mit T-Shirt, Badehose, Sandalen. Mutterseelenallein bestehen gegen die geballte Naturkraft Regenwald. Und dann heimfinden in die brasilianische Welt. Das war der lang gehegte Traum, den ich mir nun erfüllen will.

Ohne Ausrüstung. Das heißt, ich will weder Karte, noch Kompass, Messer, Schusswaffe, Medizin, Schlafsack, Hängematte, Lampe, Lebensmittel mitnehmen. Nichts. Ich will klarkommen wie die Tiere des Dschungels. Mit den eigenen Fähigkeiten, den eigenen Kräften, dem eigenen Wissen.

Gegenüber den Kennern des Waldes wie Indianern, Siedlern, Soldaten, Goldsuchern oder Schmugglern habe ich deutliche Nachteile. Ich bin nicht in den Wald hineingeboren oder in jahrelangen Trainings darauf spezialisiert worden. Das, was ich über den Wald weiß, stammt aus der Zeit, als ich mit den Yanomami-Indianern durch die Wälder zog. Nicht genug, um langfristig allein und vor allem ohne Hilfsmittel klarzukommen. Da darf ich mir nichts vormachen, wenn ich lebend und unversehrt zurückkehren will.

Ein weiteres Handicap ist meine eingeschränkte Lebenskraft. Ich bin 68. Die Muskeln schwinden. Die Gelenke knarren. Ich trage Hörgeräte. Ohne sie bin ich taub. Nur noch zehn Prozent der Geräusche erreichen mich. Und davon hauptsächlich Bässe und Vokale. Mit Gerät höre ich sechzig Prozent. Aber auch nur, wenn's sonst rundherum mucksmäuschenstill ist.

Selbst meine Augen sind nicht mehr, was sie mal waren. Ich trage eine Brille. Ohne sie büßt die Welt an Schärfe ein. Da werden Termiten zu undefinierbaren weißen wandernden Punkten und die Blätter der Bäume verschmelzen zu grünen Wolken ohne Profil. Dabei sind es gerade die Blätterstrukturen und die Nuancen der Stammfärbungen, die mir zuflüstern sollen: »Wir liefern die Kopfschmerztabletten«, »wir sind der hammerharte Durchfallstopper« und »wir sind das Gift, das dich am Leben erhält, weil es andere tötet«. Mit Zeiss-Geräten oder Adleraugen sind meine Augen jedenfalls nicht mehr zu vergleichen. Die Zeiten sind vorbei.

»Jeder Baum spricht mit dir. Du musst ihn nur verstehen«, hatten die Yanomami mir einmal gesagt. Für sie ist es wirklich so. Für mich blieb diese Sprache zeitlebens unverständlich. Vor allem jetzt ohne Brille. Einziger Trost: Sicherlich würde den Indianern mein Garten in Schleswig-Holstein ebenso wenig sagen.

Um nicht taub und blind durch den Wald zu tapsen, werde ich mir deshalb Brille und Hörgeräte erlauben. Zugeständnis an Alter und schwindende Lebenskraft.

Was ich an Lebensenergie eingebüßt habe, muss ich mit Vielseitigkeit ausgleichen. Weder Einsamkeit noch Schwüle, Hitze, Insekten, Krankheiten oder Verletzungen dürfen mich kleinkriegen. Auch nicht der Jaguar, die Pekaris, Schlangen, Skorpione und Giftspinnen. Sie alle gehören zum Urwald wie die Lianen, der Modergeruch, das Dämmerlicht. Sie machen ihn komplett. Ich sehe sie als Herausforderung, nicht als Bedrohung. Paradies und nicht Hölle. Ich sehne mich nach ihnen, um ihnen zu beweisen, dass ich noch ein ausreichend intaktes Lebewesen bin, das gegen sie oder mit ihnen bestehen kann. Ich kenne die Stärken der Tiere in Form der Krallen oder des Giftes. Aber ich kenne auch ihre Schwächen: die Angst vor dem Menschen. Sie alle haben irgendwann schlechte Erfahrungen mit ihm gemacht. Diese ihre Schwäche ist meine Stärke.

Wenn es hart auf hart kommt, habe ich natürlich keine Chancen gegen die große gewachsene Lebensgemeinschaft. Eine einzige Ohrfeige vom Jaguar wird meinen Kopf vom Körper trennen und ihn zur Freude der Insekten zehn Meter weiter ins Dickicht befördern. Ich muss also vorbeugen und die Tiere auf Distanz halten. Nie darf ich leichtsinnig werden. Nie darf ich Angst zeigen. Dabei habe ich Angst. Sie ist meine Lebensversicherung. Aber es ist nicht jene Angst, die mich in Panik ausbrechen ließe. Es ist jene, die ich mir erhalten und »kultiviert« habe als überlebenswichtiges Alarmsignal. Angst ist eine meiner Geheimwaffen. Kontrollierte Angst. Nie würde ich wegen einer Maus auf den Tisch springen. Da müssten schon mindestens zwei kommen. Denn mir ist klar: ein klitzekleiner Fehler im Glücksrausch der Gefühle und es war mein letzter.

Der Urwald in seiner Komplexität gibt mir zwar alles, was ich zum Leben brauche. Aber er ist auch unbarmherzig, sobald ich seine Gastfreundschaft mit Gleichgültigkeit strapaziere. Er braucht nur eine einzige missgelaunte Bakterie auf mich anzusetzen und schon ist mein Ende programmiert. Und dieses Ende möchte ich noch ein wenig hinauszögern. Ich habe weiterhin viele Pläne. Eigentlich mehr, als mir unter optimistischen Gesichtspunkten an Lebenszeit bleibt.

Mein Urwaldabenteuer soll vor allem ein Glücksrausch werden. Ich liebe den Urwald und das Unternehmen soll, neben dem egoistischen Erlebnis, mein Dank an den Regenwald werden. Meine Hommage an ein Paradies. Mein Kompliment an die Lebensform der Indianer. Denn sie sollen mich vorab trainieren.

Über dieses Buch, durch Vorträge, mit einem Film will ich andere Menschen an dem Abenteuer teilhaben lassen. Die Berichte sollen Sympathien für den Wald mehren und die Bereitschaft, ihn zu erhalten. Und vielleicht motivieren sie den einen oder anderen Leser, sich ein ähnliches Ereignis zu bescheren. Er (sie) muss sich ja nicht gleich als Minimalist der Natur aussetzen, sondern gestattet sich die Hilfsmittel, die er für notwendig erachtet. Spannend bleibt es so und so. Am allerspannendsten ist es natürlich so. Wenn man weiß, was ich meine.

Für die Dokumentation habe ich deshalb einiges an Technik mit. Sie ist wichtig für die Hommage. Aber es sind keine Hilfsmittel, die mein Leben im Wald erleichtern könnten: zwei Videokameras, zwei Fotoapparate, viele Filme, ein Schraubstativ, ein Satellitentelefon und eine Solarplatte zur Stromversorgung für die Akkus – alles wassergeschützt in zwei roten Gummisäcken. Und alles in allem überraschend sauschwer.

Bis zum Alleinsein stört mich das Gewicht nicht. Denn Wolfgang Brög, mein alter Begleiter, Mitstreiter und Dokumentarfilmer auf vielen Reisen, wird das Training professionell filmen. Zusammen mit Annette, meiner Lebenspartnerin, und Roman, ihrem 18-jährigen Sohn. Er macht den Ton, die Assistenz. Alle drei freuen sich riesig. Familienausflug gewissermaßen. Alle lieben den Urwald. Alle beneiden mich um diese Begegnung mit dem Urwuchs des Urwaldes, um diese Herausforderung, das Adrenalin pur, den Herzschrittmacher der besonderen Art. Was ich mir eigentlich erst zum 70. Geburtstag schenken wollte – ich habe es vorgezogen. In zwei Jahren bin ich zu schwach. Wir haben Sommer 2003. Der 503. Sommer nach der Besetzung Brasiliens durch die ersten Europäer im Jahre 1500.

Die obligatorischen Warner

Würden sie nicht auftauchen wie Sterne am Abendhimmel und Gänsehaut bei Kälte, dann wüsste ich, die Reise hätte keinen Pep, wäre langweilig. So war es auf dem Nil, so war es beim Tretboot. So war es immer und so ist es auch diesmal. Die Warner gehören verbindlich zum Procedere. Ich höre sie mir an, ich analysiere, ob ihr Einwand triftig ist und mir neue Erkenntnisse liefert oder nicht, und hake sie ab. In die »grauen Zellen« die einen, auf den Müll die anderen.

Was mich diesmal allerdings wundert, ist die Heftigkeit mancher Kritik. »Ich finde das deine *schlechteste Idee.*« So Claus Möller, der treue Steinzeit-Spezialist. Oder, um einiges deftiger, der Brief meiner Lieblingsschwester Ingeborg. Von »gelockerten Schrauben« ist da die Rede, von »Verantwortungslosigkeit« gegenüber den Zukunftsprojekten in Sachen weibliche Genitalverstümmelung und von »Selbstüberschätzung«. Noch andere diagnostizieren gar verfrühten »Altersstarrsinn« und »nachlassende Urteilskraft«. Erstaunlich. Denn *objektiv* können sie gar nicht mitreden. Keiner von ihnen kennt den Wald. Außer vielleicht den Schwarzwald. Und den bestimmt auch nur ums Hotel herum. Aber ich bin sicher, sie meinen es gut, sie sind besorgt. Ich danke ihnen.

Dabei kann man ehrliche Bedenken auch ganz anders formulieren. Wie die NDR-Moderatorin Eva Herman in der Talkrunde »Herman und Tietjen«: »Sie *müssen* zurückkommen. Wegen Ihrer Erfolge um die verstümmelten Frauen.«

Oder Frank Elstner in seiner Talksendung »Menschen der Woche«. Als er von meinen selbst gestellten Bedingungen hört, bringt es ihn ein wenig aus der Fassung. »Auch keine Karte? Und keine Medikamente? Nicht einmal eine Waffe?« Ich mime den pflegeleichten Talkgast, der sich mit kurzen Antworten an den Zeitrahmen hält, und schüttele nur jeweils den Kopf. Elstner, synchron schüttelnd: »Und was ist, wenn es *nicht* klappt? Wer führt die *Pro-Islamische Allianz gegen weibliche Genitalverstümmelung* weiter?«

»Ich. Denn ich komme wieder.«

»Wenn ich Ihnen so zuhöre, bin ich sicher, dass Sie es tatsächlich schaffen. Ich lade Sie schon heute ein, uns nach Ihrer Rückkehr darüber zu berichten.«

Wichtig sind mir auch die Einschätzungen von Kennern der Materie. Zum Beispiel die von Klaus Denart (58), langjähriger Reisegefährte und bester Freund, selbst Urwaldkenner und der Boss von *Globetrotter Ausrüstung.* »Am liebsten käme ich mit. Oder ich ließe mich am entgegengesetzten Ende des Waldes aussetzen und wir müssten einander finden.«

»Das wäre natürlich das i-Tüpfelchen«, bewundere ich seine Idee. Im Stillen denke ich ganz anders. »Verdammt, warum bin ich nicht selbst darauf gekommen?«

Und Lebensgefährtin Annette Weber (44) droht gar: »Wenn du mich nicht mitnimmst, gehe ich einfach heimlich mit. Parallel zu dir. Wirst schon sehen.«

Ich merke, ich muss höllisch aufpassen. Sonst tippeln alle möglichen Leute mit und der Wald muss wegen Überfüllung geschlossen werden.

Mails treffen ein. Zum Beispiel die von Thorsten Siebenborn (7born@gmx.de). »Vergiss nicht, Rüdiger, dass du in Brasilien große Feinde hast. Die warten nur auf die Gelegenheit, dich abzufangen und auszuschalten. Denk an den Mörder Tatunca Nara (siehe den zweiten Teil dieses Buches), denk an die Mafia-Bosse à la Altino Machado, denk an den Gouverneur Jucá Filho aus deiner Yanomami-Zeit! Solche Leute sind nachtragend. Deshalb habe ich eine Idee. Was hältst du davon, wenn Wolfgang und Annette in der Öffentlichkeit falsche Spuren legen? Dann würden solche Feinde irregeführt werden.«

Tolle Idee, lobe ich. Aber diese Altherrenriege meiner Feinde macht mir keine Sorgen mehr. Ihre Reviere liegen weit ab von meiner Route. Dennoch weiß ich, immer sind die Menschen das größte Problem, nicht die Natur. Die Menschen kann man nur berechnen, wenn man sich aufs Schlimmste einstellt und dann angenehm überraschen lässt, wenn's weniger heftig kommt.

Ich ahne natürlich nicht, dass mich noch einiger menschgemachter Ärger erwarten wird.

Das Training

Überraschend groß ist das Medien-Interesse. Es liefert mir den nötigen PR-Schub, um meiner finalen Lebensvision, dem Ende der weiblichen Genitalverstümmelung, erhöhte Aufmerksamkeit zu bescheren. Zwar will ich die Themen Regenwald und weibliche Genitalverstümmelung nicht vermischen. Aber eines hilft dem anderen. In jedem Interview komme ich darauf zu sprechen, wenn es heißt »Ist das wirklich Ihre letzte Tour? Oder gibt es schon neue Pläne?« Na, klar gibt's die. Nicht zu knapp.

TV-Sender melden sich für Vorabberichte. Wir simulieren Urwald und Marsch in meinem hauseigenen Sumpf in

Rausdorf. Ich mache Messerklingen aus Flintstein, eine Keule, eine Lanze und schnitze einen Fischspeer. Dreizackig, viele Widerhaken. Der erste Wurf ein Treffer. Ich werte es als gutes Omen.

Ich improvisiere ein Camp unter moosbewachsenen umgestürzten Erlen. Idyllisch wie in Brasilien. Nur kälter. Die alte Indianer-Hängematte aus Rindenbast ist längst mürbe. Sie reißt. Ich liege im stinkenden Schlamm neben der Plattform, die ich unter der Hängematte gebaut habe. Training authentisch. Der Fisch vom Speer und ein Bisam aus meiner Tiefkühltruhe brutzeln sich derweil für mich verdaulich. Wenn ich im feuchten Brasilien kein Feuer ohne Feuerzeug ankriege, gibt's halt Sushi: Fisch und Bisam roh, mit grüner Pfefferminze. Das Auge will schließlich mitessen.

Die Lanze gegen Großtiere wie Jaguar und Pekari ist zu unhandlich. Sie behindert mehr, als sie nutzt. Ich werde darauf verzichten. Die Chance, dass ich sie brauche, ist gering. Stattdessen werde ich einen handlichen Knüppel mitnehmen. Als Haumesser-Ersatz, zum Freischlagen des Weges. Vielleicht angespitzt und vergiftet. Und mit Handschlaufe aus Liane. Gegen alles, was mir zu nah kommt.

Auch die Klettverschlüsse der Sandalen taugen nicht. Sie öffnen sich im Wasser. Das bekannte Problem. Ich fertige mir stabile Gummimanschetten, die ich über die Verschlüsse ziehe.

Das grüne T-Shirt ist zwar ideal als Tarnung. Aber auf Film und Foto gibt es nichts her. Ich bin gar nicht mehr zu erkennen. Alles Grün in Grün. Jedes Bild wird zum Vexierbild. Ich tausche es gegen ein rotes. Ein belebendes Farbtupferl im unigrünen Urwald. Rot wird größere Tiere verunsichern, denn Rot gilt in der Natur als Warnung: »Vorsicht, fass mich nicht an!« Nur Piranhas könnten sich herausgefordert fühlen. Aber das wird sich erst noch herausstellen. Ihretwegen werde ich es zunächst in unmittelbarer Ufernähe testen. Wenn sie tatsächlich beißen, ziehe ich es halt nur außerhalb des Wassers an.

Juni 2003. Endlich Abschied von Old Germany. Die Flüge sind gebucht. Annette organisiert eine Pressekonferenz im Hotel Elysée. Es bietet einen würdigen Rahmen und liegt zentral am Dammtorbahnhof. Wir haben eine große Landkarte aufgehängt, Urwaldkulisse aufgebaut und sie belebt mit einer Drei-Meter-Boa und zwei Giftspinnen. Jeder Journalist kriegt ein Exemplar meines *Überleben ums Verrecken.* Nicht nur ich, auch Journalisten müssen überleben.

»Haben Sie eine Notruf-Möglichkeit?«, will einer wissen.

»Haben Sie eine Zweitbrille mit?«

»Wie werden Sie mit der Einsamkeit fertig?«

»Schadet es dem Wald nicht, wenn Ihr Beispiel Schule macht und ganze Touristenhorden den Wald zertrampeln?«

»Warum reisen Sie allein?«

»Wie kommt man eigentlich auf solche Ideen?«

Die Fragen merke ich mir gut. Sie verraten, was andere über meinen Trip denken. Entsprechend kann ich in Buch und Film darauf eingehen. Was für mich selbstverständlich ist, erscheint manchem vielleicht als unlösbares Problem.

Eine Notrufmöglichkeit habe ich natürlich nicht. Survivor-Ehrgeiz. Wenn man auf Knopfdruck Hilfe herbeizaubern kann, verliert das Vorhaben seinen Reiz. Das Gleiche gilt für jeden Begleiter. Zu zweit kann man Ängste halbieren und Freude verdoppeln. Ich will alleine durchkommen und mir auch die Blamage des Hilferufs ersparen. »Erst große Lippe und dann um Hilfe jammern!« Ich höre förmlich die Schadenfreude der Besserwisser.

Eine Zweitbrille habe ich nicht mit. Auch kein Reservepaar Hörgeräte. Die Brille ist mit einer gezahnten Klemme unverlierbar mit dem T-Shirt verbunden. Auf die Hörgeräte will ich ganz verzichten. Sie bleiben in einer wasserdichten Dose. Sonst sind sie hin. Sie hassen Feuchtigkeit. Dann höre ich den Wald zwar nicht mehr, aber ich werde ihn doppelt so intensiv sehen, um das fehlende Gehör auszugleichen.

Überhaupt keine Sorgen bereitet mir die Einsamkeit. Zum einen bin ich darauf eingestellt. Ich weiß, dass sie mich erwartet. Sie kann mich nicht überraschen. Ich kann gut mit mir selbst klarkommen. Zum andern werde ich nicht annähernd so einsam sein wie bei meinen Atlantiküberquerungen. Jeder Quadratmeter Urwald ist ein Krimi für sich. Vom Ozean konnte ich das nie sagen. Zwar war jede Welle anders strukturiert, aber um das zu würdigen, muss man wohl mit Leib und Seele Seemann sein. Oder man muss ein Schiffsschräubchen locker haben. Die Wasserwüsten waren nie mein Ding. Ich habe sie lediglich benutzt oder missbraucht, um von Afrika nach Brasilien zu gelangen.

Angst, dass mein Beispiel Völkerwanderungen in den Urwald auslösen könnte, habe ich ebenso wenig wie bei den früheren Reisen mit dem Tretboot über den Atlantik, beim Tausend-Kilometer-Marsch ohne Nahrung durch Deutschland oder vor dem Vier-Monate-Kameltrip durch die Danakilwüste. Das sind keine Aktionen, die einen Boom oder Massenhysterie auslösen. Sie werden immer nur ein paar Individualisten zur Nachahmung motivieren.

Bleibt die Frage »Wie kommt man auf solche Ideen?«. Da muss ich selbst nachdenken. Ideen habe ich eigentlich immer und mehr als Lebensrestzeit. Sie kommen aus heiterem Himmel. Manchmal ist es ein einziges Wort, das den Zündfunken auslöst, manchmal eine Notiz in der

Zeitung, ein Witz in gemütlicher Runde. Oder es ist die Freude am Fantasieren, am Kreieren, am Ungewöhnlichen, am Neuen, am nicht bereits Vorgelebten. Plötzlich ist da ein Kribbeln, eine leichte Unruhe. Manchmal gibt sich das schon bald wieder, manchmal bleibt es, je nachdem. Es schlägt Wurzeln, wächst, beginnt zu wuchern, ergreift völlig Besitz von mir und degradiert mich schließlich zum Sklaven. Und dann gibt es kein Halten mehr.

Der Zündfunke zu *diesem* Vorhaben entstand durch einen kleinen Indianerknirps, der mich mühelos durch seinen großen Wald führte. Dass ich mich vom Hubschrauber aussetzen lassen wollte, statt einfach von A nach B zu wandern, das ergab sich an einem Lagerfeuer in Brasilien. Jemand berichtete von der brasilianischen Dschungelkämpfer-Eliteeinheit.

»Ganz hart ist deren Abschlussprüfung. Die Soldaten werden irgendwo vom Hubschrauber im Regenwald ausgesetzt. Sie wissen nicht, wo das ist, und sie haben keine Ausrüstung außer einer Machete, einer Hand voll Salz und sechs Streichhölzern. Damit müssen sie sich durchschlagen in die Zivilisation. Das dauert etwa fünf Tage.«

Ich war sofort begeistert. »Das wäre auch etwas für mich!« Und schnell füge ich hinzu: »Aber dann *ohne* Messer, *ohne* alles. Und über eine größere Distanz.«

Irgendwie wollte ich die Leistung toppen.

»Bist du lebensmüde?«, fragte der Erzähler besorgt.

Ich wusste es selbst nicht. Eigentlich bin ich kein Selbstmordtyp. Ich habe nur darüber nachgedacht, dass fünf Tage ohne Lebensmittel überhaupt kein Problem darstellen. Fünf Tage ohne *Wasser* – das wäre schon eher ein Problem.

»Na, klar ist das zu schaffen«, meldete sich ein anderer am Feuer zu Wort. »Denk mal an Marco da Silva!«

»Wer ist Marco da Silva?«

»Ein ehemaliger Goldsucher. Der wollte sein verstecktes Gold von Nord-Pará holen. Etwa 500 Kilometer reiner Urwald. Als er nach einem Jahr immer noch nicht zurück war, ließ seine Frau ihn für tot erklären. Doch dann stand er wieder vor der Tür! Nach anderthalb Jahren! Er hatte sich ein Bein gebrochen und wurde zum Gefangenen des Waldes. Keine Hilfe weit und breit. Monatelang konnte er sich kaum bewegen und doch hat er überlebt. Er besaß nur seine Hängematte, eine Taschenlampe, das Haumesser, eine Flinte, Angel und Feuerzeug.«

Ich kriegte große Ohren. »Wovon hat er sich denn ernährt?«

»Das weiß ich auch nicht. Aber er kannte den Wald sehr gut. Zuvor hatte er zwei Jahre lange mit drei Kumpels Gold gesucht. Da lebten sie auch nur von der Hand in den Mund. Eine Tasse voll Reis pro Tag, ein paar Bohnen. Um nicht zu verrecken, mussten sie sich zusätzlich Nahrung aus dem Wald beschaffen. Jeder Goldsucher, Indianer oder Siedler kennt den Wald wie seine Westentasche.«

Marco da Silva hatte sich zwei Knüppel abgeschlagen und sein Bein geschient. Lianen lieferten das Bindematerial. Dann hatte er sich Krücken gebaut und sein Lager mit einem Regendach aus großen Blättern und einem Feuer »gemütlich« gemacht. In der zweiten Nacht geriet ein Pekari in den Lichtkegel seiner Taschenlampe. Er schoss und räucherte es. So hatte er zunächst genug zu essen. Später lebte er von Fischen. Sein Lager war direkt am Wasser.

»Wieso hatte er denn Gold versteckt und es nicht gleich mitgenommen?« Ich fragte, weil ich die Geschichte nicht glaubte. Garantiert wieder eine dieser Urwaldstorys, die von Feuer zu Feuer weitererzählt werden.

»Das Gold hatte er sich mit den drei Kollegen erschuftet. Dann belauschte er zufällig ein Gespräch, wo die drei beschlossen, ihn zu töten und seines Anteils zu berauben.

Er kam ihnen zuvor. Er brachte das gemeinsame Gold an sich, versteckte es in einer Felsritze und floh ohne alles. Das war vor drei Jahren. Nun wollte er sich seinen Schatz holen.«

Ich saß da mit offenem Mund. Ich bewunderte nicht nur die Zähigkeit mancher Menschen. Mich faszinierte auch ihre Orientierungsfähigkeit. Kein Kompass, keine Karte, und trotzdem fanden sie nach vielen Jahren auf den Millimeter genau den Ort ihrer Wünsche wieder.

Leute wie Marco wurden zu meinen Vorbildern. Zu gern hätte ich sie alle persönlich getroffen, ausgefragt oder Trainings mit ihnen durchgezogen. Ich spürte den Wunsch, es ihnen gleichzutun. Marcos Geschichte kam meinem Vorhaben am nächsten. Irgendwann waren seine fünfzehn Patronen verschossen, hörte ich weiter, die Textilien verschlissen, die Angelhaken abgerissen, die Hängematte verfault. Als er zurückkehrte, hatte er eine Hose aus Bast, eine Hängematte aus Lianen, eine Keule und ein Steinmesser. Er war dürr wie ein abgemagerter Windhund – aber er hatte sich im Wald behaupten können.

Und er hatte seinen vollständigen Goldschatz gerettet. Er war reich, aber dort im Wald hatte ihm der Reichtum nichts genutzt. »Nicht einmal eine Prise Salz konnte er sich dafür kaufen. Doch dann, in der Zivilisation, hat er sich mit seinem Schatz ein neues Leben aufgebaut.«

Eine Hose aus Bast, eine Hängematte aus Lianen, eine Keule, ein Steinmesser – Steinzeit-Survival im Regenwald! Genauso wollte ich es durchziehen. Das Unternehmen »Allein im Urwald« war geboren. Und es hatte viele Jahre Zeit, zu wachsen, zu reifen.

Nun, im Juni 2003, soll es endlich in die Tat umgesetzt werden.

Das Kameratraining

»Das Wichtigste, was du mitnehmen musst, sind Kondome.«

Thomas, Chef der Nachrichtenagentur *Tele News Company* (TNC) und Sozialpartner von TARGET, erteilt mir gerade Filmkamera-Unterricht. Das ist sein Eröffnungssatz. Offenbar hat er andere Vorstellungen von meiner Reise als ich. Demnach glaubt er, ich wolle einen Urlaub mit brasilianischen Frauen verbringen.

»Aber ohne Gleitsubstanz und möglichst große.« Also tatsächlich.

»Wieso große? Wie kommst du darauf? Hast du mich mal nackt gesehen, unterschätzt du den Körperbau der Brasilianer oder schließt du von dir auf andere?«

Thomas mimt den Ernsten. »Ich weiß nicht, was du schon wieder denkst! Hast du ganz vergessen, was du in deinem Buch *Überleben ums Verrecken* geschrieben hast? ›Sie sind Wasserbehälter, Nachrichtenballons, Schwimmblasen, Spielzeug für Kinder, Spielzeug für Erwachsene ...‹ Und du brauchst sie, um die belichteten Filme wasserdicht zu verpacken.«

Ach so. Er war also schon mitten beim Thema und ich hatte geargwöhnt, er hielte sich erst lange mit einer Einleitungsrede auf. Natürlich hatte ich längst an das ständige Feuchtigkeitsproblem im Urwald gedacht. Deshalb wollte ich alles Sensible in zwei wasserdichte Gummisäcke packen. Sollte doch eins der Geräte oder ein Film Wasser abbekommen, hätte ich 250 Gramm des Trockenmittels Silicagel dabei.

»Auch die kleinen Akkus musst du da reintun. Sie verlieren sonst ganz schnell ihre Spannung.«

Gestern hatte er Annette unterwiesen. Heute war ich dran. Zwei Tage hatte er sich aus der Hektik seines Studios ausgeklinkt, um uns professionelleres Filmen zu lehren.

»Die beste Idee für einen Film nutzt nichts, wenn die Kameraführung schlecht ist. Laien-Filme mit bewusst verwackelter Kamera wie *Blair Witch Project* lassen sich allenfalls *einmal* auf die Leinwand bringen. Daran wollen wir uns kein Beispiel nehmen.«

Annette soll beim vorbereitenden Training mit den Indianern die Zweite Kamera machen, Wolfgang Brög die Erste. Nur er ist Film-Profi. Deshalb müssen wir anderen mindestens die Grundkriterien der Filmerei beherrschen. Denn der Film *muss* gut werden. Vielleicht wird es ja tatsächlich mein Abschied von Abenteuer-Aktionen dieser Art. Wer weiß das schon? Auf jeden Fall aber soll es eine Hommage an Regenwald und Indianer werden. Ein gelebtes Plädoyer für ein Stück genialer Natur, meine Liebeserklärung an den Wald und die Kultur der Indianer. Und die soll überzeugen und den Zuschauer nicht mit Verwackeltem nerven.

Wie hatte einer der Journalisten mit spürbarer Häme gefragt? »Ist das mit der Hommage nicht sehr aufgesetzt, Herr Nehberg? Was konkret ist denn besser bei den Indianern als bei uns?«

»Ich bestreite gar nicht, dass mein Hauptmotiv das Abenteuer ist. Aber an den Indianern gefällt mir, dass sie nicht besessen sind wie wir von Fortschrittsgläubigkeit und der Sucht nach Luxus.«

Ich erzählte ihm auch von anderen Unterschieden. Die Indianer kennen keine Überbevölkerung. Sie haben im Durchschnitt nur zwei Kinder. Es gibt keine Arbeitslosigkeit. Sie brauchen nur vier Stunden täglich zu arbeiten, um ihr Leben zu fristen. Sie kennen keinen Müll. Alle Familien haben ein Mitspracherecht bei allgemeinen Entscheidungen. Wer auf der Jagd mehr Glück hat, muss teilen mit denen, die weniger erfolgreich waren.

»Und es gibt kein Altersheim«, schob ich noch nach. Etwas, an das ich mit 68 immer intensiver denken muss. »Bei den Indianern wird man noch so richtig schön im Kreise der Familie zu Tode gepflegt.«

Den Frager konnte ich nicht überzeugen. Sein süffisantes Lächeln sprach Bände. Indianernarr, Träumer und Weltverbesserer, dachte er. Den Zahn wollte ich ihm ziehen. »Damit will ich nicht sagen, dass Indianer *edle Wilde* sind, wie Karl May uns das eingeredet hat. Es sind Streithammel wie wir.«

Das ist mein Paradesatz. Luxusmenschen atmen dann spürbar auf. Indianerfreunde hingegen drosseln ihre Freundschaft zu mir auf Sparflamme. Der Typ vor mir aber blieb unbeeindruckt.

Thomas gönnt sich keine Pause. Er skizziert Szene um Szene aufs Papier. Schwenks von links nach rechts, Zooms von nah nach fern, Schwenks von 90 oder 270 Grad. Er demonstriert Bildaufteilung und Bildfolgen und die Dramatik der Close-ups. »Du musst den Schweiß aus der Pore quellen sehen«, ist einer seiner Sprüche. Und mit seinem 95-Kilo-Body und Nahkampftechniken beweist er, wie man einen Menschen in ein Stativ verwandelt, um auf das schwere und unhandliche Metallstativ verzichten zu können.

Er lehrt uns die fünf goldenen Regeln für Kameraführung und das Reizvolle besonderer Perspektiven. »Leg dich unter die Riesenschlange und lass sie über dich hinwegkrabbeln, tauch unter Wasser, zusammen mit der Kamera im Schutzgehäuse und film dich mit Close-up, wie du ersäufst oder der Jaguar zuschlägt ...«

Er lässt mich Luft holen und gerade mal so viel Zeit zu überlegen, wie man die Kamera nach dem Prankenhieb retten könnte, da geht's schon weiter im Lehrplan.

Zu guter Letzt erspart er mir zwar das unhandliche Stativ und erklärt sich einverstanden mit einem winzigen Baum-Schraubstativ, aber dafür muss ich *zwei* Kameras mitnehmen und noch ein Dies und ein Das. Meinen Protest, das widerspräche meiner Minimalisten-Strategie, erschlägt er mit zwei Sätzen: »Stell dir vor, die Kamera fällt aus. Dann war alles umsonst.«

Die Risiken

Überraschen kann mich eigentlich nichts. Alle denkbaren Gefahren habe ich im Kopf gemeistert. Dennoch wird es immer ein Restrisiko geben. Hoffe ich jedenfalls. Denn das macht den Reiz der Reise aus. Sonst könnte ich gleich zu Hause bleiben.

Zum Beispiel der Jaguar. Gegen ihn habe ich im Ernstfall keine Chance. Weder zu Wasser, zu Boden noch in der Luft. Vor allem, wenn er bereits irgendwann einmal einen Menschen gerissen hat und weiß, wie gut der schmeckt. Doch das ist die Ausnahme. Normalerweise ist der Mensch nicht sein Futtertyp. Er meidet ihn. Auf keinen Fall darf ich Angst zeigen. Ich muss stehen bleiben, darf nicht näher gehen, werde ruhig auf ihn einreden, ihn respektieren. Keinesfalls darf ich eine Flucht andeuten. »Vor allem musst du ihn sofort filmen. Da Weglaufen ohnehin erfolglos ist, halt die Kamera voll drauf. Besser als sprachlos herumstehen. Wenn dir das gelingt, hast du Material, um das dich die ganze Welt beneidet.« Thomas hat gut reden. Ich speichere seinen Vorschlag ab.

Will ich unnötigen Risiken vorbeugen, muss ich lärmend durch den Wald gehen. Mit dem Stock an Bäume klopfen, singen. Dann weicht auch der Überlegene rechtzeitig aus. So schade es für den Film wäre.

Völlig neu soll mein Experiment sein, mit rotem Hemd zu laufen. Normalerweise stellt Rot in der Natur ein Warnzeichen dar. Die roten Pfeilgiftfrösche sind der wirkungsvollste Beweis. Eine Unze (knapp 30 Gramm) soll drei Millionen Menschen töten und bereits auf kurze Entfernung lähmen können. Da der Jaguar ein Nachtjäger ist, und ich des Nachts weder Lieder schmettere noch er mein rotes Hemd erkennen wird, muss ich ihn mit Feuer auf Distanz halten. Hoffentlich kriege ich es an.

Die Menschen, vor allem den ersten, halte ich für die weit größere Gefahr. Sie, die an der Peripherie der Zivilisation leben, sind oft Geschundene, Ausgebeutete, Gejagte, Kriminelle, Bettelarme, vielleicht Schmuggler. Das muss ich berücksichtigen. Mein Gesang und demonstrativ zur Schau getragene Mittellosigkeit sollen ihre Gelüste auf Raub dämpfen.

Nicht minder fatal wäre ein Knochenbruch. Ich muss vorsichtig gehen, darf mich nicht verletzen. Eile tötet.

Schlangen, Spinnen, Skorpione – ich kenne sie und kann sie umgehen. Bei lautem Auftreten spüren sie die Boden-Vibrationen und haben Zeit, sich zu verstecken. Da sie dämmerungsaktiv sind, werde ich beim nächtlichen Pinkeln die Hängematte nicht verlassen, sondern mich nur seitwärts drehen und mein Geschäft aus der Hüfte erledigen. Wie ein Deutschuss.

Da wären noch die Pekaris, jene kleinen Kampfschweine. Gegen sie hilft der Knüppel. Oder ein Sprung auf den Baum.

Vielleicht bekomme ich auch Besuch von einem Vampir. Ihn gewahrt man allerdings erst, wenn er gebissen hat. Er heftet sich unbemerkt an den Körper, betäubt die Bissstelle und trinkt sich satt. Dabei sondert er ein blutgerinnungshemmendes Sekret ab. Man blutet ohne Ende wie nach dem Biss eines Blutegels. Doch dagegen hilft der Druckverband.

Auf jeden Fall ist es mein Ehrgeiz, ohne Schramme den Wald zu verlassen. Makellos wie die Indianer. Dass es anders kommt, ahne ich noch nicht.

Die Strategie

Je näher die Reise rückt, desto mehr überdenke ich den Ablauf. Da werde ich ausgesetzt und es ist dunkel. Kurz vor der Morgendämmerung. In Nordbrasilien – das ist groß. Nicht umsonst ist Brasilien der fünftgrößte Staat der Erde und dehnt sich von Norden nach Süden fast 4400 Kilometer aus.

Der Lärm des Hubschraubers hat dem Jaguar Respekt eingeflößt. Er wird sich verstecken. Er riecht das Kerosin. Er und ich warten den Morgen ab. Dann beginnt die Arbeit.

Solange ich kein Wasser habe, muss ich haushalten mit dem körpereigenen Wasser. Treffe ich auf ein Rinnsal, bin ich eigentlich schon fast zu Hause. Ich muss ihm zum nächsten Fluss folgen. Alle Flüsse fließen in die Zivilisation, enden im Amazonas. Und ich habe zu trinken und zu essen. Am Wasser gibt es Frösche und Fische.

Nach der Steinklinge und einem Verteidigungsstock heißt es, eine Hängematte zu basteln. Ich brauche Bast für eventuelle Verbände, Lianen als Seile. Und ich brauche eine Kiepe. Die aus vier Palmzweigen ist in wenigen Minuten gemacht, leicht und stabil. Dahinein packe ich die technischen Geräte. Sie wiederum stecken in einem wasserdichten Sack, den ich mitnehme. Konzession an die Technik.

Kompass, Karte, Medikamente, Waffen, Taschenlampe, Nahrung – das alles habe ich nicht. Das soll mir Freund Wald liefern. Dabei vertraue ich meinem Glück und den Erfahrungen, die ich bei vergleichbaren körperlichen Leistungen erworben habe. Zum Beispiel beim Deutschlandmarsch – 1000 Kilometer ohne Nahrung und Ausrüstung – oder dem *Human Race*, dem 700-Kilometer-Marsch durch Australien.

Pech wäre, wenn ich schon beim Abseilen vom Heli abstürzte. Aber für den Fall ist mein Schutzengel zuständig. Wie sagte es einmal meine Tochter Kirsten? »Mein Vater hat seinen Schutzengel garantiert heimlich trainiert. Denn so viel Glück wie er kann *ein* Mensch allein gar nicht haben.« Recht hat sie.

So weit also die Theorie. Abenteuer wären langweilig, wenn man sie perfekt planen, jedes Ereignis vorhersehen und alle Widrigkeiten ausschalten könnte. Fatal auch, wenn mir etwas passierte wie 1982, beim ersten Marsch zu den Indianern. Ausgemergelt und nach den Genüssen der Zivilisation lechzend, stieß ich beim Rückmarsch auf ein verlassenes Siedlerhaus. Im Garten lachte mich eine leckere Cajú-Frucht an. Sie schmeckt wie süßsaure Paprika. Dort, wo der Apfel seinen Blütenrest hat, hängt bei den Cajú ein Kern. Der Cajú-(Cashew-)Kern. Ihn hatte ich mir als Nachtisch aufgehoben. Eine dicke Nuss. Knackig, fettig, groß und nahrhaft. Mit geschlossenen Augen schob ich sie in den Mund und biss zu.

Der Schock kam einem Elektroschlag gleich! Hätte ich nur die alte Regel »Rot = Alarmfarbe« beachtet! Oder zunächst nur eine Mikroprobe gewagt. Aber wer denkt schon an die heimtückische Nuss, wenn die Frucht so delikat ist? Jedenfalls hätte sich der Schaden dann in Grenzen gehalten. So aber war es der Schock total: Lippen, Zunge, Gaumen, Zahnfleisch waren sofort und schwer verätzt. Schreiend mit offenem Mund stürzte ich in den Fluss, spie und spie und spülte und spülte. Zu spät. Ich war unfähig, den Mund zu schließen oder zu sprechen. Der Schrei war das Letzte, was ich zustande bekommen hatte. Tagelang war es mir nicht möglich zu essen. Nur trinken war noch möglich. Die Schleimhäute hingen in Streifen, die Haut pellte ein ums andere Mal. Wie beim Blättern in einem vergilbten alten Buch. Ich hatte nicht gewusst, dass man Cashew-Kerne erst rösten muss! Dann wird ihr Gift so unwirksam wie das der Lauge beim Backen der Laugenbrezel.

Aber um gravierende Probleme zu bekommen, bedarf es keiner Nuss. Gefahren lauern überall. Es genügt ein Splitter, der eine Infektion auslöst, eine Blutvergiftung. Es genügt eine Malaria, die ich mir am letzten Tag in der Zivilisation einfange.

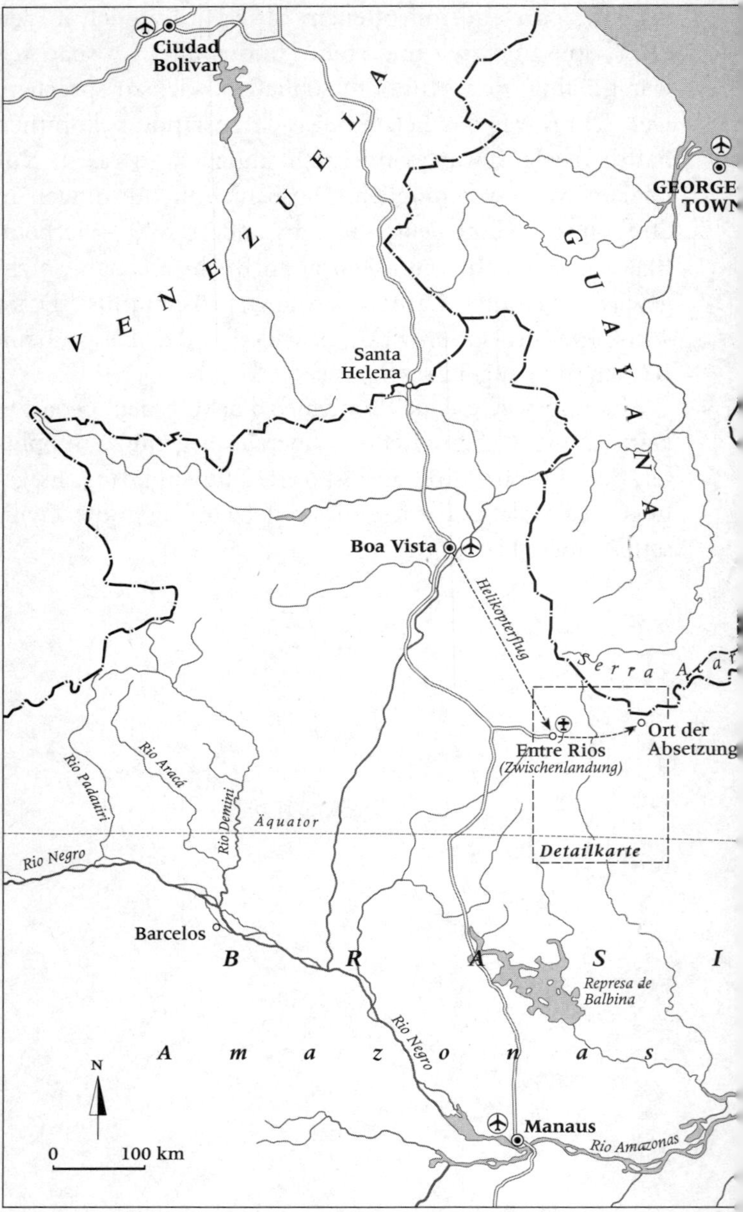

Ciudad Bolivar
VENEZUELA
GEORGE TOWN
GUAYANA
Santa Helena
Boa Vista
Helikopterflug
Serra Aca
Ort der Absetzung
Entre Rios
(Zwischenlandung)
Rio Padauiri
Rio Aracá
Rio Demini
Äquator
Detailkarte
Rio Negro
Barcelos
BRASI
Represa de Balbina
Rio Negro
Amazonas
N
Manaus
0
100 km
Rio Amazonas

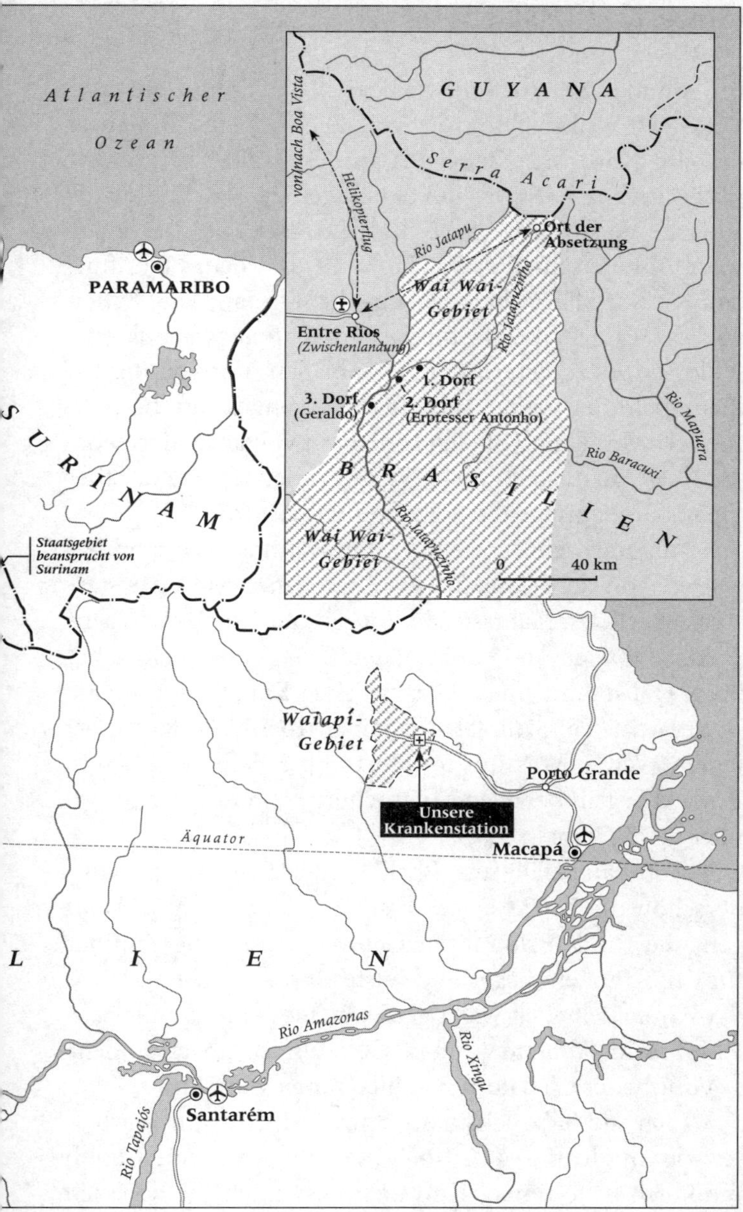

Atlantischer
Ozean
GUYANA
Serra Acari
von/nach Boa Vista
Helikopterflug
Rio Jatapu
Ort der
Absetzung
Wai Wai-
Gebiet
Rio Jatapuzinho
Entre Rios
(Zwischenlandung)
1. Dorf
2. Dorf
(Erpresser Antonho)
3. Dorf
(Geraldo)
BRASILIEN
Rio Mapuera
Rio Baracuxi
Wai Wai-
Gebiet
Rio Jatapuzinho
0
40 km
PARAMARIBO
SURINAM
Staatsgebiet
beansprucht von
Surinam
Waiapí-
Gebiet
Porto Grande
Unsere
Krankenstation
Macapá
Äquator
LIEN
Rio Amazonas
Rio Xingu
Santarém
Rio Tapajós

Unsere Hilfsstation

Im Sommer 2002 hatten wir bei den Waiapí unsere erste TARGET-Krankenstation gebaut. Dieses kleine Indianervolk im Nordosten Brasiliens an der Grenze zu Französisch-Guyana hat zwar ein Schutzgebiet, aber die medizinische Versorgung war schlecht. Unser *Posto de Saúde* sollte Abhilfe schaffen. Das Holzhaus mit dem Betonfundament war klein, aber zweckmäßig. Ein Jahr lang hatten wir das Projekt beobachtet. Dann hatten wir uns entschlossen, es zu vergrößern. Es war nicht nur von der Indianerbehörde *Apina* vereinbarungsgemäß gut betreut, sondern vor allem von den Indianern voll akzeptiert worden: als Anlaufstelle für Kranke, Verletzte und darüber hinaus Begegnungsstätte, Treffpunkt, Zentrum.

8. Juli 2003, ein Jahr später. Einweihung. Wir sind begeistert von dem Anbau. Hosti hat sein zweites Meisterstück abgeliefert. Fantastisch! Ein Schmuckstück im Regenwald. Schönheit und Funktionalität. Das Tollste: Hosti hat beide Häuser mit einem Dach zu einer Einheit verbunden. In der Mitte ein Stellplatz für seinen Toyota. Aufladen bei jedem Wetter. Was uns an Hosti außerdem gefällt: sein Respekt gegenüber allen Mitarbeitern, sein Respekt gegenüber den Waiapí.

Der Anbau gefällt uns. Blick auf den Regenwald. Wunderschön die Terrasse, der Essraum, die sanitären Anlagen, die runden hölzernen Gehwegplatten, die Zimmer für den Krankenpfleger und Gäste.

»Wir sollten allen wichtigen Arbeitern eine Prämie zahlen!«, meint Annette spontan. Gern bin ich einverstanden.

Vorarbeiter Cleo kommen die Tränen vor Glück.

»Noch nie habe ich in so einem guten Team gearbeitet wie im Hosti-Team. Noch nie habe ich meinen Lohn pünktlich bekommen. Und erst recht noch nie habe ich gehört, dass jemand darüber hinaus eine Prämie erhalten hätte! Ihr erfüllt mir meinen Lebenstraum. Jetzt kann ich mir ein kleines Haus in der Stadt anzahlen.« Er will gehen. Dann dreht er sich noch einmal um. »Darf ich dich und Annette umarmen?«

Kaum ist er gegangen, steht Manuel in der Tür. Er ist schwer körperbehindert. Durch eine fehlerhafte Operation hat er ein missgestaltetes Bein. Er hinkt. Hosti hatte ihn uns vorgestellt als einen seiner besten Männer. »Trotz des Handicaps ist er als Sägemeister unübertroffen. Mit der schweren Kettensäge hat er es zu wahrer Meisterschaft gebracht. Seine Balken und Bretter sehen aus wie gehobelt.« Das sieht man der Station an.

Manuel druckst herum. Er sucht nach passenden Worten. »Ich habe fünf Kinder und schon viel in meinem Leben gearbeitet. Aber noch nie habe ich von einem meiner Chefs den vereinbarten Lohn bekommen. Immer war es weniger, und auch das erst Wochen später. Ihr seid die einzigen, die sich an ihr Versprechen gehalten haben. Hosti hat mir meinen Lohn immer pünktlich ausgezahlt. Meine Frau wollte es gar nicht glauben. Wir haben das richtig gefeiert. Wir haben uns ein Huhn, Reis und Bohnen gekauft. Und sie hat einen Kuchen gebacken. Und nun erhalte ich sogar eine Prämie!«

Wir weihen die Station ein. Über hundert Waiapí sind gekommen. Manche von ihnen waren zwei Tage zu Fuß unterwegs. Das gute Essen will sich niemand entgehen lassen. Man will klönen, Nachrichten austauschen, tratschen.

Nach dem Essen beginnt die Feier. Tanz und Gesang bis zum Morgengrauen. Todmüde plumpsen wir in unsere Hängematten. Erst am Nachmittag erwachen unsere Lebensgeister zu neuen Taten. Häuptling Jurará hat mich geweckt. Ich bin aufgeregt.

»Morgen beginnt das Training«, eröffnet er mir. »Caulbi und Maté werden mitkommen. Dann werden wir dir zeigen, wie *wir* ohne Hilfsmittel im Wald überleben würden.«

Auf diesen Moment habe ich lange gewartet. Das Training ist ihr Dankeschön für die Station. Die Instruktionen durch die Indianer sind eine wichtige Basis für meine Aktion: letzte wertvolle Tipps von kompetenten Männern. Geplant war eigentlich ein mehrtägiger Marsch. Den soll ich mir offenbar abschminken.

»Du findest im tiefen Wald nichts wesentlich anderes als hier in der näheren Umgebung. Spar die Kraft lieber für deinen Marsch.«

Das ist immerhin ein Argument. Denkt Jurará wirklich mit oder will er nur bei seiner Frau bleiben, der er gerade einen Arm um die Schulter gelegt hat? Ich weiß es nicht. Ich muss mich seinen Entscheidungen beugen.

Auch Caulbi meldet sich zu Wort. »Die Jahreszeit ist nicht die beste. Es sind kaum Früchte reif. Du musst viel Zeit aufwenden für die Suche. Wir leben im Moment fast ausschließlich von Maniok und Bananen, die auf unseren Plantagen wachsen. Und das wirst du unterwegs nicht finden. Nimm doch wenigstens eine Angel mit.«

Auf solchen Luxus will ich mich nicht einlassen. Allein und ohne Ausrüstung heißt meine Devise. Sonst könnte ich ja gleich mit ihnen gemeinsam reisen. Dass die Jahreszeit nicht die beste ist, weiß ich. Aber im November, wenn einem die Leckerbissen in den Mund wachsen, kann ich nicht. Der Herbst ist meine Vortragszeit.

Mit dem ersten Tageslicht stehen die drei vor mir, rütteln sanft an meiner Hängematte. »Owari, guten Tag! Komm, wir gehen!«

Sie haben Badelatschen an und ihren traditionellen roten Lendenschurz. Jeder schwingt ein Haumesser.

»Ich denke, wir nehmen nichts mit und machen alles aus dem, was der Wald hergibt«, reklamiere ich die Überausrüstung. Haben sie doch nicht begriffen, was ich vorhabe?

Maté stellt das richtig. »Das ist nicht gut. Kein Indianer geht ohne Haumesser. Auch kein Brasilianer.«

»Dann kann ich ja auch gleich einen Topf, eine Lampe, ein Gewehr und eine Hängematte mitnehmen. Denn ohne diese Teile geht auch niemand.«

Jurará sieht es ein. »Geh, wie du willst. Aber ohne Messer verlieren wir viel zu viel Zeit. Ohne Messer brauchst du eine Woche, um einen einzigen Baum für dein Floß zu fällen. Und mit einer Steinaxt ist es gänzlich unmöglich. Wir müssten ihn dann mit Feuer fällen.«

»Aber auch das dauert eine Woche«, wirft Caulbi ein. »Und außerdem musst du ihn mindestens noch einmal in der Mitte durchbrennen. Denn du brauchst *zwei* Stämme, um ein Floß zu machen. Ein Stamm allein dreht sich um die eigenen Achse.«

»Was würdet ihr denn, wenn ihr alles verloren hättet, der *Reihe* nach tun?«, frage ich.

Die drei überlegen laut, beratschlagen sich. Die Situation ist ihnen neu. Irgendwann haben sie sich geeinigt.

»Du brauchst vor allem zuerst ein Regendach. Dann eine Hängematte.«

Aha, ich hätte die Wasserbeschaffung für das Wichtigste gehalten.

»Nein, Wasser gibt es ja überall. In jeder dicken Liane ist Wasser und in fast allen Baumwurzeln«, klären sie mich auf. »Wasser musst du niemals schleppen.«

Mit kurzen Hieb trennt Maté eine Liane am Wegesrand ab. Sie pendelt hin und her. Kein Tropfen Wasser. Dann schlägt er hoch oben noch einmal in die Liane. Im gleichen Moment beginnt das Wasser herauszufließen. Erst tropfenweise, dann wie ein Rinnsal. Es schmeckt köstlich und ist kühl.

»Ohne den Schnitt da oben gewinnst du keinen einzigen Tropfen. Und wenn du dein Wasser *mitnehmen* willst, benutzt du die Liane einfach als Behälter. In dem Falle trennst du sie zuerst unten und danach oben komplett ab, rollst sie augenblicklich zu einem Kreis und trägst sie mit beiden Schnittenden nach oben. Wie einen Schlauch voller Wasser.«

»Aber wie schaffe ich das ohne das Haumesser?«

»Du brauchst eine Steinaxt!«

Ich bin beruhigt. Die Steinaxt war auch in meinen Gedanken immer das allererste Werkzeug. Zum Schneiden, zum Hacken, zum Verteidigen.

Inzwischen sind wir losgezogen. Annette, Roman und Wolfgang mit ihren Kameras. Ich mit Badehose, T-Shirt und Sandalen. Die Originalausrüstung.

Wir kommen nur langsam voran. Bei fast jeder Pflanze haben sie etwas zu erklären. »Diese Blätter ergeben einen Tee gegen Kopfschmerzen«, »Diese Wurzeln drosseln das Fieber«, »Diese Rindenspäne stoppen Durchfall«. Beim Wort Durchfall melden Annette und Roman sich spontan zu Wort. »Hat er *Durchfall* gesagt?« Ja, hat er.

Seit Tagen haben sie einen Stuhlgang, gegen den sich Wasser geradezu dickflüssig ausnimmt. Kein Apothekenmedikament konnte den Strom bisher stoppen. Auch nicht meine Holzkohle aus dem Lagerfeuer.

Maté schabt Späne von seiner Durchfall-Liane, während Caulbi bereits Wasser auf dem Feuer erhitzt. Er reicht ihnen den Tee. »Aber nur jeder eine Tasse voll!«, warnt er. Er kennt das. Niemand glaubt an die Wirkung und handelt nach der Methode »Viel hilft viel«. Bei Roman kommt die Warnung zu spät. In hohem Bogen spuckt er den zu viel getrunkenen Becher wieder aus. Bitter wie Galle. Annette vertraut der geringeren Dosis.

»Na, wie ist es?«, will Jurará nach einer Viertelstunde wissen.

»Wie soll es sein?«, antwortet Annette. »So schnell kann ich das auch nicht beurteilen.«

»Doch; du kannst. Wenn du bis jetzt nicht den Drang zum Stuhllassen verspürt hast, ist alles wieder in Ordnung.«

Beide verdrücken sich ins Gebüsch, um die Wirkung zu testen. Tatsächlich! Beide kommen ganz überrascht, fast erschrocken wieder. Roman bringt es auf einen Nenner: »Als hätte man mir einen Korken in den Hintern gerammt.«

Ich habe einen Schreibblock dabei und notiere mir alles. Ich taufe die Liane »Korken-Liane«.

»Bei uns im Dorf haben wir noch bessere Mittel gegen Durchfall«, erklären die Männer. »Zum Beispiel die äußersten Blätter an den Zweigen des Goiaba-Baumes. Oder die Rinde vom Cajú.«

So geht es ohne Unterbrechung. Ich merke bald, dass ich überfordert bin. Manche Pflanzen unterscheiden sich nur an den Zacken der Blätter, an der mehr oder weniger groben Struktur der Rinde. Für sie sind das sogar auf weite Distanz sichere Erkennungszeichen, für mich verschmilzt alles zu dunkelgrünen Schatten.

»Dies ist ein guter Zunder«, ruft Caulbi herüber. Er kratzt etwas Harz von einem Stamm. Dann lässt er ganz kurz sein Feuerzeug dagegenbrennen und schon glimmt das Harz von selbst weiter.

»Und wie macht ihr Feuer *ohne* Feuerzeug?«

Die drei Indianer schauen sich ratlos an. »Wieso ohne Feuerzeug? Ein Feuerzeug oder Streichhölzer musst du natürlich immer bei dir haben.«

Ich hake nach. »Aber wenn ihr das alles verloren habt, was tut ihr dann?«

»Dann frieren wir«, räumt Caulbi ehrlich ein. Feuer mittels Reibung zu erzeugen, diese Kunst beherrscht niemand mehr. »Dafür ist es im Wald zu feucht. Das können nur die Indianer in der Savanne.«

Maté hat immerhin eine Notlösung. »Dann musst du Feuer mitnehmen. Du packst Glut dick in grüne Blätter und trägst sie in einem Korb.«

Ich ahne, dass mein Trip sehr kühl verlaufen wird.

Besonders lehrreich sind die handwerklichen Instruktionen. Das Blätterdach gegen den Regen, die Hängematte aus Lianen, das Seil zum Fischen, die Kiepe zum Tragen des Gepäcks. Es sind zwar Dinge, die ich kenne, aber jeder hat handwerklich noch einen anderen Trick oder mehr Geschick als ich. Ich pumpe das erweiterte Wissen in mich hinein.

Annette schleppt auf einmal eine Boa constrictor an. Sie kennt sich damit aus. Das Tier ist knapp anderthalb Meter lang. Eine wunderschöne Würgeschlange. Wir filmen und fotografieren sie. Dann lassen wir sie schwimmen. »Mein Gott, war die schön!«, jammert Annette ihr hinterher. »Am liebsten hätte ich sie mitgenommen nach Deutschland.«

Ich weiß, dass sie es ernst meint. Sie liebt Reptilien und sie liebt den Urwald. Am liebsten möchte sie mich begleiten. Ich muss höllisch aufpassen, dass sie sich nicht unbemerkt ebenfalls vom Hubschrauber aussetzen lässt und mir parallel folgt. Damit hat sie mir ja tatsächlich gedroht und ich traue es ihr zu. Ich sage dann immer: »Du spinnst ja!« Im Stillen denke ich: »Das hätte mir noch gefehlt! Wo bleibt dann noch das Besondere meiner Leistung, wenn es jede Hausfrau kann?« Aber das sage ich nicht laut. Sonst beweist sie mir das. Aus Hausfrauen- und Manager-Stolz.

Abends am Feuer Jägergeschichten. »Du musst eine Waffe mitnehmen. Wie willst du dich sonst ernähren?«

»Eine Waffe nehme ich nur, wenn ich sie mir machen kann.«

»Ja, du musst dir einen Bogen machen«, rät Jurará. »Und Gift für die Fische sammeln. Selbst im kleinsten Bach gibt es Fische. Und wenn sie noch so winzig sind. Solche musst du dann mit Schuppen, Gedärm und Gräten essen.«

»Wie eine Sardine«, verklickert mir Roman die Aussichten. Genüsslich leckt er sich die Lippen. Roman ist Sportangler und Feinschmecker.

Für das Lauern mit dem Bogen fehlt es mir an Zeit, an Geduld, an Übung. Nur mit einer Taschenlampe und des Nachts hätte ich gute Chancen auf Beute. Nur dann stünden der Aufwand an Auf-der-Lauer-Liegen und der Erfolg im akzeptablen Verhältnis. Ich werde mich auf einen Knüppel als Waffe beschränken. Und den nur für die Notwehr.

Die Idee mit dem Gift ist da schon besser. Aber auch darauf werde ich verzichten müssen. Die Blätter, die sie mir zum Wasservergiften präsentieren, sind von einer Kulturpflanze auf ihrer Plantage. Und die Wurzeln, die man mir dann heranschleppt, sind aus zehn Kilometern Entfernung herbeigeschafft worden. So selten sind sie. Ich merke bald, dass ich wieder mal auf Insekten zurückgreifen muss. Und auf meinen Körperspeck. Ich habe mir drei Kilo Übergewicht aus Rösti, Spätzle und Weingummi angefressen. Vorrat für eine Woche ohne Zusatznahrung und Leistungsabfall. Und ungesund, ich weiß.

»Aber als Henkersmahlzeit zu verzeihen«, entschuldigt mich Roman gegenüber Kritikern wie Annette. Er hat gut reden. Mit 18 Jahren kann er so viel essen, wie er will, und nimmt kein Gramm zu. Er ist im Wachstum, während ich längst unter Altersschrumpfung leide.

Ich bringe das Gespräch wieder in wichtigere Bahnen. »Was ist aus eurer Sicht die größte Gefahr für mich?«

Die Männer beraten sich. »Der Jaguar!«, sagt der eine. »Giftschlangen«, der andere.

Jeder kennt viele Geschichten. Wegen der Schlangen mache ich mir keine Sorgen. Ich kenne mich mit ihnen aus. Wenn mich eine beißt, werde ich sie zur Strafe braten. Aber die Erfahrungen der Indianer mit dem Jaguar interessieren mich brennend. Es gibt die Katzen überall. Jeder von ihnen hat viele Begegnungen mit ihr gehabt. Erst letzte Woche haben sie wieder einen Jaguar geschossen. Sie legten den Schädel in einen Ameisenhaufen, um ihn vom Fleisch befreien zu lassen. Und heute Morgen hat mir Maté eine frische Spur im Sand am Fluss gezeigt.

»Ist schon mal jemand von deinen Leuten vom Jaguar getötet worden?«

Die einstimmige Antwort: »Nein.«

Das freut mich. Nur Pseudo-Abenteurer und Jagdlateiner beschreiben ihn gern als sehr gefährlich. Den Indianern ist solche Übertreibung fremd.

Maté meldet sich zu Wort. »Ich hatte einmal eine direkte Begegnung mit der *Onça.* Ich hatte einen Kaiman geschossen. Direkt am Flussufer. Als ich ihn aus dem Wasser zog, bekam ich plötzlich von hinten einen starken Stoß gegen die Schulter und stürzte in den Fluss. Ich dachte, jemand von meinen Leuten wäre mir nachgeschlichen und hätte sich einen Scherz erlaubt. Als ich fluchend auftauchte, wollte ich ihn zusammenstauchen. Da sah ich die *Onça.* Sie hatte mein *Jacaré* quer im Mund und verschwand im Wald. Ich hatte nur drei winzige Kratzer auf dem Rücken.«

Ich liebe solche Geschichten und hoffe, dass auch mir wieder eine Begegnung vergönnt ist. Wie seinerzeit bei den Yanomami-Indianern. Ich war allein in meinem abendlichen Camp und hatte mir gerade etwas Fleisch zubereitet, als ich Tierlaute vernahm. Ich hielt sie für Brüllaffengebell. Damals war ich noch Anfänger in Sachen Regenwald und konnte die Laute nicht unterscheiden. Dazu kam mein schlechtes Gehör. Ich kletterte auf einen Baum, um die Tiere zu fotografieren. Sie schienen genau auf mein Lager zuzukommen. Erst als die Laute näher kamen, wurde mir schlagartig klar, dass es sich um eine Großkatze handeln musste. Irgendwie erinnerten mich die Töne an die von Leoparden aus Afrika. Natürlich war mir klar, dass es den Jaguar nur einen Katzensprung kosten würde, mich dort abzupflücken. Aber schon damals wusste ich, dass Mensch und Jaguar sich meist respektvoll aus dem Wege gehen. Außerdem vertraute ich darauf, dass meine Witterung sich in der Höhe verlieren und ihn nicht alarmieren würde. Notfalls hatte ich einen Revolver, mit dem ich Warnschüsse abgeben konnte. Schüsse sind den meisten Tieren als gefährlich bekannt.

Im Schein meiner Taschenlampe sah ich dann tatsächlich unter mir das gefleckte Fell. Ich fotografierte, was Blitz und Film hergaben. Blitze sind für solche Tiere etwas Natürliches. Im Schein meiner Taschenlampe sah ich, wie die Katze sich mein Abendessen einverleibte. Dann streckte sie sich aus und begab sich zur Ruhe. Ich saß dort oben und wusste nicht, welches Gefühl stärker war: das der Angst oder das Bewusstsein, etwas zu erleben, das Einmaligkeitswert besaß.

Auf jener Reise trug ich meinen Überlebensgürtel bei Tag und Nacht. Auch hier auf dem Baum. Zu seinem Inhalt gehörte unter vielem anderen auch Seil. Als auch ich allmählich müde wurde und runterzufallen drohte, habe ich mich angebunden. Meine Beine stellte ich in eine Seilschlinge, um das Absterben des Blutkreislaufs in den Beinen zu verhindern.

Irgendwann war auch ich eingenickt, und als ich wieder einmal hochschreckte, war der Jaguar fort. Erst später, als ich in Deutschland die Filme vom Schnellentwicklungsdienst abholte, sah ich, dass es nicht nur *ein* Jaguar gewesen war, sondern zwei! Vielleicht ein verliebtes Paar, das mit sich selbst beschäftigt war und mich deshalb nicht wahrgenommen hat. Dass ich nicht beide Katzen bemerkt hatte, lag am kleinen Lichtkegel meiner Dynamo-Taschenlampe.

Diese Begegnung ist mir nie mehr im Leben aus dem Kopf gegangen und immer wieder träumte ich von einer Wiederholung.

Solche Geschichten tauschen wir noch lange aus.

»Kuaheripó! Gute Nacht«, gähnen die Indianer irgendwann und verschwinden mit ein paar Scheiten Glut im Dunkel der Nacht. Die Müdigkeit zwingt auch uns in die Hängematten.

Am nächsten Morgen kommen Frauen und Kinder aus dem Dorf. Sie sind neugierig. In ihrem Gefolge ein kleiner zahmer Nasenbär. Die Jäger haben ihn vor einigen Wochen von der Jagd mitgebracht. Ich schließe den niedlichen Kerl gleich in mein Herz. Er läuft frei herum und folgt uns auf Schritt und Tritt. Die nächsten Tage weicht er mir nicht mehr von der Seite. Nachts kuschelt er sich an meinen Hals. Mein ganz persönlicher Schal. Annette wird richtig eifersüchtig.

»Du hast die Schlange, ich den Bären«, erinnere ich sie.

Der Kleine ist immer hungrig, von morgens bis abends auf der Suche nach Essbarem. Und ständig wird er fündig. Sein hoch entwickelter Geruchssinn lässt ihn Delikatessen an den unmöglichsten Orten finden. Wie ein Trüffelschwein seine Trüffel findet, gräbt er hier, wühlt er da, klettert er die Bäume rauf und runter. Und jedes Mal hat er etwas, das er gleich verschlingt.

»Bei den Mengen, die er vertilgt, müsste er eigentlich täglich sichtbar wachsen«, meint Wolfgang. Seine Kamera hat nur noch Augen für das Tier. Ich bin zum Nebendarsteller geworden. »Den musst du unbedingt mitnehmen! Das wird *der* Knüller für den Film! Der erhöht die Einschaltquote auf hundert Prozent. Mindestens!«, schwärmt er.

Die Indianer bemerken unsere Liebe zu dem Tier. Es ist eine Nasenbärin namens *Chica.* Jurará gibt sich spendabel. »Du kannst sie mitnehmen. Ich schenke sie dir. Sie wird dich bestens mit Nahrung versorgen. Alles, was sie isst, kannst du auch essen. »

»Du musst ihr nur genug abgeben«, mischt sich Wolfgang ein. »Sonst kriegt sie Depressionen.«

»Einschaltquote und Depressionen. Wo bin ich nur gelandet, du Filmfuzzi?!«

Caulbi hat eine weitere Idee. »Wenn sie dich nicht richtig mit Lebensmitteln versorgt, isst du sie einfach auf.« Alle lachen. Das würden nicht einmal sie tun, hoffe ich und kann mir nicht vorstellen, dass ich je so hungrig werden könnte, die kleine Chica aufzuessen.

Doch ich wehre ab. So verlockend das Angebot klingt. Und trotz Einschaltquote.

»Mein Plan ist, ohne jede Begleitung zu gehen. Selbst wenn sie mir alles vor der Nase wegfrisst, ist allein ihre Gegenwart etwas, das meinen Plan verwässert. Ich hätte mit Chica etwas zum Kuscheln und zum Umsorgen. Ihre Begleitung würde meinem Marsch die Herausforderung der Einsamkeit rauben.«

Jurará strahlt über meine Entscheidung. Er liebt Chica und hätte ihr bestimmt nachgetrauert.

In den nächsten Tagen lerne ich auch Handwerkliches. Zum Beispiel das Knüpfen einer Hängematte. Die schnellste ist aus besonders zähen Rindenstreifen herzustellen. Das Material hat die Qualität von Bergsteigerseilen.

»Uns genügen sieben Streifen, die wir am Ende einfach zusammenknoten«, unterweist mich Maté. Noch während er spricht, hat er seinen Worten Taten folgen lassen. Schon baumelt das Ding zwischen zwei Stämmen und er entspannt sich darin. Zwar muss er den einen oder anderen Streifen noch einmal am Rücken zurechtschieben. Aber dann beweist sein Schmunzeln, dass er sein Bett fertig hat. In zehn Minuten.

»Da könnte ich nie drin pennen«, mache ich ihm klar. »Ich würde durchplumpsen. Ich würde mir noch viele Querseile einknoten.«

»Das ist richtig. Das macht man auch nur, wenn man sehr müde ist und sich ganz schnell ausstrecken möchte. Man schläft besser, wenn die Streifen zum Netz verarbeitet werden. Du wirst diesen Baum aber nicht überall finden. Deshalb mach dir am ersten Tag lieber eine solide große Matte aus vielen dieser runden feinen Lianen. Sie sollte groß genug sein, damit du dich auch mal quer hineinlegen und ausgestreckt darin liegen kannst.«

Die Frauen haben bereits Mengen dieser Lianen gesammelt, während Jurará und Caulbi im Abstand von drei Metern zwei Pfähle in die Erde gerammt haben. Jetzt wickeln sie die Lianenstränge um diese Pfosten. Einer wird an den anderen geknotet und zwischen jeder Umwicklung bleiben etwa zwei Zentimeter Zwischenraum. Als alles 125 Zentimeter hochgewickelt ist, beginnen die Frauen, viele Querverbindungen einzuknoten.

Schließlich sind sie fertig. Das Geflecht wird von den Pfählen gezogen und an den Enden zusammengebunden. Es sieht gut aus, ist jedoch ziemlich schwer. Aber was macht's – ich werde sie nur tragen müssen, bis ich an einen Fluss komme. Dann werde ich fahren. Irgendwie.

Es geht weiter im Training. Wir bauen verschiedene Regendächer aus großen Blättern. Oder auch aus Palmzweigen. »Wenn du Palmzweige nimmst, musst du mehrere übereinander legen und den Neigungswinkel schräg genug machen«, empfehlen sie mir.

Mit großer Geschicklichkeit handhaben sie sogar sehr stachelige Palmblätter. Ohne Haumesser bin ich da auf jeden Fall aufgeschmissen.

Caulbi hat drei große Blätter herangeschleppt. Sie sehen aus wie Bananenblätter. Er hockt sich zu Boden und breitet sie über seinem Kopf aus. Wie einen Schirm. »So kannst du dich für kurze Zeit gegen Regen schützen.«

»Oder du hockst dich zwischen diese Bretterwurzeln. Meist bleibt die Stelle neben dem Stamm völlig trocken.« Maté macht es mir vor. Die Wurzeln umgeben ihn wie zwei Wände. Er passt kaum dazwischen. Am Stamm sind sie 50 Zentimeter auseinander und 150 Zentimeter hoch. Eine wahre Festung. »Sie sind auch ideal, wenn dich einmal Pekaris angreifen sollten. Die sind immer zu einem Streit aufgelegt. Hier zwischen den Wurzeln hast du es jeweils nur mit einem zu tun. Und mit dem wirst du auch fertig, wenn du keine Waffe hast. Allein sind sie feige, nur in der Gruppe sind sie so aggressiv.«

Nicht alle Heilmittel, die sie mir zeigen, überzeugen mich. Zum Beispiel die Kautschukmilch. Caulbi hat eine Kerbe in den Baum geschlagen und die weiße Milch läuft in Strömen aus der Rinde, fließt zu Boden.

»Sie verschließt Wunden wie ein Pflaster«, verrät er mir. Dabei deutet er auf meinen Schnitt auf dem rechten Fußspann, verursacht durch das verfluchte »Sägemesser«-Gras *Xiririca.* Behutsam trägt er die Milch auf. Sie trocknet sofort und liegt wie eine hauchdünne Schrumpffolie über dem dünnen Blutschorf. Zunächst bin ich begeistert. Aber schon sehr bald merke ich, dass das

»Pflaster« wie Honig klebt. Im Handumdrehen ist es voller Schmutz und der dringt sofort in die feinen Risse der Wunde, die sich beim Gehen immer wieder ergeben. Der Schnitt entzündet sich. Ich möchte das »Pflaster« abziehen. Aber das geht nicht. Es sitzt fest verankert in den Poren. Wie Preisschilder auf manchen Waren.

»Diese Milch kann man auch trinken.« Caulbi streichelt seinen Bauch. Ich probiere einen Finger voll. Tatsächlich! Sie ist angenehm süßlich. Sofort gönne ich mir einen Nachschlag. Insgesamt eine halbe Tasse voll. Diesen Baum werde ich sofort wiedererkennen. Spätestens dann, wenn ich ihn anhacke. Mit dem Kautschuk hätte ich schon mal wieder ein neues Nahrungsmittel. Das Süße muss einen Kalorienwert haben, ist aber schnell rausgelutscht. Die verbleibende Substanz hat die Eigenschaften von Kaugummi. Ich schiebe sie von Backe zu Backe. Sie entpuppt sich als Klebstoff. Sie tackert die Lippen zusammen, haftet zwischen den Zähnen und formt sich zu Röllchen, die ich ausspucke. Ich merke mir den Baum dennoch. Vielleicht brauche ich irgendwann Tapetenkleister.

Richtig gutes Essen können sie mir nicht zeigen. »Falsche Jahreszeit«, höre ich zum wiederholten Male. Bis die elfjährige Inara auftaucht. Mit ihrem Haumesser stochert sie in der Erde herum.

»Rüdiger«, lässt sie mir dolmetschen, »wenn du diese kleinen Pflanzentriebe siehst, findest du an deren Wurzel eine Nuss. Die zwei Blätter mit dem stacheligen Stängel werden einmal zu einer riesigen Stachelpalme gedeihen.«

Inara lockert das Erdreich und zieht die dreißig Zentimeter lange Pflanze aus dem Boden. Sie entspringt einer Nuss. Inara knackt die harte Schale mit einem Stein und zaubert die schmackhafte Frucht von der Größe einer Haselnuss zutage. Das ist wirklich handfeste Nahrung.

Fett und Kohlenhydrate. Ich werde Inara eine schöne Belohnung geben.

Da ruft mich Roman. Stress im Urwald. »Komm mal schnell, der Nasenbär hat Honig gefunden!«

Ich höre »Honig« und sause zum Tatort. Da sitzt die kleine Chica in einer Astgabel und benimmt sich wie toll. Sie leckt und schleckt und umhopst das kleine Bienennest nach allen Seiten. Dabei fallen Teile des Wabengebildes herunter. Ich probiere. Es ist wirklich einwandfreier Honig. Roman wundert sich. »Komisch, dass der Bär nicht gestochen wird. Wahrscheinlich reichen die Stacheln nicht durch das Fell hindurch«, vermutet er.

»Nein«, klärt ihn Inara auf, »diese Bienen stechen nicht.«

Na gut. Das Training ist vielseitig. Irgendwann weiß ich, wo ideale Axtstiele wachsen, Paddel und Verbandsmull gedeihen. Ich weiß, welches Harz als Zunder verwertbar ist und staune, wie der kleine Nasenbär es schafft, sein eigenes Ausgekotztes erneut zu essen. Sogar mit beneidenswertem Appetit. Wolfgang filmt den Vorgang begeistert und liest mir meine Gedanken von den Augen ab.

»Da staunst du, gell? Genau das musst du auch trainieren. Du musst ständig dein eigenes Erbrochenes essen. Dann bist du unabhängig vom Angebot des Waldes.«

»Kannst du eigentlich an nichts anderes denken als an Quote?«

In dem Moment habe ich eine Mücke entdeckt. Sie sitzt auf dem Arm und trinkt sich voll mit meinem Blut. Deutlich sehe ich, wie ihr Hinterleib dick und rot anschwillt. Ich warte, bis sie satt ist. Pure Tierliebe. Aber bevor sie wie ein überladenes Flugzeug vom Arm abhebt, schlage ich zu! Nicht zu hart, eher sanft. Und diesmal nicht aus Tierliebe, sondern aus Eigennutz. Ich will sie so unzerquetscht wie möglich. Dann esse ich sie auf. Vollwertkost.

»Die Methode mit dem Erbrochenen lasse ich der kleinen Chica. Ich ernähre mich von meinem eigenen Blut plus Insekt. Das ist mein *Perpetuum mobile* gegen den Hunger.«

Wolfgang staunt. Und wenn ein Filmemacher staunt, will das etwas heißen. »Die Idee solltest du unbedingt bei der Welthungerhilfe als Mittel gegen den Welthunger einreichen. Die ist nobelpreisverdächtig.«

Ich verspreche, es zu tun. Obwohl ich mir sicher bin, dass wieder niemand auf mich hören wird.

Beim Militär

Das Training bei den Waiapí ist beendet. Wir sind in Manaus, der Großstadt am Rio Negro.

»Um Punkt neun Uhr haben wir einen Termin beim Militär.« Ich bin begeistert. Das klappt ja besser als geplant. Wolfgangs Freunde haben das organisiert. Dort, beim *Comando Militar Amazônia* (CMA), ist auch das Hauptquartier des CIGS, des *Comando de Instrucção de Guerra na Selva.* Diese Dschungelkämpfer genießen weltweit einen besonderen Ruf. Eine ihrer Übungen gleicht meinem Vorhaben. Es ist die, von der ich schon am Lagerfeuer gehört habe. »Sie werden irgendwo im Dschungel abgesetzt, haben nur drei Angelhaken und sechs Streichhölzer. Sonst nichts. Und dann müssen sie zurückfinden zu ihrer Einheit.« Das hat mich fasziniert und ich hoffe, hier noch einige letzte Tipps zu ergattern.

Mit militärischer Pünktlichkeit stehen wir auf der Matte. Das heißt um fünf vor neun. Wolfgang und ich.

Serganto Vanderlei hört sich meine Bitte an. Er macht quasi das Casting, um das Resultat anschließend dem

General vorzutragen, und der entscheidet dann, ob er mir die Huld seiner Genehmigung zuteil werden lässt oder nicht. Wolfgang spricht für mich. Er ist perfekt in Portugiesisch. Unter anderem, weil er ein Sprachgenie ist, zum anderen ist er mit einer Brasilianerin verheiratet und zum dritten ist Manaus sein zweiter Wohnsitz.

Vanderlei hat einen ehrlichen Blick. Seine Augen leuchten und weichen meinen nicht aus. Das, was ich da vorhabe, lässt sein Einzelkämpferherz höher schlagen. Sofort sind wir von seinen Kollegen in der Schreibstube umzingelt.

Der Serganto hat diese Urwaldprüfung auch absolviert und ist fasziniert, dass ich es *ohne alles* wagen will. Zumal ich aus Europa komme und der Urwald nicht meine Heimat ist. Ich erzähle von den drei Atlantiküberquerungen per »ungeeignetem« Fahrzeug, von meinen vorangegangenen Ausbildungen bei den Marinefliegern und den Kampfschwimmern in Deutschland, berichte von meinen Survivalbüchern und sorge dafür, dass der General gar nicht mehr anders kann, als mir ein paar Unterrichtsstunden durch seine Ausbilder zuteil werden zu lassen.

»Haben Sie eine Empfehlung der deutschen Botschaft in Brasília?«, will er irgendwann wissen. Nein, habe ich nicht. Manaus war ursprünglich nicht geplant. Wir sind nur deshalb hier, weil es in Macapá keine Hubschrauber gab. Man hätte sie in Belém an der südlichen Amazonasmündung chartern müssen und das wäre wegen des weiten An- und Rückfluges viel zu teuer gekommen. Manaus liegt näher zur Grenze nach Guyana.

»Macht nichts«, schwindelt Vanderlei. Ich merke aber gleich, dass die fehlende Erlaubnis sehr wohl etwas macht und zur Absage führen wird. Ich brauche mich nur in den General hineinzuversetzen: da kommt irgendein unbekannter Deutscher des Weges und will bei seiner Eliteeinheit Instruktionen abstauben! Das ist nicht nur brasilianischen Militärs suspekt. Das ist allen Militärs verdächtig. Hätte ich's geahnt, hätte ich mich der Unterstützung durch die deutsche Botschaft in Brasília versichert.

Ich nutze die gute Stimmung unter den Umstehenden und diese vielleicht einmalige Chance, um sie auszuhorchen. »Haben Sie alle an den Lehrgängen teilgenommen?«

Ja, die meisten.

»Und was war für Sie das Härteste?«

Da reden sie lebhaft durcheinander. Für den einen die Undurchsichtigkeit, die Enge des Waldes, für andere die Insekten, der Jaguar, die Schlangen, die ungewohnte Einsamkeit.

Dabei erfahre ich auch, dass sie *soo* sehr unausgerüstet gar nicht ausgesetzt werden.

Sie haben ein Taschenmesser, drei Angelhaken, sechs Streichhölzer, eine Waffe mit sechs Patronen. »Ja, und natürlich unsere Uniform. Wir müssen als Soldaten ja immer erkennbar sein.«

»Haben Sie auch Ihre Hängematte dabei?«

»Ja, die haben wir auch. Nebst Moskitonetz und Regendach.«

Und nicht nur das. Sie haben Karte und Kompass. Sie wissen, wo sie ausgesetzt werden, und müssen dann, mit Karte und Kompass, heimfinden zu ihrer Einheit. Sie sind maximal fünf Tage unterwegs.

»So mutterseelenallein wie Sie sind wir auch nicht. Wir sind in kleinen Gruppen zusammen und haben Radiokontakt zur Einheit. Es darf ja nicht zu einem ernsthaften Unfall kommen. Notfalls werden wir rausgeholt.« Ich rechne nach: Die Streichhölzer und die Angelhaken, die Schusswaffen und Messer summieren sich zu einer beachtlichen Gesamtausstattung. Wolfgang gehen dieselben

Gedanken durch den Kopf. »Damit könnten die ja einen eigenen Ausrüstungsladen mitten im Wald eröffnen«, flüstert er mir später zu.

So relativiert sich für mich einiges. Der Weg zum Casting-Serganto hat sich gelohnt. Egal nun, ob der General mich noch zum Cafezinho einlädt oder nicht. Die militärische Variante ist demnach doch um einiges anders als das, was ich mir vorgenommen habe. Schließlich hat ihr Training auch ein anderes Ziel. Sie bekommen es im Ernstfall mit feindlichen Soldaten zu tun.

»Ein Messer und ein Feuerzeug sollten Sie *mindestens* mitnehmen. Ohne sind Sie aufgeschmissen«, rät Vanderlei. Genau wie die Indianer. Die hatten mir auch genau zu diesen zwei »Waffen zum Überleben im Wald« geraten.

Und ein anderer Soldat ergänzt mit versteckter Häme: »Stellen Sie sich vor, wir müssten Sie herausholen, weil Sie um Hilfe rufen! Wäre Ihnen das nicht peinlich?«

Ja, das wäre mir saupeinlich. Deshalb hätte ich ein Telefon, erwidere ich, mit dem ich eben nicht zu orten wäre. »Wenn ich weiß, dass ich jederzeit Hilfe holen könnte, reist man mit einer ganz anderen Sicherheit. Gerade das möchte ich ausschließen. Ich muss unter dem Druck stehen, es nur allein oder gar nicht zu schaffen.«

Nach einer halben Stunde werden wir entlassen. Ja, toll, mein Vorhaben, man werde es dem General wärmstens ans Herz legen. Ihrer aller Fürsprache hätte ich bereits. Ihren Händedruck, warm und kräftig, kriege ich noch gratis dazu. Jedoch es reicht nicht. Ich höre nie wieder etwas vom CMA.

Der Helikopter

Jorge Viana da Cruz hat ein Aero-Taxi-Unternehmen in Manaus. Er besitzt zwei Hubschrauber. Und die kosten pro Stunde 1100 US-Dollar. Er sieht unsere weiten Augen und lindert unseren Schock sogleich, da man »wegen meines interessanten Vorhabens auf jeden Fall an dem Preis noch etwas drehen« könne. Na ja, dann hat er eventuellen Rabatt sicher schon reichlich draufgeschlagen. Denn Jorge Viana da Cruz ist wohlhabend. Und das wird man nicht durch Gewährung von Rabatten. Wir sitzen in seinem eleganten Büro mit der schmalen Fünf-Meter-Panoramascheibe. Mehr Sehschlitz als Fensterscheibe.

»Wenn ich hier auf der Couch sitze und in den Himmel schaue, ist das wie ein Blick aus dem Cockpit«, schwärmt er stolz. Ja, die Scheibe sei seine Erfindung.

Wir müssen neben ihm Platz nehmen und seinen Blicken folgen. Ich sehe nichts als blauen Himmel. Ebenso gut könnte ich auf einen Streifen blauer Tapete schauen. Um seine Erwartung nicht zu enttäuschen und um uns den Preis nicht zu versauen, lobe ich das fantastische Meeresblau, die unendliche Weite des Weltalls und die bestimmt großartige Variante, wenn Sterne und Mond das Blauschwarz der Nacht mit ihren Goldtupfen zur unvergleichlichen Zeichnung des Schöpfers verzaubern.

Meine Antwort stößt auf Wohlgefallen. Er staunt ob meiner Fantasie. Sogar Goethe wäre vor Neid erblasst. Dabei ist es nur der hohe Stundenpreis, der meine Kreativität beschleunigt. Auf der Stelle spendiert uns Viana eine Caipirinha. Die Art seines Lächelns signalisiert Wolfgang allerdings gleich, dass der Herr der Helikopter auch die drei Erfrischungsgetränke garantiert insgeheim auf unsere Rechnung setzen wird.

Viana breitet eine große Landkarte auf dem Tisch aus. Wir zeigen auf die Grenze zu Guyana.

»Dort irgendwo möchte ich mich absetzen lassen. Am liebsten nachts.«

Viana schaut mich an, als zweifle er an meinem Geisteszustand. »Das geht auf keinen Fall. Nachts darf nur das Militär fliegen. Und außerdem ist es viel zu gefährlich, eine solche Operation im Dunkeln durchzuführen.«

Viana kann mich nicht schocken. Wozu habe ich bei den Kampfschwimmern das Simulieren der Nacht gelernt? »Ich werde mir eine schwarze Kapuze über den Kopf stülpen«, flüstere ich Wolfgang auf Deutsch zu. »Das ist dann genau wie bei Nacht.«

Ein Lineal mit Zentimetereinteilung wird auf der Karte hin- und hergeschoben. »Wir brauchen hin und zurück insgesamt fünf Stunden reine Flugzeit. Plus Absetzaktion. Wenn Wolfgang mit runterwill, um ein letztes Interview zu machen, dann müssen wir dafür mindestens auch noch eine Stunde rechnen. Zuzüglich Reserve für Unvorhergesehenes.«

Das seien dann – er tippt die Zahlen in den Taschenrechner – sieben Stunden zu je 150 Liter Kerosin, zuzüglich das Gewicht der vier mitfliegenden Personen, zuzüglich Gepäck – also, da kämen Gewichte zusammen, die er nicht transportieren könne. Er müsse ein Treibstoff-Depot anlegen und schlägt Urucuará am Amazonas vor.

»Das sind noch einmal drei Stunden Flug. Die müsste ich Ihnen ebenfalls berechnen.«

Auch ohne Taschenrechner weiß ich sehr schnell, dass mir die Erfüllung meines Traumes solche Summen nicht wert ist.

»Gibt es keine Möglichkeit, das Depot auf genau geradem Kurs anzulegen? Der Umweg im rechten Winkel über Urucuará kostet ja unnötig Zeit und Geld«, werfe ich ein. Um das zu beurteilen, muss ich kein Pilot sein. Schließlich können Helikopter genauso geradeaus fliegen, wie Schiffe sich auf dem Meer bewegen. Da kann er mir nichts vormachen.

Ja, das sei eine gute Idee. Aber leider nur theoretisch. Das sei alles dichter Wald ohne die Möglichkeit zur Landung. Dabei zieht er mit seinem Bleistift weite Kreise in der Luft über der Karte. Also kämen zwölf Stunden zusammen. Ich werde den Verdacht nicht los, dass Viana bereits heimlich von einer Rundum-360-Grad-Panorama-Scheibe träumt. Auf unsere Kosten.

»Es wird um einiges billiger«, gibt er sich dann als Sparer, »wenn wir das Kerosin-Depot in Jundá an der Straße nach Boa Vista anlegen.« Er tippt auf einen Ort an der Landstraße von Manaus nach Venezuela.

Ich höre nur »Boa Vista«! Bei dem Stichwort schrecke ich regelrecht hoch und schaue mir die Karte noch einmal genauer an. Eigentlich war diese Hauptstadt im Norden Roraimas für mich absolut tabu. Dort habe ich handfeste Gegner aus alten Zeiten sitzen, Gegner mit Langzeitgedächtnissen. Ich denke an die Mafiabosse Romero Jucá und Altino Machado. Oder den evangelischen Pfarrer Weißenstein. Sie alle könnten mir ohne größere Mühe tödliche Schwierigkeiten bereiten.

Als Viana kurz den Raum verlässt, um zwei neue Caipirinhas zu ordern, stoße ich Wolfgang an. Unsere Blicke kreuzen sich und signalisieren gleiche Gedanken.

»Guck mal hier: Von Boa Vista aus ist es viel näher zum Startort an der Grenze. Sollten wir nicht dort unser Glück versuchen? Von Manaus aus wird mir das zu teuer«, sage ich. »Und mir bleibt sonst keine bezahlbare Alternative. Vor allem will ich allmählich los.«

»Sofern es dort Hubschrauber gibt. Boa Vista ist eine verträumte Stadt geworden. Die Zeiten der Goldsucher und der vielen Helikopter ist vorbei. Aber du hast natürlich Recht. Deine, aber auch meine Widersacher sitzen dort nach wie vor in ihren Sesseln und schauen durch ihre Zielfernrohre.«

Viana kommt mit den Getränken zurück. Wir stoßen an. »Saúde!«

Wolfgang entschuldigt sich kurz, geht zur Toilette. Nach fünf Minuten ist er zurück und strahlt. Sein hochgereckter Daumen signalisiert gute Nachrichten. Er hat »mal eben« einen Freund in Boa Vista angerufen. Ja, dort gäbe es zwei Hubschrauber, flüstert er mir zu. »Startklar!«

Wir lassen Viana dennoch weitere Zahlen auf seinen Schmierzettel malen. Endlich ist er zu einem Resultat gekommen. »Ich muss die beiden Möglichkeiten genau durchkalkulieren. Morgen früh rufe ich Sie im Hotel an und nenne Ihnen die Preise.«

Wir verlassen sein irdenes Cockpit mit dem Sky-View. Ich fühle mich erleichtert. Liegt das an der neuen Chance mit Boa Vista? Oder zeigen die beiden Caipirinhas Wirkung? Ich weiß es nicht.

Von Viana hören wir kein Sterbenswörtchen mehr. Nicht »morgen früh« und nicht nachmittags. Vielleicht hat er übermorgen gemeint. Da sind wir längst in Boa Vista. Wir – das sind Annette, ihre 14-jährige Tochter Sophie, Wolfgang und ich. Roman ist bei den Waiapí und Hosti, unserem Baumeister geblieben.

Der Start

Das Hotel Eusébio in Boa Vista hat sich kaum verändert. Vor dem Hotel lümmeln sich ein paar Gäste auf den durchgesessenen Ledersofas. Drinnen riecht es nach Bohnerwachs und Insektenspray. Die *Receptionista* ist zwar nicht mehr die von damals. Aber sie ist genauso lahm wie ihre Vorgängerin anno 1990. Sie telefoniert mit einer Freundin. Wir existieren für sie nicht.

Wolfgang und ich tauschen Erinnerungen aus. »Der einzige Unterschied sind die fehlenden Goldsucher. Das Hotel wirkt ausgestorben.«

Da hat er Recht. In den Goldsucherzeiten herrschte hier ein unbeschreibliches Leben und Gedränge. Zimmer wurden doppelt vermietet. Man schlief auf dem Boden oder zu zweit in einem Bett. Hauptsache, man hatte ein Dach überm Kopf. Ohne Trinkgeld lief gar nichts.

Offenbar ist der Laden immer noch ausgebucht. Die Empfangsdame macht jedenfalls keine Anstalten, uns nach unseren Wünschen zu fragen. Und ganz offensichtlich ist es ein reines Privatgespräch. Sie lacht und verteilt *besos* und *abraços*, Küsse und Umarmungen in den Hörer, dass man glaubt, der Speichel müsse längst an der Muschel runterlaufen. Um ihre Vielseitigkeit zu demonstrieren, korrigiert sie nun noch ihr Make-up vorm Spiegel.

Bis es Wolfgang zu dumm wird. Wortlos drückt er die Telefongabel nieder. Die Frau nimmt das hin ohne ein Wort des Vorwurfs, aber auch ohne eine Silbe der Entschuldigung. Sie tut, als habe sie selbst das Gespräch beendet. So kommen wir zu unseren Zimmern.

Ich gehe als Erstes unter die Dusche. Da stürzt Wolfgang ins Zimmer. »In fünf Minuten kommt Asa ins Hotel. Das ist einer der beiden Heli-Piloten, die ich gerade angerufen habe. Statt 1100 Dollar wie sein Konkurrent nimmt er nur 700 pro Stunde. Seine Maschine ist allerdings kleiner und deshalb billiger.«

Ich dusche in Ruhe zu Ende. Fünf europäische Minuten sind mindestens 15 brasilianische. Also habe ich Zeit. Aber diesmal habe ich mich getäuscht. Asa klopft an die Tür, pünktlich wie eine funkgesteuerte Turmuhr. Keine Sekunde zu früh und keine zu spät. Ich bin beeindruckt. Annette ebenfalls, als sie die Tür öffnet. Denn der Typ sieht sehr gut aus. Er wirkt jung und dynamisch, ein Mensch, für den es die Vokabel »Problem« gar nicht gibt.

Wir setzen uns an den Swimmingpool hinterm Hotel. Dort ist es ruhig und riecht nicht nach Bohnerwachs. Dafür nach Chlor.

»Eine Caipirinha?«, gibt Wolfgang sich gastfreundlich.

»Nein, danke, ich trinke keinen Alkohol.«

Der Mann beeindruckt mich mit jedem Satz mehr. Er passt gar nicht zu Brasilien. Der erste Pilot von all denen, die ich in Boa Vista kennen gelernt habe, der kein Trinker ist. Zum Glück nimmt er eine Cola an. Die Eisstücke klirren und mildern die alles beherrschende Hitze.

Ja, also sein Heli sei, wie schon am Telefon gesagt, kleiner. Er flöge nur 160 Kilometer die Stunde, verbrauche deshalb weniger Kerosin und koste entsprechend weniger. 700 die Flugstunde, wie schon gesagt. Für Wartezeiten berechne er nichts, sofern wir im Wald landen könnten.

»Falls wir *keinen* Landeplatz finden – können Sie uns an einer Winde runterlassen?«

Asa lächelt belustigt. »Nein, mein Hubschrauber ist nur klein und solche Vorrichtungen habe ich nicht.«

Na, das macht nichts. War ja nur eine Frage. Für den Fall hat Wolfgang sein 50-Meter-Seil mit. Und einen Sitzgurt. Dann machen wir es halt damit. Für Asa aber kein Problem, vor allem dann nicht, nachdem Wolfgang ihm erklärt hat, dass er Bergführer und Extremkletterer sei und sich mit den Dingen auskenne. »Hauptsache, man kann das Seil im Cockpit befestigen.«

Ja, da gäbe es sicher einige Möglichkeiten. Genau könne er das nicht sagen. Unsere Vorführung sei eine Premiere. Er fände das einfach spannend, wir könnten gleich morgen früh nach Sonnenaufgang los.

Aber auch er möchte lieber ein Sprit-Depot anlegen. »Ich fliege heute Abend noch mit einem Kollegen und dessen Kleinflugzeug nach Entre Rios. Das sind anderthalb Stunden pro Weg. Da deponieren wir vorsichtshalber 600 Liter Kerosin. Dann sind wir zeitlich nicht so eingeengt.«

Bei den günstigen Preisen spielt das Kleinflugzeug jetzt keine Rolle mehr. Asa denkt konstruktiv mit und das nimmt mir unnötige Sorgen. Vor allem bedeutet es für mich, dass ich morgen aus der Stadt meiner Erzfeinde verschwinden kann. Bevor sie mich überhaupt wahrgenommen haben. Schadenfroh denke ich an das lange Gesicht von Pfarrer Weißenstein, wenn er je von meiner Stippvisite erfährt.

»Dann bis morgen früh, Punkt sieben Uhr vorm Hotel.« Asa verabschiedet sich. Wir wissen nun, dass wir ihn wörtlich nehmen dürfen: *Punkt* sieben Uhr.

Es ist Abend geworden. Annette und Wolfgang wollen mir ein Abendbrot spendieren. »Deine letzte Mahlzeit. Was wünschst du dir?«

Es ist lieb gemeint. Aber ich habe mir vorgenommen, mich nicht sinnlos voll zu fressen. Ich habe Angst, dass der Körper dadurch eine unnötige Gier entwickelt und ständig Nachschub verlangt und dass ich ihm dann im Wald nicht zu Diensten sein kann. Ich habe drei Kilo Übergewicht. Das muss reichen, wenn ich während der ersten Tage gar nichts zu essen finde. Ich weiß, dass ich ohne zu essen pro Tag ein halbes Kilo Gewicht verliere. Dennoch komme ich damit bequem sechs Tage aus.

Ich gönne mir nur drei knackige Brötchen direkt aus dem Ofen im *Supermercado* und öffne die Dose Thunfisch, die mir Roman zum Abschied geschenkt hat.

»Wir möchten dir nicht nur das Abendbrot spendieren. Wir möchten dir noch eine Bitte vortragen.« Aha, Wolfgang will eine Rede halten. Auch Annette schaut eigenartig glasig zu mir her. Bestimmt erneute Tipps zu Blenden und Schwenks. Denn ihre Augen wirken so eigenartig um zwei Blenden geschlossen und ihr Körperschwenk endet an meiner Wange. Sie kuschelt sich an mich. Alarmstufe eins, schrillt es in mir. Ich fürchte die Nummer »Möchtest du nicht doch lieber auf den Marsch verzichten?«. Oder, noch schlimmer, »Ich komme mit!«.

»Was ist los?«

Wolfgang antwortet für sie. Und für sich. »Es sind drei Dinge, über die wir sehr lange nachgedacht haben. Ich will auch nicht groß drum herum reden. Erstens *musst* du ein Feuerzeug mitnehmen.«

»Ich denke, das war klar«, antworte ich, »spätestens beim Militär hatte ich mir das doch zugestanden.«

»Dann bin ich beruhigt. Das Nächste ist: Wir werden dir *nicht* die Augen verbinden und dich ›irgendwo‹ runterlassen. Wenn du nie wieder auftauchst, könnte man uns den Vorwurf machen, wir hätten dich verantwortungslos an einer besonders schwierigen Stelle ausgesetzt. Du allein sollst entscheiden, wann und wo du dich abseilst.«

»Okay, akzeptiert.« Ihre Sorge um denkbare Vorwürfe dieser Art hatte ich längst in Erwägung gezogen. Ich greife in meine Hemdtasche und gebe ihnen einen Zettel. Ich hatte ihn vorhin geschrieben, als es hieß, wir gehen abendessen. Darauf entbinde ich sie ausdrücklich von jeglicher Verantwortung. Sie sind überrascht und auch erleichtert. Also Gedankenübertragung. Oder Team-Harmonie. Für mich ist es Routine. Es war noch nie anders vor meinen Reisen.

»Und drittens bitten wir dich, ein Haumesser mitzunehmen.«

Bevor ich mich äußern kann, fällt Annette Wolfgang ins Wort. »Es ändert doch gar nichts an deinem Vorhaben.

Dein Marsch bleibt trotzdem eine große persönliche Leistung. Du musst doch niemanden etwas beweisen. Sogar die Indianer und Siedler halten dein Vorhaben für zu riskant, wenn du ohne *terçado* gehst. Die würden sogar noch eine Schusswaffe mitnehmen. Du hast noch niemanden gefunden, der sich selbst *mit* Messer und Waffe dein Vorhaben auch zugetraut hätte. Obwohl sie es bestimmt schaffen würden, haben nicht einmal die Indianer Lust verspürt, es dir nachzumachen. Alle winkten dankend ab.«

Wolfgang will ihr Argument toppen. »Heute steht übrigens der Bericht über deinen Marsch in Manaus in der *A Crítica*. Eine ganze Seite! Meine Frau hat das vorhin am Telefon gesagt. Sie hat auch versucht, uns den Bericht durchzufaxen. Ich wollte dich damit überraschen. Leider hat es nicht geklappt. Aber eine ganze Seite – das zeigt doch am deutlichsten, welchen Stellenwert sogar Brasilianer dem Wagnis beimessen. Das Messer schmälert deine Leistung in keiner Weise.«

Damit hatte ich nicht gerechnet. Mag es für andere keine Schmälerung bedeuten, für mich ist es das sehr wohl. »Mit einem Messer wird der Wald zum botanischen Großstadtgarten. Wo bleibt dann noch die Leistung?«

Annette schiebt mir einen Briefumschlag rüber. »Ich habe gewusst, dass du so argumentieren würdest. Mach bitte den Umschlag auf.«

Bedächtig, aber total neugierig öffne ich ihn. Ich erwarte irgendetwas von »Liebe« und »das Schicksal nicht herausfordern«. Aber es kommt anders. Ein Bild fällt heraus. Mit der Rückseite nach oben flattert es zu Boden. Ich erkenne Annettes Schrift. Es sind nur wenige Worte: »Tu es bitte für sie und ihre Leidensgenossinnen!«

Ich drehe es um. Es ist das Bild von Amina aus der Danakilwüste. Dieses zarte, zerbrechliche Wesen, das drei

Monate vor unserer Begegnung brutal verstümmelt worden war und vor Schock die Sprache verloren hatte. Von morgens bis abends knautschte es seinen Schal durch die Hände und sprach keine Silbe mehr. Amina wurde unser Patenkind.

Ich bin geschlagen. Dagegen gibt es kein Argument. Der Kampf gegen die weibliche Genitalverstümmelung ist zu meiner letzten großen Lebensherausforderung geworden. Nichts und gar nichts wird mich davon abhalten, bis ich mein Ziel erreicht habe. Das Ziel Mekka. Ich nehme Bild und Haumesser mit.

Boa Vista, 31. Juli 2003, sieben Uhr brasilianischer Manaus-Zeit. In Deutschland ist es jetzt 13 Uhr. Asa ist wieder pünktlich wie die Funkuhr. Nicht nur das. Er ist herausstaffiert wie ein Model. Dunkle Hose mit Bügelfalte, Hochspiegelglanz-Schuhe und ein schneeweißes Pilotenhemd mit Brusttaschen und Sternchen auf den Schulterklappen. Das schindet bei uns Eindruck und noch mehr Vertrauen, als wir sowieso schon hatten, weil er keinen Alkohol anrührt. Zu Goldgräberzeiten wäre er unter den Buschfliegern ein Ausgestoßener gewesen.

Wir fahren mit seinem blitzsauberen Geländewagen zum Flughafen. Klimaanlage, Satellitennavigation, Haumesser, Taschenlampe, Trinkwasser gehören zu seinem SOS-Pack. Er karrt seinen Helikopter persönlich aus der Halle, verstaut unser Gepäck, checkt die Funktionen. Dann beginnt der Rotor zu kreisen.

Wir steigen ein. Sophie darf neben Asa vorn sitzen. Annette, Wolf und ich beengen uns hinten. Dann heben wir ab. Schnell zieht die Maschine höher. Kurs 150 Grad. Ziel Entre Rios, das Treibstoff-Depot. Nach anderthalb Stunden ist es erreicht. Gleich östlich des Ortes beginnt das Schutzgebiet der Wai-Wai-Indianer.

Während Asa Sophie bei einer befreundeten Familie unterbringt, füllen zwei Männer den Tank voll. »Für Sophie ist jetzt kein Platz mehr. Jetzt muss Annette vorne sitzen. Ihr beiden anderen nehmt Rüdigers zwei Gummisäcke nach hinten, damit Wolfgang sie Rüdiger runterlassen kann.«

In den wasserdichten Säcken sind die Kameras und das Satellitentelefon sowie die Solaranlage für deren Stromversorgung. Darüber hinaus ein winziges Baum-Schraubstativ und eine Mundharmonika. Das Haumesser klemmen wir neben einen der Säcke.

Am Körper habe ich meine Sandalen, die Badehose und das T-Shirt. Dazu die Hörgeräte und die Brille sowie meine Uhr. Die Brille ist am T-Shirt mit einer Klemme gesichert. Ich darf sie unter keinen Umständen verlieren. Ich bin altersbedingt weit- und kurzsichtig.

»Lass uns jetzt genau festlegen, wie du aus dem Heli aussteigst«, befiehlt Wolfgang. Er hat das 50-Meter-Bergsteigerseil am Sitzgestell von Annette befestigt. Mir hat er den Sitzgurt angelegt. Asa beaufsichtigt die Instruktionen. Die Türen sind ausgehängt. Das erhöht die Bewegungsfreiheit.

»Halt dich am Vordersitz fest und am Rücksitz. Dann tritt mit den Füßen auf die Kufe und lass dich ganz langsam nieder auf die Knie. Und dann gleitest du runter. Ich gebe dir entsprechend Seil nach.«

Asa ist einverstanden. »Ja, so ist es okay. Bedenk vor allem, dass du nichts ruckartig machst. Mein Hubschrauber ist klein und könnte aus dem Gleichgewicht geraten.«

Bei den Rotorkräften kann ich mir das zwar nicht vorstellen. Aber Asa ist der Experte, ich bin der Laie. Ich zittere. Die letzte Phase vor der Einsamkeit beginnt. Schon ab jetzt gibt es für mich keine Umkehr mehr. Ich drücke Annette an mich. »Du weißt, dass der Wald mein Freund ist. Es gibt keine Probleme, die ich nicht bewältigen könnte. Und wenn ich nur noch ein Bein haben sollte – ich werde wiederkommen.«

Wir geben uns stark, aber ihre Augen sind nass. Sie zittert wie ich. »Und denk dran: wenn du einmal nichts mehr von mir hören solltest, mach keine Pferde scheu. Bei meinem technischen Unverständnis hat das nichts zu bedeuten. Erst nach vier Wochen ohne Nachricht darfst du dir erste Gedanken machen, nach sechs Wochen Sorgen, nach acht Wochen öffnest du das Testament.« Da muss sie lachen und die Tränen laufen ihr in den Lachmund.

Wir heben ab. Kurs Ostnordost auf die Serra Acari zu, das Grenzgebirge zu Guyana und Surinam. Das Ziel sind die Quellflüsse des Rio Mapuera. Sie münden, wie alle Wasser, in den Amazonas.

Unter uns sofort dichter Regenwald. Baum an Baum, kein Dorf, keine Lichtung. Manchmal Bäche und Flüsse. Sie winden sich wie Schlangen, die man in einen Sack gesperrt hat. Viele Meter auf engstem Raum. Eine gigantische Regenwaldszenerie. Ein unberührtes Paradies. Von Horizont zu Horizont.

Mehrfach fliegen gelbe und rote Aras in Schwärmen unter uns her. Ihre Farben leuchten in der Morgensonne wie Ampeln. Ich lehne mich aus dem Heli. Der Fahrtwind trocknet den Schweiß meiner Aufregung.

Wolfgang hat den Kopfhörer auf. Er steht in direktem Kontakt mit Asa. Der hatte mich noch kurz vorm Start meine Alleinverantwortungserklärung unterzeichnen lassen. Ich habe sie blind unterschrieben. Weiß der Teufel, was er dort so fein säuberlich aufgeführt hat. Ich wollte endlich los.

»Wir sind am Ziel«, lässt Asa Wolfgang irgendwann wissen. »Aber ich sehe keinen Platz für eine Landung. Ich werde das Gebiet noch einmal weiträumig umfliegen. Vielleicht haben wir ja Glück.«

Eine Landung ist uns deshalb am liebsten, weil Wolfgang dann problemlos und in aller Ruhe sein letztes Statement machen kann. Und die Wartezeit kostet nichts. Weder Treibstoff noch Geld. Muss der Helikopter hingegen in der Luft auf Wolfgang warten, wird's teuer. Dann muss auch Wolfgang am Seil abgleiten, das Interview führen und sich anschließend die 50 Meter wieder mühsam mit Bergsteiger-Seilklemmen zurück in den Hubschrauber hakeln.

Sosehr Asa sucht, es gibt kein freies Stück Wald. »Die Bäume sind fast 50 Meter hoch. Da können wir Rüdiger unmöglich runterlassen. Er würde immer noch viele Meter über der Erde pendeln, denn ich muss ausreichenden Abstand zu den Bäumen halten.«

Es wird schwieriger, als wir gedacht haben. Asa kreist und kreist. Doch dann entdecken wir ein flaches Gelände. Es ist so groß wie ein halbes Fußballfeld und mit flachem Buschwerk bestanden. Hier oder nirgends. »Haltet an, hier gehe ich runter«, signalisiere ich Wolfgang. Er informiert Asa.

Die Landung

Der Heli steht auf der Stelle, vibriert und dröhnt, als hätte er nun mehr Leistung zu erbringen als beim Flug. Er erinnert mich an den Flug eines Falken, der seine Beute sucht, dann auf der Stelle rüttelt, ehe er hinabstürzt. Auch Erinnerungen an Wolfgangs und meine Einsätze bei den Yanomami werden wach.

Ich tippe Annette auf die Schulter, mache das Okay-Zeichen, stelle mich auf die Kufe. Immer wieder hatte ich das Seil geordnet, damit es keinen Seilsalat gibt. Eine meiner Videokameras habe ich vor die Brust gebunden. Sie soll das Abseilen aus meiner subjektiven Sicht filmen. Mal nach oben, mal nach unten. Egal, ob verwackelt oder nicht. Verwackeln bringt in diesem Falle Authentizität.

Die Hände verkrallen sich an Vorder- und Rücksitz. Fünfzig Meter unter mir liegt mein Ziel und wirkt einladend. Wie ein Moospolster, das sagt: »Komm, kuschle dich an mich!«

Ich gehe auf die Knie, fasse mit den Händen nach. Ein geiles Gefühl. Ich habe keinen Blick mehr für Wolf und Annette, nur noch dafür, keinen Fehler zu begehen. Dann lasse ich los. Ohne zu rucken. Wolf gibt Seil nach. In glatter Fahrt geht es abwärts, meinem Kuschelmoos entgegen.

Wie lange es dauert, bis das Seil ausgelaufen ist, weiß ich nicht. Aber es ist ausgelaufen, denn es kommt zum Stillstand. Aber ich hänge noch in der Luft. Noch immer pendle ich drei Meter über dem Boden und komme nicht mehr tiefer. Ich gebe Zeichen, man solle mich tiefer lassen. Doch ich schwinge nach wie vor. Hin und her und hin und her. Wie eine Kirchenglocke vorm Gottesdienst. Warum geht der Pilot nicht einfach tiefer, denke ich. Weit und breit ist ihm kein Baum im Wege. Vielleicht schätzt er meine Lage anders ein.

Da! Endlich Kontakt mit dem Gebüsch! Demnach hat er das Signal befolgt. Und in genau derselben Sekunde weiß ich, dass es kein sanftes Moospolster ist, das mich willkommen heißt. Es ist ein heimtückisches, dorniges, wehrhaftes Gestrüpp. Ein unentwirrbarer Filz aus einer Art Brombeerranken und Stachelbeer-Ästen. Filz wie in einer Parteizentrale. Stacheldraht der Natur. Fünf Meter dick. Nach unten sehe ich kein Ende des Wirrwarrs, keinen festen Boden. Ich pendle mehrere Meter hin und her und blute sofort an allen Hautstellen. Beine, Hände und

Arme sind zerschunden, bevor ich mich aus dem Seil lösen kann.

Ich kriege einen Ast zu fassen und kann das Pendeln stoppen. Der Preis dafür ist hoch. Die Hände sind voller Splitter.

»Scheiße!«, fluche ich laut. Und damit es auch jede taube Termite im tiefsten Gang ihrer Baue hört, wiederhole ich die Verwünschung noch viele Male. Der Anspruch an mich selbst, ohne Schramme aus dem Wald zurückzukehren, ist damit von der ersten Sekunde an hinfällig. Verletzt und blutend wie abgestochen, noch bevor ich den ersten Schritt getan habe. Theorie und Realität, die verfeindeten Geschwister. Sie haben mich begrüßt und ihr Urwald macht mir klar, wer hier die Bedingungen stellt. Er und nicht ich.

Ich stehe in der Sonne. Weisungsgemäß habe ich mit den blutigen Händen irgendeinem Busch einen grünen Ast entrissen und an das Seil gebunden. Sein Gewicht und das meines abgelegten Sitzgurtes sollen verhindern, dass es beim Hochziehen in den Rotor gelangt. Das wäre das Ende des Hubschraubers.

»Das fehlte noch: Du kommst heil heraus und wir schmieren ab!«, hatte Asa gewitzelt.

Dann sehe ich die beiden roten Säcke herabkommen. Vibrierend gleiten sie tiefer. Auch sie pendeln, wie ich gependelt habe. Da saust das Messer aus seiner Halterung. Es segelt elegant irgendwo neben mir in den Busch. Macht nichts. Hole ich mir später. Ich löse die Säcke, damit als Nächstes Wolfgang runterkommen kann. Während er das Seil erneut hochzieht, trample ich ihm einen Landeplatz, damit es ihm nicht so ergeht wie mir. Ich bin schweißgebadet.

Ich schaue geblendet gegen die Sonne nach oben. Aber Wolfgang kommt nicht. Allmählich schmerzen meine Augen vom angestrengten Schauen. Ich darf seinen Ausstieg nicht verpassen. Ich muss ihn filmen. Aber irgendetwas scheint nicht zu stimmen. Ich vergrößere derweil den Landeplatz. Trample, stürze, blute. Doch Wolfgang kommt noch immer nicht. Stattdessen dreht der Pilot zwei große Runden. So groß, dass der Heli jedes Mal meinen Blicken entschwindet. Ich verstehe Asas Strategie nicht. Hat er zu viel Sprit? Oder kann ein Helikopter nur eine bestimmte Zeit auf einem Fleck stehen und muss dann erst einmal Kreise ziehen?

Da fliegt er erneut ein. Ich schaue nach oben. Wolfgang winkt. Aha, denke ich, ich soll wohl zurückwinken. Als Abschiedsszene gewissermaßen.

Eine vierte Runde und wieder dieses Winken. Aha, denke ich, war wohl eben zu schlapp und winke ungestümer.

Bis ich merke, dass Wolfgang nicht mehr runterkommen wird. Das Winken war nicht für den Film. Es ist der Abschied von meinen Freunden. Blutend, pitschnass vom Schwitzen in der grellen Sonne und mit Tränen der Freude und Wehmut in den Augen sehe ich den Hubschrauber entschwinden. Nach einiger Zeit ist auch sein Lärm verstummt. Ich bin allein. Nördlich und unweit von mir die Berge zu Guyana.

Das Brummen und Summen, das ich jetzt noch höre, ist ein neues. Es ist nicht der Nachhall vom Heli-Lärm. Es ist der Freudentaumel der Insekten, die sich über mich hermachen.

Die nächste Panne

Das Messer bleibt unauffindbar. Ich mag es gar nicht wahrhaben. Nachdem ich mich entschieden hatte, es mitzunehmen, war ich geistig auch darauf eingestellt. Nun ist es futsch. Dabei muss es in meiner unmittelbaren Nähe gelandet sein. Ich habe schon Stielaugen wie Teleobjektive, aber auch die fördern das Messer nicht mehr zutage.

Meine Hände kann ich erst einmal vergessen. Die vielen Dornen schmerzen. Das wird eine Mordsarbeit, sie alle herauszupulen. Ich beende die Suche wegen des Durstes. Ich muss dringend in den Schatten des Waldes. Der ist nur 150 Meter entfernt. Freundlich und erhaben winkt er zu mir herüber. Aber zwischen ihm und mir wogt die Dornensperre. Sie umgibt mich von allen Seiten. Auch von unten. Nur nach oben habe ich freien Blick. Aber leider kann ich nicht fliegen. Ich tapse wie auf Spiralfedern, wie auf einem Trampolin, wie auf verknautschten dicken Rollen von Stacheldraht.

Es gelingt mir, einen weiteren Ast abzureißen. Mit ihm kann ich die widerlichsten Ranken aus dem Wege schlagen. Wie mit einem stumpfen Haumesser. Dazu brauche ich beide Hände. Die Säcke mit den Kameras lasse ich liegen. Gegen die Sonne habe ich ein paar der verdammten Ranken drübergelegt. So haben die Ranken wenigstens noch etwas Sinn.

Sehr behutsam trete ich mit den Sandalen nach und wippe den Naturstacheldraht nieder. Nirgends kann ich unter ihm Boden erkennen. Eine gewaltige Matratze aus Bösartigkeit und Menschenhass. Das geht so Meter um Meter. Immer wieder schaue ich zurück. Ja, der Weg ist nun deutlich zu erkennen. Ich werde ihn wieder finden.

Nach einer halben Stunde erreiche ich erste dornenfreie höhere Sträucher. Aber auch sie sind grandios miteinander verwachsen. Wie eine Buchenhecke daheim. Sie schenkt mir nichts. Ich muss mir einen Tunnel hindurchbrechen und hindurchkriechen. Und das alles mit den verdornten und voll gesplitterten Händen. Jeder Zweig tut sein Bestes, um mich zu ärgern. Ich höre sie förmlich lachen und rufen: »Hau doch ab nach dort, woher du gekommen bist! Wir brauchen dich nicht.« Die haben gut reden. Wie denn? Der Hubschrauber ist längst zurück in Entre Rios. Sie werden gerade die Türen wieder einhängen und zurückdonnern nach Boa Vista. In einer Stunde sitzen sie im Hotel und machen sich's bequem.

Ich lasse mich auf das Gespräch mit den Pflanzen ein. Das schafft Geselligkeit. »Man sollte euch zur Strafe in mein Land umpflanzen. Da würde euch im Winter ganz schön der Arsch abfrieren!« Ausgerechnet jetzt an den Frost zu denken, wo mir das Wasser den Hintern runterläuft, lässt mich die Vorteile meiner kühlen Heimat erkennen und schätzen. Ich freue mich, dass ich diesem gewachsenen Sicherheitsschloss in der Tür zum Regenwald Paroli bieten kann. Mein Optimismus hat keinen Schaden genommen. Das ist viel wert. Mit Schneckentempo komme ich voran. Das erleichtert meine Seele. Was ihr auch Mut macht, ist das Wissen um den nahe liegenden Schatten unter den hohen Bäumen. Dort wird es nicht nur 15 Grad kühler sein. Dort stellt sich mir auch nichts mehr in den Weg. Dort gibt es freie Wege. Ich muss nur die Fülle junger Baumtriebe im Slalom umgehen und sie nicht mehr Ast für Ast abschlagen und niedertreten.

Es ist geschafft. Ich bin ausgepowert. Aber es ist genauso gekommen, wie ich es geahnt habe: Schatten, Kühle, Erholung. Ich setze mich auf einen Stamm. Der Seniorenurlaub hat begonnen. Ich fühle mich wie jedes dieser Urwaldtiere. Ich habe keine Ausrüstung, nur mich selbst, meine Kraft, meine Sinne. Die Kraft ist natürlich nicht mehr das, was sie einmal wahr. Mit 68 hat sie sich reduziert und von den Sinnen besitze ich nur noch vier. Die Ohren kann ich abschreiben. Insofern bin ich den Tieren doppelt unterlegen. Wer von ihnen schlecht hört oder sieht, ist von den Stärkeren längst aussortiert worden. Die einzige Stärke, die ich besitze, ist mein Feuerzeug. Das gleicht nachts bestimmt einiges aus.

Der Durst schürt eine innere Unruhe. Nach zehn Minuten stehe ich auf. In Ermangelung des Messers brauche ich als Erstes eine Steinaxt, um eine der vielen Lianen zu kappen und ihr das Wasser abzuzapfen. Sie baumeln gelangweilt zu mir herab. Manche haben es geschafft herunterzuhängen und sich vom Boden aus irgendwie wieder hochzuziehen. Wie monströse Smiley-Münder sehen sie aus. Sie grinsen mich an. Sehr bald ist mir klar, warum sie so dreist grinsen. Ich kann ihnen nichts anhaben. Das wissen sie ganz genau. Denn es gibt weit und breit keinen einzigen Stein. Und damit gibt es auch keine einzige Steinaxt, geschweige denn ein Steinmesser. Der Urwald wirkt wie eine verschworene Gemeinschaft. Verschworen gegen mich, den Eindringling aus *Alemanha*. Sie hält zusammen wie Pech und Schwefel, wie Händchen haltende Liebespaare. Sogar die Steine spielen mit, indem sie sich verstecken. Dabei müssten sie hier zuhauf herumliegen, denn das steinerne Grenzgebirge liegt, theoretisch, in Sichtweite. Wären nicht die hohen Bäume, könnte ich es bestimmt erblicken. Ich bin mir sicher, dass es nur aus Stein besteht, aus reinem Stein, aus Billionen von Steinäxten, und dass es nicht etwa ein riesiger Kompostwall ist. Doch hier an meinem Standort lässt sich nicht einmal ein Skalpell blicken. Dafür schenken mir die Bäume Schatten. Man kann eben nicht alles haben. Im Moment ist mir der Schatten wichtiger als eine Axt.

Ich weiß auch, dass die Verschwörung der Lebensgemeinschaft Wald gegen mich nur vorübergehender Natur ist. Sobald ich Störenfried verschwunden bin, wird ihr eigener Kampf ums Überleben sofort wieder einsetzen. Die, die jetzt wie Freunde zusammenhalten, werden sich dann sofort wieder unerbittlich gegeneinander wenden.

Kampf ums Überleben. Überleben ums Verrecken. Dann streben sie rücksichtslos zum Licht, würgen und töten das Schwächere, gedeihen auf dem Humus des Verwesenden. Und selbst die gewaltigsten Urwaldriesen leben nicht sorgenfrei. Sie werden gepiesackt von Schmarotzern. Wie ich von Insekten.

Ich versuche, einer der Lianen das Grinsen zu vermasseln und sie mit den Zähnen zu öffnen. Keine Chance. Da hätte ich mehr Glück bei einem Treckerreifen.

Mir wird sehr schnell klar, dass ich einen Bach finden muss. Aber wo ist einer? Das Gelände wirkt eben. Ich befinde mich zwar am südlichen Fuße des Grenzgebirges. Aber wo ich stehe, ist es sofort in eine Ebene übergegangen. Dennoch: Ein leichtes Gefälle ist erkennbar. Ich folge ihm ruhigen Schrittes. Jetzt bloß keine Hektik mehr. Aufregung kostet Wasser. Das, was davon noch in meinem Körper ist, muss ich vorm Verdunsten bewahren. Meine Lippen sind staubtrocken.

Bei aller Sorge um das Wasser darf ich die Wegmarkierungen nicht vergessen. Sonst sind die beiden Gummisäcke auch noch verloren. Zwar enthalten sie nur die Kameras und nichts Überlebenswichtiges. Aber schließlich will ich ja auch einen Film zustande bringen. Das darf ich nicht vergessen. Auch dann nicht, wenn der Wald mir seine Genialität soeben vorenthält und nicht daran denkt, mich in seine Gemeinschaft einzubeziehen.

Ich knicke jeden mir im Wege stehenden Ast. Und das sind Tausende. Immer wieder schaue ich rückwärts. Ich vergewissere mich, dass der Weg deutlich sichtbar bleibt. Auch dann noch, wenn ich erst in zwei Tagen zurückkommen sollte.

Nach zwei Stunden, mit vielleicht zwei Stundenkilometern Höchstgeschwindigkeit, habe ich das Gefühl, dass das Terrain feuchter wird. Das weckt neue Lebensgeister.

Ich beschleunige auf zweikommadrei km/h. Und tatsächlich geht der Untergrund langsam in eine Art stehendes Wasser über. Der Boden wirkt auf mich, als hätte es hier vor kurzem geregnet.

Noch etwas weiter kann ich den Humus bereits auswringen. Ich tropfe mir die so gewonnenen Wassertropfen auf die Lippen. Sie schmecken erdig, aber köstlich.

Und dann endlich ein Bach! Ich juble. Ich lege mich auf den Boden und schlürfe ihn leer und mich voll. Ich scharre eine Mulde. Sie füllt sich mit Wasser. Mein Schutzengel ist der Größte!

Jetzt bin ich satt und beschließe, den Rückweg anzutreten. Das geht zügig. Die geknickten Äste sind unübersehbar. Der Weg liegt wie eine Autobahn vor mir.

Nach nur zwei Stunden bin ich zurück an jenem Ort, wo ich dem Dornendickicht entschlüpft bin. Ich bin geschlaucht und strecke mich der Länge nach einfach in den Humus. Wenn mich jetzt ein Jaguar sähe, wüsste er instinktiv sofort, dass ich eine leichte Beute wäre. Schlapp und wehrlos. Ich richte mich noch einmal auf und singe *La Paloma*. Das soll ihm signalisieren, dass meine Lebensgeister noch voll da sind. Jeder Norddeutsche, der mich hören würde, bekäme eine Gänsehaut vor Heimweh. Ich selbst komme mir eher bescheuert vor. Da benehme ich mich in meinem geliebten Wald wie die »Ballermänner« auf Mallorca, wenn sie ins Mittelmeer pinkeln und grölen »Warum ist es am Rhein so schön?«. Aber ich entschuldige mich beim Urwald mit meinem zu kleinen Repertoire an Liedern.

Der Humus ätzt und beißt wie ein hungriges Fleisch fressendes Tier. Auch erste Ameisen haben sich sofort eingefunden und lassen sich das Gelage nicht entgehen. Selbstbedienung, Gratis-Party. Dicke, dreiste Fliegen schaffen es, die frischen Blutkrusten meiner Dornenkratzer aufzuhebeln und sich einen Schluck Blut zu gönnen. Der Verstand befiehlt, »Jag sie weg!«, aber die Müdigkeit setzt sich durch, lässt den Tierfreund raushängen. »Leben und leben lassen«. Also wehre ich sie nicht ab. Die Lebensgeister werden von der Müdigkeit übermannt und zum Schweigen gebracht. Bei den Worten »... falle ich einst zum Raub dem empörten Meere ...« versinke ich ins Land der Träume.

Aber nicht lange. Keine zehn Minuten habe ich geschlafen, als ich es nicht mehr aushalte. Bevor ich zurückkrieche in das offene Dickicht und das Gepäck aus dem Dornengestrüpp hole, muss ich mir eine Hängematte machen und Brennholz suchen. Gott sei Dank habe ich das Feuerzeug am Leib. Es steckt in der Badehosentasche. Ein Klettverschluss sichert es gegen das Herausfallen. Das Gepäck werde ich erst morgen holen. Die Sicherheit geht vor.

Holz liegt genug herum. Wo der Überlebenskampf der Pflanzen so sichtbar wird wie hier im Wald, gibt es massenweise totes Holz. Gestorben, ermordet. Was weiß ich. Das, das auf dem Boden liegt, ist nass. Ich bevorzuge zunächst jenes, welches in die Luft ragt. Es ist luftgetrocknet wie ein guter Schinken. Verdammt, wie komme ich denn jetzt auf Schinken? Bloß keine Ess-Fantasien! Heute wird gefastet. Ich habe genug Übergewicht. Extra angegessene eiserne Reserve für erste Tage. Hunger verspüre ich nicht. Er wird überspielt von der Aufregung des Erlebnisses.

Als die Flammen mühsam in Gang gekommen sind, sammle ich dicke Stämme. Die können gern auch feucht sein. Das gibt Qualm, brennt ausdauernder und vertreibt ungebetene Fleischfresser. Egal, ab sie Jaguar, Pekari oder Insekt heißen. Sie können ja gern kommen. Aber sittsam auf Distanz. Zoomäßig und nicht hautnah.

Eine Hängematte kriege ich nicht mehr hin. Es wird gleich dunkel. Irgendwo gelingt es mir, eine mitteldicke

Liane aus der hohen Baumkrone zu reißen. Ich lege sie fünfmal hin und her und spanne sie neben dem Feuer zwischen zwei Stämme. Das ist das Gute am Urwald: Passende Aufhängevorrichtungen gibt es reichlich.

Diese Lianenseile werden mein erstes Bett, meine erste Hängematte. Eigentlich mehr Bank als Hängematte. Aber egal. Auf jeden Fall ohne Schmarotzer. Unbequem pendle ich in der Luft. Hauptsache, ich plumpse nicht durch. Und wenn, dann ist es nicht gefährlich. Die Matte hängt nur zwanzig Zentimeter über der Erde. Ein Sturz bliebe dann ohne Folgen.

Es ist schnell dunkel geworden. Gut, dass ich alles rechtzeitig erledigt habe. Nur durch die Baumkronen hindurch nehme ich noch Helligkeit wahr. Es sind kleine Mosaikstücke des dunkelblauen Firmaments mit funkelnden Sternen und dem Mond.

Das Feuer halte ich auf Sparflamme. Es glimmt mehr, als es brennt. Ich trockne mein schweißgetränktes T-Shirt und ziehe es an, als es trocken ist.

Gegen die nächtliche Kühle habe ich außerdem mehrere große Blätter über der Flamme weich gedämpft. Sie werden zur Mütze umfunktioniert, zum Haarersatz. Mit Glatze und ohne Mütze verliert man sonst 70 Prozent der Körperwärme über den Kopf. Das muss ja nicht sein. Ich will es mollig haben.

Das Feuer glimmt und qualmt. Unten im Wald ist es windlos. Der Rauch treibt in alle Richtungen. Auch in meine. Ich muss allmählich riechen wie ein Schinken. Verdammt, da denke ich schon wieder an diesen Schinken! Ich verstehe das gar nicht, denn noch immer verspüre ich keinen Hunger. Spielt mir mein Verstand, wenn ich denn welchen habe, einen Streich? Aber ich erinnere mich ähnlicher Situationen in meinem Leben. Wenn man weiß, dass nichts zu essen vorhanden ist, kommt die Essgier gar nicht erst auf. Auch dass es keinen Esskonkurrenten gibt, beruhigt. Das Schlimmste im Team ist ein unbeherrschter rücksichtsloser Esser. Und hier bin nur ich ganz allein. Ich konkurriere nicht mit mir selbst.

Hunderte von Glühwürmchen paaren sich mit meiner Glut. Sie sehen die Flammen, die manchmal sprühenden Lichterfunken, halten sie für gattungsbereite Partner und stürzen sich mit wahrer Kamikaze-Begeisterung auf sie, in das Feuer. Manchen verbrennen nur die Flügel. Sie müssen sich dann noch lange neben der Glut quälen, bevor sie tot sind. Sie tun mir Leid. Aber ich kann sie nicht retten. Es sind zu viele.

Tierfreunde sollten Feuer verbieten lassen, schießt es mir durch den Kopf. Sonst sind die Glühwürmchen bald ausgerottet. Opfer des Camping- und Lagerfeuerbooms. Vielleicht sollte ich, als nächstes Projekt, eine eigene Kampagne zum Schutz der Glühwürmer starten und alle Feuer der Welt verbieten lassen. Ja, genau. Das sollte ich. Aber nicht gleich heute. Heute brauche ich das Feuer dringend zum Wärmen. Gegen Mitternacht, als mein Körper zur Ruhe kommt, empfinde ich den Urwald als kühl. Zeit, Holz nachzuschieben.

Der Boden leuchtet jetzt wie das Sternenzelt. Tausend kleiner modernder Teile reflektieren das Licht vom Feuer und bilden einen Glimmerteppich.

Immer wieder werde ich wach. Das große Sauerstoffangebot des Waldes erfrischt schnell. Ich bin rundherum glücklich. Zu gern hätte ich Annette bei mir. Nicht so sehr zum Kuscheln, sondern um sie an diesem überwältigenden Erlebnis teilhaben zu lassen. Allein mit uns und der Natur. Gewappnet mit Verstand und Optimismus.

Als die Flammen mal wieder aufleuchten, zähle ich aus Langeweile die Splitter in meinen Händen. Es sind 33. Morgen werde ich versuchen, einige rauszuziehen. Die

Kratzer am Körper lassen sich nicht zählen, weil ich sie auch auf dem Rücken habe.

Jetzt wird mir klar, wie gefährlich es gewesen wäre, wenn der Hubschrauber mich nachts abgesetzt hätte. Ich stelle mir vor, wie ich am Seil zwischen die Bäume abrutsche: Gerade bin ich durch eine dicke Astgabel hindurch, als der Hubschrauber schwankt und mich hin- und herzieht. Wie gestern in den Dornen. Ich gerate mit dem Körper quer unter die Astgabel und bleibe wie ein Wurfanker stecken. Die Kraft der Maschine würde mir das Rückgrat brechen, ohne dass der Pilot es überhaupt mitbekommt.

Eigentlich sollte ich Annette heute gleich anrufen. Aber mein Gepäck mit dem Satellitentelefon liegt immer noch auf der Lichtung in den Dornen. Der Durst hatte Vorrang. Sie wird sich hoffentlich keine Sorgen machen.

In keiner Sekunde verspüre ich Angst. Ich fühle mich wie zu Hause in meiner Wohnung. Das Einzige, was mir Probleme bereitet, sind die geschwollenen Hände. Die Schwellung hat zugenommen. Von der rechten Hand kann ich nur noch den Daumen richtig bewegen. Die übrigen vier Finger sind steif. Wenn ich damit den Stock handhaben will, ist das, als hätte ich einen Boxhandschuh an.

Die Nacht ist vorbei. Bevor es wieder heiß wird, will ich raus auf die Dornenlichtung. Das Gepäck holen und das Messer suchen. Mit Annette telefonieren. Das geht nur von offenem Gelände aus. Vorher gehe ich Wasser trinken. Schon in der Nacht verspürte ich großen Durst. Aber in der Dunkelheit existierte kein Weg. Also hieß es, sich in Geduld zu üben, ein kleines Stück Holz zu kauen, um den Mund feucht zu halten, und die Morgendämmerung abzuwarten.

Jetzt bin ich satt getrunken und ausgeruht. Immer auf der Suche nach irgendetwas, das mir nützlich sein könnte, blicke ich mich um. Ein Gefäß für das Wasser finde ich nicht. Aber schimmert da rechts vor mir nicht *mehr* Licht durch den Wald als durch die übrige Kulisse? Sollte dort eine Lichtung sein? Oder gar ein Fluss? Erregt strebe ich der Helligkeit entgegen. Fast vergesse ich, den Weg zu markieren. Dann stehe ich vor einem Fluss. Wahnsinn! Ich wate bis zu den Knien hinein, wasche mich, tauche unter, saufe mich voll. Hemmungslos. Ich bleibe im Wasser sitzen und gönne mir eine Pause. Das Schlimmste ist mit diesem Fund überstanden. Wasser bedeutet Leben, bedeutet den Weg zurück in die Zivilisation. Mensch, bin ich ein Glückspilz!

Bei den Jungfischen hat sich mein Besuch herumgesprochen. Sie knabbern an meinem Blutschorf. Erstaunlich, wie kräftig diese Knirpse zubeißen können. Ich muss sie vertreiben, sonst werden sie übermütig.

Ich bin erfrischt. Zurück zu den Dornen! Wie ein Marder krieche ich durch das windungsreiche Rohrsystem, das ich mir gestern durch die Äste hindurch gebrochen habe. Ich muss immer wieder verharren, weil sich der Weg hier nur ungenau markieren ließ.

Es ist längst zehn Uhr geworden und schon unerträglich heiß. Jedenfalls hier ohne Schatten. Ich habe den dicken Stock dabei und heble in dem Rankengeflecht herum, um das Messer zu finden. Weder links noch rechts, noch vor oder hinter mir. Es will mir nicht einleuchten, wohin es verschwunden sein könnte. Zwar kann es bis zu fünf Meter tiefer in die Dornenmatratze hineingerutscht sein. Aber das ist eher unwahrscheinlich. Dafür ist das Gestrüpp zu verfilzt. Es muss an der Oberfläche liegen.

Das Telefonat

Nach einer Stunde bin ich ausgelaugt. Ich muss zurück in den Schatten. Ich schnappe mir die beiden Gummisäcke mit den Kameras und hole das Telefon hervor. Ich gebe den PIN ein, wähle Annettes Nummer. Sie ist sofort dran.

»Gott sei Dank!«, höre ich sie rufen, »du lebst!«

»Wieso sollte ich nicht leben?« Ich verstehe die Panik nicht und versetze mich in ihre Lage. Da hockt sie in irgendeinem Hotel und weiß natürlich nicht, wie meine Landung war, die Prioritäten, die Wassersuche, das erste Lager. Sie hat gut gefrühstückt, nehme ich mal an, während ich noch nicht ein einziges Gramm Nahrung gesehen habe. Das alles will ich ihr sagen und wie intensiv ich die Einsamkeit, die Nacht und das Trinkwasser genossen habe. Das mit dem Messer mag ich kaum berichten. Sie wird es nicht glauben und denken, ich wolle das Messer aus Stolz nicht mitnehmen. Weil ich es nie haben wollte und sie es mir aufgezwungen hat. Aber ich komme gar nicht zu meinem Situationsbericht. Die Verbindung ist nicht optimal, manchmal kommen nur Wortfetzen rüber. Sie hat Angst, dass die Leitung zusammenbricht, und sprudelt los.

»Rüdiger, der Pilot hat dich im Indianergebiet abgesetzt! 30 Kilometer zu weit westlich. Wolfgang hat das ausgerechnet. Wir haben uns mit dem Piloten noch schwer angelegt. Er ist ein großer Feigling.«

Wolfgang schreit dazwischen: »Ein Feigling nur? Ein supersaugroßes Arschloch! Plötzlich hatte er angeblich keinen Sprit mehr und wollte mich nicht runterlassen.«

Annette unterbricht ihn wieder. »Als wir sahen, dass du immer noch in der Luft schwebtest und hin- und herpendeltest, haben wir ihn gebeten, runterzugehen. Nein, das könne er nicht, dann sei er zu nah an den vereinzelt stehenden Bäumen. Wolfgang solle dich wieder hochziehen! Dabei war ja alles rundherum frei. Und als Wolfgang zu dir runterwollte wegen des letzten Statements, drehte er völlig durch. Das Kerosin sei alle, er müsse zurück. Kein Kompromiss.«

Wolfgang mischte sich wieder ein. »Ja, aber als er zurückflog, da wollte er den Big Mac spielen. Wie ein Idiot raste er im Tiefflug über die Rinderherden hinweg und dicht über die Baumkronen, um Annette und Sophie zu beeindrucken. Auf einmal war möglich, wozu er im Wald keinen Schneid gehabt hat.«

Annette dachte an die teuren Telefongebühren, mischte sich wieder ein. »Aber das ist es nicht, was ich dir sagen wollte. Es gibt ganz schlimme Nachrichten.« Sie machte eine Pause. Ausgerechnet jetzt, wo es spannend wurde.

»Dann leg doch endlich los! Mir geht es saugut«, übertrieb ich. Dabei konnte ich mit den steifen Fingern nicht einmal das Telefon richtig halten. Außerdem spürte ich den ersten leichten Fieberschub. Bloß davon nichts sagen. Sonst macht sie sich unnötige Sorgen.

»Du wirst von der Polizei gesucht. Es liegt ein Haftbefehl gegen dich vor. Alle staatlichen Stellen haben Anweisung, dich sofort nach Manaus zur *Polícia Federal* zu melden.«

»Warum denn das?« Nun ging mir doch die Muffe.

»Als wir zurückkehrten ins Hotel, hatte die Polizei unsere drei Zimmer durchsucht. Der Hotelier hat sie reingelassen. Alles war durchwühlt. Jede Tasche, jedes zusammengelegte Hemd. Sogar die Schränke waren abgerückt, die Matratzen umgedreht. Wie gesagt, alles.«

»Ach du Scheiße!«, entfährt es mir. Mir ist klar – das sind meine Spezis aus alten Tagen. Die Goldsucher-Mafia, der Pfaffe. Welch ein Glück, dass ich nicht länger als die paar Stunden in Boa Vista war.

»Wären wir nur eine halbe Stunde später losgeflogen, hätte die Polizei deinen Flug vereitelt. Sie waren am Flugplatz, aber da waren wir schon fort. Du säßest sonst jetzt im Knast und ich hockte auf der anderen Seite des Gitters, um dir während der Besucherstunde irgendetwas zu erzählen.«

»Mit welcher Begründung suchen sie mich denn?«

»Du bist angeblich ein Biopirat. Ein Staatsanwalt in Manaus glaubt dir das Abenteuer nicht. Er hat den ganzseitigen Artikel in der *A Crítica* gelesen und ist der Auffassung, dass jemand, der so was macht, ganz andere Interessen hat. Wer so was macht, argumentiert er, will Amazonien weitere Geheimnisse klauen und sie versilbern. Was ihn in seiner Auffassung bestätigt, ist dein Training bei den Waiapí. Du hättest dich dort vor allem nach den Medikamenten des Waldes erkundigt. Sie werden dir garantiert die Filme und die Kameras wegnehmen, um die Biopiraterie irgendwie zu belegen. Im Grunde können sie bei jeder Pflanze auf jedem Bild einen Grund erfinden und alles beschlagnahmen, meint Wolfgang.«

Ich bin sprachlos.

»Hallo, bist du noch da?«

»Ja, es verschlägt mir nur die Sprache. Der Typ hat doch nicht alle Tassen im Schrank.«

»Ja, aber es geht noch weiter. Sie haben bei der Durchsuchung deinen Pass und das Ticket gefunden. Sie wissen also genau, wann du das Land verlässt, und werden dich spätestens am Flughafen erwarten. Dazu kommt nun der Vorwurf des Reisens ohne Pass. Außerdem bist du beschuldigt, ein Steuerhinterzieher zu sein. Du würdest mit Amazonien Geld machen und davon stünden Brasilien 20 Prozent zu.«

»Sag bitte, dass du mich auf den Arm nehmen willst! Und wenn das so ist, lass uns lieber über etwas Vernünftiges reden. Du weißt ja, was eine Telefonminute kostet«, werfe ich dazwischen. Verstohlen schaue ich mich um. Ich halte das für einen Scherz für *Versteckte Kamera*. Aber ich kann Frank Elstner nirgends erblicken.

»Nein, ganz und gar nicht. Sie haben auch deine alte Yanomami-Akte hervorgekramt und festgestellt, dass Wolfgang und du bereits früher mit dem Urwald und den Yanomami Geld verdient habt und dass ihr damals bereits einmal des Landes verwiesen worden seid. Das sei ›typisch für solche wie du‹. Jeder Film bringe 100 000 Euro und von Wolfgangs fünf Filmen *Von der Quelle zur Mündung des Amazonas* wollen sie ebenfalls ihre 20 Prozent. Macht also mit dem jetzigen Film zusammen sieben Filme à 100 000 Euro.«

Ich komme gar nicht so schnell nach mit dem Errechnen meiner Steuerschuld. Das liegt an der fehlenden Nahrung. Das Hirn braucht Zucker. Da schiebt sie bereits nach.

»Und du seist ja bereits einmal des Landes verwiesen worden wegen deines ›illegalen‹ Engagements für die Yanomami. Der Film habe Brasilien in Misskredit gebracht. Wolfgang hat argumentiert, dass der Ansturm durch die Goldsucher damals komplett gegen die brasilianische Verfassung gewesen sei und niemand von den Behörden eingegriffen habe. Das sei illegal gewesen und nicht das, was ihr getan habt. Da verbaten sie ihm das Wort. Das ginge Ausländer überhaupt nichts an. Wolfgang ließ sich aber nicht beirren. Er ist ja selbst fast Brasilianer durch die Heirat mit Marlene und kennt die Behörden besser als wir. Er hielt ihnen entgegen, dass Brasilien heute sogar überall damit herumprahle, dass die Yanomami ein Schutzgebiet und Frieden erhalten haben. Dann könne euer Handeln ja soo schlimm nicht gewesen sein. Aber sie ließen kein Argument gelten. Auch nicht, dass du schon zwei Krankenstationen für die Indianer gebaut hast. Nichts.«

»Das ist ein politischer Arschkriecher, ein Emporkömmling, der sich skrupellos auf Kosten anderer profilieren möchte!« Wolfgang wieder.

Auf einmal ist es völlig uninteressant, dass ich das Messer verloren habe, die Hände und Beine von Kratzern, Dornen und Splittern lädiert sind und dass ich bis jetzt noch keine Gelegenheit hatte, etwas zu essen zu suchen. Augenblicklich drehte sich mein Denken nur noch darum, der Justiz zu entkommen. Auf gar keinen Fall will ich mich ihr ausliefern. Ich muss aus Brasilien verschwinden. Am besten, ich kehre gleich wieder um und gehe in Richtung Guyana. Urwald ist Urwald. Jenseits der Grenze fließen alle Flüsse nach Georgetown in den Atlantik. Für mich eigentlich egal.

»Scheiße, die können einem den ganzen Urlaub versauen!« Ich kommentiere und reagiere. »Schick mir für alle Fälle meinen Zweitpass zu unserem Freund X. in Manaus!«, bitte ich sie.

Mehr fällt mir im Moment nicht ein. Damit könnte ich dann nach Kolumbien, Venezuela oder Guyana fliehen. So ganz ohne Pass möchte ich in der Zivilisation doch nicht unterwegs sein. Und da ist mir zunächst Brasilien lieber als Guyana. In Brasilien kenne ich mich aus, dort habe ich Freunde. Also nichts mit Umkehr. Es geht weiter gen Manaus, gen Rio Negro.

Ich erinnere mich an das Urteil gegen fünf Schweizer. Sie waren mit 300 Schmetterlingen am Flughafen von Manaus erwischt worden. »Biopiraterie!«, dröhnte es von allen Seiten. Obwohl man in allen Kiosken auf dem Flughafen genau diese Schmetterlinge zu Hunderten kaufen kann. Die Gruppe durfte fünf Monate das Land nicht verlassen. Schließlich wurde sie zu einer Viertelmillion Dollar Strafe verurteilt! 250 000 Dollar. Nicht inbegriffen der Zeitverlust, die Gerichtskosten, die Anwaltskosten. Ich versuche wieder zu rechnen. Und jetzt klappt es sogar. Trotz Kohlenhydratmangels. Wenn ich nur einen einzigen Monat Ausreiseverbot hätte, würde das einen Schaden bedeuten, der mich ruinieren könnte. Im Herbst habe ich üblicherweise meine Vortragsreise durch Deutschland. Jeden Tag einen Vortrag. Das würde bedeuten: keine Einnahmen, Ausfallgebühren an die Veranstalter und so weiter. Bestimmt auch Migräne oder sonst was vor Dauerwut.

Allein wegen dieser Nachrichten hat sich der Kauf des Telefons gelohnt, befinde ich. Jetzt bin ich vorgewarnt und kann mir in den nächsten Wochen reichlich Gedanken machen. Dachte ich bisher, das Wiedereintauchen in den Urwald sei das Schwierigste, so ist mir nun klar, dass es zur Bagatelle geworden ist gegen das Eintauchen in die Zivilisation.

Irgendwann kommt Annette auch noch darauf, mich zu fragen, wie es mir denn ergangen sei.

»Alles im grünen Bereich«, sage ich und erzähle ihr nichts von den kleinen Malaisen. Stattdessen schwärme ich von der Genialität des Waldes und der ersten Nacht. Nur das mit dem Messer verrate ich ihr jetzt. »Mach dir aber darüber keine Gedanken. Es war ja sowieso geplant, ohne diesen Luxus aus Metall zu reisen. Und überhaupt: Wenn ich mich je einmal nicht melden sollte, hat das nichts zu bedeuten.« Dass es nicht einmal Steine gibt, behalte ich für mich.

»Bis morgen um 17 Uhr meiner Zeit, 23 Uhr europäischer Zeit«, verabschieden wir uns.

Na bitte, es beginnt jedenfalls recht spannend.

Ich krabble und stakse durch die Dornen zurück in den Schatten des Waldes. Heute in der heißen Mittagszeit will ich mir eine bessere Hängematte bauen. Lianen gibt es zuhauf. Nur keine Steine für ein Messer. Nichts und nirgends. Also belasse ich es erst noch bei der Fünf-Lianen-Matte der ersten Nacht.

Der Weg zum Wasser, hin und zurück, und das dreimal täglich, die erneute Suche nach dem Messer, sind der einzige Inhalt auch der nächsten zwei Tage.

Am dritten Abend beschließe ich, den Heimweg anzutreten. Der Wert des Messers steht in keinem Verhältnis zur mangelnden Ernährung. Nur eine einzige Eidechse und einen Frosch habe ich erwischt. Davon wäre nicht einmal mein Nasenbär satt geworden. Aber so ist es nun einmal. Jäger- und Sammlerschicksal.

Heute habe ich Annette telefonisch in Deutschland erwischt. »Rüdiger, nimm das mit der Polizei nicht auf die leichte Schulter. Die ist stinksauer. Wir haben nur noch Riesenprobleme gehabt.«

Und dann sprudelt sie ihre ärgerlichen Erlebnisse mit dieser Sorte Justiz über die Satelliten zu mir in den Wald.

»Wir hatten am Flughafen in Boa Vista eingecheckt, als zwei Polizisten auf uns zukamen und Sophie, Wolfgang und mich rausholten. In ihrem Büro stand unser Gepäck. Wir mussten es öffnen und alles wurde fotografiert. Vor allem die Kameras interessierten sie. Ob wir nicht wüssten, dass Filmen und Fotografieren in Brasilien verboten sei! Das war natürlich was für Wolfgang. Er hat sie regelrecht zusammengeschissen. Sein Vorteil: Er kennt sich ja gut aus mit brasilianischen Gesetzen.«

»Haben sie euch etwas abgenommen?«

»Nein, aber erst, als der Pilot ins Büro kam und meinte, er müsse nun fliegen und ob wir hier blieben oder mitkämen, ließen sie uns laufen. Mit Gepäck.«

»Also alles okay demnach?«

»Denkste! Danach ging es erst richtig los. Beim Umsteigen in Manaus standen schon wieder vier Typen vor der Maschine. Die gleiche Prozedur von vorn. Sophie sollte allein nach Sao Paulo weiterfliegen, mich wollten sie dabehalten. Als ich fragte, was sie überhaupt suchten, meinten sie barsch, das ginge uns gar nichts an. Schließlich aber das gleiche Resultat: In letzter Minute durften wir doch noch einsteigen.«

»Ist Wolfgang mitgekommen nach Sao Paulo?«

»Nein, er ist in Manaus geblieben. Und kaum hatten wir in Sao Paulo die Maschine verlassen, hielten sie uns schon wieder zurück. Zum dritten Mal dasselbe Procedere: Durchsuchung, Fotografieren, ohne Angabe von Gründen. Die Lufthansa-Maschine musste eine halbe Stunde unseretwegen warten.«

Mir wird klar, der Urwaldmarsch wird zum Marsch ins Gefängnis. Wenn ich nicht höllisch aufpasse.

Ich packe das Telefon zurück in den Sack. Da entdecke ich ein paar Zehenhänger-Sandalen. Ganz unten reingequetscht. Und einen Zettel von Annettes Tochter: »Pass gut auf deine Füße auf! Damit musst du zu uns zurückkommen. Mit den Hängern geht sich's im Camp bestimmt besser. Deine Sophie«. Und unter die Hängerschnallen hatte sie noch zwei Traubenzucker-Tabletten mit Orangengeschmack geklebt. »Weiber!«, denke ich. »Die verfälschen meine ganze Tour.«

Ich werde sie mir zu einem besonderen Anlass gönnen. Denn wegwerfen will ich Feigling sie auch nicht. Um mein schlechtes Gewissen zu beruhigen, ärgere ich mich ein ganz klein wenig über meine Inkonsequenz. In Wirklichkeit freue ich mich über den süßen Gruß.

Flöße

Endlich geht es also weiter! Wenn auch mit Bauchschmerzen wegen der Polizei.

Der Entschluss, die Suche aufzugeben und die Reise zu starten, belebt mich. Morgen früh schwimme ich los. Die vielen Kratzer sind gut vernarbt. Sie werden keine Fische mehr anlocken und zur Wundversorgung à la Piranha ermutigen. Die beiden roten Gummisäcke werde ich zusammenkoppeln und zur Schwimmhilfe umfunktionieren. Statt des Floßes aus zwei Baumstämmen, wie ich es mit dem Haumesser gemacht hätte.

Kaum kann ich die Morgendämmerung abwarten. Dann bin ich im Fluss. Die beiden Säcke kuscheln und drücken sich links und rechts an meinen Körper. Es liegt sich wie auf einer Luftmatratze, wie in Annettes Armen. Die Strömung fährt mich heimwärts. Jeder Flussmeter ist ein Meter hin zu meinem Ziel, den ersten Menschen. Hoffentlich wohnen sie noch weit entfernt. Die Geschwindigkeit beträgt etwa drei Stundenkilometer. Die Urwaldkulisse zieht vorüber. Fantastisch. Ich bin glücklich. Ich bin der reinste Luxusabenteurer. Aber, sage ich mir, man gönnt sich ja sonst nichts, und ich genieße die Reise.

Ich bin noch keine 300 Meter geschwommen, als sich vom linken Ufer ein Zwei-Meter-Kaiman ins Wasser schiebt. In aller Ruhe. Er taucht unter, kommt kurz noch einmal mit den Augen zum Vorschein, visiert mich an. Aber mehr aus Neugier und Vorsicht denn aus Hunger. Wäre es anders, wäre er direkt zielstrebig auf mich zugeschwommen. Über oder unter Wasser. Doch er taucht ab, bleibt verschwunden. Wäre er zu mir hergekommen – ich hätte nichts machen können. Kein Ufer, an dem ich schnell hätte landen können. Vor allem wäre er immer schneller gewesen. Es hätte ihn zwei Schwanzschläge gekostet, zu mir zu kommen. Instinktiv hätte ich ihm wohl mein Gepäck in den Rachen gestoßen.

Gut, dass ich mich mit Kaimanen auskenne. Ich kenne nur wenige Fälle, wo es zu Angriffen auf Menschen gekommen ist. In dem Moment ahne ich nicht, dass ich ab jetzt fast täglich ein Krokodil zu sehen bekomme. Aber alle Begegnungen laufen nach demselben Schema ab. Sie werden zur Routine.

Ich bin keine 500 Meter weit, als mir der Gedanke kommt, noch einmal an Land zu gehen und die Dichtigkeit der beiden Säcke zu überprüfen. Das dauert. Landeplätze sind rar. Überall wuchert dichtestes Gestrüpp weit ins Wasser hinein. Doch dann bietet sich eine Möglichkeit, anzulegen. Meine Befürchtung bestätigt sich. Auch die Säcke haben bei der Landung Schaden genommen. Beide Beutel sind undicht. Nicht sehr, aber sie sind es. Auf jeden Fall ist der Traum vom sorgenlosen Schwimmen vorbei.

Ehrlich deprimiert hocke ich da. »Nun komm doch endlich!«, höre ich das Wasser rufen. Kühl und flott zieht es seines Weges. Dem Amazonas entgegen. Ich möchte aufspringen wie auf einen fahrenden Zug. Aber ich muss ihn ohne mich sausen lassen. Nun ist Improvisation gefragt.

Mir ist klar, heute geht es nicht mehr weiter. Ich muss mir einen Auftriebskörper für mein Gepäck schaffen. Es darf keinen Kontakt zum Wasser bekommen. Sonst kann ich das Filmprojekt abschreiben.

Also heißt es, schon wieder ein Lager bauen. Mein bester Freund, das Feuer, ist schnell zur Stelle. Überall liegt trockenes Holz herum. Flamme und Rauch beschützen mich, schenken mir Geborgenheit und Gemütlichkeit. Ich mache eine Bestandsaufnahme.

Da sind die beiden undichten Wassersäcke, die Solarplatte mit Kabel, zwei Filmkameras, ein Fotoapparat für Dias, eine Digitalkamera, Reserveakkus für die Kameras, Filme, das Satellitentelefon, ein Baum-Schraubstativ, etwas Geld, Personalausweis. Ferner, gut eingeschweißt, ein portugiesischer Deutsche-Welle-Bericht mit Foto über mein Vorhaben. Er wirkt ein wenig amtlich. Ich will ihn den Menschen zeigen, denen ich begegne, um Vertrauen und Verständnis zu schaffen und Skeptiker zu besänftigen.

Am Körper trage ich das T-Shirt, Sandalen, die Armbanduhr und die Badehose. Im Kopf die Hörgeräte. Während der Wasserfahrt habe ich sie rausgenommen und in einem Schraubgefäß mit dem Trocknungsmittel Silicagel verstaut. Sie sind sehr feuchtigkeitsempfindlich. Ich darf nicht riskieren, sie zu zerstören. Dort sind sie wasserdicht verpackt. Der Nachteil: Ohne Hörgeräte höre ich nur noch zehn Prozent. Quasi nichts. Der Urwald ist verstummt. Dafür hört das Silicagel jetzt wahrscheinlich doppelt gut. Ich gönne es ihm. Die Chemikalie soll mir darüber hinaus helfen, feucht gewordene Optiken zu trocknen. Ab jetzt höre ich nur noch das schrille Kreischen der Papageien und den Fluss, wenn er sein Wasser über Geröllfeldern mit Sauerstoff aufmischt.

Das also ist meine Ausrüstung. Nichts hilft mir, satt zu werden. Aber ich habe ein Feuer; empfinde keinen Hunger, habe genug zu trinken, die Kratzer sind vernarbt. Die einzigen Handicaps, neben dem schlechten Gehör, sind die geschwollenen Hände und erstes leichtes Fieber. Ich schätze es auf 38 Grad. Es muss mit den Kratzern zusammenhängen. Auf jeden Fall ist es nicht etwa ein erstes Anzeichen von Malaria. Malaria kenne ich. Sie käme um einiges heftiger daher. Medikamente habe ich nicht dabei. Sie soll mir der Urwald liefern. Dafür habe ich schließlich das Training absolviert. Auch prophylaktisch habe ich nichts gegen Malaria unternommen. Hier gibt es keine Menschen, geschweige denn malariakranke Menschen. Und nur dann kann die Mücke die Krankheit auch auf mich übertragen.

Der Schutzengel

Ich finde trockenes Holz und baue ein Minifloß. Darauf werde ich morgen die Gummisäcke packen und sie trocken über dem Wasser vor mir dahinschwimmen lassen. Wäre doch gelacht, wenn ich mir vom Fluss das bequeme Schwimmen verwehren ließe!

Ich trage das Flößchen zum Fluss und mache eine Schwimmprobe. Der Auftrieb ist nicht ausreichend. Die Säcke werden von unten nass. Also mehr Holz sammeln. Das Gefährt lasse ich am Ufer liegen. Ich muss zurück durch ein stehendes Sumpfgewässer. Prompt stolpere ich. Im Fall greife ich an die nächststehende Pflanze. Sie sieht aus wie Bambus, ist etwa drei Meter lang. Sie bricht ab. Ich lande im Wasser. Kein Drama. Ganz im Gegenteil. Ein wahrer Glücksfall. Die abgebrochene Pflanze schnellt an die Wasseroberfläche und schwimmt wie ein Korken!

Wenn sie nicht die Konsistenz von Spargel hätte, wäre sie ein idealer Auftriebskörper für mein Minifloß. Aber wer hat schon je ein Floß aus Spargel gesehen? Ich lasse sie treiben und stakse ans Ufer, schaue noch einmal zurück. Mehr, um mir den Weg einzuprägen. Und da schwimmt diese Pflanze! Federleicht, wie Styropor, sofern man hier überhaupt so chemisch denken darf.

Ich stapfe zurück, hebe sie an. Wie ein leeres Kunststoffrohr liegt sie in meiner Hand. Ich höre sie sprechen. »Ich kann dir helfen, teste mich!« Das tue ich. Ich beschwere sie mit Schlamm. Morgen früh werde ich nachschauen, ob sie immer noch so gut schwimmt. Oder ob sie sich mit Wasser voll getrunken hat und untergeht. Mir ist klar, dass sie untergehen wird. Denn noch nie habe ich von Spargel gehört, der sich als Bambus getarnt hat. Oder als Rhabarber. Aber genau daran erinnert mich die Pflanze.

Der missglückte Schwimmversuch mit den Säcken als Schwimmhilfe hat meine Hände wunderschön gesäubert. Deutlich sehe ich nun die vielen Splitter. Ich gönne mir eine Pause und versuche, sie herauszuziehen. Es gelingt mir nur bei neun. Die übrigen vierundzwanzig weigern sich. Sie sitzen zu tief oder sie zerbröseln. »Saubande!«, verfluche ich sie. Es bleibt mir nichts, als meine weißen Blutkörperchen in Aktion zu versetzen. »Eitert sie raus!«, befehle ich ihnen und wende mich Wichtigerem zu.

Am anderen Morgen bin ich früh auf den Beinen. Die Sonne kann ihr Licht gar nicht so schnell in den Wald fluten, wie ich am Sumpf bin und den Schlamm beiseite kratze, um den Schwimmversuch zu begutachten. Ich habe ihn erst zur Hälfte weggebaggert, als der Stamm bereits hochschnellt an die Oberfläche. Ich kann mein Glück kaum fassen. Keinen einzigen Millimeter seiner Schwimmfähigkeit hat er eingebüßt! Selbst wenn er nach drei Tagen doch tiefer sinken sollte, kann ich mir dann ja jeweils neue abschlagen. Notfalls fahre ich eben in Drei-Tages-Etappen. Hoffentlich finde ich genügend dieser Pflanzen. Dort, wo mein Schutzengel mich hat stolpern lassen, entdecke ich noch eine einzige weitere. Aber damit hat sich's dann. Mehr sind weit und breit nicht zu entdecken Aber immerhin. Zusammen mit dem gesammelten Holz habe ich nun ein Minifloß, das meine Säcke trocken über Wasser hält. Ich schwimme los.

Der Fluss treibt mich gemächlich voran. Ich halte mich am Floß fest und muss keine Eigenkraft aufbieten, um an der Oberfläche zu bleiben. Ich bestaune die vorbeiziehende Landschaft. Was die Piranhas wohl denken mögen, wenn sie mich über sich dahintreiben sehen? Wahrscheinlich bestaunen sie mich.

Nach zwei Stunden beginnt mich zu frieren. Aber da steht die Sonne hoch genug und strahlt ihre ganze Wärme auf mich ab. Was der Fluss mich von unten auskühlt, gleicht sie von oben wieder aus. Ich brauche also keine Aufwärmpause einzulegen.

Erst gegen Mittag klettere ich aus dem Fluss und sonne mich auf einer Sandbank. Ich bin vielleicht sieben Flusskilometer vorangekommen. Aber Luftlinie sind das allenfalls ein paar hundert Meter. Der Strom windet sich wie Haarnadeln, wie ein ertappter Lügner, dem ich auf die Schliche gekommen bin, dass er mir 700 Meter als sieben Kilometer verkauft hat.

Verträumt schaue ich auf mein Floß. Es ist mit einer dünnen Liane an einem Strauch befestigt und dümpelt vor sich hin. Sehe ich richtig oder täusche ich mich? Es liegt entschieden tiefer im Wasser als heute Morgen. Ich schaue mir das Fahrzeug genauer an und weiß, dass meine Beobachtung stimmt. Das gesammelte Trockenholz hat sich voll getrunken mit Wasser und viel von seinem Auftrieb eingebüßt. Weil das sehr allmählich geschehen ist, habe ich es gar nicht bemerkt. Eine sofortige Kontrolle der Säcke ergibt, dass sie doch Kontakt mit dem Nass hatten. Eine Optik ist mit einigen Tropfen benetzt. Ich schraube sie ab und stecke sie in die Silicagel-Dose. Im Handumdrehen befreit die Chemikalie die Linsen von der Feuchtigkeit und saugt sie in sich auf.

Ich werfe das nassschwere Holz fort. Die beiden Spargelrohre allein haben nicht genug Auftrieb, um die Säcke über der Oberfläche zu halten. Aber sie schwimmen nach wie vor perfekt. Ersatzpflanzen sind nicht zu finden. Ich beschließe spontan, ab jetzt zu wandern. Die kleine Aufregung hat mich die Müdigkeit vergessen lassen. Ich verzichte auf die Pause und gehe los. Ein Sack baumelt auf der Brust, der andere auf dem Rücken. Sie sind miteinander verkoppelt. Ruhigen Schrittes folge ich dem Gewässer. Parallel durch den Wald. Ich muss mindestens 50 bis 100 Meter Abstand halten. Sonst ist der Pflanzenwuchs unnötig dicht und erlaubt allenfalls einer Maus das Durchkommen.

Hier im Halbschatten ist es ein angenehmes Gehen. Es ist kühl und nie muss ich den Stock einsetzen, um mir den Weg zu bahnen. Ich schlängele mich zwischen den Millionen jung sprießender Bäume hindurch.

Immer wieder schaue ich in Richtung Fluss, um ihn nie aus den Augen zu verlieren. Er fließt in einem tieferen Bett. Sehen oder hören kann ich ihn nicht. Auch nicht mit Hörgeräten, die ich mir für den Marsch wieder einverleibt habe. Aber der dichte Pflanzenwuchs weist mir den Weg fast genauso deutlich.

Gegen drei Uhr werde ich müde. Ich merke es daran, dass ich häufiger stolpere. Was mich dabei besonders wütend macht, ist das wiederholte Stolpern über haarfeine Lianen, die wie Spinnwebenfäden quer über meinen Weg verlaufen. Sie sind stark wie Zwirn und reißen die Kratzer an den Beinen wieder blutig. Außerdem schmerzt das.

Ich werde die nächste Gelegenheit für den Bau des Lagers nutzen. Das heißt, ich möchte einen Zugang zum Fluss haben und es muss genügend Brennholz herumliegen. Endlich ist solch ein Platz gefunden. Als ich mich zu ihm hinunterarbeite, vollführe ich einen Freudensprung. Steine!!! Ein breiter Fels schiebt sich in den Strom und unmittelbar am Ufer liegen kleinere Steine zu Hunderten. Damit habe ich endlich eine Steinklinge. Eine große als Axt, eine kleine als Messer. Zwar entsprechen sie nicht annähernd der Qualität der heimischen Flintsteine, aber sie sind immerhin ein brauchbares Werkzeug. Wenn sie stumpf werden oder zerfallen, mache ich mir neue.

Und nicht nur das. Beim Durchwühlen der Steinhaufen finde ich zwei dicke Skorpione. Drohend und schützend stellen sie den Giftstachel über ihren Körper. Aber das nutzt ihnen nichts. Ich töte sie mit einem Stein. Den Giftstachel und die Scheren reiße ich ab. Dann esse ich sie auf. Roh, live. Der Panzer kracht wie Eierschale. Den Inhalt schlürfe ich wie ein rohes Ei. Den harten Chitinpanzer spucke ich aus.

Ich finde erste Nüsse und beschließe, einen Tag zu bleiben und mich damit zu mästen. Sie liegen zu Hunderten unter den Stachelpalmen. Sie verfügen über eine enorm starke Schale. Meist muss ich dreimal kräftig mit einem schweren Stein zuschlagen, ehe sie zerbrechen. Viele sind hohl. Ihr Inhalt ist verbraucht. Entweder durch Fäulnis oder durch Insekten. Nach einigen Fehlversuchen erspüre ich am Gewicht, ob sie leer oder voll sind. Die Kerne haben die Größe von Haselnüssen und schmecken auch so. In manchen Schalen befindet sich statt des Kerns eine dicke geringelte Raupe, ähnlich dem Engerling. Ich werfe sie fort.

Das hätte ich nicht tun sollen! Denn irgendwann, als ich mehr Raupen als Nüsse zutage fördere, probiere ich eins der Tiere und bin völlig überrascht. Es ist die absolute Delikatesse! Das Beste, was ich in der Insektenwelt je kennen gelernt habe. Zart, fettig, wie eine Crème aus Kokosmilch. Jeder Koch würde vor Neid erblassen und alles dransetzen, das Rezept zu ermitteln. Von jetzt ab werfe ich die *Nüsse* fort und gönne mir nur noch die Raupen. Gierig suche ich die, die ich fortgeworfen habe. Die meisten sind längst unter dem Laub verschwunden. Andere werden gerade von Ameisen in ihre Bestandteile zerlegt. Leben und leben lassen, denke ich und suche weiter. Die Ameisen lasse ich leben, die Raupen nicht.

Das Feuer knistert. Ich will angeln. Auf einem gestürzten Urwaldriesen sitzen Pflanzen, die mich an Sansevierien erinnern. Das sind jene unverwüstlichen fleischigen Topfpflanzen, die unsere Großmütter zuhauf auf ihren Fensterbänken stehen hatten. Omas, die keine dieser Pflanzen hatten, waren so untypisch wie jene, die nicht im Herbst ein Alpenveilchen vorzuweisen hatten. Die Sansevierien brauchen keine Pflege, weil sie anspruchslose Buschsteppenpflanzen sind. Sie bestehen nur aus langen, senkrecht aufstrebenden Blättern mit sehr stabilen Fasern.

Mit einem Stock klopfe ich das Blattfleisch mürbe und spüle es im Bach ab. Aus den gereinigten Fasern drehe ich mir ein Seil. Genauso wie es die Waiapí mich gelehrt haben. Als Angelhaken nehme ich einen winzigen Ast. Makkaronistark, zwei Zentimeter lang. Beide Enden werden nadelspitz zugeschnitten. Dieser Doppelspitz wird ans Seil geknotet und parallel ans Seil angeklappt. Angelhaken und Seil bilden nun eine Linie und werden mit Würmern umwickelt. Sie wimmeln zu Hunderten im Uferschlamm herum. Mit bloßen Händen kann ich sie ausgraben. Damit sie nicht vom Haken entkommen, binde ich sie mit Sansevieria-Fasern fest. Ich bin stolz auf mein Werk, das mich zwei Stunden Zeit gekostet hat. Ein Steinchen dient der Beschwerung, damit das Seil untergeht und nicht an der Oberfläche herumschwimmt. Dann werfe ich die Angel ins Wasser.

Sie hat kaum die Oberfläche berührt, als es einen gewaltigen Platsch tut. Haken, Wurm und Stein sind abgebissen. Das Seil schwimmt lustlos an der Oberfläche. Ich hören den Fisch lachen.

Klar, dass viele Fische scharfe Schneidezähne besitzen. Aber es gibt auch andere. Vielleicht erwische ich ja einen davon. Mein Magen hat sich bereits auf Bratfisch eingestellt und befiehlt mir, einen neuen Haken zu basteln. Ich kaschiere ihn mit Gewürm, versuche es ein zweites Mal. Eine Sekunde, schwupp, und Haken Nummer zwei ist verloren. Das Lachen der Fische nervt mich. Ich schalte die Hörgeräte leise.

»Nimm doch ein Stück Draht vom Kabel als bissfestes Vorfach!«, flüstert mir mein innerer Schweinehund zu. Solchen Draht habe ich an der Solarplatte hängen. Er ist einen Meter lang. Zehn Zentimeter mehr oder weniger ändern nichts an der Funktionstüchtigkeit des Nachladesystem für meine Akkus. Aber ich besiege den flüsternden Hund. Draht widerspricht meiner Strategie. Ich will ohne Hilfsmittel klarkommen und mich nicht jetzt schon, gleich zu Anfang der Reise, selbst betrügen.

»Wenn es nicht ohne Draht funktioniert, bleibt der Tisch eben ungedeckt«, rede ich laut vor mich hin. Ich rede meistens laut. Das schafft Nähe. Zu wem, weiß ich auch nicht. Auf jeden Fall mindert es die Einsamkeit. Auch, wenn ich nicht unter ihr leide. Statt Fisch gibt es wieder Raupen.

Endlich finde ich Muße. Ich schaukle in der Hängematte, scheinsatt, voll getrunken und umstreichelt von einem kleinen Knisterfeuer. Ich schaue zum Himmel, der längst sein tiefdunkelblaues, sterngepunktetes Nachtgewand angezogen hat, und entdecke im letzten Licht die dünnen Lianen, die man für den Bau von Hängematten verwenden kann.

Am nächsten Morgen reiße ich sie aus den Baumkronen und verarbeite sie zu einer bequemen Bettstatt. Das dauert einen ganzen Tag lang. Aber die Mühe lohnt sich. Endlich kann ich mich ausstrecken, ohne die Gefahr, durchzuplumpsen. Wenn ich die schweren Beine hochlegen möchte, lege ich mich der Länge nach in die Matte, möchte ich waagerecht liegen, dann schlafe ich quer. Als Matratze dienen mehrere Schichten großer Blätter. Sie verhindern das Auskühlen nach unten. Morgen will ich weiterziehen.

Ich bin früh auf den Beinen. Eine kleine Katzenwäsche, Zähneputzen mit einem zerfaserten Ästchen, gurgeln. Dann geht es los. Ich fühle mich ausgeruht und stark. Bestimmt mache ich heute 20 Kilometer. Solche Träume habe ich jeden Morgen. Und jeden Tag kommt etwas dazwischen. Auch heute. Ich schlängele mich durch das Unterholz und schaue nach allen Seiten. Ich suche Nahrung, ich denke an den Jaguar. Ob ich wohl wieder einem begegne wie damals auf dem Weg zu den Yanomami? Auf jeden Fall bleibe ich wachsam.

Als Wegzehr fange ich mir im Vorübergehen ein paar Heuschrecken. Nüsse gibt es heute keine. Vielleicht wäre es besser gewesen, mir einen Vorrat mitzunehmen. Ohne die zeitraubende Nahrungssuche komme ich zumindest besser voran. Alles hat seine Vorteile.

Der Fluss schlängelt sich in endlosen Serpentinen. Ich mache einige Flusskilometer, aber keine Luftkilometer.

Dann stehe ich vor einem Nebenfluss. Er hat eine heftige Strömung. Ob ich will oder nicht, ich muss hindurchschwimmen. Um die Kameras trocken ans andere Ufer zu bringen, stecke ich die Gummisäcke ineinander. So dürfte es dem heimtückischen Wasser kaum gelingen, durch die feinen Löchlein ins Innerste zu den Kameras zu dringen. Bevor es das fertig brächte, wäre ich längst drüben. Ich schätze die Entfernung auf 40 Meter. Die sperrige Solarplatte und die Hängematte binde ich außen fest.

Bei der Geschwindigkeit des Wassers würde ich das gegenüberliegende Ufer kaum erreichen. Entweder muss ich den Nebenfluss hundert Meter oberhalb durchqueren oder in Kauf nehmen, dass ich in den Hauptstrom gespült und ans linke Ufer getrieben würde. Eigentlich egal.

Das wäge ich gerade ab, als ich eine Entdeckung mache. Am gegenüberliegenden Ufer meines Hauptstromes, in einer Art stillen Bucht, stehen meine Floßpflanzen! Jene Mischung aus Bambus, Spargel und Rhabarber. Und nicht nur drei oder vier. Es sind Hunderte! Davon könnte ich mir ein regelrechtes Ausflugsschiff bauen.

Ich überlege nicht mehr lange und rutsche ins Wasser. Drei, vier Schwimmstöße und die Strömung reißt mich mit sich, drückt mich in die Außenkurve an jenes andere Ufer. Ich umklammere den Doppelsack und steuere mit den Beinen. Ich treibe an den Pflanzen vorbei. Zweihundert Meter unterhalb schiebt sich eine Felsplatte ins Wasser. Dort kann ich an Land gehen. Ein idealer Campingplatz. Hier werde ich mal wieder einen Tag bleiben. Von wegen 20 Kilometer!

Zunächst kontrolliere ich den Wassersack. Das Wasser ist nur durch die äußere Hülle gedrungen. Der innere Sack ist trocken geblieben. Ich lege beide in die Sonne zum Trocknen. Die Kameras deponiere ich auf der Solarplatte im Schatten. Dann mache ich mich auf, um die Pflanzen zu fällen. Ich fühle mich sauwohl. Besser kann meine Reise gar nicht laufen.

Ich stehe knietief im Schlamm. Weil die Stauden nur drei Meter hoch sind und der dickste Teil der Stämme unten im Wasser steht, bücke ich mich und kerbe sie, so tief es geht, mit dem steinernen Handbeil ein. Dann kann ich sie brechen. Unten sind sie fast beinstark, nach drei Metern nur noch besenstieldick. Dort knicke ich die Spitze aus Blättern und einer Art Calla-Blüte ab.

Allmählich schwimmt ein ganzer Teppich dieser Rohre um mich herum. Etwa 50 habe ich beisammen. Ich umarme so viele von ihnen, wie ich greifen kann und lege mich drauf. Sie tragen mich wie ein Schlauchboot. Fantastisch! Ich schreie mein Glück aus voller Kehle in den Urwald.

Dann will ich an Land, um Lianen als Bindematerial zu suchen.

In diesem Moment durchfährt mich ein gewaltiger Stromstoß. Bestimmt wäre ich auf dem Festland einen Meter in die Luft gesprungen. Aber hier im Schlamm versinke ich stattdessen. Ein Elektrofisch! Kaum wage ich noch, mich zu bewegen. Wird er mich erneut elektroschocken oder ist er davongeschwommen? Ich habe keine einzige Bewegung im Wasser wahrgenommen. Nach einigen Augenblicken bewege ich mich wieder. Es bleibt ruhig. Der Schlamm geht in Sand über. Ich habe festeren Boden unter den Füßen.

An diese Art von Gefahren habe ich noch gar nicht gedacht. Meine Gedanken kreisen vor allem um Insekten, Kaimane und den Jaguar. Nicht um Elektrofische. Damit hatte ich noch nie zu tun. Wohl habe ich einmal einen Elektrowels gesehen. Ein Angler am Rio Negro hatte ihn aus dem Wasser gezogen. Ich wunderte mich, dass er einen so großen respektvollen Bogen um seinen Fang machte. Er fasste ihn nicht an und tötete ihn schließlich mit einem Schuss. Erst lange nach dem Schuss schnitt er das Tier auf und zeigte mir das wabbelige Fleisch. Es war mehr Fett als Fleisch, ohne feste Konsistenz. »É a sua pilha! Das ist seine Batterie!«, klärte er mich auf. »Bis zu 100 Volt kann er damit austeilen«, las ich später in Grzimeks Tierlexikon.

Plötzlich erinnere ich mich auch früherer Bachdurchquerungen, wo die Rochen das Hauptproblem darstellten. Sie liegen verborgen im Sand. Tritt man auf sie drauf, peitscht ihr Schwanz mit seinem Giftstachel in die Höhe und verursacht übelste schmerzhafte Wunden. Das kann man vermeiden, wenn man schlurfend durch den sandigen Grund geht. Dann gerät man *unter* sie und sie schweben davon, ohne zu stechen. Automatisch schalte ich meine Gangart um. Von gehend zu schlurfend. Ich bin noch keine fünf Meter gegangen, als ich ein etwa 60 Zentimeter großes Tier aufscheuche! Hastig schwebt es davon. Momente, wo man sich seinem Schutzengel körperlich nahe, von ihm umarmt fühlt, sich vor Glück mit ihm paaren möchte.

Ich packe mich in die Hängematte und denke immer noch an den Elektrostoß. Tödlich sind sie offenbar nie. Sonst hätte man schon davon gehört. Aber ich werde vorsichtig sein, wenn ich die Stämme gleich bündeln muss.

Dass ich hier auf so wunderbare Weise floßfähiges Baumaterial gefunden habe und damit mein Rückweg zu einer Erholungsreise wird, hätte ich in keinem meiner Träume zu hoffen gewagt. Zumal ich von solchem Material gar keine Ahnung hatte. Immer hatte ich an Baumstämme gedacht und daran, wie ich sie fällen könnte. Endlich werden die Träume einmal von der Realität übertroffen! Mir war bisher nur klar, dass ich mit viel Geduld die Ufer abzusuchen hätte, bis irgendwo ein geeigneter Baum stehen würde. Geeignet – das hieß, er musste schnurgerade sein und vor allem schwimmen. Nicht jedes Holz schwimmt. Nie werde ich vergessen, wie ich vor 30 Jahren in stundenlanger Arbeit einen Baum maßgerecht in den Fluss gefällt hatte und er dann wie ein Stein versank. Nie wieder würde mir das passieren. Bei allen späteren Flößen hatte ich zunächst einen dicken Ast abgehackt und eine Schwimmprobe durchgeführt. Dann erst habe ich den Baum gefällt. Aber in all diesen Fällen hatte ich Axt und Säge zur Verfügung. Dieses Mal allenfalls eine Steinaxt. Das würde Tage dauern und viele Steinäxte erfordern. Wahrscheinlich würde ich längst einen Tennisarm, Entzündungen der Gelenke und Muskulatur haben, ehe der Baum fiele. Deshalb hatte ich in Gedanken als Alternative die Möglichkeit durchgespielt, den Stamm mittels eines

Dauerfeuers zu stürzen. Auch das würde Tage der Arbeit erfordern. Und nun ist das alles hinfällig, weil ich die Calla-Stämme fand!

Irgendwann bin ich ausgeruht. Ich sammle Lianen. Sie baumeln zu Tausenden von den Bäumen. Jedes Kaliber. Zwirnsfadenfeine zum Nähen von Edeltuch und anakondaartig monströse, mit denen man Ozeanriesen an der Pier vertäuen könnte.

Ich stapfe zurück in den Schlamm. Vorsichtshalber stochere ich mit einem langen Stock meinen Weg ab, um das schwimmende Elektrizitätswerk zu verjagen. Wie ein Blinder bewege ich mich voran. Ich habe Glück. Es geschieht nichts. Dann nehme ich jeweils etwa 15 Stämme und lege sie abwechselnd mit dickem und dünnem Ende zusammen. Dadurch erhalte ich ein relativ gleichmäßiges Bündel. Ich umarme und umschlinge es mit den Lianen. Mehrfach rüttele ich die Stämme, damit sich der Ballen hinterher nicht mehr lockern kann. War ein Stamm allein noch weich und elastisch, so bieten sie nun, als Bündel, keinerlei Elastizität mehr.

Schließlich habe ich drei dieser Auftriebskörper fertig. Jeder einzelne ist mit vier langen Lianensträngen mehrfach umschlungen und dann verknotet. Unzerstörbar. Ich schiebe sie zusammen und vertäue sie zu einer Einheit. Zwei Querstangen bringen die letzte Stabilität. Jetzt können die Außenkörper nicht mehr hochklappen. Eine frische Bambusstange wird zum Paddel ernannt. Sie ist schwieriger abzuschlagen als alle 50 Calla-Pflanzen zusammen. Aber schließlich bin ich startklar.

Am liebsten möchte ich gleich losdüsen. Doch längst ist es später Nachmittag geworden. Zeit fürs Camp. Das heißt vor allem, genügend Brennmaterial beschaffen. Als Abendbrot gibt es nur »Wasser satt«. Zur Nahrungssuche habe ich keine Zeit mehr. Aber was spielt das für eine Rolle! Ich bin überglücklich und zufrieden und riesig stolz auf mein Schiff. Die Hängematte freut sich mit mir und simuliert das Schaukeln des Bootes. Sie wiegt mich in den Schlaf. Erinnerungen an meine Tretbootfahrt über den Atlantik werden wach. Fast werde ich seekrank. Mensch, denke ich, ist das Leben geil!

Um sechs Uhr lege ich ab. Es ist gerade hell geworden und noch angenehm kühl. Die Bambusstange bringt beachtlichen Schub, obwohl sie alles andere als physikalisch praktisch ist. Vor allem lässt sie sich gut anfassen. Sie hat eine stumpfe, zart gerillte Oberfläche. Das ist hilfreich, weil meine Hände immer noch geschwollen sind. Auch meine erhöhte Körpertemperatur hat sich noch nicht abgekühlt. Ich fühle mich nach wie vor fiebrig wegen der Kratzer und Splitter.

Jetzt im Wasser ist das vergessen. Die Freude über mein Schiff und das angenehme Vorwärtskommen stimmen mich euphorisch. Mal ist die Strömung flott. Dann wieder steht sie auf der Stelle oder fließt an den Ufern sogar rückwärts. Meine Bambusstange muss diese Widrigkeiten rechtzeitig parieren. Manchmal schaffe ich es nicht. Ich werde einfach von der Kraft des Wassers ins Aus gedrückt und gerate in den rückläufigen Drehstrom entlang der Ufer. Das ärgert mich, weil ich mit aller Kraft versuche vorzubeugen. Hinterher bin ich immer ziemlich ausgepowert. Daran merke ich, dass ich bereits viel Kraft verloren habe infolge der unzureichenden Ernährung. Natürlich liegt es auch an der Undynamik des Paddels.

Deshalb binde ich eine zweite Stange an mein Bambusrohr. Das bedeutet doppelte Schubkraft. Aber schon bald ist mir klar, dass sie auch doppelt Kraft zehrt. Außerdem ist die Doppelstange unhandlich. Ich trenne mich wieder von ihr. Ich versuche es noch mit anderen Variationen. Aber letzten Endes bleibe ich bei dem einfachen Bambusrohr.

Das Schönste sind die kabbeligen Wasser. Dann, wenn es über Geröllfelder und leichte Gefälle geht. Für Wildwasserfahrer gibt es hier keine Probleme. Aber für mein Plumpfloß schon. Oft muss ich aussteigen und schieben. Ich habe Angst, dass scharfe Unterwasserfelsen mir die Lianen kappen und das Floß auflösen könnten. Gut, dass ich alles vierfach verzurrt habe.

Plötzlich kippe ich. Es geschieht so schnell, dass ich es gar nicht wahrhaben will. Ich bin quer gegen einen unsichtbaren Stein gefahren. Das Fahrzeug schiebt sich um wenige Zentimeter hoch, neigt sich entsprechend auf der stromaufwärts gerichteten Seite und dreht sich im Handumdrehen.

Das Erste, was ich bemerke, ist das pfeifende Geräusch in meinen Ohren. Die Hörgeräte sind voll Wasser gelaufen. Verdammt! Ich habe vergessen, sie rauszunehmen. Das fehlte noch, dass sie hinüber sind und ich nicht mehr hören kann. Selbst *mit* den Hörhilfen bin ich arg gehandicapt. Aber ohne sie höre ich allenfalls zehn Prozent. Ich pfeife auf das Geräusch und rette die Säcke. Ich lasse das Floß im Stich und jage ihnen nach. Nicht, dass ich Angst hätte, sie könnten auf Nimmerwiedersehen verschwinden. Ich möchte verhindern, dass die Kameras erneut nass werden.

Ich kriege sie zu fassen, lege sie auf einen trockenen Fels im Strom. Irgendwo guckt mit letzten Fasern die Hängematte aus den Fluten und ruft um Hilfe. Ein paar Momente später und sie wäre ertrunken. Schnell kraule ich hin, damit ich mir nicht noch einmal eine neue flechten muss! Ich werde alles besser ans Floß anbinden müssen.

Schließlich ist alles wieder beisammen. Da kommt mir auch bereits mein Floß entgegen. Ohne Mühe kann ich es zurückdrehen, den »Kiel« wieder nach unten.

Jetzt erst nehme ich die Hörgeräte heraus und sperre sie zur Strafe zum Silicagel. Sie sind selbst schuld, wenn sie nun nicht mehr teilhaben können an meiner tollen Reise. Dort können sie sich ausruhen. Bis wir zu den ersten Menschen kommen.

Das Kentern geschieht immer häufiger. Ich kann mir das nicht erklären. Ist es durch mein Gewicht zu kopflastig? Kann ich das verhindern, wenn ich mich in bewegten Wassern ganz flach auf das Schiff lege? Offenbar nicht. Ich kentere dennoch alle naselang. Schon beim geringsten Kabbelwasser gehe ich baden. Bis mir klar wird, warum das so ist. Ich brauche ein viertes Bündel! Bei dreien wirkt das mittlere wie ein Scharnier. Es braucht nur einer der Außenballen gering gegen den Strom unter Wasser zu geraten und schon kommt alles aus der Balance.

Inzwischen habe ich Übung im Floßbau. Im Handumdrehen ist das vierte Bündel fertig und tatsächlich ist der Spuk vorüber. Ich sollte Floßbauer werden.

Meine Hände schmerzen von den widerlichen Splittern. Auch mein Hintern ist nicht mehr das, was er mal war. Die Abmagerung hat offenbar genau dort begonnen. Das Schinkenpolster ist vom Körper aufgezehrt. Jedenfalls sitze ich auf den Steißbeinknochen. Ohnehin wäre es besser, wenn ich nicht so tief auf den Rohren sitzen würde. Mein Kreuz schmerzt. Ich brauche ein dickes Kissen.

Gedacht, getan. Aus vier Palmzweigen bastle ich einen *Remanchim*, eine Kiepe, und fülle sie prall mit Blättern. Dass ich da nicht gleich drauf gekommen bin! Nun sitze ich weich und etwas erhöht. Der Kreislauf in den Beinen kann besser zirkulieren. Ich komme mir vor wie ein Tourist, der von der vierten in die erste Klasse umgebucht wurde.

Schlamperei

»Wo ist denn die Solarplatte?«, fluche ich laut vor mich hin. Gleichzeitig schießt mir das Blut in den Kopf. Mir ist sofort klar, mal wieder geschlampt zu haben. Ich wollte sie soeben in die Sonne legen und den Akku des Satellitentelefons nachladen. Da entdecke ich, dass sie weg ist. Über Bord gegangen, ersoffen.

Hastig wende ich das Floß. Jetzt mit den vier Bündeln ist das erheblich schwieriger. Aber wenn ich es quer zur Strömung lege und mich stromaufwärts auf den äußersten Ballen lege, ist es ein Kinderspiel. Sofort sehe ich: die Platte ist und bleibt verschwunden. Aufgeregt blicke ich um mich. Flussaufwärts, flussabwärts – sie bleibt unsichtbar.

Ich rekapituliere die Ereignisse der letzten drei Stunden, nachdem ich sie zum letzten Mal gesehen habe. Da bin ich – trotz der vier Ballen – zweimal gekentert. Dabei muss es geschehen sein. Mein erster Griff nach jedem Kentern galt vorrangig immer den beiden Fotosäcken. Auf keinen Fall durften die Kameras nass werden. Dann rettete ich das Sitzkissen. Um die Solarplatte hatte ich mich noch nie kümmern müssen. Sie war, mit dem Kabel an einem der Stämme festgebunden, immer am Floß geblieben. Nur diesmal nicht. Offenbar hatte sich der Knoten gelöst.

Ich will Annette anrufen und sie vorwarnen, dass bald kein Strom mehr für unsere Gespräche da sein wird. Aber ich kriege keinen Satelliten zu fassen. Die Verbindung kommt nicht zustande. Das Tal ist zu eng, die Bäume zu hoch. Sie lassen nur einen schmalen Spalt Himmel sichtbar. Und der ist satellitenfrei wie vor 100 Jahren. Old Murphy's Gesetze. Ich paddle auf die Mitte des Flusses. Aber das kann den alten Murphy nicht umstimmen.

Das Display zeigt bereits das drohende Ende der Stromversorgung an. Nur mit Glück könnte ich ihr den drohenden Ausfall noch aufs Band sprechen. Gestern, als ich bereits nachladen wollte, war der Himmel bedeckt. Ich verschob das Procedere auf heute.

Mit keinem Gedanken mache ich mir Sorgen um mich. Sorge habe ich einzig um Annette. Ich weiß, wie tapfer sie mich bis zum letzten Augenblick ermutigt hat, die Reise zu machen, obwohl ihr die Angst ins Gesicht geschrieben stand.

»Ich weiß, dass ich durchkomme«, hatte ich ihr immer wieder versichert. »Ich hatte in der Vergangenheit auf jeden Fall unvergleichlich schwierigere Situationen als alles, was mir jetzt bevorsteht. Denn diesmal lande ich in einem unbewohnten Urwald. Da bin ich unter ›Freunden‹.«

Viel riskanter waren die Reisen in der Vergangenheit zu den Yanomami. Damals, als wir die Goldsucher und ihre Hintermänner gegen uns hatten. Und selbst von den Unternehmungen bin ich zurückgekehrt.

»Du weißt, ich kenne den Wald. Er kann mir kaum etwas anhaben. Wir sind Freunde. Ich helfe ihm, er hilft mir. Ich schätze die Chancen durchzukommen auf solide 99 Prozent.«

Ohnehin wollte ich das Telefon nie nutzen, um Hilfe zu alarmieren. Es war einzig mein Zugeständnis an Annette. Genau wie das Messer. Darüber haben wir lange miteinander geredet.

»Das kann man in Prozenten doch gar nicht ausdrücken«, holte sie mich zurück auf den fleckigen Teppich des Eusébio-Hotels. »Mit den Prozenten kommt mir das vor wie die neuesten Wetterberichte. Wenn es heißt ›Die Regenwahrscheinlichkeit beträgt 40 Prozent‹. Das sagt gar nichts. Es kann also regnen oder auch nicht. Das ist eine genauso nichts sagende Formulierung wie die mit der ›gefühlten‹ Temperatur. Als wenn dicke und dünne Menschen die gleichen Temperaturempfindungen hätten. Ein Schlangenbiss und du bist tot. Egal ob 99 Prozent oder fifty-fifty.«

»Schlangen tun mir nichts. Ich kenne sie wie mich selbst. Ich werde deutlich auftreten. Dann spüren sie die Vibrationen im Erdboden und verschwinden.«

Enttäuscht von meiner eigenen Unachtsamkeit und Dummheit, sitze ich neben dem knisternden Feuer. Ich hole ihren Brief aus dem Sack. Sie hatte ihn mir vorm Abseilen zugesteckt. »Mach ihn auf, wenn du das Bedürfnis hast«, hatte sie gesagt. Und bisher hatte ich mich noch nie bedürftig gefühlt. Ich hatte den Brief im Gepäck gelassen. Aus einem Schuldgefühl heraus öffne ich ihn.

Er ist so schön und einfühlsam, dass ich sehr bewegt bin. Vor Freude und Rührung vergesse ich ganz, mir etwas zu essen zu suchen. Ich werde sie dafür später sehr lange und innig umarmen. In Gedanken tue ich das jetzt schon, bis die Hängematte schaukelt.

Das mit dem Schlangenbiss hat ihr wohl besonders im Kopf herumgespukt. Sie schreibt etwas vom Schlangengott, den sie bestochen hat, als sie die Wunden der Zwei-Meter-Anakonda bei den Waiapí versorgt habe.

»Im Nachbardorf haben sie eine Anakonda im Fischnetz gefangen«, hatte uns Eduardo, der Krankenpfleger, gesagt. Für ihn eine eher beiläufige Bemerkung, Urwald-Alltag. Bei mir gewann sofort der Schlangenfan Oberhand.

»Und, lebt sie noch?«

Ja, sie lebe, wurde uns bestätigt.

Sofort rasten wir auf Eduardos Honda über den aufgewühlten Schlammweg die fünf Kilometer zum Nachbardorf. Kurz vorher bremste er ab. »Da liegt sie!« Sein Kopf wies mir die Richtung.

Ich sah nur ein dickes Netzbündel. Rund wie ein Ball. Erst bei genauerem Hinsehen entdeckte ich den Kopf der Schlange. Es war das Einzige, das aus dem Nylongewebe herausragte. Matt hing er herunter.

»Schade, sie ist tot.« Ich war wirklich traurig. Vielleicht hätte ich sie retten können, wenn ich ein paar Stunden früher davon erfahren hätte. Sie hatte sich dermaßen in das Netz verstrickt, dass sie nicht die allergeringste Chance gehabt hat, sich zu befreien.

Ich bewegte das Bündel, um die Größe des Tieres abzuschätzen. Es roch streng nach Schlange. Wahrscheinlich hatte sie in ihrem Todeskampf den Darm geleert. Fliegen stieben davon. Weiße Maden wimmelten auf dem Netz und fielen zu Boden.

Da nahm ich ein leichtes Züngeln wahr. Sie lebte also doch noch. Sofort zückte ich meinen Dolch und schnitt vorsichtig alle Maschen durch, derer ich habhaft werden konnte. Einige Nylonsehnen hatten ihre Haut durchschnitten. Ganz allmählich konnte ich sie aus der Todesfalle befreien. Sofort kehrten ihre Lebensgeister zurück. Sie fauchte und versuchte ermattet, nach mir zu beißen. Dabei fielen weitere Maden zu Boden.

Ich wusch die Anakonda behutsam im angrenzenden Gewässer, befreite sie von Schmutz, Blut und Maden.

Zwei Indianer hatten sich zu uns gesellt.

»Wem gehörte das Netz?«, fragte ich sie.

»Mir«, sagt der eine.

»Ich musste es zerschneiden. Ich will es dir ersetzen. Was kostet es?« Er beriet sich mit seinem Begleiter.

»Dreißig Real habe ich dafür in Macapá bezahlt.«

Etwa sieben Dollar, rechnete ich um. Das konnte stimmen. Er hatte nicht übertrieben.

»Ich lasse dir das Geld morgen bringen. Ist das in Ordnung?«

»Ja, das ist in Ordnung. Aber kannst du mir nicht *Euro* geben? Ich habe noch nie einen Euro gesehen.«

Mir fiel vor Überraschung die Schlange zu Boden. Da wollte der Mann hier mitten im tiefsten Regenwald Euro von mir! Soll mir noch mal jemand sagen, die Indianer seien rückständig.

Eduardo und ich schwangen uns auf die Honda und brausten heim, dass der Schlamm spritzte. Ich gab auch Eduardo eine Belohnung. Wäre er nicht bereit gewesen, sofort statt morgen mit mir loszufahren, wäre das Tier wirklich tot gewesen. So war es nur scheintot.

Annette war sofort begeistert von meinem Fang. »Das ist meine erste Anakonda in freier Wildbahn«, freute sie sich. Spontan brach die gelernte Arzthelferin in ihr durch. Ich musste das Tier halten. Sie wusch es mit Seife, desinfizierte die Wunden und bestrich sie mit der Heilsalbe Betaisadona. Dann verstauten wir das Tier in einem Sack und legten ihn in einen Korb.

Als wir nach zwei Stunden vorsichtig nachschauten, hatten sich noch einmal ein paar Maden entwickelt. Aber dann waren alle Eier geschlüpft. Und neue Fliegen konnten nicht zu ihr gelangen.

Nach drei Tagen hatten sich die Wunden geschlossen. Wir ließen das Tier im Fluss schwimmen. Und nun, in ihrem Brief, gibt sie der Hoffnung Ausdruck, dass der Schlangengott mich dafür beschützen möge. Also von wegen Tierliebe, wie ich damals gedacht hatte! Purer Egoismus.

Keiner von uns beiden ahnte damals, dass mir der Anakonda-Gott nicht nur beistehen würde. Er hat mich sogar reichlich belohnt. Aber alles der Reihe nach.

Anglerglück

Würmer als Köder gibt es millionenfach. Ich brauche nur im Uferschlamm zu wühlen und habe im Handumdrehen so viele ich will. Aber dennoch: Meine Angelei funktioniert nicht. Ich praktiziere das Gewürm an das angespitzte Hölzchen, das als Haken dienen soll, und werfe es in den Fluss. Schwupp macht es und schon ist alles verschwunden – Haken, Gewürm und wieder ein Stück Seil. Dabei war das selbst gedrehte Seil so stark, dass ich es mit bloßen Händen nicht zerreißen konnte. Die Fische interessiert das nicht. Sie schnappen zu und ihre scharfen Zähne machen Hackfleisch aus den Fasern. Ich muss beim Erspüren eines Bisses alles viel schneller rausziehen, sage ich mir. Aber auch das hilft nichts. Die Fische sind schneller. Bis auf einen! Ich kann es kaum fassen. Einen habe ich rausgezogen. Er zappelt vor mir auf dem Felsen herum. Bevor ihm der Sprung zurück in sein Element gelingt, habe ich ihn gegriffen. Und da sehe ich auch, weshalb er Pech und seine Kollegen Glück hatten. Denn auch er hat scharfe Zähne. Aber das Spitzhölzchen hat sich beim Anrucken in seinem Mund senkrecht aufgerichtet. Er konnte die Kiefer nicht zusammenklappen, hatte eine Maulsperre.

Er ist zwar keine satte Mahlzeit, doch zu einer guten Vorspeise reicht es. Hier zählt nicht die Menge, hier zählt nur der Erfolg. Der macht mir Mut. Mit neuem Jagdfieber arbeite ich weiter. Aber mein Glück hat mich verlassen. Es gibt noch einen Skorpion. Live. Den Chitinpanzer spucke ich in den Fluss. Er verschwindet augenblicklich im Mund eines Fisches. Hätte ich nur einen einzigen Angelhaken mit Stahldraht-Vorfach und zwei Meter Sehne – ich könnte mich vor Fisch nicht retten. Aber das widerspricht, wie gesagt, meinen selbst gegebenen Bedingungen. Sonst könnte hier ja jeder spazieren fahren.

Dennoch habe ich irgendwann einen zweiten Fisch. Es ist ein paar Tage später. Ich träume paddelnd den Fluss hinab, wieder einmal das schrille Kreischen einiger Papageien im hörgerätelosen Ohr, als mir einer mitten aufs Floß springt! Aus reinem Übermut. Oder weil er verfolgt wurde. Oder weil der Fischgott es ihm befohlen hat, um mir zu Diensten zu sein. Den Fisch sehen und zuschlagen ist der Reflex des Bruchteils einer Sekunde. Mensch, bin ich schnell! Ich will aber deshalb nicht gleich anlegen und pausieren. Ich werde ihn mir heute Abend braten. So kommt zum Fisch noch die Vorfreude hinzu. Das bringt mir zwar keine einzige Kalorie mehr, aber psychologisch bekommt der kleine Fisch ganz neue Dimensionen.

Damit er mir nicht beim Kentern entschlüpft, stecke ich mein T-Shirt in die Hose und verstaue ihn auf der Brust, zwischen Hemd und Haut. Er hat keine Schuppen, sondern eine glatte, glitschige Haut. Die ist bald getrocknet. Jetzt liegt er unverrückbar festgeklebt auf meinem Bauch. Quasi im Trockenaquarium.

Ich passiere einen Felsen. Gerade ist ein Fischotter aufgetaucht und hat es sich dort bequem gemacht. Er war erfolgreicher als ich. Quer in seinem Mund zappelt ein Fisch. Er tötet ihn mit Bissen in den Kopf. Aufgeregt halte ich auf den Felsen zu und erschrecke ihn mit Rufen. Mit etwas Glück lässt er seinen Fisch vielleicht los, dann hätte ich noch einen und endlich mal einen größeren.

Der Otter richtet seinen Kopf auf, fixiert mich, hält den Fisch mit den Pfoten. Dann ignoriert er mich, macht »wuh-wuh« und wendet sich völlig unbeeindruckt wieder seinem Fang zu. Offenbar hat er noch keine negativen Erfahrungen mit Menschen gemacht. Ich paddle wie wahnsinnig und komme zehn Meter unterhalb seines Liegeplatzes an Land. Dem Floß widme ich nur einen kurzen Ruck, um es festzulegen. Dann sprinte ich zum Otter. Da gleitet er schon ins Wasser. Ohne Eile, den Fisch wieder quer im Mund, lachend, schadenfroh. Bis auf eine dünne Schleimspur hat er mir vom Fisch nichts zurückgelassen. Auch Schleim ist Eiweiß. Aber ich kann mich beherrschen. Irgendwo hat man ja seine Ekelgrenze.

Ich fahre weiter und male mir in der Fantasie aus, wie es wohl wäre, einen Otter zu fangen, an langer Leine ins Wasser zu lassen und für mich fischen zu lassen. Oder einen Kormoran. In Gedanken bin ich sehr erfolgreich. Das ärgert meinen Magen. Er knurrt zornig.

Um ihn nicht zu verärgern, beschließe ich, heute die ganz große Mahlzeit anzusagen. Es wird Nüsse geben. Das Ufer ist gesäumt von Unmengen der Stachelpalmen. Das heißt: Raupen und Nüsse satt. Fünf-Sterne-Hotel-Qualität.

Obwohl relativ satt, gönne ich mir einen weiteren Gang des Urwaldmenüs: Ameisen-Eier. Unter manchen Steinen finde ich gleich eine ganze Hand voll dieses guten Proteins. Ich nehme sie mitsamt dem Sand und den Ameisen-Eltern und werfe sie in eine Wasserpfütze. Der Sand geht unter, die Eltern paddeln ans Ufer und die Eier schwimmen gesäubert an der Oberfläche. Ich brauche sie nur noch abzuschlürfen.

Mit Termiten verfahre ich anders. Ich breche die Kruste ihrer Bauten auf. Dann schlagen sie Alarm. Aus allen Löchern kommen Arbeiter-Termiten, um den Schaden zu beheben. Jetzt muss ich nur einen nassen Finger hinhalten. Er wird sofort geentert. Wenn er voll ist, lecke ich ihn ab. Live, roh. Nouvelle cuisine. Die Tiere sind in diesen Winzigmengen geschmacklos. Sie beißen nicht.

Auch auf Gemüse muss ich nicht verzichten. Immer wieder finde ich frisch gesprossene Palmen, deren Kern mit Fantasie an Spargel erinnert.

Dann ein verlassenes Jagdcamp! Aufgeregt lege ich an. Unter einem verwitterten Laubdach ein drei Quadratmeter großer Räuchergrill aus dicken Ästen. Einen Meter über dem Boden. Die Jäger haben demnach Wildschweine oder einen Tapir erlegt. Roste für Fische sind niedriger und kleiner.

Es liegen Stangen herum, deutlich mit Haumessern bearbeitet. An einem Ende angespitzt, stecken einige noch in der Erde. Andere dienten als Stützen und Querstangen für die Hängematten. Das Lager ist höchstens drei Monate alt. Nicht nur das erkenne ich. Es ist mir sofort klar, dass es sich um ein Indianercamp handelt. Womöglich treffe ich irgendwo zuerst auf Indianer und nicht auf brasilianische Siedler. Das würde auch Annettes Warnung bestätigen: »Der Pilot hat dich im Indianergebiet abgesetzt.«

Außer einer Plastiktüte finde ich nichts, das mir hilfreich wäre. Das Wertvollste ist eher psychologischer Art. Es ist nach zweieinhalb Wochen der erste Hinweis auf Menschen, das erste Indiz nahender Zivilisation.

Solche Lager mehren sich in den nächsten Tagen. Aber immer dasselbe: Sie sind alt. Es gibt nichts, das mir nützlich wäre.

Doch dann ein Novum. Ebenfalls von weitem erkennbar. Ich bin genau 23 Tage unterwegs. Ein Hochufer, links, mit einer Art Treppe. Was da so wirkt wie Stufen, sind die frei getrampelten Wurzeln der Uferbäume. Man sieht dergleichen vor jedem Siedlerhaus. Es ist der unübersehbare Hinweis auf Bewohnung. Beim Näherkommen leuchten mir gelbe leere Zitronenschalen entgegen. Groß wie Pampelmusen. Mein Herz macht einen Freudensprung. Bin ich bei den ersten Menschen gelandet? Das hieße ja, meine Reise wäre dann schon beendet. Wermutstropfen trüben die Freude. 23 Tage. Ist das nun verdammt kurz oder verdammt lang? Ich weiß es nicht. Es ist wohl beides. Eigentlich ist mir das Gefühl nicht fremd. Es geht mir bei jeder Reise so. Da sehnt man sich nach der Einsamkeit und freut sich doch auf die Rückkehr in die bewohnte Welt. So war es, als ich den Blauen Nil befahren, als ich die Danakil-Wüste durchquert, als ich mit dem Tretboot den Atlantik beschippert habe.

Dass dieses Dorf leer ist, scheint sicher. Es liegt kein Boot am Ufer.

Ich lege an und rufe laut. Rufen und Klatschen – die Klingel der Urwaldbewohner. Ich fummele schnell die Mundharmonika zutage, stecke sie in den Mund und blase hinein. Irgendeinen Tusch: Tätätätäääh oder *Spiel mir das Lied vom Tod*. Ich weiß es nicht mehr.

Keine Reaktion. *Wenn* hinter dem schmalen Baumgürtel am Hochufer wirklich ein Dorf liegt, ist es unbewohnt. Bestimmt hätte ich sonst schon Hundegebell oder Kindergeschrei gehört. Das vernehme ich auch ohne Hörgeräte. Die Hörhilfen lauschen bestimmt für sich allein und vor sich hin im Gummisack. Sie werden genauso aufgeregt sein wie ich. Ich habe jetzt keine Zeit, sie rauszuholen und mir in die Ohren zu stecken. Meine ganze Aufmerksamkeit gilt der Entdeckung.

Ich rufe und klatsche weiterhin. Es darf kein Missverständnis geben. »Nur wer laut kommt, ist ein Freund. Wer schleicht, ist ein Feind«, weiß ich. Deutlich erinnere ich mich dieses Gesetzes der Menschen in der Einsamkeit. Im Zweifelsfalle schießen sie. Die Musik wird solche Zweifel auf jeden Fall ausräumen.

Der Weg schlängelt sich durch Gebüsch. Dann stehe ich vor einer Rodung, einer Plantage. Bananenstauden und Papaya! Mein Magen reagiert sofort: »Los, such! Friss!«, befiehlt er mir. Aber es sind nur die Pflanzen, keine Früchte. Abgeerntet oder unreif.

Mitten zwischen wuchernden Bodenpflanzen eine fast neue Hütte. Auch sie typische Indianerarbeit. Vor allem sind es zwei gewaltige Tonkrüge, die auf die Urbewohner hindeuten. *Weiße* Brasilianer hätten Aluminiumtöpfe gehabt.

Auf jeden Fall werde ich hier übernachten. Eine Hütte zum Auftanken der Psyche. Auf einem Stein liegt Werkzeug: eine Schaufel, zwei Kreuzhacken. Und dann die Riesenentdeckung: zwischen den Blättern des Daches: ein Haumesser! Jawohl – ein H-a-u-m-e-s-s-e-r!!! Ich kann es kaum fassen. Zu unwahrscheinlich, um wahr zu sein.

Ich ziehe das Messer hervor. Es hat keinen Griff, es ist stumpf. Mehr Hammer als Messer. Aber das lässt sich ändern. Ich laufe zurück ans Ufer und schärfe es mit Sand und Wasser auf den Steinen. Zwei Stunden. Dann ist eine Schärfe erkennbar. Nicht brillant, aber akzeptabel. Jetzt kann mir aber auch gar nichts mehr in die Quere kommen. Jetzt bin ich regelrecht professionell ausgerüstet.

Als wäre das nicht schon Trost und Geschenk genug, springt während des Schleifens wieder einmal vor mir ein Fisch ins Trockene. Auf der Flucht vor einem Feind. Sein Sprung hilft ihm nicht. Er kommt vom Regen in die Traufe. Ich stürze mich auf ihn. Bevor er in einer der Spalten verschwinden kann. Mein größter Fisch. 300 Gramm. Ich bin ein Glückspilz.

Und nicht nur das! Ich finde einen Baum, prallvoll mit gelben Zitronen. Sie sehen wie Pampelmusen aus. Sie sind salzsäure-sauer. Um sie dennoch zu nutzen, verleckere ich mein Trinkwasser mit ihnen. Sofort schwimmen die paar Wasserflöhe, die in jedem Wasser mitgefangen werden, kieloben. Protein und Vitamine, die reinste Kraftnahrung.

Genüsslich schaukle ich in der Hängematte, bewundere das sorgfältig gearbeitete Dach aus Palmblättern über mir. Welch eine meisterliche Arbeit! Wie viele Menschen müssen da wie viele Tage unterwegs gewesen sein, um diese Abertausende von Blättern zu sammeln?! Und wie weit auseinander legen Menschen ihre Felder an? Wohnen sie hinter der nächsten Flussbiegung? Oder nehmen sie auch tagelange Kanufahrten mit dem Paddel in Kauf, um zu einem solchen Feld zu gelangen?

Die absolut solide und auf Dauer gebaute Unterkunft deutet eher auf größere Entfernung hin. Wenn sie in der Nähe wohnten, würden sie abends zurückfahren. Und wenn die Eigentümer sogar über einen Motor verfügen sollten, kann das sogar *sehr* weit sein. Das Dorf ist also keinerlei Hinweis auf *nahe* Menschen.

Wieder im Boot. Dreieinhalb Wochen bin ich jetzt unterwegs. Ich bin abgemagert. Ich schätze, dass ich zehn Kilo verloren habe. Das ist gut so. Abenteuer und Diätkur. Praktisch und gesund. Meine persönliche Lebenssymbiose.

Plötzlich schrecke ich hoch! Trotz der Rückenschmerzen vom Hocken auf dem zusammengeschrumpften Kissen hatte ich mich mal wieder umgeschaut. Reine Routine. Ich habe Nebenflüsse passiert. Von dort könnten durchaus Menschen auftauchen.

Doch was ich da sehe, ist kein Boot. Am Ufer liegt eine Schlange! Ein Moment, von dem ich ebenso oft geträumt habe wie von der Begegnung mit einem Jaguar. Plötzlich ist er Realität. Ich liebe Schlangen und diese dort macht mich doppelt aufgeregt. Es ist einwandfrei eine Riesenschlange, eine Boa, keinesfalls eine Giftschlange. Aber weder ist sie eine Anakonda noch eine Abgottschlange (Boa constrictor), noch eine Regenbogenboa. Sie mag gut zwei Meter lang sein und ist sehr kompakt. Noch nie habe ich solch ein Reptil gesehen. Dabei kenne ich mich mit Schlangen aus. Jahrzehnte habe ich sie zu Hause in einem tropischen Raum gezüchtet.

Diese hier wirkt silbern mit rötlichen Ringeln. Es könnte eine Korallenschlange mit verblichenen Farben sein. Aufgeregt lege ich an, vertäue das Boot. Im großen Bogen eile ich durch den Uferwald zurück zu ihrem Lagerplatz, um mich dann, gedeckt durch Felsen, an sie anzupirschen.

Vor lauter Jagdfieber verzichte ich darauf, mir einen Stock zu suchen, mit dem ich mich gegen ihre Bisse schützen könnte. Ich habe es zu oft erlebt, dass mir Schlangen im letzten Moment entwischt sind. Diese liegt ganz ruhig auf dem Fels, direkt am Wasser. Ein Fehler meinerseits und sie wäre futsch. Sie könnte blitzschnell abtauchen. Und genau das passiert. Ich bin auf vier Meter heran, da gleitet sie ins Wasser. Gott sei Dank aber nicht blitzschnell, sondern langsam. Irgendetwas hat sie gewarnt. Was es ist, weiß ich nicht. Vielleicht hat sie einfach genug Sonne getankt. Da Schlangen Wechselblütler sind, reguliert der Körper die Körpertemperatur nicht von selbst. Das muss sie mit ihrem Verstand machen. In der Sonne auftanken und dann rechtzeitig in den Schatten oder ins Wasser verschwinden.

Vielleicht hat sie mich gerochen. Schlangen sehen zwar schlecht, riechen aber gut. Mit ihrer gespaltenen Zunge ermitteln sie mühelos die Richtung von Opfer oder Feind.

Vielleicht hat sie mich kommen gefühlt. Hören können sie zwar nicht. Dafür fühlen sie umso besser jede Bodenerschütterung. Wie auch immer. Ich sehe sie ins Wasser gleiten und springe hinterher. Ich bekomme sie am Schwanz zu fassen und greife hart zu. Wie eine Furie peitscht ihr Körper um sich. Ich bin überrascht von ihrer Kraft. Welch ein prachtvolles Tier!

Damit sie mich nicht beißen kann, wirbele ich sie intuitiv um mich herum. Ich stürze, wir stürzen ins Wasser. Kraftvoll windet sie sich ohne Pause. Ich komme hoch, bringe uns an Land, wirbele sie weiter. Irgendwann hat sie verspielt. Ein Gefühl des Glücks überkommt mich. Ein Adrenalinschub. Endlich mal Ablenkung, etwas Neues. Keinen Moment kommt der Gedanke an Beute und Braten auf. Ich möchte das schöne Tier filmen und freilassen. Dazu musste ich es zunächst mal ermüden. Jetzt habe ich sie sicher. Ihr ist schwindelig geworden. Mir aber auch. Ermattet liegen wir uns auf dem Fels gegenüber und blicken uns an. Sie macht keine Anstalten mehr, mich zu beißen oder zu entkommen. Wir fixieren einander.

Ich entspanne und mache eine Entdeckung. Vor Angst hat sie nicht nur ihren Darm entleert und die ganze Umgebung weiß bespritzt. Nein, sie hat auch zwei Fische ausgespuckt! Ich könnte sie knutschen. Leider ist der eine so gut wie verdaut. Nur noch Kopf und Schleim und Gräten. Aber der andere ist absolut fangfrisch. Ich werde ihn braten und die Schlange nach dem Filmen freilassen.

Wir liegen weiterhin auf dem warmen Fels, immer noch aus der Puste. Vom Kopf her könnte es eine Anakonda sein, von der Ringelung her eher eine Korallenschlange. Aber sie ist weder noch – es muss eine ganz andere Art sein. Ich werde mich in Hamburg erkundigen.

Das Schleudern hat ihr mehr zugesetzt als mir. Mühelos lässt sie sich hinter dem Kopf greifen. Behutsam trage ich sie in Richtung Floß, deponiere sie abseits vom Wasser im Wald und hole die Kameras. Die Aufnahmen mache ich auf dem Fels in der Sonne. Dann entlasse ich sie in die Freiheit.

Abends am Lagerfeuer stelle ich mit Stolz fest, dass ich sie nie als Braten, sondern ausschließlich als faszinierenden Teil der Natur, als Erlebnis und Fotomotiv gesehen habe. Dabei hätte sie Räucherfleisch für zwei Wochen ergeben. Diese Erkenntnis bestätigt mir, dass ich auch den kleinen Nasenbären niemals aufgegessen hätte. Bestimmt aber wäre er in den Wasserturbulenzen und wegen des stets nassen Floßes längst davongelaufen.

Ich ahne zu diesem Zeitpunkt nicht, dass meine Versuche, das Tier zu bestimmen, lange erfolglos verlaufen sollten. Weder Hamburgs Tierpark Hagenbeck noch der Frankfurter Zoo, die Herpetologische Gesellschaft, der Schlangenpark Schladen im Harz, ein Aufruf auf meiner Homepage oder schlangenbegeisterte Freunde bringen mich weiter. Wohl bekomme ich viele E-Mails. Die Vorschläge reichen von völlig daneben (Ringelnatter ...) über falsch (Buschmeister ...) und witzig (Fischkotzer, Rüdis Riese ...) bis hin zu denkbaren. Es ist schließlich der Deutschbrasilianer Michael Karl Hock, der sie über seinen Kontakt zum Schlangeninstitut Butantan bei Sao Paulo identifiziert. »Es ist eine *Hydrodynastes bicinctus*. Ein deutscher Name ist mir nicht bekannt.«

Aber erst Thorsten Queitsch aus Braunschweig kann dieselbe Bestimmung auch mit einem Foto belegen. Damit begräbt er meinen Traum, eine neue Reptilienart entdeckt zu haben. Dennoch: Ich halte mein Versprechen. Beide erhalten ein signiertes Buch *Echt verrückt*, meine Sammlung absurder, selbst erlebter Kurzgeschichten.

Schmarotzer

Mein Bein lässt sich nicht mehr richtig strecken. Erst denke ich, das unbequeme Sitzen könnte die Ursache sein. Dann sehe ich den wahren Grund. In der Kniekehle hat sich ein großer Furunkel gebildet. Ich versuche, den Eiter rauszudrücken. Aber der Abszess ist noch nicht reif. Bei der Gelegenheit checke ich den restlichen Körper. Das Fieber ist längst abgeklungen, die Kratzer von der Landung sind verheilt. Dafür sind ein paar neue hinzugekommen. Ich sehe das positiv. Der Körper bleibt gefordert, die Abwehrkräfte brauchen sich nicht zu langweilen. Sie können ihre Fähigkeiten unter Beweis stellen.

Der Check ergibt fünf weitere Furunkel. Alle an den Beinen. Sie sind noch sehr jung. Kein Grund also, an ihnen herumzudrücken.

Die Schwellungen nehmen in den nächsten Tagen zu. An Umfang, an Farbe, an Behinderung. Komisch, denke ich, Eiter könnte ich infolge der vielen Schrammen verstehen. Aber was es mit den Furunkeln auf sich hat, will mir nicht einleuchten. Vitaminmangel? Einseitige Ernährung? Irgend so was wird es wohl sein.

Das Rätsel löst sich von selbst. Als ich wieder einmal heftig drücke, spritzt Eiter heraus. Und nicht nur das. Irgendetwas bewegt sich im Eiterloch. Ich putze die Brille und schaue genauer hin. Ja, es sieht aus wie ein gekeimtes Weizenkorn. Sollte Pflanzensaat in einen der Kratzer geraten sein? Eher unwahrscheinlich, vermute ich. Menschenfleisch ist kein Dünger für einen Getreideacker. Andererseits bedarf es anfangs zum Keimen nur einer gewissen Wärme und Feuchtigkeit. Und die gibt mein Körper dem Korn auf jeden Fall. Also Rüdi, das wandelnde Getreidefeld?

Ich schaue weiter und sehe, wie sich der Keim bewegt. Er wackelt hin und er wackelt her. Wie ein Zeigefinger, der mich zu sich winkt. Ich gehorche ihm aus lauter Neugier und kann ihn greifen und herausziehen. Da folgt dem Keim tatsächlich das Korn! Aber weder Weizen noch Sojasprossen. Es ist eine Art Kaulquappe. Ihr Körper ist umringt von drei Haarkränzen. Das Wesen zappelt hin und her. Der Schwanz wackelt weiter. Er droht mir. »Warum hast du mich vor meiner Reife ans Tageslicht gezogen?«

»Blöde Frage«, antworte ich. »Weil es wehtat.«

Darüber diskutiere ich mit der Kaulquappe und beobachte, wie eine Mücke sich gerade bei mir Blut stiehlt. Sie hat ihren Rüssel unbemerkt durch meine Haut gestochen und ich kann zuschauen, wie sich ihr graziler, durchsichtiger Hinterleib mit Blut voll trinkt. Wohlgemerkt – mit *meinem* Blut, meinem höchstpersönlichen Eigentum! Da wird man beklaut, wo man dabeisitzt! Gerade will sie satt abheben – da erschlage ich sie und esse sie genüsslich langsam auf.

»Verschollen«

Derweil ist in Deutschland der Bär los.

»Zwölf Tage keine Nachricht von Ihrem Mann?«, hatte ein Abendblatt-Reporter Annette gefragt. Und sie hat genickt.

»Und Sie hatten vereinbart, dass er sich jeden Tag meldet?«

»Ja. Aber wir haben auch vereinbart, dass ich mir wegen ausbleibender Nachrichten keine Sorgen mache. Ich kenne den Urwald ja selbst und weiß, wie schnell ein technischer Defekt Verbindungen unmöglich macht. Rüdiger hat gemeint, vier Wochen mal ohne Nachricht hätten gar nichts zu bedeuten. Erst dann könnte ich anfangen mir seinetwegen vielleicht ein paar Gedanken zu machen.«

»Vier Wochen? Und wie lange noch sollen Sie sich diese Gedanken machen?«

»Bis zu acht Wochen. Danach soll ich das Testament öffnen.«

Nein, so lange wollte der Reporter nicht warten. Dann kämen ihm die Kollegen womöglich zuvor. Und so stand es bereits am nächsten Tag zu lesen: »Nehberg im Urwald verschollen!«

Von diesem Moment an war in Rausdorf der Teufel los. In unserer 250-Seelen-Gemeinde waren zeitweise mehr Reporter als Einwohner. Das Telefon stand nicht mehr still. Die Sender gaben sich die Türklinke in die Hand. Ein Interview folgte dem anderen. Annette führte genau Buch über ihre Termine, damit es nicht zu Überschneidungen kam. Bis spät nachts gab es keine Ruhe. Und morgens um halb sechs ging es schon wieder weiter. Und immer gab sie sich optimistisch. Sie hat mir die Sendungen vorgespielt. Aber es half ihr nichts. Ich galt als verschollen.

»Hat er sich inzwischen gemeldet?« Nein, hat er nicht.

»Immer noch nicht?« Nein, immer noch nicht.

Damit begann bereits die Formulierung der »Nachrufe«. Mein Lebenslauf wurde hervorgezerrt, die Yanomami erfuhren eine Wiederbelebung, die Höhepunkte, die Niederlagen, das Bundesverdienstkreuz mussten herhalten, Nachbarn wurden befragt. Und das, obwohl Annette noch nicht einmal die »vier Wochen ohne Sorgen« durchgestanden hatte. Das Einzige, was ihr Kopfzerbrechen bereitete, war, die Interviewtermine nicht durcheinander zu bringen. Auch den mit Martina, ihrer Freundin. Sie hatten sich zum Essen verabredet. Und was gab es zu essen? Scholle (!) für die Frau des Ver-*Scholle*nen! Na bitte. Annettes Freundinnen haben Humor. Vorfreude auf die Witwenzeit.

Derweil geht es mir blendend. Klar, ich magere ab. Aber das liegt nur daran, dass ich keinen Bock habe, den ganzen Tag Nahrung zu suchen. Ich will auch vorankommen.

Und satt werden *und* vorankommen – das geht nicht. Noch habe ich nicht mein körperliches Minimalgewicht erreicht. Das sehe ich auch ohne Waage. 68 Jahre lang habe ich meinen Körper jeden Tag gesehen und weiß, wie viele Kilo er noch hat.

Ich bin nicht satt, aber dafür bin ich glücklich. Ich erfülle mir mit dieser Reise soeben meinen lang gehegten Traum und frage mich, warum ich mir das nicht schon längst gegönnt habe. Wahrscheinlich, weil ich noch nie im Leben unter Langeweile litt und stets andere Dinge Vorrang hatten. Immer gab es andere, spannendere Projekte. Auch jetzt wieder wird es Knall auf Fall weitergehen. Das Projekt gegen die weibliche Genitalverstümmelung wird alles andere zur Nebensache verdrängen. Ich schaue mir Aminas Foto an und weiß, dass mich nichts abhalten wird von meinem Weg nach Mekka zur Verkündung der These »Frauenverstümmelung ist Gottesanmaßung und Diskriminierung des Islam« durch die Saudis. Ich male mir aus, welch gigantisches Sympathie-Potenzial der Islam sich damit weltweit erschließen könnte. Ohne auch nur einen einzigen Buchstaben des Koran ändern zu müssen. Mein Gegenpart zu Bin Laden & Co., die den Islam auf andere Weise ins Gespräch bringen.

Ankunft

Wieder eine dieser Haarnadelkurven. Endlose Paddelei und kein Vorankommen in Sachen Luftlinie. Die Ruderschläge kommen gedankenlos, routinemäßig. Wie ein Eintaktmotor. Zeit zum Nachdenken, Träumen, Pläneschmieden. Der Steiß ist durchgesessen, an den Händen vereinzelte Blasen. Ich beuge weiteren vor mit Laub, das mir die Handschuhe ersetzt. Oft lasse ich mich nur treiben, schütze Arme und Kopf mit Blättern gegen die Sonne. Bei den Armen habe ich nicht genug aufgepasst. Ich habe Sonnenbrand. Wenn ich mich noch einmal aussetzen lasse, nehme ich ein langärmeliges Hemd mit und kein T-Shirt.

Das gefundene Haumesser hat mir noch nichts geholfen. Zwar kann ich meine Lagerplätze nun schneller von jungen Trieben befreien. Aber ob ich die unmittelbar über dem Boden ab*schlage* oder ab*breche* wie bisher, ist eh wurscht. Hauptsache, sie sind beseitigt, damit die Insekten nicht über sie den Weg in die Hängematte finden. Und damit ich mich nicht aufspieße, wenn die Baumrindenseile der Hängematte reißen und ich zu Boden stürze. Das ist dreimal passiert. Irgendwann werden sie mürbe. Ich muss sie jede Woche erneuern.

Plötzlich die Fata Morgana: Das da, am Ende der nächsten Endlos-Flussschleife, könnte ein Boot sein! Ich putze die Brille. Ja, es könnte. Für einen der üblichen Baumstämme ist das Objekt zu symmetrisch.

Ich komme näher. Ja, es ist ein Boot. Ein großer, schwerer Einbaum. Der Eindruck, dass es sich bei dem immer noch sehr fernen Gebilde um ein Menschenwerk handelt, wird verstärkt durch ein gerodetes Hochufer. Das kann nur eine Plantage sein. Und *wenn* das im Wasser ein Boot ist, gibt es erste Menschen. Nach dreieinhalb Wochen sehne ich mich danach. Und dann sehe ich sie! Wie kleine Punkte hüpfen sie um das Boot herum. Jetzt haben sie mich ebenfalls entdeckt, gestikulieren aufgeregt. Ich lege das Paddel beiseite und lasse mich treiben. Schnell ist einer der Gummisäcke geöffnet, die Mundharmonika herausgeholt. Ich spiele *Amazing Grace*, winke, baue Vertrauen auf.

Die Menschen winken zurück. Immer mehr werden es. Jemand muss meine Ankunft verkündet haben. Ich bin am Ziel. Es ist ein Indianerdorf. Das weiß ich, als ich sie begrüße. Sie sprechen Portugiesisch. Es sind Wai Wai. Das bedeutet, der Pilot hat mich definitiv falsch abgesetzt! Und das mit seinem Satelliten-Navigationssystem. Wolfgang hat Recht: Er ist eine Oberpfeife. Statt in Pará, an den Quellen des Mapuera, bin ich am Jatapuzinho gelandet, wie man mir hier sagt. Sie sind freundlich und hilfsbereit. Bald steht das halbe Dorf um mich herum. Vor allem um das Floß. Es hat Einmaligkeitswert.

Ich frage nach dem Chef, um ihm meine Aufwartung zu machen. »Er ist in Boa Vista. Er hat Ferien.«

»Ferien?«

»Ja, alle haben Ferien. Auch die brasilianischen Lehrer.«

Die Ferien sind mein Glück, wie mir später klar wird. Sonst wäre ich bereits von hier aus hinauskomplimentiert worden. Hinaus ins brasilianische Brasilien. Ab zur Polícia Federal. So bleibt mir noch Zeit, diesbezüglich Pläne zu schmieden.

Indianer und Ferien! Schöne Indianer, denke ich im Stillen. Fehlt nur noch, dass sie mir was erzählen von der 35-Stunden-Woche und stagnierendem Bruttosozialprodukt. Aber das tun sie nicht. Stattdessen fragt einer der Männer, ob ich Hunger habe. Dabei gleiten seine Finger über meine hervorstehenden Rippen. Sie klappern still vor sich hin und antworten für mich ohne Worte. Er schickt ein paar Jungen los. Bald kommen sie zurück mit Bananen. Mund und Rippen plappern und klappern Dank.

Sie betasten mein Floß, sie bewundern meine Hängematte. Ich erzähle, wie ich hierher gekommen bin.

»Haben das die Indianer gemacht?«

»Nein, ich!«

Sie nicken Komplimente. Ich erzähle von den Yanomami-Indianern, um eine geistige Verbindung zu ihnen zu bekommen. Sie kennen die Yanomami. Um glaubwürdiger zu sein, krame ich meinen wasserdicht eingeschweißten Deutsche-Welle-Text hervor. Sie betrachten ihn, lesen ihn, erklären ihn anderen, die weiter abseits stehen. Alle sprechen gut Portugiesisch.

Dann die gefürchtete Frage. »Hast du die Erlaubnis der Funai?«

Die Funai ist die Indianerbehörde. Ohne deren Genehmigung darf niemand ins Indianerland. Auch ich nicht. Meine Genehmigung beschränkte sich auf das Waiapí-Gebiet.

»Nein«, gestehe ich. »Der Pilot hat mich falsch abgesetzt.«

Pastor Bernardo signalisiert nickend Verständnis. Er ist stellvertretender Dorfchef. Weil er vor allem aber Pfarrer von Beruf ist, misstraue ich ihm zutiefst. Jedoch zu Unrecht, wie sich bald herausstellt. Es gibt ja immer solche und solche. Und er ist, seinem Gott sei Dank, ein solcher. Er lässt mir noch mehr Obst bringen und beschafft mir ein Holzkanu. Sechs Meter lang, schnell wie ein Pfeil. Auch gegen den Strom.

Ich zahle 150 Real und bin stolzer Eigentümer eines Bootes. Damit könnte ich ohne Hilfe spätestens in sechs Wochen am Amazonas sein. Aber eigentlich hat mein Vorhaben hier im ersten Dorf bereits sein Ende gefunden. Der Rest ist nun Routine. Freude und Wehmut mischen sich. Irgendwann ist man am Ziel. Zeit für neue Träume.

Bei Rivaldo und Ester werde ich abends zu einer delikaten Bohnensuppe eingeladen. Das Leckerste sind aber nicht die Bohnen, sondern das Salz in der Suppe. Durch das wochenlange Schwitzen ist mein Körper salzlos geworden. Diskret würge ich die Suppe immer wieder hoch, um das Salz voll auszukosten. Genüsslich lecke ich mir die Lippen.

Zwei Bananen und ein *Café amargo*, ein bitterer Kaffee ohne Zucker, krönen das Festmahl. Ich bezahle es ihnen. Erst nach längerem Zögern nehmen sie das Geld an.

Ihr Heim ist klein, aber tiptop sauber. Eine Bücherwand aus Holzkisten und ein CD-Player sind der Mittelpunkt des Hauses. Der Stolz der Familie ist die kleine Tochter Angela. Sie kann seit einigen Tagen laufen.

Rivaldo war bei der Armee. Er will mehr über meinen Marsch wissen.

»Damit bist du von der Grenze bis zu uns gefahren? Und du hattest kein Messer oder sonstige Ausrüstung? Auch keine Waffe? Und du wusstest nicht, wo genau du dich befandest?«

»Ich hatte nur ein Feuerzeug.«

»Hattest du keine Angst vor Piranhas und Kaimanen?«

Er verkneift sich ein Schmunzeln, denn er weiß, dass die Tiere nicht aus Langeweile oder Ausländerhass angreifen. Da muss man schon bluten und ihnen Appetit machen. Ansonsten bevorzugen sie Fische.

Seine Frau Ester ist keine Indianerin. Sie stammt aus Boa Vista, ist portugiesischer Abstammung und bildschön. Vielleicht kann ich das auch nicht mehr objektiv beurteilen, weil ich fast einen Monat keine Frau gesehen habe. Mal sehen, wie ich das in Hamburg bewerte, wenn die Fotos mit ihr entwickelt sind.*

Als hätte Rivaldo mir nicht schon genug Gutes getan in Form des Abendmahls, schiebt er mir ein Päckchen rüber. Ich öffne es. Es ist eine hocheffektive Angel, reduziert auf Minimalmaße: fünf Meter stabile Sehne, ein Haken, ein Stück Blei und ein Stahldraht als Vorfach. Unzerstörbar. Etwas fürs Leben.

---

* Anmerkung des Autors: Dort war sie noch genauso schön.

»Nimm sie mit für die Weiterfahrt. Wenn du das an einen drei Meter langen Stock bindest, holst du jeden Fisch aus dem Wasser. Den Draht beißt dir keiner durch.«

Er skizziert eine Karte vom weiteren Flussverlauf auf sein einziges Stück Schreibpapier, markiert die Dörfer, zeichnet die Stromschnellen ein. Man merkt, dass er das beim Militär gelernt hat.

»Wenn du dem Fluss folgst, kannst du mit dem schnellen Boot in zwei Wochen draußen sein aus unserem Gebiet. Vom ersten brasilianischen Dorf aus gibt es dann Busse nach Manaus.«

Ich fühle mich wie ein Luxusabenteurer. Ich habe eine Angel und eine Karte.

Wir drehen eine Proberunde mit dem Boot auf dem breiten Fluss. Ich will sehen, ob ich es beherrsche. Es ist fantastisch schnell. Gemessen an meinem Floß ist das Kanu so, als wolle man eine Schildkröte mit einem Piranha vergleichen.

Gleich unterhalb des Ortes tobt eine wilde Wasserschnelle. Mir wird sofort klar, dass ich sie nicht allein meistern kann. Wenn das Kanu auch nur einmal voll Wasser schlägt, versinkt es in den Fluten. Das Holz ist bleischwer. Es hat keine Auftriebskörper.

»Könntest du mir zwei Männer besorgen, die mich aus dem Sperrgebiet hinausbegleiten?«

»Das ist kein Problem. Willst du diesem Fluss folgen oder willst du auf dem nächsten Nebenfluss gegen den Strom fahren? Dann bist du bereits in drei Tagen raus.«

Schon in drei Tagen soll dann alles vorbei sein? Da muss ich keinen Augenblick überlegen. »Nein, ich bleibe auf *diesem* Fluss.«

Er vermittelt mir zwei junge Männer als Bootsmänner. Sie heißen Adailton und Cidney, sind 25 und 23 Jahre jung. Sie sind stark und sympathisch. »Sie kennen die Strecke wie unser Dorf bei Nacht. Bei ihnen bist du gut aufgehoben.«

Ich vereinbare 1000 Real für jeden als Lohn. Das entspricht dem vierfachen monatlichen Mindestlohn. Eine irre Summe für brasilianische Verhältnisse. Vor allem, wenn man bedenkt, dass sie das für nur einen *halben* Monat erhalten. Dann ist es sogar das Achtfache.

Aber die beiden stellen für mich eine Bereicherung dar und das will ich honorieren. Ich erhoffe mir von ihnen wertvolle weitere Informationen über den Wald und ich kann mich erholen von den Strapazen des Alleinseins. Und sie müssen mich, ohne es zu wissen, an der Polizei vorbeibringen.

»Ich kann jetzt aber nur 100 R$ anzahlen. Den Rest gebe ich euch in Manaus.«

Mehr *kann* ich tatsächlich nicht geben. Es ist mein letztes Geld. Ich habe nicht einmal mehr einen Centavo, um das Taxi vom Busbahnhof zum Hotel zu bezahlen. Aber das soll mich jetzt nicht beunruhigen. Kommt Zeit, kommt Rat.

Sie beratschlagen mein Angebot. Ihren Gesichtern sehe ich an, was sie denken. Das Angebot ist zu verlockend, um zu widerstehen. Andrerseits kann das jeder versprechen und in Manaus dann verschwinden. Man kennt ja die Weißen.

Deshalb beuge ich vor. »Sobald wir raus sind aus dem Wai-Wai-Gebiet, übergebe ich euch die Kameras. Sie sind viel mehr wert als das Geld, das ich euch schulde. Erst, wenn ich euch den gesamten Lohn ausbezahlt habe, will ich mein Eigentum zurückhaben.«

Erleichterung erhellt ihre Gesichter. Schnurstracks eilen sie los, um Paddel und Ausrüstung zu beschaffen. Jeder hat einen Bogen und ein halbes Dutzend Pfeile dabei, ein Haumesser, eine Hängematte, eine Umhängetasche mit persönlichen Dingen. Es kann losgehen. Zuletzt schleppt jemand einen riesigen Sack frischer Kokosnüsse herbei. Er raubt fast allen Platz im Kanu. Aber die Kokosmilch wird uns erfrischen. Also nehmen wir die Beengung in Kauf.

Rivaldo filmt vom Stativ aus die Abfahrt. Ich habe ihm alles eingestellt und erklärt. Er muss nur auf den Auslöser drücken. Nach 50 Metern legen wir wieder an, um die Kamera abzuholen.

Er drückt mir zum Abschied die Hand und hält sie fest. »Nach sechs Stunden erreicht ihr ein kleines Dorf. Zwanzig Personen nur. Der Dorfchef heißt Antonho. Wenn ich dir einen Rat geben darf, fahr vorbei, ohne anzulegen. Er ist immer gegen alles. Und noch mehr als gegen alles ist er gegen Ausländer.« Er flüstert es. Die beiden anderen sollen es nicht hören.

Ich nehme den Vorschlag ernst. Bloß keine Probleme! Annettes Warnungen bezüglich der Polícia Federal fallen mir siedend heiß ein. Ich darf jetzt nicht leichtsinnig werden, nur weil ich von zwei Indianern eskortiert werde.

»Gleich hinter Antonho mündet mit großem Tempo der Jatapu in den Jatapuzinho. Stromaufwärts führt er in die Gegend um Entre Rios, wo du mit dem Hubschrauber zwischengelandet bist.« Ich hatte ihm das erzählt. »Nur eine Stunde weiter erreichst du Catual. Dort ist Geraldo Dorfchef. Der ist in Ordnung. Erklär ihm dein Vorhaben und er wird dich fahren lassen.«

Na – das hört sich ja alles ganz gut an. Ich danke für die Informationen. Wir legen ab. Mein geliebtes Floß bleibt zurück. Zwei Jungen haben es vorm Uferschilfgürtel verankert und nutzen es als Podest zum Angeln. Mit ihrer Zwei-Meter-Angel holen sie einen Fisch nach dem anderen aus dem Wasser.

Schade, denke ich, das geniale Floß würde gut zu meinem Baumstamm THE TREE ins Technik-Museum von Speyer passen.

Ich freue mich, dass meine Reise einen so schönen Abschluss bekommt.

Der Erpresser

Die Strömung hilft uns voranzukommen. Schnell gleiten wir dahin. Einer von den beiden Jungen sitzt vorn, der andere hinten. Ich hocke in der Mitte auf dem Boden. Ich kriege kein Paddel. Ich *werde* gepaddelt. Ich soll mich ausruhen.

Bereits nach 400 Metern die erste rasante Wasserschnelle. Um solch ein Wildwasser hätte ich mein Floß auf jeden Fall an einer Liane herumgezogen. Und dieses Boot erst recht. Das lange und schwere Etwas kriegen wir niemals heile hindurch. Schon hier werden sie meinen Neuerwerb in den Fluten des Jatapuzinho versenken. Ich verkralle mich unauffällig, die Sorge vertuschend, an der Bootskante und konzentriere mich auf meine beiden Gummisäcke. Sie muss ich als Erstes retten, wenn wir kentern. Ich habe sie zusammengebunden. So bedarf es nur eines einzigen Griffes, um beide zu retten. Gut, dass ich Hemd und Shorts anhabe. Sie reduzieren das Risiko, von den Felsen aufgeschlitzt zu werden.

Aber den beiden scheint das tobende Wasser kein Problem zu verursachen. Sie wohnen hier, sie kennen es. Bestimmt sind sie bereits hundertmal hindurchgefahren. Sie unterhalten sich, quatschen und lachen, als säßen wir als Zeitung lesende Passagiere in einem Bus, wo es einzig der Job des Fahrers ist, sich durch den tobenden Feierabend-Verkehr zu manövrieren.

»Stimmt es, dass es in Manaus wirklich Unmengen Frauen gibt, die man kaufen kann?«, überbrüllt Cidney den Lärm des gischtenden Wassers. Er war noch nie in der Urwaldmetropole am Rio Negro. Aber das ist es, was *alle* von Manaus berichten: »Die Stadt ist voller Mädchen.«

Ich kralle mich noch heftiger in den Bootsrand und bestätige es ihm. »Ja, so viele, wie du willst. Von morgens bis abends, von abends bis morgens. Immer und überall. Alle Hautfarben, alle Altersklassen. Dicke und dünne, kranke und gesunde.«

Mit der Warnung vor den Kranken möchte ich vorbeugen, damit er seinen Verdienst – letztlich *mein* Geld – nicht gleich wieder verliert. Sonst könnte ich das Geld ja gleich in den Fluss werfen oder – besser – selbst ausgeben und nicht auf dem Umweg über ihn.

Bei dem kurzen Wortwechsel habe ich gar nicht bemerkt, dass wir längst durch die tosenden Wasser hindurch sind. Mit einer Bravour sondergleichen haben sie die Felsen, die Fälle, die Kurven gemeistert, als würde das Boot ohne ihr Dazutun auf Schienen geführt. Nur hier und da platschten ihre Paddel in den weißen Schaum und korrigierten den Kurs. Nicht ein einziges Mal berührten wir einen der Felsen. Olympiaverdächtig.

»Wahnsinn, wie ihr das Boot da durchgefahren habt!«, lobe ich sie euphorisch, »absolut artistisch.« Sie wundern sich über meine Komplimente.

Jetzt bin ich überzeugt, genau die richtigen Begleiter gefunden zu haben. Ich freue mich auf den Trip. Er wird ein schönes Finale meines lang gehegten und nun sich zu Ende neigenden Traumes werden. Dass alles noch anders kommen könnte, ein solcher Gedanke kommt mir nicht.

Nach sechs Stunden Antonhos Dorf.

»Lass uns vorbeifahren, ohne anzuhalten«, bitte ich. Ich gebe mich gleichgültig. Sie sollen nicht wissen, dass Rivaldo mich gewarnt hat.

»Das geht nicht. Wir *müssen* anhalten. Er ist mein Schwager.«

Sch...! Unter den Umständen *müssen* wir natürlich anhalten. Ich muss mich überraschen lassen. Vielleicht hat Rivaldo Unrecht.

Antonho hat einen kleinen Hafen. Es ist eine idyllische Bucht, aus der ein Igarapé, ein Bach, in den Jatapuzinho mündet. Drei auffallend gut gearbeitete Einbäume liegen dort vertäut. Auf einem geschlängelten Weg gehen wir in das kleine Dorf. Es ist weitgehend ursprünglich in seiner Bauweise. Was mir sofort auffällt, ist der Wohlstand, der Reichtum. Drei Motoren sind sauber aufgebockt, daneben stehen 100 Liter Treibstoff. Vor den Hütten häufen sich Berge von frisch geerntetem Maniok, in den Häusern frisch gebackene Maniokfladen, Unmengen an Bananen, Papaya, Limonen. Auf dem Räucherrost 13 Riesenpiranhas. Wir dürfen uns satt essen. Fast wirkt Antonhos Dorf wie ein Laden. Ich freue mich, dass er nicht anwesend ist. Das erspart uns Probleme, wenn Rivaldos Einschätzung stimmt.

»Er ist auf dem Feld«, ruft uns sein Sohn zu. Das ist gut, denke ich, dann essen wir uns schnell satt und verschwinden wieder. Hauptsache, wir haben die Regeln geachtet und angehalten.

Die Frauen sind fleißig bei der Arbeit. Sie reiben Maniok, lassen sich weder stören noch lächeln sie. Akkord im Regenwald. Ich hab's doch immer gewusst. So unterschiedlich sind wir und die Indianer gar nicht.

Zwischen ihnen toben zahme Affen, mehrere Papageien, ein Ara, ein Tukan. Und viele Hunde. Sie kommen alle gut miteinander aus.

Ich würge gerade den dritten Piranha runter. Da naht Antonho. Er kommt in Begleitung dreier anderer Männer. Alle tragen Flinten. Seine Bodyguards.

Antonho ist schwer einzuschätzen. Er mag 35 Jahre alt sein, ist klein und athletisch. Er lächelt und reicht mir die Hand. Es ist ein Diplomatenlächeln. Seine Augen lachen nicht mit. Er taxiert mich. »Boa tarde! Tudo bem?« Ja, alles ist gut, antworte ich.

Er lacht und sagt etwas in Wai Wai zu seinen Genossen. Bestimmt heißt es »Das wird sich bald ändern, lasst mich nur machen«. Denn es ändert sich schlagartig.

»Was willst du hier? Hast du eine Genehmigung?«

Ich erkläre ihm meine Situation, ich erzähle von den Yanomami, den Waiapí, dem Training. Ich zeige ihm den Deutsche-Welle-Text. Aber was auch immer ich an Erklärungen abgebe, es interessiert ihn nicht, er glaubt mir nicht. Eigentlich könnte ich mir jede Antwort sparen.

»Du kannst mir viel erzählen. Alle Weißen erzählen viel.«

Ich verweise auf die Gesundheitsprojekte im DW-Text. Er lacht. »Wie soll ich wissen, ob das stimmt?«

Da der Text aber illustriert ist und die Stationen belegt werden, sucht er einen anderen Grund. Den hat er schnell. Er bezweifelt, dass ich meine Jungs korrekt auszahlen werde. Ich schwöre es bei Gott, bei meinem Leben, bei der Ehre Deutschlands. Sogar meine Tochter muss als »Pfand« herhalten. Antonho nutzt jede meiner Erklärungen, neue Schwierigkeiten auszubrüten. Seine Leute stehen schweigend Spalier. Ich kann nicht erkennen, ob sie solidarisch sind mit ihrem Chef oder ob sie sich schämen. Sie wirken neutral.

»Du bist ein Biopirat!«, weiß er plötzlich. »Breite dein gesamtes Gepäck vor mir aus. Ich will sehen, was du bei dir hast.«

Das sagt er nicht aggressiv, aber sehr bestimmt. Ich zeige ihm, was ich habe: die Kameras, das Telefon. Ich habe nichts zu verheimlichen. Nichts, womit er etwas anfangen könnte. Deshalb sucht er weiter. Genauer als ein israelischer Zöllner untersucht und hinterfragt er alles, glaubt nichts. Der Nachmittag neigt sich dem Ende. Ich übe mich in Beherrschung. Ein falsches Wort und ich komme nicht mehr weiter.

Adailton und Cidney ist das peinlich. Wenn ich sie Hilfe suchend anschaue, senken sie verlegen den Blick. Sie haben hier nichts zu melden. Die anderen auch nicht. Ich schon gar nicht. Immerhin berührt er nichts von meinem Eigentum. Ich kann es wieder einpacken. Dann lässt er mich seine Entscheidung wissen.

»Du machst mit dem Film Geld. Bestimmt viel Geld. Ich verlange von dir 20 000 R$ für die Durchreisegenehmigung!«

Ich habe mich wohl verhört. Nicht zum ersten Mal spielen mir die Ohren einen Streich.

»Du meinst 200?«

»Nein, 20 000.« Er malt die Ziffern in den Sand. Da gibt es keinen Zweifel. Er spricht ein perfektes Portugiesisch.

»Die habe ich nicht.«

»Das glaube ich nicht.«

»Du hast alles durchsucht. Ich habe noch 130.«

»In Manaus hast du mehr. Sonst könntest du nicht heimfliegen nach Deutschland.«

»Dafür habe ich ein Ticket. Aber kein Geld.«

»Dann musst du eben sofort raus aus unserem Gebiet und ich bringe dich persönlich zur Funai. Die Strafe für illegalen Aufenthalt in unserem Gebiet ist weit höher.«

»Wie hoch?«

»41 000 R$.«

»Niemals.«

»Du wirst es erleben.«

So und ähnlich zieht sich das Gespräch hin. Ich beginne zu bluffen. »Okay, wenn du es befiehlst, dann werde ich dein Land verlassen. Aber dann kann ich deinen Landsleuten auch nicht den vereinbarten Lohn zahlen.« Die sehen ihre Chance schwinden und reden auf ihn ein. Er gibt nach. Aber nur sehr gequält. Um sein Gesicht zu wahren, begründet er es mit dem Bau der Krankenstation bei den Waiapí.

»Ich will dir das glauben und begnüge mich mit 2 000.«

Kaum hat er Luft geholt, da schränkt er sein Angebot bereits wieder ein.

»Oder kannst du nicht doch 3 000 zahlen? Doch, 3 000.«

Ich möchte aus meiner insektenzerstochenen Haut fahren und beglückwünsche mich zu meiner Selbstbeherrschung. Mehr als das ist es wohl die Erkenntnis, dass ich keine Alternative habe. Ich verspreche ihm die 2 000. Aber ich schwöre mir, keinen Centavo wird er sehen! Wer mich so erpresst, darf nicht mit meiner Fairness rechnen.

Er errät meine Gedanken. »Welche Sicherheit gibst du mir?«

Ich überlege. Mein Ehrenwort gebe ich nicht mehr. Ich will es nicht beschmutzen. »Die Kameras! Sobald wir das erste brasilianische Dorf erreichen, gebe ich meinen Begleitern die Kameras. Erst, wenn ich sie ausgezahlt habe, müssen sie sie mir wiedergeben.«

Das hatte ich den Jungen ja ohnehin versprochen. Das würde ich auch tun. Nur seine zwei Mille, die würde er niemals kriegen. Ich hasse Erpresser. Ich hasse Antonho. Am liebsten kotzte ich seinen Räucherfisch zurück in den Bach. Oder vor seine Füße. Aber dann hätte womöglich mein letztes Stündchen geschlagen und außerdem protestiert knurrend sofort mein Magen dagegen. So schön gefüllt war er schon lange nicht mehr. Und davon will er sich unter keinen Umständen wieder trennen.

Ich muss Antonho Papier und Kuli reichen. Er setzt ein Dokument auf. Längst ist es dunkel geworden. Er lässt ein loderndes Feuer entfachen. Dann beginnt er zu schreiben. Buchstabe um Buchstabe, Wort um Wort. Er brummelt die Texte halblaut vor sich hin, verbessert sie häufiger, als er ein neues Wort hinzufügt, streicht durch, beginnt von vorn. Endlos. Das Feuer ermattet, Antonho nicht. Jemand leuchtet mit der Taschenlampe. Es ist halb acht Uhr. Dunkelheit seit anderthalb Stunden. Und Antonho schreibt. Ich werde hier noch wahnsinnig. Er spricht zwar perfekt Portugiesisch, aber beim Schreiben hat er offenkundig Probleme. Es dauert und dauert. Schließlich verlangt er meinen Personalausweis. Es ist das einzige Dokument, das ich dabeihabe. Er schreibt den Namen ab.

»Weißt du, das sind so meine Erfahrungen mit den Weißen. Wir Indianer sind immer nur belogen worden. Sogar von der Funai. Nie sehen wir auch nur einen Centavo von dem, was uns zusteht. Ich muss selbst für mich sorgen, wenn ich nicht zugrunde gehen will. Ich glaube dir das sogar mit dem Hubschrauber. Jeder andere würde hier nicht ohne Messer, Angel und Ausrüstung auftauchen. Und nur deshalb habe ich mich auf 2 000 runterhandeln lassen. Oder gibst du mir doch 3 000?« Jetzt muss er selbst schmunzeln.

Es ist nach 20 Uhr. Er liest sein Traktat vor. »Wenn der Deutsche euch die Kameras nicht sofort aushändigt«, schärft er seinem Schwager ein, »geht sofort zur Funai.«

Wir dürfen weiter. Langsam verlässt unser Kanu den kleinen Hafen und treibt hinaus auf den dunklen Fluss. Leise und schnell zieht er uns mit sich.

Adailton entschuldigt sich. »Tut mir Leid. Aber ich durfte hier nicht vorbeifahren, ohne anzuhalten. Er ist mein Schwager.« Es klingt, als schäme er sich und wolle das Geld für Antonho gar nicht haben. Ich tröste ihn. »Verwandte kann man sich nicht aussuchen. Das ist in meiner Welt nicht anders. Das Einzige, das zählt, sind Freunde.«

»Lagern wir hier gleich irgendwo oder fahren wir durch zu Geraldo?«, will er dann wissen.

»Oder fahren wir in der Dunkelheit einfach vorbei, um nicht noch einmal aufgehalten zu werden?«, gibt Cidney zu bedenken.

Ich bin fürs Durchfahren. Bloß nicht noch einmal Probleme.

Von weitem ruft Antonho noch etwas hinterher. Ich verstehe es nicht.

»Er fragt, ob er nicht doch 3 000 haben kann«, übersetzt Cidney. Wir lachen.

Von rechts gesellt sich der Rio Jatapu zu uns. Lautlos paddeln wir stromabwärts.

Die Fahndung

»Jetzt nicht mehr sprechen«, flüstert Cidney, »wir sind bald da. Am besten halten wir uns am rechten Ufer. Dann sehen sie uns nicht. Sie wohnen links.«

Es ist 23 Uhr. Die Indianer werden längst schlafen. Meist geht man mit den Hühnern in die Hängematte. Dennoch bin ich aufgeregt. Geraldo hat eine Radiostation. Von dort könnte er die Funai anrufen. Dann werde ich sofort rausmüssen. Krankenstation hin, Krankenstation her. Die Erlaubnis für die Waiapí hat hier keinen Wert. Vor allem bin ich jetzt im Bundesland Roraima mit der alten Goldgräber-Hauptstadt Boa Vista und nicht in Pará. Hier habe ich Feinde. Also Augen auf, Mund zu und durch! Danach gibt es nur noch drei oder vier Indianersiedlungen ohne Radio und in zwei Wochen sind wir im Bundesland Amazonas. Dort fühle ich mich sicherer.

Auch die beiden Jungen wirken angespannt. Wir fahren langsam. Geräuschlos tauchen die Paddel ins Wasser. Nicht mal die Bugwelle wagt ein Geräusch.

Dann links ein Steilufer. 20 Meter hoch. Dass man es so deutlich wahrnimmt, hat einen Grund. Denn soeben schiebt sich der Mond über den Kamm und erhellt die gesamte Landschaft. Wie ein Riesenscheinwerfer grinst er uns schadenfroh an. Und zwischen uns und dem Mondlicht sehen wir deutlich die Silhouetten von 30 Indianern! Sie haben uns längst ausgemacht. Auch ohne Mond. Sie rufen, Kinder singen.

»Das gilt uns. Sie erwarten uns. Wir müssen anlegen.«

Wir finden einen Landeplatz. Und auch dort warten bereits mehrere Indianer und geleiten Adailton den steilen Pfad hinauf ins Dorf zu Geraldo, dem Chef. Cidney und ich warten. Hoffentlich behält Rivaldo wieder Recht, denke ich. Wenn er Geraldo so gut einschätzt wie Antonho, dann kommen wir durch.

Nach einer halben Stunde kehrt Adailton zurück. Ich merke gleich, dass meine Chancen schlecht stehen. Er ist bedrückt. Ich soll sofort zu Geraldo kommen. Das tue ich. Meine beiden Begleiter kommen mit. In einer sehr dunklen Hütte hocken etwa 20 Männer um ein glimmendes Feuer. Ich kann keinen erkennen. Ich erzähle meine Geschichte in die Dunkelheit hinein. Jemand übersetzt meine Worte vom Portugiesischen in die Wai-Wai-Sprache für jemand anderen, der ebenfalls anonym im Dunklen sitzt. Es muss Geraldo sein, der Chef. Demnach spricht er kein Portugiesisch. Er stellt Fragen, ich beantworte sie. Dann der Beschluss. »Morgen spreche ich mit der Funai. Geht jetzt schlafen.«

Ich mache mir wenig Hoffnung, überlege Alternativen. Ich könnte ja sagen, dass wir uns bei der Funai melden. In Wirklichkeit beenden wir die Fahrt wie geplant. Ich könnte sagen, dass wir stromabwärts eine Hilfsstation bauen möchten und ich mir das Gebiet erst einmal anschauen muss. Aber er wird mir nicht glauben, weil jemand, der ein solches Bauvorhaben plant, die Erlaubnis der Funai hätte. Irgendwann schlafen wir ein. Abwarten und in Geduld üben.

»Du sollst sofort ans Radio kommen!« Ein kleiner Junge steht aufgeregt vor unseren Hängematten. Dabei ist es gerade erst hell geworden. Aber sie haben bereits Kontakt nach Boa Vista. Am anderen Ende der Radioverbindung ein gewisser Senhor Martíns, Funai-Funktionär.

Während ich mir die lehmigen Sandalen vom Fuß streife, höre ich seine laute Stimme. Ich höre einwandfrei meinen Namen, Deutscher, verstehe Biopiraterie, illegal, keine Funai-Erlaubnis, Yanomami, Reisen ohne Pass. Der Tonfall, in dem das verkündet wird, verheißt nichts Gutes. Ich warte vor der Tür, um noch mehr zu erfahren. Dann sehen sie mich. »Komm her! Sprich selbst mit dem Senhor Administrador Martíns!«

Das tue ich. Ich erzähle die Story vom Piloten, der mich falsch abgesetzt hat. Aber das interessiert den Funktionär nicht. Er freut sich, mich gefunden und am Apparat zu haben. Bestimmt wird er nun befördert.

»Gegen Sie liegt eine Anzeige der *Polícia Federal* aus Manaus vor. Sie werden beschuldigt, ohne Pass zu reisen. Sie sollen sofort aus dem Indianergebiet herauskommen und sich in Boa Vista, Manaus und dann in Brasília jeweils bei der *Polícia Federal* melden.« Die anderen Vorwürfe erwähnt er nicht. Der schwerwiegendste ist der der Biopiraterie. Er will die Angelegenheit verharmlosen, mich in Sicherheit wägen und dann zugreifen und seine Kopfprämie kassieren.

»Kommen Sie zuerst zu mir ins Büro nach Boa Vista. Dann kann ich Ihnen die Erlaubnis erteilen, durch Indianerland zu reisen. Es ist nur eine Formalität.«

Dieser verlogene Schmutzfink, denke ich. Und lüge wie er. »Ich bedaure, ohne Genehmigung ins Indianerland gelangt zu sein. Ich wollte unter keinen Umständen Gesetze verletzen. Es ist ein Versehen des Piloten. Selbstverständlich werde ich auf dem kürzesten Wege rauskommen und mich in Boa Vista bei Ihnen melden.«

Aber genau das werde ich auf gar keinen Fall machen. Bin ich einmal in ihren Fängen, habe ich sehr schlechte Karten. Ich kenne die brasilianische Justiz. Für sie müsste eigentlich eine neue Vokabel geschaffen werden. »Gerechtigkeit« ist die falsche.

Geraldo wird ans Mikrofon gerufen. Er versichert, dass mich meine beiden Begleiter unverzüglich auf kürzestem Wege hinausbringen werden. Das bedeutet, wir müssen wieder zurück, gegen den Strom und unmittelbar unterhalb Antonhos Dorf in den Jatapu einbiegen. Nach drei Tagen Paddeln gegen den Strom sind wir dann raus aus dem Sperrgebiet und nach einer Stunde Marsch im ersten Dorf. Drei Tage Vorsprung für die Polizei, mich am Ufer zu erwarten. Meine Gedanken rasen. Wie komme ich da raus? Was ist, wenn sie meine Filme beschlagnahmen? Jedes einzelne Bild könnte mir als Biopiraterie ausgelegt werden. Jede Pflanze ist verdächtig, jedes Insekt. Sollten wir nicht doch versuchen, in der kommende Nacht an Geraldos Dorf vorbeizurauschen, bevor der Mond aufgeht? Immerhin geht er in der nächsten Nacht später auf. Vielleicht schlafen die Indianer dann bereits. Aber den Plan verwerfe ich sofort. Selbst wenn er gelänge, würde ich damit der Polizei mehr Grund geben, gegen mich vorzugehen. Längst würden sie dann unten am Gebietsausgang auf mich warten. Ich muss verschwinden, bevor sie mit mir rechnen.

Die Indianerjungen darf ich in meine Gedanken nicht einweihen. Sie sind Brasilianer, sie müssen hier leben und sie bekämen Ärger, wenn sie mir beistünden. Deshalb formuliere ich es anders.

»Wenn ihr so schnell wie möglich paddelt, wie schnell könnten wir dann an der Ausstiegsstelle sein?«

»In drei Tagen. Es wird im Rio Jatapu sehr anstrengend. Er hat eine starke Strömung.«

»Und wenn wir einen Paddler mehr mitnehmen? Schaffen wir es dann schneller?«

Sie diskutieren in ihrer Sprache, spreizen drei Finger, grübeln darüber nach, klappen einen weg, recken ihn wieder hoch.

»Ja, drei wäre besser. Aber dann müssen wir auch sofort ablegen.«

Tatsächlich kommt ein dritter junger Mann hinzu, und während Geraldo der Funai per Funk unseren Start meldet, tauchen ihre Paddel bereits kräftig ins Wasser. Das Boot schiebt sich gegen den Strom. Es ist unvergleichlich langsamer als bergab. Die starke Strömung fordert ihr Recht.

Wir gelangen an den Zusammenfluss von Jatapu und Jatapuzinho. Stark presst uns die Strömung rechts ans Ufer. Nur noch zentimeterweise kommen sie voran.

»Wir legen noch einmal kurz bei Antonho an«, verraten sie mir nun. Ich bin entsetzt. Wenn er wieder mit seinen Endlosreden aufwartet und neue Schriftstücke formulieren will, verliere ich wertvolle Zeit. Zeit, die mir einen Vorsprung vor der *Polícia Federal* verschaffen würde.

»Diesmal wird er uns nicht aufhalten«, verspricht Adailton. »Ich werde ihn bitten, uns seinen Motor und 20 Liter Benzin zu leihen. Als Verwandter kann er mir die Bitte nicht abschlagen. Ich bezahle ihm das Benzin von meinem Lohnanteil. Dann sind wir in drei Stunden raus.«

Der Junge fasziniert mich. »Aber er wird wieder viel Geld verlangen. Ich habe nichts.«

»Du hast damit nichts zu tun. *Ich* werde ihn darum bitten. Er muss es für uns Landsleute tun, um uns drei Tage Quälerei gegen den Strom zu ersparen. Er wird nur den Benzinpreis verlangen.«

Ich traue dem Braten nicht. Aber ich erlebe eine Überraschung.

»Da seid ihr ja wieder«, begrüßt uns der Dorfchef. »Na, hat Geraldo euch nicht durchgelassen?«

Schlaumeier, Erpresser, das erkennt sogar ein Blinder, denke ich. Aber ich halte die Klappe. Deutlich sieht man auch seine Enttäuschung. Mit unserer Ausweisung gehen ihm die 2 000 Real verloren. Aber er hält sich wacker, gibt sich freundlich.

Noch während ich wette, dass sie diesen Mann nicht beschwätzen werden, schleppt jemand einen 20-PS-Motor heran und verschraubt ihn am Nachbarboot. Dabei liegen wir hier noch keine zehn Minuten.

»*Dein* Boot wird dem Motor nicht standhalten. Es würde zerbrechen. Deshalb lasst es hier liegen. Nehmt meins. Ich gebe euch einen meiner Männer mit, der mir mein Boot wieder zurückbringt.«

Ich glaube, mich verhört zu haben. Aber es stimmt. Ich träume nicht. Antonho lässt den Menschenfreund raushängen. Cidney lädt bereits das Gepäck um. Jemand wirft uns ein paar geräucherte Piranhas rüber und ein paar Bananen.

Antonho drückt meine Hand. »Du musst entschuldigen. Wegen gestern. Ich habe darüber noch einmal nachgedacht. Inzwischen glaube ich dir. Du bist auf Seiten der Indianer und des Waldes. Dass ich euch mein Boot gebe, ist mein Dankeschön.« Ich bin beeindruckt und gerührt. Wir legen ab.

Wieder ruft Antonho uns etwas nach. »Wenn du magst, kannst du deinen Führern ja 100 Real für meine Dorfgemeinschaft mitgeben. Aber nur, wenn du willst.« Schlitzohr, verrücktes! Gestern wollte er noch 20 000. Aber diesmal *will* ich. Sogar gern und gern auch etwas mehr.

Meine Pläne überschlagen sich. So schnell erwarten uns weder die Funai noch die Bundespolizei. Wenn wir von Entre Rios sofort nach Manaus verschwinden, bin ich in Sicherheit. Aber ich habe allenfalls das Busgeld für *mich*.

»Könnt ihr eure Fahrt mit dem Bus selbst bezahlen? Ich gebe euch das Geld in Manaus zurück.«

Sie können. Sie haben meine je 100 R$ Anzahlung mitgenommen. Sogar saubere Hemden und eine Hose. Ich kenne meine Jungs nicht mehr wieder, als sie mir das stolz vorzeigen. Was mich besonders freut, ist, dass sie mir vertrauen. Um ihre Enttäuschung wegen der Umkehr zu mildern, sage ich ihnen 600 statt 1 000 Real zu. Das ist immer noch viel. Und besonders viel ist es, weil sie dafür nur zwei statt 14 Tage arbeiten mussten.

»Aber ihr müsst mich bis Manaus begleiten. Für den Fall, dass die Polizei irgendwo auf mich wartet, möchte ich euch jetzt schon meine Filme und die Kameras geben. Versteckt sie gut in eurem Gepäck und sprecht bitte mit niemandem darüber. Falls ich verhaftet oder wir getrennt werden, ist hier die Telefonnummer eines Freundes in Manaus. Ihm gebt ihr die Sachen. Er zahlt euch aus.« Die Jungen begreifen. Sie haben die Kameras als Sicherheit, ich habe die Jungen als Sicherheit. Wir vertrauen einander.

Hastig kritzele ich die Nachrichten und Anschriften auf ein Stück Papier. Das Ufer fliegt förmlich vorbei. Die drei Stunden sind schnell vorüber. Wir landen an einem Hochufer. Brasilien.

Weit und breit keine Polizei. Dann bin ich ihnen also doch nicht so wichtig. Oder sie rechnen nicht so früh mit mir. Wie sollten sie auch.

Antonhos Mann kehrt unverzüglich heim. Wir sind allein.

»Bis Entre Rios sind es noch 15 Kilometer. Aber nach einer Stunde gibt es eine Stelle, wo manchmal Autos vorbeifahren.«

Dort marschieren wir hin. Wir laufen anderthalb Stunden bis zu jener T-artigen Gabelung. Ein Pick-up bringt uns nach Entre Rios.

Auch hier weder Funai noch Polizei. Nichts dergleichen weit und breit. Ein Dorf des Friedens.

Der Bus der *Eucatur* ist pünktlich. Für 70 R$ geht es mit dreimal Umsteigen nach Manaus. Circa 600 Kilometer. Bequeme Liegesitze, *Air-Conditionado*, schnell, sauber. Ein empfehlenswertes Unternehmen. Leider muss ich beim Ticketlösen den Personalausweis vorzeigen. Jetzt ist mein Name notiert und mein Weg für die *Polícia Federal* leicht nachzuvollziehen. Das macht mir Sorge. Welches Glück andererseits, dass ich ihn dabeihabe. Ohne ihn wäre ich allen verdächtig gewesen. Jeder hat einen Ausweis. Auch meine beiden Wai Wai.

In später Nacht erreichen wir den Busbahnhof in Manaus. Eine Taxe bringt uns ins Hotel 7. September.

Untergetaucht*

Früh bin ich auf den Beinen. Zusammen mit den beiden Indianern hole ich mein Gepäck aus einem Depot im Hause eines Freundes. Neben zivilisationsgerechter Garderobe gehört dazu meine Bankkarte. Ich kann aus

* Ab jetzt sind mit Rücksicht auf die Identität meiner Helfer Namen und Örtlichkeiten verändert.

dem Automaten 1 000 R$ abheben. Den beiden gebe ich schon mal je 300, damit sie meine ernsthaften Absichten erkennen und in der Stadt beweglicher sind. Ich behalte die 400.

»Wir müssen nun drei Tage Geduld haben. Mehr als 1 000 kann ich pro Tag nicht abheben«, erkläre ich ihnen. Sie hören kaum zu. Ihre Gesichter strahlen. Noch nie hatten sie so viel Geld in den Händen. Und es soll tatsächlich noch mehr werden.

Die Filme habe ich bereits versteckt. Sie sind ab jetzt unauffindbar. Die Kameras lasse ich sicherheitshalber den Jungen, damit sie beruhigt sind.

»Schaut euch Manaus an. Morgen treffen wir uns um genau acht Uhr wieder vor der Bank.«

Und zu Cidney sage ich: »Wenn du jetzt eine Frau suchst, lass dein Geld bei Adailton. Nimm nicht mehr mit als 20 Real.«

»Ja, ich werde vorsichtig sein. Adailton hat mich auch schon gewarnt.«

Wir lachen alle drei, wir sind happy. Ich bin gelöst. Das Schlimmste liegt hinter mir. Denke ich jedenfalls.

Ich ziehe um ins Hotel Rei Salomão, König Salomon. Es liegt schön zentral in der Altstadt. Ich melde mich bei Annette. Sie springt regelrecht durch den Hörer vor Freude. »Ich habe es gespürt, dass du durchkommst«, freut sie sich mit mir.

»Schick mir unbedingt und schnell meinen Zweitpass. Dann bin ich unabhängiger und kann über die grünen Grenzen Brasiliens in ein Nachbarland abhauen.«

Ich rufe andere Leute an. Freunde, deren Rat mir jetzt wichtig ist. Auch die deutsche Botschaft. Ohne den beschlagnahmten Pass mit dem Einreisestempel wird es schwer, im Nachbarland aufgenommen zu werden. Bestimmt halten die Halbdiktaturen alle zusammen und übergeben mich der brasilianischen Polizei, sobald ich ihnen mein stempelloses Zweitdokument vorzeige. Ich muss vorsichtig bleiben. Sonst hänge ich wirklich fest.

»Hoffentlich hast du dich nicht mit deinem richtigen Namen eingeschrieben«, warnt mich einer.

»Doch. Ich musste meinen Personalausweis vorlegen.«

»Bist du wahnsinnig? Dann sieh zu, dass du so schnell wie möglich aus dem Hotel verschwindest. Gib irgendeinen Grund an. Leg eine falsche Spur. Brasilien hat eins der modernsten Telefon-Überwachungssysteme. Du musst wissen, dass alle Telefonate automatisch aufgezeichnet werden. Bei Bedarf kann man jedes Gespräch zurückverfolgen. Nenn deshalb nie richtige Namen. Umschreibe alles. Fasse dich kurz. Sprich Plattdeutsch, damit sie Mühe haben, das zu übersetzen. Vor allem, verschwinde so schnell wie möglich. Eben hörte ich ein Knacken in der Leitung. Womöglich ist man dir bereits auf der Spur.«

Sogar ich habe das Knacken gehört. Kompliment an meine zehn Prozent Restgehör und die Hörgeräte! Mir läuft es heiß und kalt über den Rücken. Das fehlte noch. Da habe ich den Marsch glücklich hinter mich gebracht und hier erfahre ich die wirklichen Schwierigkeiten des Landes. Auf gar keinen Fall dürfen sie mich in die Finger kriegen.

In großer Hast schmeiße ich meinen gesamten herumliegenden Krempel in den Koffer. Eine Minute später stehe ich an der Rezeption. Der Receptionista staunt.

»Ich habe eben einen Anruf von einem Freund in Belém erhalten. Er ist schwer verunglückt, liegt im Sterben. Ich muss dringend zu ihm fliegen. In einigen Tagen komme ich wieder. Heben Sie meine Wäsche, die ich vorhin zum Reinigen abgegeben habe, bitte gut auf.«

Das mit der Wäsche finde ich spontan gut. Das schafft Vertrauen. »Bestimmt vermieten Sie das Zimmer heute noch einmal. Das ist dann Ihr Gewinn.«

Der Mann lacht. Die Idee hatte er bestimmt schon vor mir. Ich trete hinaus ins grelle Sonnenlicht. An der Ecke warten mehrere Taxen. Ich werfe mein Gepäck hinein, will einsteigen. Da kommt ein Polizeiwagen um die Ecke, hält vorm Salomão. Zwei Uniformierte steigen aus, gehen ins Hotel. Meine Taxe fährt los.

Mein Herz schlägt wie wild. Das war haarscharf. Ob es wirklich mit mir zu tun hat, sei dahingestellt. Aber was sonst sollten die Polizisten in dem Hotel? Ich atme tief durch. Wir tauchen in den dichten Verkehr der Getúlio Vargas ein.

»Porto São Raimundo«, sage ich dem Taxista. Dabei weiß ich gar nicht, wohin ich mich wenden soll. Er fährt los. Hauptsache, es kommt Abstand zwischen mich und das Hotel.

An einer unbelebten Ecke lasse ich mich absetzen. Nachdem der Fahrer entschwunden ist, stoppe ich ein anderes Taxi. Das wiederhole ich ein zweites Mal. Ich habe kaum Gepäck. Dadurch falle ich nicht auf. Eine Mütze verdeckt die markante Glatze. Inzwischen weiß ich, wo ich mich verstecken könnte. Ich rufe Ribeiro an. Zum Glück ist er zu Hause. Ich rede verschlüsselt.

»Hier ist ein Freund von Manuelinho. Du weißt schon, der Schlangenfreund. Ich kann nicht sprechen. Können wir uns in fünf Minuten in unserer Lieblingsgaststätte treffen?«

Er antwortet »Ja«. Ich lege auf. Kürzer geht es nicht. Fünf Minuten später schütteln wir einander die Hände. »Schön, dich wiederzusehen. Nachdem ich von Wolfgang gehört hatte, dass der Kontakt zu dir unterbrochen ist, haben wir uns große Sorgen gemacht. Ich sah dich schon im Bauch eines Jaguars.« Er lacht. Ich erkläre ihm kurz die Situation.

Er legt mir beruhigend die Hand auf die Schulter. »Mach dir keine Sorgen, das kriegen wir geregelt. Ich kann dich bei einer befreundeten Familie in der *Favela* von XY unterbringen. Und am besten, du lässt dich erst einmal nicht auf der Straße blicken. Denn auch mit einer Mütze fällst du auf. Du bist als Ausländer schnell erkennbar. Dann überlegen wir in Ruhe, wie du aus Manaus rauskommst, heim nach Deutschland.« Seine Worte wirken beruhigend. Ich atme tief durch.

»Wenn sie dich tatsächlich suchen, werden sie gerade jetzt besonders aufmerksam sein. Ich werde jeden Tag in die Zeitungen schauen, ob sie womöglich ein Bild von dir veröffentlichen. Ich kenne den Staatsanwalt Eduardo Barragan Mota von anderen Vorfällen. Er ist ein fanatischer Polit-Karriere-Typ, der sich auf Kosten von Touristen wie dir profilieren will. Sieh zu, dass du ihm nie begegnest.«

Er bringt mich mit seinem Wagen direkt in das besagte Elendsviertel an den Ufern der Flüsse und Kanäle. Zu Hunderten stehen die einfachen Holzhütten auf Stelzen aus Eisenholz. Malerisch, aber arm. Die Hütten sind wackelig. Zwischen den Brettern klaffen breite Spalten. Hier kann sich niemand anschleichen, ohne gesehen und gespürt zu werden. Bei jeder Bewegung wackelt das ganze Haus, wahrscheinlich der gesamte Stadtteil.

Mein Gastgeber heißt Claúdio. Er hat eine Frau und sieben Kinder. Überbevölkerung pur. Der Nachwuchs wird zwar verscheucht, aber es entgeht ihm nichts. Durch die Ritzen verfolgen sie alles. Claúdio stellt das Radio laut, damit niemand versteht, was wir besprechen. Auch nicht seine Kinder. Sie könnten es unabsichtlich den Nachbarkindern erzählen.

»Am besten ist es, wenn du einfach in der Hängematte bleibst. Ich erzähle den Nachbarn, dass du ein alter Freund von mir bist und Malária hast. Falls also jemand in deinen Raum kommt, ziehst du die Decke über den

Kopf und mimst Schüttelfrost. Du weißt ja aus deiner Goldsucherzeit, wie das geht.«

Eine gute Idee. Sie erklärt, warum ich mich nie blicken lasse, und sie macht meinen Aufenthalt glaubwürdig. Morgens wollen Ribeiro und Claúdio mich mit Croissant, Kaffee und Zeitungen verwöhnen, tagsüber bringt ein China-Service eine warme Mahlzeit. Ich bestelle gleich das Zehnfache, damit die Großfamilie mitessen kann.

»Ich denke, dass wir bald jemanden finden, der dich aus der Stadt bringt. Ich werde meine Fühler ausstrecken.«

Während Ribeiro gleich losdüst, um Fluchthelfer zu suchen, erzähle ich Claúdio von meinen Problemen.

»Ich habe den großen Bericht über dich damals in der *A Crítica* gelesen. Da habe ich noch gedacht, der hat ja nicht alle Tassen im Schrank. Wie kann man sich ohne alles im Wald aussetzen lassen. Du musst verrückt sein.«

Ich verzeihe ihm gnädig. Er ist ein Stadtmensch, der Natur entfremdet. Dann kommt er zur Sache: »Lass uns mal überlegen, welche Möglichkeiten der Flucht du hast. Die per Flugzeug scheidet völlig aus. Man muss den Pass vorzeigen. Auf dem Fluss bist du auch nicht sicher. Die Polizei hat alle Flüsse gut unter Kontrolle. Egal, in welche Richtung du fährst. Ob den Amazonas rauf oder runter, den Rio Negro oder den Rio Branco. Es sei denn, wir finden einen Freund, der ein eigenes Schiff hat. Alle anderen Schiffe sind gefährlich. Jeder Kapitän wird auf die Frage der Polizei sagen, ja, ich habe einen Ausländer an Bord. Außerdem sind Schiffe wie Fallen. Du kannst bei Kontrollen nicht entwischen.«

»Und mit dem Bus nach Boa Vista?« Eigentlich wollte ich nie wieder in diese Stadt. Aber von dort geht es nach Venezuela und Guyana.

»Mit dem Bus ist es schlecht. Busse werden regelmäßig kontrolliert. Wahrscheinlich bist du der Busagentur längst als gesucht gemeldet. Der einzige Weg ist, mit einem Privatfahrzeug die Kontrollen auszutricksen. Claúdio kennt jemanden auf dem Gemüsemarkt. Der fährt dreimal pro Woche nach Norden und könnte dich unter seinen Kisten verstecken.«

Ich bin müde, aber ich kann nicht einschlafen. Der Lärm um mich herum, die Aufregung – sie halten mich wach. Ich wälze Ideen, spiele Fluchten durch und Alternativen. Die Kinder haben offenbar Order, den »Kranken« nicht zu stören. Manchmal sehe ich aber ihre Augen durch die breiten Ritzen. Sie sind neugierig. Ich bin unter ständiger Beobachtung. Wenn ich die Hängematte verlasse, spiele ich den Schwachen, torkele, halte mich an den Wänden fest, bleibe stehen, sammle Kräfte. Während ich mich an den Wänden ausruhe, schaue ich hindurch, um ein wenig von meiner Umgebung mitzubekommen. Als ich pinkeln muss, mache ich das durch die Fußbodenritzen direkt in den Kanal.

Unsere Hütte liegt am Rande eines Kanals. Kinder werfen ihre Angeln vom Balkon in die stehende Kloake unter und vor dem Haus, jetzt angereichert um meinen Urin. Sie wimmelt nur so von Fischen. Alle paar Augenblicke ziehen sie einen neuen Fang heraus. Uringebeizt. Er wandert quasi gleich in die Pfanne. Jede Familie hat damit ihren eigenen Fischteich frei Haus.

Vorm Nachbarhaus spielen andere Kinder mit einem großen Verpackungsteil aus Styropor. Es ist ihr Schiff, mit dem sie paddeln, von dem sie sich in die Fluten stürzen. Es stört sie nicht, dass nur 20 Meter entfernt ein Kloakenrohr geborsten ist und seinen dickflüssigen übel riechenden Inhalt hörbar in den Igarapé auswürgt. Das macht laute glucksende Moll-Geräusche. *Sinfonia de Merda*, Scheiß-Symphonie. Wie kleine Inseln treiben die Auswürfe mit dem Wind davon. Irgendwo in den

Schwimmpflanzenteppich an den Ufern, irgendwie gen Rio Negro.

Nach dem China-Imbiss schlafe ich ein. Trotz dröhnender Musik hinter irgendwelchen Nachbarbrettern.

Schon morgens um sechs Uhr hält mich nichts mehr im Bett. Ich muss zur Bank, bevor die Straßen voller Menschen sind. Der Nachtschalter ist durchgehend geöffnet. Claúdio bringt mich hin. Ich hebe die nächsten 1000 R$ ab.

»Lass uns dort drüben einen Guaraná trinken. Von hier haben wir die Bank gut im Blick. Um acht werden meine beiden Indianer auftauchen.«

Sie sind superpünktlich. Schon um viertel vor acht sind sie zur Stelle und schauen sich suchend um. Ich halte mich versteckt hinter der *A Crítica.* Claúdio schlendert auf sie zu, spricht sie an. Alle drei verschwinden um die Ecke. Ich bezahle und folge nach ein paar Minuten in den Obstsaft-Laden *Esquina de Suco.* Den Eingang behalte ich im Auge. Aber es tut sich nichts da draußen. In dieser Nebenstraße ist es noch ruhig.

»Na, hast du dir gestern eine schöne Frau ausgesucht?«, frage ich Cidney und gebe mich gelassen.

Er lacht. »Nein, ich habe es mir anders überlegt. Ich habe mir eine Hose, ein Hemd, eine Mütze und eine Sonnenbrille gekauft. Und ein Portemonnaie. Davon habe ich viele Wochen etwas. Von der Frau nur ein paar Augenblicke.«

Stolz schaut er an sich hinab. Und erst jetzt fällt mir auf, wie schick die beiden gekleidet sind. Auch Adailton hat sich neu ausstaffiert.

»Alles zusammen hat nicht einmal 70 Real gekostet. Und den Rest des Lohnes nehme ich mit ins Dorf. Wer weiß, wann ich wieder so viel Geld bekomme.«

Ich gratuliere den beiden zu ihrer Entscheidung. Dann zahle ich ihnen das restliche Geld aus. Auch die 100 Real für den Ex-Erpresser Antonho. Stolz steckt Cidney seinen Anteil in die neue Geldbörse, Statussymbol seines Reichtums. Und wortlos schieben sie mir meine Kameras in einer Plastiktüte rüber. Alle sind wir zufrieden.

»Was habt ihr heute noch vor?«, frage ich sie. »Wollt ihr in Manaus Arbeit suchen?«

Mit diesem Gedanken hatten sie gespielt. Aber sie haben es sich anders überlegt.

»Nein, ich fühle mich unter so vielen Menschen nicht wohl. Ich hatte mir Manaus kleiner vorgestellt, etwas größer als Boa Vista. Manaus macht mir Angst. Heute werden wir noch ein paar Dinge kaufen. Auch für unsere Familien. Aber dann fahren wir mit dem Bus nach Hause.«

Ich kehre zurück in mein Versteck. Ungesehen gelingt das nicht. Ich mime Schüttelfrost. Alle Nachbarn stecken die Köpfe aus den Fenstern und Türen. Claúdio hat einen ausländischen Gast, sagen ihre Gesichter. Das ist ganz normal wie überall auf der Welt. Aber ich fühle mich unsicher. Und prompt kommt Claúdio nachmittags aufgeregt zu mir reingestürmt.

»Nimm dein Gepäck. Du musst umziehen. Ein Nachbar hat mich gefragt, wie denn dein Urwaldmarsch verlaufen sei. Er hat dich wiedererkannt nach dem ganzseitigen Bericht damals in der *A Crítica.* Er meint es nicht böse, denn er weiß ja nicht, warum du hier bist. Aber lass morgen ein Bild in der Zeitung stehen, dass man dich sucht, dann ist schnell jemand bei der Polizei, weil er mir meinen Gast nicht gönnt oder sich eine Belohnung verdienen möchte. Denn man hat ja auch mitbekommen, dass der China-Service hier anliefert. Das hat es noch nie gegeben. Das macht neugierig und neidisch. Hinzu kommt, dass meine Kinder von dem Essen so geschwärmt haben.«

Einmal mehr wird mir klar, wie vorsichtig ich sein muss. Er will mich in eine andere *Favela* bringen. »Ich habe einen guten Freund in der Cidade de Deus«, schlägt er vor. Aber da komme ich nur vom Regen in die Traufe, vom Urwald in den Dschungel.

»Dann fahr mich in den *Parque Dez*. Dort habe ich einen alten Freund.« Gestern in der Hängematte hatte ich mich seiner erinnert. Es ist der Schweizer Arthur Grolimund. Wir kennen uns seit meinem ersten Aufenthalt in Brasilien. Damals hatte er eine Spritzguss-Plastikteile-Fabrik aufgezogen.

Als wir vor seinem Haus am Ende einer Sackgasse stoppen, bin ich überrascht. Das Haus ist nicht wiederzuerkennen. Es ist umgeben von einem wunderschönen Garten. Überall blühen Orchideen, zwitschern Vögel, ranken bizarre Gewächse. Über die Sandsteinmauer lachen mir reife Bananen entgegen, winken filigrane Palmwedel. Ein botanisches Paradies. Und durch das schmiedeeiserne Gittertor hindurch leuchtet mir ein poliertes Messingschild entgegen: *Consulado da Austria*, Österreichisches Konsulat.

Arthur hat mich nicht kommen gesehen. Er kniet am Ende der Straße und beobachtet den Boden. Ich rufe ihn.

Er schaut hoch, unterbricht seine Arbeit auf der Stelle. »Rüdiger, du wieder zurück in Manaus?! Das ist ja eine Überraschung! Hat der Urwald dich nicht aufgefressen? Ich habe den Bericht damals in der Zeitung gelesen und fest mit deinem Besuch gerechnet.«

»Was hast du denn dort auf dem Boden gesucht? Hast du gebetet?«

Er lacht. »Nein. Diese Sauviecher von Blattschneider-Ameisen fressen mir meine ganzen Pflanzen kahl. Du kannst dir gar nicht vorstellen, welchen Schaden die

Tiere in einer einzigen Nacht anrichten können: die entlauben einen ganzen Baum. Ich habe ihren Weg zurückverfolgt zu den unterirdischen Bauten und bestreue ihn mit diesem körnigen Gift. Dessen Duft veranlasst die Tiere, die Körner in ihren Bau zu schleppen. Dort entwickeln sie tödliche Gase und rotten das ganze Ameisenvolk aus.«

Zehn Jahre haben wir uns nicht gesehen. Arthur hat sich nicht verändert. Ständig liegt er im Clinch mit irgendetwas. Heute sind's die Ameisen, morgen die Behörden, übermorgen die Konkurrenz. Aber inzwischen hat er seine langjährige Freundin Augustinha geheiratet. Sie hat uns sprechen gehört und kommt aus dem Haus, um mich zu begrüßen. Um sie herum wuselt die kleine Tochter.

»Das ist Yasmin«, stellt Arthur sie vor. »Sie geht noch in den Kindergarten und kann schon schreiben und lesen. Und sie spricht Deutsch.«

»Grüezi, Rüdiger!«, sagt sie tatsächlich.

»Nicht, dass ich Nationalist wäre. Aber Yasmin spricht Schweizerisch und nicht Deutsch!« Ich grinse.

Claúdio fährt heim. Ich nehme im Schatten der Palmen Platz und erkläre Arthur meine Situation. »Da müssen wir gar nicht weiter überlegen. Du schläfst bei uns und ich besorge dir einen Rechtsanwalt. Ich habe einen, der sehr gut ist. Er heißt Dr. Paulo. Er kennt sich aus mit internationalem Recht. Noch heute werde ich mit ihm sprechen.«

Ich fühle mich sofort bei den dreien geborgen. Bei einem erfrischenden Goiaba-Saft lobt er die Erfolge seines Anwalts. »Der hat schon die unmöglichsten Anklagen niedergeschmettert. Hätte er die fünf Schweizer verteidigt, die man mit den 300 Schmetterlingen erwischt hat, dann hätten die eine kleine Geldbuße zahlen müssen. Und nicht die Viertelmillion Dollar.«

Als hätte Augustinha meinen Besuch erwartet, tischt sie Rösti auf. Oder aber, es gibt die Kartoffelpfannkuchen hier jeden Tag. Ein weiterer Grund zu bleiben.

Wir tauschen Erinnerungen aus. Nachmittags konsultiert Arthur Dr. Paulo. Ich bleibe daheim, wage mich nicht vor die Tür. Niemand von den Nachbarn soll wissen, dass Arthur einen Gast hat. Ich kalkuliere einfach mit ein, dass irgendwann mein Bild in der Zeitung stehen könnte. Nachdem ich der Polizei über den Administrador Martíns am Radio hatte mitteilen lassen, dass ich mich bei ihr melden würde, muss ich davon ausgehen, dass man nun eine besondere und strafverschärfende Wut auf mich hat.

Arthur kehrt zurück und verkündet: »Paulo übernimmt deinen Fall. Und er ist ganz sicher, dass er dich freikriegen wird. In zwei Tagen weiß er mehr, dann möchte er dich persönlich kennen lernen.«

Die zwei Tage sind schnell um. Ich habe nun täglich telefonischen Kontakt zu Annette. Sie hat bei den Medien Entwarnung gegeben. »Aber du glaubst gar nicht, was hier los war!« Sie beschwört mich, weiterhin vorsichtig zu sein. »Dein Herbst ist voll mit Vorträgen. Wenn die ausfallen, bist du finanziell ruiniert.«

Hallo, geht es mir durch den Sinn, denkt sie eigentlich nur an die Kohle oder liebt sie mich? Oder denkt sie umsichtigerweise an beides? Weiß der Teufel. Ist ja im Moment auch egal, denn da kommen schon wieder neue Rösti! Der helle Wahnsinn.

Augustinha entschuldigt sich. »Diesmal nur für dich. Ich kann Arthur nicht jeden Tag Rösti machen. Dann ist er böse mit mir.«

Schließlich ist der Termin bei Dr. Paulo. Mit kurzem Blick schätzt er mich ein. Dann redet er bis zur Ermüdung mit Arthur über Geschäftliches. Irgendwann kommt er zur Sache. Ja, er hat mit dem Staatsanwalt gesprochen. Und mein Fall sei ja doch um einiges anders, als ich es erklärt hätte. Plötzlich brüllt er los.

»Wie kann Senhor Rüdiger ohne Pass unser Land bereisen? Das darf auch kein Brasilianer in Deutschland, denn sonst wird er gleich verhaftet und des Landes verwiesen. Und außerdem war der Senhor mehrfach im Yanomami-Land. Er hat illegal gefilmt, hat mit dem Film im Ausland viel Geld verdient, aber nie auch nur einen einzigen Centavo Steuern an Brasilien abgeführt. Und sein Freund Wolfgang Brög hat außerdem fünf Filme über den Amazonas gedreht. Dafür hatte er weder eine Erlaubnis noch sind auch dafür Steuern entrichtet worden. Ich komme somit auf sechs Filme. Jeder Film bringt den beiden Deutschen mindestens 100 000 Euro. Davon stehen Brasilien 20 Prozent zu. Und nicht nur das! Der Yanomami-Film hat dem Ansehen Brasiliens in der Welt geschadet. Greenpeace hat ihn rund um den Globus verteilt. Er wurde auch in Brasilien ausgestrahlt. Ich habe ihn selbst gesehen. Nicht umsonst ist Nehberg bereits einmal des Landes verwiesen worden. Er ist ein Krimineller. Hinzu kommt der Vorwurf der Biopiraterie. Rüdiger hat sich bei den Indianern nach Medikamenten erkundigt. Das steht schwarz auf weiß in der Zeitung. Da hilft kein Leugnen. Warum denn sonst wollte er das wissen? Weil er Brasiliens letzte Geheimnisse stehlen und im Ausland auswerten will! Nur deshalb. Denn gegen Fieber und Schmerzen hätte er bequemerweise Mittel aus der Apotheke mitnehmen können! Diese Ausländer halten uns wohl alle für dumm. Aber nicht mit mir!«

Dr. Paulo hat sich so ereifert, dass er sich erst einmal einen Schluck Wasser genehmigen muss. Schweiß perlt von seiner Stirn. Er würdigt mich keines Blickes. Ich sitze wie versteinert. Ich höre die Vorwürfe, sehe die geschwollenen Adern auf seiner Stirn und wie sein bebender Mund beim Zornesfluchen das getrunkene Wasser gleich wieder in Richtung Arthur versprüht. Ich bin hier nicht bei meinem Anwalt, sondern bei einem fanatischen Patrioten, einem Erzfeind, der nur ein einziges Ziel verfolgt, ungeachtet jedes meiner Gegenargumente. Und das Ziel heißt »Lebenslänglich für Nehberg!«. Und – strafverschärfend – »Alles abschneiden, was er nicht unbedingt zum Leben braucht«. Ich überlege tatsächlich, was dann noch an mir dran wäre. Nichts.

Ich sitze in einer Falle. Ich bereue, überhaupt hierher gekommen zu sein. Das also war Arthurs »toller Anwalt«. Toll ja, mag sein, aber nur aus Sicht des Staatsanwaltes. Ich höre schon gar nicht mehr hin, zumal ich ohnehin nur die Hälfte verstehe. Stattdessen überlege ich, wie Arthur mich nachher auf dem Rückweg bei Ribeiro vorbeifahren könnte. Mein Zweitpass muss längst da sein. Schon morgen werde ich mir einen Überlebensgürtel zusammenstellen und dann verschwinde ich über die grüne Grenze. Ab nach Venezuela, nach Guyana oder nach Surinam.

Mir ist klar: Jetzt und nicht nach dem Aussetzen durch den Helikopter wird mein richtiges *Survival* beginnen. Der Urwaldmarsch war nur die Generalprobe. Nun kommt die Premiere. Sofort verspüre ich Jagdfieber. Die Adrenalindrüsen sind automatisch angesprungen. Ich freue mich auf die Herausforderung. Dass ich mit einer noch höheren Strafe rechnen muss, wenn sie mich auf der Flucht einfangen, diesen Gedanken verdränge ich. Dann wird Annette aktiv werden. Sie wird daheim die ganze Welt auf den Kopf stellen und mich aus dem Knast rausklopfen. Denn ihr wie mir ist klar, dass man als verhätschelter Wohlstandseuropäer den brasilianischen Knast nicht lange durchsteht.

Noch in Gedanken, platzt Paulo, ich mag ihn schon gar nicht mehr *Doktor* nennen, laut los vor Lachen. Erschreckt blicke ich hoch. Auch Arthur lacht. Wenn auch bescheidener. Beide schauen zu mir her. Arthur deutet meinen Blick richtig.

»Hast du das verstanden? So wie Paulo eben, so hat der Staatsanwalt Dr. Paulo angeschrien und die Vorwürfe gegen dich geäußert. Paulo ist ein guter Schauspieler. Er wollte es uns naturgetreu wiedergeben, wie der Staatsanwalt argumentiert hat. Natürlich auch, um seinen eigenen Erfolg aufzuwerten.«

Ich atme auf. Okay, dann ist Paulo ja doch nicht so übel. Trotz seiner lackierten Fingernägel. Warum lackieren sich Männer eigentlich Fingernägel?

»Welchen Erfolg?«, frage ich.

»Er hat dem Staatsanwalt klar gemacht, dass du wirklich aus Verehrung für den Wald losmarschiert bist, dass du zwei Krankenstationen für die Indianer gebaut hast, dass euer Yanomami-Film Brasiliens Ansehen nicht geschadet, sondern gehoben hat, weil er wesentlich dazu beigetragen hat, dass sie heute mit dem Schutzgebiet prahlen können, dass du sogar das Bundesverdienstkreuz am Bande erhalten hast und dass er sich jederzeit bei der deutschen Botschaft über dich erkundigen kann.«

Ich bin baff. Das alles hat er herausgeschrien? Dann war ich ja wohl in Gedanken bereits voll auf Flucht eingestellt. Irritiert blicke ich zwischen beiden hin und her. Nun wird Paulo sachlicher.

»Kurz und gut. Senhor Rüdiger muss in den nächsten Tagen mit mir zusammen zur *Polícia Federal*, um alles zu protokollieren. Dann muss er eine Geldstrafe von 200 Euro entrichten und das Land sofort verlassen.«

Damit kann ich leben. Dieser Weg hätte den Vorteil, dass ich jederzeit wieder nach Brasilien einreisen dürfte.

Und das möchte ich natürlich. Sonst müsste Annette unsere Station allein warten. Aber kann ich der Polizei auch trauen? Wie sagte mir ein hochrangiger, hier ungenannter Freund? »Frei bist du erst, wenn du in Deutschland bist. Bis dahin darfst du niemandem trauen. Es ist nichts leichter für den Staatsanwalt, als zu sagen, ihm sei noch dieser und jener neue Tatbestand zu Ohren gekommen – und schon hängst du fest.« Strafmildernd sei allerdings, so dieser Freund, dass ich mich der Justiz nicht entzogen, sondern inzwischen einen Anwalt beauftragt hatte, für mich zu sprechen.

Ich werde zweigleisig agieren. Wenn ich freikomme, ist das schön. Aber wenn es doch nach einer Falle riecht oder sich hinauszögert, verschwinde ich. Im Grunde bin ich startklar. Der Zweitpass ist da. Mein Überlebensgürtel ist gepackt. Diesmal die Luxusversion: Geld, Messer, Poncho, Hängematte, Feuerzeug, eine drahtbewehrte Angel, Karte und Kompass. Außerdem nehme ich die kleine Digitalkamera mit, das geladene Satellitentelefon und ein Kilo Müsli. Mit solchem Komfort sollte man sich bequem monatelang durchschlagen können.

Der dritte Termin bei der *Polícia Federal* ist verstrichen. Neuer Polizeichef, heißt es. Er muss ins Amt eingeführt werden, er muss die Anstandsbesuche hinter sich bringen, er muss nach Brasília, er muss dies und er muss das. Nur mich sprechen will er nicht, obwohl es doch zur Chefsache erklärt wurde.

»Wenn der neue Mann so wichtig ist, warum befasst er sich dann mit meinem Bagatellfall?« Mein Misstrauen wächst. Ich werde verarscht. Jetzt hänge ich schon zwei Wochen bei Arthur herum. Die kleine Yasmin schläft bei den Eltern im Ehebett. Ich störe die Familieneintracht, das Liebesleben des österreichischen Konsuls und seiner Angetrauten. Ich werde abhauen.

Zwei Tage später verabschiede ich mich von Arthur. Er weiß von nichts. Wegen seines politischen Amtes darf ich ihn mit meiner Flucht nicht belasten. »Ich fahre mit der Taxe zu Ribeiro. Vielleicht übernachte ich dort. Ich rufe dich spätestens morgen wieder an.« Er wird nicht hellhörig, denn mein Gepäck passt in eine Plastiktüte.

Seit Dr. Paulo meinen Fall in Händen hat, darf ich mich frei bewegen. Deshalb weiß ich, dass Ribeiro und Claúdio inzwischen gut gearbeitet haben. Auf dem Gemüselastwagen seines Freundes haben sie unter dem Stapel Holzkisten ein sauberes Versteck für mich gebaut. Ausreichend starke Bretter schützen mich vor der Kistenlast. Der Boden ist gut gepolstert mit mehreren Decken. Ich bekomme ausreichend Luft. Um mich zu finden, müsste die Polizei den gesamten Wagen entladen.

»Aber das ist erst einmal im ganzen letzten Jahr geschehen. Da hatte es einen neuen Kontrolleur gegeben. Jetzt kennt der Fahrer alle und jeden. Du gehst kein Risiko ein.«

Seine Worte mindern meine Angst. Aber ich bin dennoch aufgeregt. Gerade gestern stand in der Zeitung, dass man ein Postauto entladen hat. Man fand Waffen und Drogen in gewaltigen Mengen. Warum sollte nicht auch auf meinen Wagen ein Verdacht fallen?

Und am 26. August war zu lesen: »Deutscher wegen Biopiraterie verhaftet!« Laut »*A Crítica*« ein Schwabe namens »Marc Baumgarten«. Er wurde in flagranti mit 40 Giftspinnen erwischt. »Das ist mein Hobby. Ich will sie fotografieren und dann wieder aussetzen«, verteidigte er sich. Aber das glaubt ihm keiner. Wieder mein fanatischer Staatsanwalt? Nein, der Fall liegt deutlich anders. Man hat die Tiere wirklich bei ihm entdeckt und sein Argument der Fotografie schnell entkräften können. Im Hotel fand man 2 000 (!) leere Plastikflaschen für weitere Tiere. »Für ein Gramm getrocknetes Spinnengift zahlen

US-Pharmakonzerne 25 000 Dollar«, weiß die Zeitung. Der Süddeutsche wird also massive Probleme bekommen.

Aufgefallen war der Deutsche einem Arzt. »Bei mir häuften sich die Fälle von Spinnenbissen. Wurde sonst schon mal eine Person pro Jahr eingeliefert, waren es jetzt zehn in einem halben Monat. Das machte mich stutzig. Als ich eins der eingelieferten Kinder nach dem Grund des Bisses fragte, sagte es: ›Da ist ein Mann aus Deutschland. Der zahlt pro Spinne einen Dollar!‹« So kam es zur Verhaftung.

Ribeiro unterbricht meine Gedanken. »Hier ist ein Stück Seil. Es führt ins Führerhaus. Falls du Probleme hast, ziehst du daran. Dann hält der Fahrer sofort. Und wenn umgekehrt der Fahrer *dir* ein Signal gibt, sei ganz ruhig. Dann muss er wegen der Kontrollen halten.«

Ich binde das Seil um mein Handgelenk. Wir fahren los, hinaus in die Nacht. Es ist sehr zugig und mit zunehmender Nacht wird es doch recht kühl. Zwei Decken wärmen mich. Zwei Rollen Kekse und eine Flasche Wasser sorgen für mein leibliches Wohl. Die Männer haben an alles gedacht. Ich bin zuversichtlich. Mehr kann ich im Moment nicht machen. Den Rest überlasse ich dem Glück. Es muss gefordert, darf nicht arbeitslos werden.

Der Wagen rappelt dem Norden entgegen. Es stinkt nach Diesel, es riecht nach dem Kistenholz. Irgendwann schlafe ich sogar ein. Plötzlich ein Ruck. Der Wagen hält. Jemand kommt ans Seitenfenster und spricht mit dem Fahrer. Ich verspüre einen Ruck am Seil. Ruhe bewahren. Ich verstehe nichts. Endlich geht es weiter. Endlos. Stunden um Stunden.

Schließlich wird es Morgen. Licht fällt durch die Kistenritzen. Der Fahrer zieht dreimal an der Schnur. Das heißt »Wir sind am Ziel. Komm raus.«

Sowohl ich als auch er können das Versteck öffnen. Von außen wie von innen. Ich krieche hervor. Ich bin wie gerädert. Meine Gelenke sind steif. Alterserscheinung. Außerdem war es doch verdammt eng in dem Verlies. Ich brauche zwei Minuten, um die Gelenke einzumarschieren. Wir stehen auf freier Landstraße. Weit und breit kein Haus. Nur ein Pick-up.

»Das ist Fábio«, stellt der Fahrer mir den drahtigen jungen Mann vor. »Der nimmt dich jetzt mit. Kontrollen gibt es nun keine mehr. Ich bleibe auf dieser Hauptstraße. Ihr biegt hier auf die Schotterstraße ab. In einer Stunde seid ihr an der Grenze zu Guyana. Er bringt dich rüber, in weitem Bogen an der *Polícia Federal* vorbei. Es besteht keine Gefahr, denn solange ihr in Brasilien angetroffen und angesprochen werden solltet, sagt Fábio einfach, ihr wolltet seine Familie besuchen. Die haben eine Hütte unmittelbar an der Grenze. Man wird euch das glauben, weil ihr kein Gepäck habt. Außerdem traut dir niemand zu, dass du dich ohne Gepäck durch Guyanas Wälder nach Georgetown durchschlagen willst.«

Ich bin erleichtert. Wir fahren sofort los. Hier an der Hauptstraße kann schnell ein Militärjeep vorbeikommen. Fábio fährt schnell. Schon nach einer Dreiviertelstunde sind wir in seinem Haus. Es ist klein und ärmlich. Den Wagen hat er sich von einem Freund in Boa Vista geliehen. Er selbst besitzt nur ein Motorrad. Seine Kinder sind aus dem Haus. Sie leben in der Stadt. Dafür toben drei Enkel durch die Landschaft. Er jagt sie davon, wir strecken uns auf der überdachten Terrasse in den Hängematten aus.

»Da vorne, das ist der Grenzfluss. Etwas oberhalb von hier kommst du mühelos hinüber. Dort liegen gestürzte Bäume im Wasser. Du wirst nicht einmal nass dabei. Wenn wir den Tee getrunken haben, werde ich dir die Stelle zeigen und den weiteren Weg erklären.«

Selten habe ich einen heißen Tee so schnell getrunken wie heute. Ich will raus. Unvorstellbar, wenn mich durch irgendeinen dummen Zufall jetzt eine Kontrolle erwischte. In Diktaturen ist alles möglich. Selbst wenn ich über die Grenze bin, könnten sie mich zurückholen. Wer will ihnen in dem menschenleeren Wald beweisen, wo sie mich aufgegriffen haben. Niemand. Ich muss selbst auf mich aufpassen.

»Kannst du mich bis zum ersten Dorf begleiten? Vor allem dann zum Grenzposten, zum ersten Staatsdiener, der mir einen Einreisestempel gibt?«

»Das ist wirklich nicht nötig. Den Leuten an der Grenze ist es egal, ob du einen Ausreisestempel hast.«

Ich traue dem Braten nicht. Da er jemanden an der Guyana-Grenzstation kennt, biete ich ihm einen Extralohn. 100 Dollar. Sicher ist sicher. Meine Flucht soll nicht an dieser läppischen Summe scheitern. Jeder Tag, den ich in brasilianischer Haft verbringen müsste, wäre entschieden verlustreicher als dieser Lohn. Für mich ist es wenig, für ihn sind es fast zwei Monatslöhne.

Er beißt sofort an. So schnell verdient er so viel Geld nicht wieder. Zumal es leicht verdientes Geld ist. Er kennt den Wald dort drüben wie den auf dieser Seite. Er ist oft in Guyana. »Schmuggel«, erklärt er lachend, »Gold, Waffen, Rauschgift.«

Ich glaube ihm das nur bedingt. Sein Haus und sein Lebensstil sehen nicht nach einem erfolgreichen Schmuggler solch wertvoller Waren aus.

Fábio nimmt zwei einfache Angelruten von der Wand. Ich stiefele hinter ihm her durch hohes Gras an den Fluss. Am Ufer gibt es einen ausgetrampelten Weg. »Hier gibt es keine Menschen mehr. Das ist mein Weg. Wir angeln jeden Tag.«

Nach etwa einer halben Stunde sind wir an der Stelle, wo die gestürzten Bäume eine Brücke bilden. Sie sind sich quasi von beiden Seiten entgegengestürzt. Man muss sich nicht einmal die Füße nass machen.

Aus dem Uferschlamm gräbt er mit bloßen Händen Würmer aus, befestigt sie an dem Haken und schon hat er den ersten Fisch.

Währenddessen rufe ich Arthur in Manaus an. Ich will ihm sagen, was ich vorhabe, und vermeiden, dass er sich Sorgen macht.

»Sag mal, wo bist du denn?«

»Ich sitze mit einem Freund im Hotel Tropical«, lüge ich.

Arthur ist ganz aufgeregt. »Du musst nach Hause kommen. Wir müssen die morgige Vernehmung besprechen. Morgen Nachmittag haben wir nämlich einen Termin bei der *Polícia Federal*. Diesmal wirklich verbindlich. Das ist keine Falle. Ich soll mitkommen. Als Konsul. In Begleitung eines Konsuls werden sie dich auf keinen Fall festhalten. Dr. Paulo hat erreicht, dass der Staatsanwalt alle Anklagen zurückgezogen hat. Ich war persönlich dabei. Nur die Anklage wegen Reisens ohne Pass will er aufrechterhalten. Um sein Gesicht zu wahren. Paulo hat ihm klar gemacht, dass man dir eigentlich einen Orden geben müsste statt einer Strafe. Wegen deines Durchhaltens im Yanomami-Krieg und wegen der zwei Stationen für die Indianer.«

»Und was kommt dabei für mich raus? Weiß Paulo schon was über die Höhe der Strafe?« So nah am Ziel, so nah an der Freiheit will ich nicht in eine Falle tapsen. Je nach Höhe der Strafe muss ich entscheiden, was für mich wertvoller ist.

»200 Euro Geldstrafe, und außerdem die sofortige Ausweisung.«

»Ist das sicher?«

»Ja, das hat mir der Staatsanwalt persönlich gesagt.«

Da muss ich nicht lange überlegen. Dann kehre ich um. Wenn ich das Land jetzt über die grüne Grenze verlasse, bedeutet das, nie wieder herkommen zu dürfen. Und das möchte ich nicht. Ich möchte zurückkehren. Ich will Annette den Jatapuzinho zeigen, ich will unsere Stationen warten.

Ich drücke Fábio die 100 Dollar in die Hand und kehre auf der Stelle um. Einen Tag später, am 29. September 2003, unterschreibe ich im *Departamento de Polícia Federal* der *Superintendência Regional no Amazonas* das »Termo de Notificacão No. 069«. Damit erkenne ich meine sofortige *Deportacão* an und verlasse das Land. Über Caracas kehre ich nach Hamburg zurück.

Annette hat die größte Pressekonferenz organisiert, die je meinetwegen stattgefunden hat. Zwei Räume im Flughafen Fuhlsbüttel musste sie mieten. So groß war das Interesse. Als Willkommensgruß lacht mir eine riesige Schale englischer Weingummi entgegen.

»Ich darf nicht. Ich will meine Figur halten.« Ich bin stolz auf meinen schlanken Bauch.

Das lassen sich die Journalisten nicht zweimal sagen. Im Handumdrehen ist die Schale leer. Ich begnüge mich mit einer Laugenbrezel und Butter. Und mit einem doppelten Espresso.

Irgendwann hat auch der letzte Frager den Saal verlassen. Wir steigen in den TARGET-Transporter.

»Können wir nicht noch bei Dr. Schrader vorbeifahren?«

Er ist unser Tropenarzt. Ich habe immer noch einen dicken Furunkel am rechten Bein. Bei der Pressekonferenz habe ich mir nichts anmerken lassen. Und durch die Jeans kann ja niemand hindurchschauen. Sonst wäre womöglich noch jemand auf die Idee gekommen, ich hätte gelitten und den Marsch gar nicht als Erfüllung empfunden.

Eigentlich hätte das auch bis morgen Zeit gehabt. Aber morgen ist bereits alles voller Interviewtermine. »Es sind genau zwölf zum Teil längere Interviews«, hatte mich Annette aufgeklärt. Sie ist fast schon wieder ganz meine Managerin. Aber der Furunkel macht mir zu schaffen. In der Kniekehle. Fünf Zentimeter Durchmesser und knochenhart. Jetzt, wo die Journalisten fort sind, darf ich dem Druck im Gelenk nachgeben und humple.

Dr. Schrader wirft nur einen kurzen Blick darauf. Dann weiß er Bescheid. »Das ist verursacht von der Larve der Dasselfliege.« Sicherheitshalber schaut er noch einmal von ganz nah. »Ja, dort ist ihr Atemloch.«

Er nimmt eine Lokalanästhesie vor. Dann öffnet er den Abszess mit dem Skalpell. »Teufel, die sitzt aber tief!« Er schneidet weiter. Ich höre es nur leise knirschen, fühle aber nichts. Annette filmt die Operation.

»Jetzt habe ich sie!«, triumphiert er. »Vier Zentimeter tief hat sie schon gesessen.«

Er zeigt mir zwischen einer Pinzette ein zappelndes Etwas. Wieder eine dieser Kaulquappen! Ich komme mir allmählich vor wie ein Froschteich. Der Schwanz droht mir. Als wolle sich das Tier beklagen, dass ich seinen Entwicklungsprozess gestört habe. Ich ignoriere die Drohung. Aber fasziniert schaue ich das Wesen an. Sein Körper ist umgeben von drei Kränzen kleiner Widerhaken.

»Damit man sie nicht einfach ausdrücken kann. Die Einheimischen helfen sich gegen diese Larven mit einer Speckschwarte. Die binden sie auf dem Furunkel fest. Dann ist die Luftzufuhr abgeschnitten. Sofort arbeitet sich das Tier zurück an die Oberfläche, durch die Speckschwarte hindurch.« Auf den Trick wäre ich nie gekommen.

Annette macht ein besorgtes Gesicht. »Ich habe das gefilmt. Und es ist sehr eindrucksvoll geworden. Aber wenn der Staatsanwalt in Manaus diesen Film je zu sehen bekommen sollte, wird er stinksauer sein. Er wird seinen ursprünglichen Verdacht bestätigt sehen. Jetzt bist du also doch ein Biopirat.«

Die Morde um Tatunca Nara

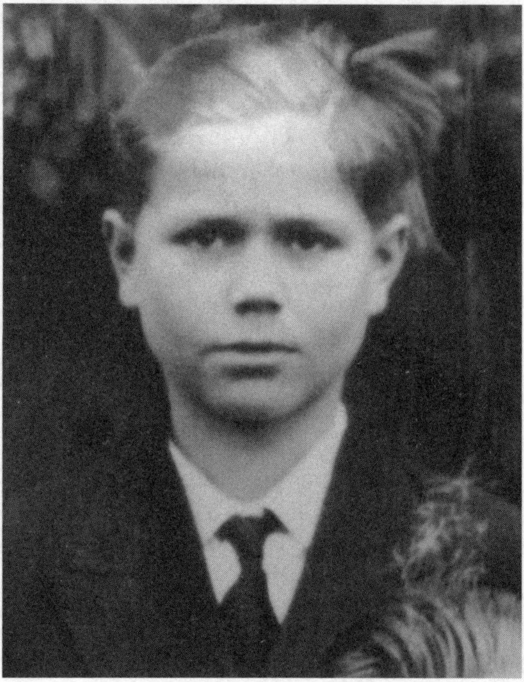

Günther Hauck alias Tatunca Nara: das Konfirmationsbild von 1955

Die Morde um Tatunca Nara wurde zum Teil miterlebt von Mercedes López de Argumedo, Maggy Nehberg, Sandy Reed, Wolfgang Brög, Thomas Rehlinger und Rüdiger Nehberg. Im Übrigen recherchiert vom Bundeskriminalamt.

Der Tote

Die Schweizer Reisegruppe blieb wie angewurzelt stehen. Die Skeletteile vor ihr auf dem Urwaldboden waren zweifelsfrei die eines Menschen. Die scharfen Augen des einheimischen Führers Adelson hatten sie entdeckt. Die Europäer wären wahrscheinlich daran vorbeigelaufen. Denn die Knochen lagen nicht unmittelbar neben dem deutlich erkennbaren Jagdpfad, sondern etwa zehn Meter davon entfernt, am Rande eines Wassers. Sie waren zudem durch das Dämmerlicht des Regenwaldes, verrottendes Laub, Baumschösslinge und leichte Unebenheiten des Terrains den direkten Blicken etwaiger Vorübergehender entzogen. An den Füßen ein Paar Turnschuhe und neben dem Kopf eine Mütze. Vor wenigen Wochen musste der Tote noch ganz im Wasser der Lagune gelegen haben. Jetzt war der Wasserspiegel gesunken. Man schrieb den 4. Juli 1984. Trockenzeit am Rio Aracá, Bundesstaat Amazonas, Brasilien.

»Wer mag das sein?«, fragte einer der Schweizer. »Ein Siedler, der ertrunken und hier angeschwemmt worden ist?«

»Das glaube ich nicht«, antwortete der Führer, »dies ist stehendes Wasser. Der Aracá fließt nur da vorne, wo wir unser Boot liegen haben, also ein paar hundert Meter von hier. Dieser Mann war auf jeden Fall ein Fremder, entweder ein Einzelgänger, vielleicht ein Goldsucher, der hier umgekommen ist, oder er ist umgebracht worden.«

»Woraus schließen Sie denn das?«

»Wenn es ein Coboclo hier vom Fluss wäre, hätte ich davon schon gehört. Aber es wird niemand vermisst. Und ein Yanomami-Indianer ist es auch nicht. Sie gehen nie allein auf Wanderschaft. Wenn einer von ihnen umkäme, würde der andere entweder den Leichnam mitnehmen oder ihn verbrennen und die Knochenasche nach Hause bringen. Jedenfalls ließe ihn sein Begleiter niemals liegen. Gegen einen Indianer spricht auch die eigenartige Mütze.«

Zwei aus der Schweizer Reisegruppe, das Ehepaar Kunz, hatten derweil die Mütze des Toten aufgehoben, um sie ins Licht zu halten und genauer betrachten zu können. Bei dieser Kopfbedeckung handelte es sich um ein dunkelblaues Barett. Es war stark verschmutzt. Bei näherer Untersuchung entdeckten sie unter der Schmutzschicht ein Etikett. Als man es gesäubert hatte, war da zu lesen: *Mb oM 73/74 56* und, mit dem Kugelschreiber geschrieben, die Initialen H. W. Und dann noch etwas ganz Entscheidendes, nämlich die Firmenbezeichnung »S. A. Fabrica di Cappelli Bellinzona«. Hätte dort »Made in Japan« gestanden oder wären die Reisenden keine Schweizer gewesen, wäre der Fall Tatunca Nara wohl nie ins Rollen gekommen. Aber dank der Umsicht des Barettträgers, seine Initialen dort zu verewigen, und weil es sich bei den Touristen zufällig um Schweizer handelte, nahm die Handlung ihren Lauf, entwickelte sich die nachfolgende Kriminalgeschichte.

Handelte es sich dabei um das Bellinzona in der südlichen Schweiz? War es eventuell das typische eidgenössische Soldatenbarett? Sollte der Tote gar ein Schweizer gewesen sein?

Das Zahnarzt-Ehepaar Kunz aus der Umgebung von Zürich war jetzt hellwach. Die beiden trennten das Etikett heraus und steckten es sorgfältig in einen Brustbeutel.

Ein Fest für TARGET!

Auf der Jagd

Maté lehrt mich, eine Kiepe zu flechten.

Jurará erklärt mir Heilpflanzen.

Vogelspinne: freundlich, wenn man behutsam mit ihr umgeht

Mein Freund Paulo, der Nasenbär

Unsere erweiterte Krankenstation bei den Waiapí

Baumeister Hosti José

Annette, Roman und der geniale Wald

Sophie mit Freundin

Annette und Waiapí-Mädchen

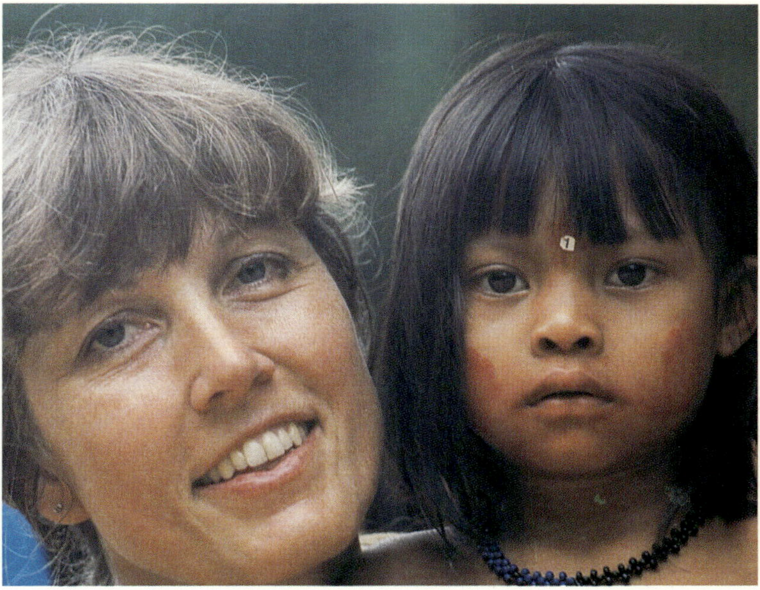

Wolfgang Brög und ich üben den Ausstieg.

Ausstieg aus dem Hubschrauber

Allein und bereits ...

... zerkratzt!

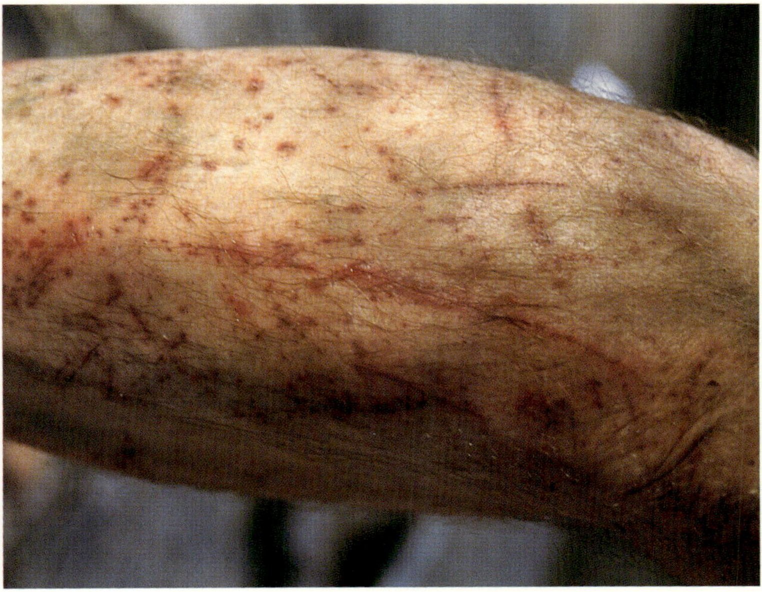

Urwaldkost: Larven und Nüsse

Herausoperierte Larve der Dasselfliege

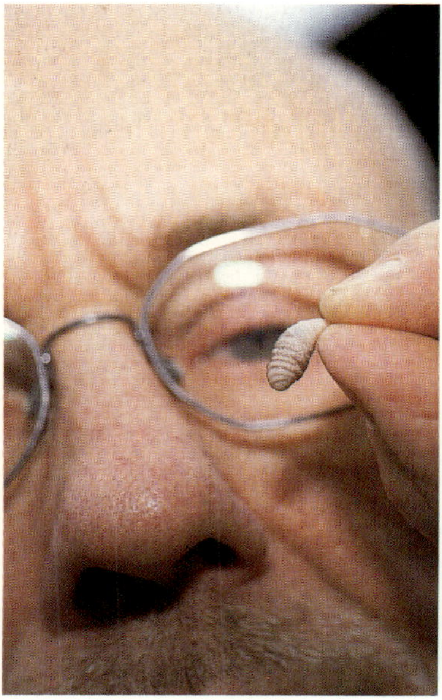

Eine Rarität: Hydronastes bicinctus

Allein! Der erfüllte Traum

Alle Flüsse fließen in die Zivilisation.

Mein Floß!

Umstieg ins Indianer-Kanu

Favela in Manaus, meine Fluchtburg

Fluchtvorbereitung nach Guyana; wichtige Telefonnummern in Arabisch im Hosenbein

Tatunca beim Verhör durch Wolfgang Brög

Tatuncas Familie Anfang der 80er: seine zweite Ehefrau Anita und die Kinder Angelique und Seder vor dem Hotel Oasis in Barcelos

Tatunca Nara und Herbert Wanner

Herbert Wanners Schädel

*Christine Heuser bei ihrem ersten Urwaldausflug mit Tatunca, 1986.
Von ihrer zweiten Reise kehrte sie nicht zurück.*

Tatunca Nara und Karl Brugger

Das Recherche-Team: Maggy Nehberg, Thomas Rehlinger, Rüdiger Nehberg, Mercedes López de Argumedo, Wolfgang Brög

Man fotografierte den Fundort und die Reste des Verstorbenen. Vielleicht wartete irgendein Angehöriger noch immer auf ein Lebenszeichen und vielleicht konnte dieses kleine Stückchen Stoff dem Warten ein Ende bereiten und dem Hinterbliebenen Gewissheit geben.

Durch dieses bedeutende Indiz ermutigt, suchte man weiter. Zahnarzt Kunz nahm den Schädel näher in Augenschein. Ihn interessierte vor allem das Gebiss. Vielleicht verriet es dem Fachmann etwas über die Herkunft des Toten. War er arm und nie bei einem Zahnarzt gewesen? Dann würde er womöglich keine Füllungen und dafür viele Zahnschäden haben. Oder war das Gebiss gut versorgt und wies die »Handschrift« der dentistischen Arbeit auf einen Wohlstandsbürger hin, auf jemanden, der versichert war und der sich die Instandhaltung der Zähne erlauben konnte? War es eine eher europäische Arbeitsweise oder eine südamerikanische? Laien vermag das alles verwirrend erscheinen, aber Fachleute lesen Gebisse wie Bücher. Auch die Eheleute Kunz. Und dieses »Buch« verriet eine europäische, vielleicht sogar deutsche Herkunft.

Aber noch bevor sie Details betrachten konnten, entdeckten sie am Hinterkopf ein Loch. Diese Entdeckung ließ das Gebiss zunächst wieder nebensächlich werden. Denn nun stand man vor dem Rätsel: Wie kriegt jemand, der allein im Wald stirbt, ein Loch in den Kopf? Kann das passieren, wenn man ausrutscht und hart aufschlägt? Oder war es nicht viel wahrscheinlicher ein Schlag oder ein Geschoss?

Für Hans-J. Kunz stand sehr bald fest, dass solch ein Loch nur durch jemand anderen verursacht worden sein konnte. Das konnte sich niemand selbst beigebracht haben. Auch nicht per Unfall, zumal das Gelände steinlos und dick mit Humus gepolstert war.

Umso mehr gewann nun wieder das Gebiss an Bedeutung. Der Unterkiefer lag ohnehin lose neben dem Schädel. Man steckte ihn ein. Und als Kunz den Schädel in die Hand nahm, um seiner Frau die Daten des Oberkiefers zu diktieren, machte es plötzlich plupp! Irgendwas war ins Laub gefallen. Die meisten hatten das gar nicht mitbekommen. Aber Kunz tastete systematisch den Boden ab und machte die nächste Entdeckung: Im Gewirr des Laubes lag – wie die Stecknadel im Heuhaufen – ein deformiertes Bleigeschoss.

»Das ist ein Flintenlaufgeschoss«, beurteilte der waffenkundige Schweizer sehr schnell. Der einheimische Begleiter warf nur einen kurzen Blick darauf. Dann sprudelte es aus ihm heraus: »Das ist ein Geschoss, wie es Tatunca Nara verwendet.«

Tatunca Nara?

Wie ein Piranhabiss fuhr ihnen dieser Name durch die Glieder. Tatunca Nara? Das durfte doch nicht wahr sein. Mit dem Image genau dieses Mannes waren sie zu dieser Reise verlockt worden. Tatunca Nara persönlich, so hatte es geheißen, der deutschsprechende Häuptling der Ugha-Mongulala-Indianer, werde sie führen und betreuen, jener Mann, der in Amazonien ein so fester Begriff war wie der Kautschuk, Manaus und der Rio Negro. Tatunca Nara, den vielleicht mehr Leute kannten als den jeweiligen Gouverneur des Bundesstaates.

Aber für den einheimischen Reiseführer war unumstößlich klar: Solche Geschosse verwendete nur Tatunca Nara. Unter den Flussanrainern verschoss man nämlich nur Schrot, und wenn jemand etwas anderes durch den Flintenlauf jagte oder einen anderen Waffentyp als die Flinte besaß, fiel das auf. Man prägte es sich unbewusst ein. Waffen sind in dieser Welt so sehr ein Erkennungszeichen wie bei uns der Daumenabdruck.

Aber zugleich mit dieser Erkenntnis machte sich Angst bei der Reisegruppe breit. Der Führer beschwor die Touristen: »Tut mir den Gefallen und sprecht mit niemandem darüber. Tatunca ist unberechenbar.«

Wie er das meinte und was er unter »unberechenbar« verstand, definierte er nicht näher. Fragen wurden im Moment nicht gestellt. Längst war es unter den Schweizern still geworden. Unversehens waren sie zu einer kleinen privaten Eidgenossenschaft geworden. Es hätte der Bitte zu schweigen gar nicht bedurft.

Und sie erinnerten sich der Worte des Touristikunternehmers Bernhard Rutz in ihrer Heimat, der sie vor allem mit der Persönlichkeit des Tatunca Nara für diese Reise motiviert hatte.

Prospekttext, Auszug:

»Nach einem anstrengenden Marsch werden wir ins Indiogebiet vorstoßen. Tatunca Nara führt uns zu seinen Leuten. Dieser Programmteil ist ein Pioniertrekking, das ich selbst noch nie gemacht habe. Ich war jedoch letztes Jahr zwei Wochen mit Tatunca unterwegs. Dabei habe ich Vertrauen zu ihm gewonnen. Fotos und Kartenausschnitt haben belegt, dass sein Volk noch in einem echten Indiodorf am Fuße der Berge von Venezuela lebt.«

Und ausgerechnet dieser Mann also sollte mit dem Toten in Zusammenhang stehen? Das konnte nur, das *musste* ein Irrtum sein. Anders war das nicht zu erklären.

Nachdem der Prospekt den Mann so warm empfohlen hatte, hatten sich fast alle Teilnehmer mit seiner Person auseinander gesetzt. Einige von ihnen kannten das Buch *Aufbruch der Götter – Die Chronik von Akakor* eines gewissen Karl Brugger, das sich sehr detailliert mit Tatuncas Vergangenheit befasste. Andere erinnerten sich an Bruggers Hörspiele oder wussten von Personen in Manaus, die Tatunca persönlich kannten.

Gut die Hälfte der Informanten war von seiner Ehrbarkeit überzeugt. Der Rest misstraute ihm. Ließ man die Zweifel außer Acht und fasste man all diese Schilderungen zusammen, ergab sich ein hochinteressanter Lebenslauf. Dabei muss man einem Umstand Rechnung tragen – doch auf diese Idee kam man erst unter der Einwirkung des Fundes –, der Urquell allen Wissens über Tatunca Nara war ein und derselbe: Tatunca höchstpersönlich. Sonst gab es keine Zeugen. Dazu kam dann noch jener muntere Nebenquell: die lebhafte Fantasie und die verantwortungslose Berichterstattung des Hobby-Forschers und ARD-Korrespondenten Karl Brugger.

Als die Schweizer Reisegruppe die sterblichen Überreste begraben hatte, ging man zurück an den Rio Aracá ins Camp. Der Ausflug hatte damit sein vorzeitiges Ende gefunden.

Wegführer Adelson entzündete das Lagerfeuer und man hockte sich drum herum. Jeder erzählte das, was er so über Tatunca Nara wusste.

Auch ich erinnerte mich, als ich von den Erlebnissen der Schweizer erfuhr, wie es war, als mir 1982 Tatunca Nara die Geschichte seines Lebens erzählte.

Verkannt

Dem Siedler Gordon de Lima fiel vor Schreck die Hacke aus der Hand.

Er unterdrückte einen Schrei und riss geistesgegenwärtig im Handumdrehen sein Gewehr an sich, um sich augenblicklich verteidigen zu können. Er hatte es stets griffbereit neben sich stehen, wenn er mit seinem 14-jährigen Sohn Francesco auf die neue Rodung ging. Gordon de

Limas Rodung war die vorgeschobenste in Richtung Indianerland, der äußerste Vorposten brasilianischer Zivilisation. Erst vor sechs Monaten war er hier an den Rio Purús gekommen, nachdem er in den Elendsviertel des Molochs Manaus für seine Familie und sich kein Auskommen mehr finden konnte. »Esperanza«, Hoffnung, hatte er sein bescheidenes Holzhaus getauft.

Der Wald, den er sich gerade urbar machte, war Niemandsland. Es gehörte keinem. Nie jedenfalls hatte einer seiner flussabwärts angesiedelten Nachbarn erlebt, dass jemand Anspruch auf das gerodete Waldgebiet erhoben hätte. Hier am Purús an der Grenze zu Peru geschah, was seit 1492 in ganz Amerika abgelaufen war. Man ließ sich nieder, wo es einem gefiel. Wenn dann doch irgendwelche Ureinwohner auftauchten, die ältere Ansprüche geltend machten, wurden sie im Bedrohungsfalle mit der Waffe zum Schweigen gebracht.

Jeder Neuankömmling wusste zwar, dass es an den vielen Nebenflüssen stromaufwärts Indianer gab, aber nie war jemand ernsthaft in Konflikt mit ihnen geraten. Bei eher zufälligen Begegnungen waren die Indianer jedes Mal blitzschnell ins Dunkel des Waldes verschwunden. Ohne ein Wort, ohne einen Pfeilschuss. Sie tauchten einfach unter, mieden die Konfrontation und überließen den Eindringlingen den Wald.

Doch jetzt war da urplötzlich dieser Mann aufgetaucht. Mühelos hätte er Gordon de Lima und seinen Sohn töten können. Aber er hatte es nicht getan. Stattdessen hatte er sich laut zu erkennen gegeben und seinen Bogen demonstrativ auf die Erde gelegt. Er war ungewöhnlich groß gewachsen, trug nur einen Lendenschurz und ein Stirnband.

Als Gordon de Lima intuitiv die Waffe in Richtung Indianer hielt, schlug der sich hörbar auf die Brust und rief laut »Tatunca! Tatunca!«. Und immer wieder »Tatunca! Tatunca!«. Ganz offenbar hatte er keine Angst. Er wirkte freundlich, lächelte sogar. Es schien, als habe er noch nie Bekanntschaft mit den Feuerwaffen der Weißen gemacht.

Und noch etwas fiel dem Siedler sofort auf. Der Mann, der da am Waldesrand stand, war größer als die Indianer, die er kannte. Er wirkte auch hellhäutiger. Er hatte die langen schwarzen Haare seiner Rasse, die Wangenknochen standen etwas vor, sein Teint war bräunlich. Und dennoch sah er nicht wie ein Indianer aus. Eher wie ein Mischling. Auf der Haut über seinem Herzen prangte eine Zeichnung. Erst, als er ganz langsam auf Gordon de Lima zuging, erkannte der Siedler, dass die Zeichnung eine Schildkröte darstellte, umgeben von drei geheimnisvollen Zeichen.

Tatunca bemerkte den Blick und erklärte etwas in unverständlicher Sprache.

Doch dann sprach er weiter. Und das verstand der Siedler. »Onde mora o bispo?«, hatte er gefragt. Das war einwandfrei Portugiesisch und hieß »Wo wohnt der Bischof?«.

Was er sonst sprach, verstand man nur bruchstückhaft. Überwiegend waren seine Sätze mit spanischen Vokabeln durchsetzt.

Bischof Dom Gioccondo Grotti wohnte zwar weit entfernt, aber die Begegnung ließ sich einrichten.

»Meine Name ist Tatunca Nara. Das heißt ›Große Wasserschlange‹. Ich bin der Häuptling der Ugha Mongulala«, stellte er sich beim Geistlichen in gebrochenem Spanisch vor. Er sei ein Mischblut. Sein Vater sei indianischer Fürst gewesen, seine Mutter eine geraubte deutsche Nonne.

Der Bischof horchte auf. Eine Nonne? Wo war denn je eine Nonne gestohlen worden? Er konnte sich dessen nicht erinnern und erst recht wusste er von keiner Nonne, die deutscher Herkunft gewesen sein sollte. Nicht jedenfalls, solange er zurückdenken konnte. Und das war lange.

»Aus welcher Mission denn?«, hakte er nach.

»Santa Maria«, wusste der Häuptling. Mit »Santa Maria« landet man in katholischen Kreisen meist einen Volltreffer, aber auch das traf diesmal nicht zu. Es gab keine Mission dieses Namens.

Tatunca gab sich enttäuscht. Was hatte ihm seine Mutter denn da nur geraten? Er solle den erstbesten Bischof aufsuchen, hatte sie gesagt. Der würde ihm weiterhelfen. Und nun entpuppte sich der als der allerschlechteste Ansprechpartner. Jedenfalls wies Dom Grotti dem Häuptling die Tür, nachdem er Polizei und Indianerschutzdienst informiert hatte.

Überall dasselbe. Große Neugier, viele Fragen. Die Antworten formuliert mit einem spanischen Minivokabular, Gesten, Zeichnungen, Urlauten. Dem entnahm man, dass das Volk der Ugha Mongulala am fernen Rio Purús, unweit der peruanischen Grenze in einer unterirdischen Stadt namens Akakor wohne. Es benötige dringend Hilfe.

»Welcher Art soll die Hilfe denn sein? Habt ihr Hunger? Braucht ihr was zu essen? Soll ich dir ein Kilo Bohnen geben?«, fragte ihn ein Staatsdiener beflissen.

Nein, ernähren könne man sich selbst. Und als auch Töpfe und Messer die Not seines Volkes nicht lindern konnten, wurde Tatunca konkreter.

»Nein, ich brauche Waffen!«

»Du möchtest ein Gewehr? Habe ich das richtig verstanden?«

»Gewehr ist richtig. Aber nicht eins. Ich brauche eine ganze Schiffsladung voll. So, wie die brasilianische Regierung das bereits vor 20 Jahren getan hat, als mein Vater sie darum gebeten hat. Mein Volk ist groß. Es wird von der peruanischen Armee bedroht.«

Die Offiziellen waren verunsichert. Der Mann da vor ihnen trat so selbstbewusst auf, dass man ihn nicht gleich fortjagte. Schließlich war in Brasilien alles möglich. Man begann mit Nachforschungen.

Tatunca wurde nach Manaus gebracht. In der Obhut des Militärs wurde er weiter verhört. War er verrückt, war er ein Betrüger oder war er wirklich der Chef eines unentdeckten großen Volkes?

Als Dolmetscher zog man Padre Casimiro hinzu. Er ist gebürtiger Litauer, Anthropologe und spricht zig Sprachen. Vor allem galt und gilt er als Fachmann indianischer Idiome, auch des Yanomami. Sogar Deutsch beherrschte der Geistliche wie seine eigene Muttersprache.

Infolgedessen merkte Casimiro sofort, dass die deutsche Sprachart und -melodie bei Tatuncas Gestammel überwog. Egal, ob er sich spanisch, portugiesisch oder »mongulalasch« auszudrücken versuchte.

»Sprechen Sie zufällig auch Deutsch?«, fragte ihn der Missionar.

Da war Tatunca wie verwandelt. Er strahlte übers ganze Gesicht, eine Zentnerlast schien ihm vom Herzen zu fallen. Welch ein Geschenk seiner Götter! Hier in Manaus jemanden zu treffen, der seine Muttersprache beherrschte! Endlich eine Person, die ihn verstand! Endlich konnte er sich offenbaren und die Angst um sein Volk hinausschreien.

»Ja«, sprudelte er nun wie ein Quell, »ich ein wenick sprechen Deutsch. Meine Mutter war Nonne deutsche katholische. Mission Santa Maria.«

Auch Casimiro wusste sehr genau, dass es eine Mission dieses Namens nirgends gegeben hat. Doch das brachte den Häuptling nicht aus der Fassung.

»Dann war es eben weiter von unserem Wohnort entfernt. Ich war ja damals noch nicht auf der Welt und in unserer Sprache heißen eure Länder völlig anders«, entgegnete Tatunca solchen Einwänden. »Jedenfalls wurden alle Geistlichen getötet. Nur drei Nonnen und ein Bischof wurden mitgeschleppt. Eine starb am Schlangenbiss, die zweite stürzte von einem Felsen und die dritte wurde meine Mutter. Der Bischof wurde getötet, als er nicht mehr marschieren wollte.«

»Tatunca war kaum noch zu bremsen«, erinnert sich der Padre. »Vor allem, als ich meine ersten Zweifel an der Wahrheit seiner Schilderungen äußerte. Da rasselte er aus dem Stegreif das Glaubensbekenntnis herunter. Ohne Pause und ohne Fehler. Es sollte der Beweis sein, dass er katholisch erzogen worden war.«

Padre Casimiro ließ ihn ausreden. Dann trat Ruhe ein. Die Militärs hingen an Casimiros Lippen. Hatte das deutsche Gebet neue Erkenntnisse gebracht? Ja. Es hatte.

»Wissen Sie, was Sie da runtergebetet haben?«, fragte Casimiro. »Das war die lutherische Version.«

Tatunca war für Bruchteile von Sekunden perplex. Die lutherische Version? Verdammt noch mal. Man musste doch höllisch aufpassen. So was durfte nicht noch einmal passieren. Und nach zwei Speichelschlucken hatte er sich wieder gefangen und sagte: »Ach ja. Natürlich war es die Luther-Version! Das hatte ich im Laufe der Jahre ganz vergessen. Das kam nämlich so: Als meine Mutter, die Nonne, geraubt wurde, hat sie im Handgemenge das Erstbeste an sich gerissen, um es mitzunehmen. Und das war die evangelische Heilige Schrift. Man hatte sie deshalb im Kloster, weil man sie mitunter zum Vergleich heranzog. Ja, genau. Jetzt, wo Sie mich darauf gebracht haben, fällt's mir wieder ein.‹«

Padre Casimiro hörte ruhig zu und registrierte nebenbei zweierlei: Tatunca reagierte schnell und er sprach fehlerfrei Deutsch, wenn er sich in die Enge getrieben fühlte und sich verteidigen musste.

Aber die Sache mit Luther war nur einer von vielen Beweisen, weswegen der Padre den Tatunca schließlich und definitiv für einen Betrüger hielt.

»Jede weitere Sitzung bewies mir mehr, dass an diesem Mann alles faul war. Ob es sich um seinen absolut unindianischen Körper- und Schädelbau handelte, ob um seine Sciencefiction-Gags oder seine Schildkrötentätowierung – alles entbehrte jeglicher Realität.«

»Was war mit der Tätowierung? Kennen Indianer diese Sitte denn nicht?«, wollten wir wissen, als wir Casimiro später selbst befragten.

»Ja, das schon. Aber sie schmücken sich nur mit kleinen abstrakten Zeichen wie Punkten, Strichen, Kreisen. Es gibt hier in Nordbrasilien keine bildlichen Darstellungen.«

Und nach kurzem Nachdenken: »Oder nehmen Sie seine Behauptung, er sei ein Ugha Mongulala aus Akakor. In keinem Dialekt amazonischer Indianersprachen gibt es ein L oder ein K. Ergo kann es kein Volk geben, das da Mongulala heißt und in Akakor wohnt.«

Tatunca konnten solche Einwände nicht schocken.

»Wenn alle nur das glauben, was sie gesehen und gelernt haben, gäbe es weder neue Entdeckungen noch Erfindungen. Mein Volk hat sich immer abgesondert, lebt unterirdisch und hat sich infolgedessen unabhängig und anders entwickelt als die Oberflächen-Indianer. So ist auch die Sprache eine völlig eigenständige geworden. Ob Sie es nun glauben wollen oder anzweifeln. Mir ist das egal. Wären wir wie andere, wären wir auch längst ausgerottet.«

Er kämpfte schließlich sogar mit den Tränen: »Ich weiß genau, worauf Sie hinauswollen. Sie wollen mich provozieren, damit ich mein Volk preisgebe und es vorzeige. Aber das werde ich niemals und unter keinen Umständen tun. Auch nicht unter Folter. Es sei denn, meine Götter geben mir den Befehl. Und nur dann kriegen Sie mehr aus mir raus.«

Oh – klang das heroisch! Aber dennoch: Die Militärs wollten Beweise. Wenn er schon sein Volk nicht zeigen mochte, um dessen Sicherheit nicht zu gefährden, sollte er einen anderen Beweis erbringen. Nur Tatuncas Wort und ein Männer-Faustschlag auf die Schildkröte waren ihnen zu dürftig.

»Ja, das kann ich«, sagte Tatunca endlich, »mein Fluggürtel ist solch ein Beweis.«

»Ein Fluggürtel?«, ließen die Militärs über den Padre fragen und waren plötzlich wieder hellwach.

»Ja. Genau. Ein Fluggürtel. Wir haben noch ganz andere Sachen in unseren unterirdischen Gewölben. Geräte von anderen Gestirnen, die völlig intakt sind. So auch den Fluggürtel. Eine denkbar einfache Konstruktion. Er hat vorn auf dem Schloss vier Knöpfe. Je einen für rauf, runter, links und rechts.«

Ungläubiges Staunen, Ruhe und Ratlosigkeit. Verlegene, verstohlene Blicke der rangniedrigeren Militärs zum ranghöchsten. War Lachen angesagt oder eher Zurückhaltung geboten? Stand man vor einer sensationellen Offenbarung und Neuentdeckung, die eine neue Phase der Militärgeschichte einleitete? Oder wurde man hier nach Fisch und Haken verschaukelt?

Der Militärchef blieb sachlich.

»Sie meinen, wenn ich das richtig verstehe, einen Gürtel, mit dem man fliegen kann?«

»Ja, genau das meine ich.«

»Und wo ist der Gürtel? Wo haben Sie diesen ›Beweis‹?«, ließ er Casimiro fragen. »Können wir ihn sehen?«

»Leider nein. So wie Sie mir das nicht glauben, zweifelte vor Wochen auch der Bischof Dom Gioccondo Grotti in Porto Velho an meinen Worten. Er war der erste Geistliche, dem ich mich in der weißen Welt anvertraute. Auf seine Zweifel hin habe ich ihm meinen Gürtel geliehen. Er sollte ihn ausprobieren.«

Casimiro dachte, nun habe er Tatunca in der Falle.

»Wie können Sie ihm einen Gürtel gegeben haben? Bischof Grotti lebt nicht mehr.« Casimiro lehnte sich genüsslich zurück und genoss dies wohlverdiente Päuschen. »Na? Sie sind so still. Bringe ich Sie jetzt in Verlegenheit?«

Tatunca lächelte nur gelangweilt und mitleidig und gönnte sich seinerseits eine Pause. Genau diese Frage hatte er erwartet. »Ja, Padre. Er ist tot. Das weiß ich. Aber Sie wissen wohl nicht, auf welche Weise er zu Tode gekommen ist?«

»Natürlich weiß ich das. Es stand ja in allen Zeitungen. Er ist vor kurzem mit dem Flugzeug abgestürzt.«

Tatunca schaute Casimiro betont lange in die Augen und lächelte weise. Keine Antwort. Der Padre hakte nach. »Nun wissen Sie nicht mehr weiter, oder?«

Der Kronprinz verzog seine Lippen noch immer. Bis an die Schmerzgrenze der Provokation. Dann endlich rückte er mit der Antwort raus.

»Merken Sie nicht, dass Sie die Antwort schon selbst gegeben haben?«

»Nein. Vielleicht bin ich zu dumm.«

»Nein, Padre, Sie sind nicht zu dumm. Das geht allen Studierten so, die nur in wissenschaftlichen Kategorien denken. Auch dem Bischof ging es so. Deshalb lieh ich ihm ja den Gürtel. Er legte ihn gleich in seinem Büro an.

Ich konnte gerade noch hinzuspringen, als er ihn in Betrieb nehmen wollte. Ich sagte: ›Bischof, um Himmels willen. Unterschätzen Sie die Kräfte nicht, die darin stecken. Ein Fehldruck – und Sie zerschellen im eigenen Zimmer. Lassen Sie sich Zeit. Ich brauche ihn heute nicht mehr. Probieren Sie ihn nachher in aller Ruhe im Garten aus. Aber bedenken Sie stets zwei wichtige Hinweise: Keine Zeugen und ganz, ganz vorsichtig die Knöpfe bedienen.‹«

Tatunca holte tief und erregt Luft und fuhr fort: »Entgegen meinem Rat hat er ihn ganz offenbar auch im Flugzeug getragen und daran rumgespielt. Und dabei muss es dann passiert sein. Statt auf die Taste ›rauf‹ hat er ›runter‹ gedrückt. Schließlich waren sie nicht beschriftet. Und da ist das Flugzeug abgestürzt.«

»Und wie wollen Sie wissen, dass er ihn wirklich getragen hat?«

»Weil ich hinterher, als ich von dem Unfall erfuhr, sofort über die Mauer seiner Residenz geklettert bin und heimlich seine Wohnung durchsucht habe. Hätte er ihn nicht bei sich gehabt, hätte ich ihn dort finden müssen. Denn ich hatte ihn ausdrücklich gebeten, den Gürtel niemand anderem zu geben. Der Gürtel hätte da entweder gelegen oder er hat ihn umgehabt. Eine andere Möglichkeit gibt es nicht. Wo käme der Katholizismus denn hin, wenn man nicht einmal einem Bischof vertrauen dürfte? Das war reine Vertrauenssache – wie ein Beichtgeheimnis. Er hatte ihn umgeschnallt. Ich bin ganz sicher. Ich mache mir sogar Vorwürfe, dass ich auf diese Gefahren nicht noch viel, viel deutlicher hingewiesen habe.«

»Ja, aber wo ist nun der Beweis?«, wollten die Soldaten wissen.

Tatunca schaute fassungslos in die Runde. Ja, waren die denn alle schwachsinnig?

»Ist denn der Tod des Bischofs nicht Beweis genug?«, fragte er.

Oder hatte ihn der Padre etwa gar nicht verstanden und alles falsch übersetzt?

Nach ungezählten solcher Flips und Flops stand Casimiros Urteil fest: »Der Mann ist ein Betrüger.«

Und mit diesem »Urteilsspruch« war Tatunca für die Militärs abgehakt. Die Story schlief ein.

Bis Karl Brugger auftauchte.

Journalist Karl Brugger

Was das Militär 1970 nicht glaubte, nahm Karl Brugger am 14.4.1972 für bare Münze. Zwei Jahre später also, während derer Tatunca reichlich Zeit hatte, seine Rolle als Indio zu vervollkommnen. Sie begegneten sich in der deutschen Botschaft, die damals noch in Rio de Janeiro war. Brugger war fasziniert von diesem Mann, der ihm dort vorgestellt wurde. Ein Indianerhäuptling, der nach dem Fehlschlag beim brasilianischen Militär nun die Bundesrepublik Deutschland dringend um Hilfe ersuchte. Aber nicht nur für sein bedrohtes Volk – denn Tatunca ist kein Egoist –, sondern auch für die 2 000 Hitler-Soldaten, die seit dem letzten Krieg bei den Ugha Mongulala lebten und noch immer ihres Einsatzes harrten.

Das war doch eine Geschichte nach dem Herzen der deutschen Rundfunk-Hörerschaft. Denn Brugger war Korrespondent der ARD und ständig auf der Suche nach südamerikanischen Themen und Besonderheiten.

Der Konsul hatte Tatunca gleich richtig eingeordnet. Er sagte Brugger: »Die Geschichte dieses Mannes ist vollkommen verrückt. Er behauptet nicht nur, der Kriegshäuptling eines geheimnisvollen, 10 000 Jahre alten Volkes zu sein. Er berichtet auch von 3 000 Soldaten (die Zahlenangaben Tatuncas schwanken ständig, damit nimmt er es nicht sehr genau), die angeblich bis heute im Urwald leben sollen. Der Mann ist ein fantastischer Märchenerzähler.«

Doch Brugger ließ sich dadurch nicht warnen. Er witterte die Geschichte seines Lebens.

»Wie sollte denn Tatunca, so er ein Lügner wäre, die Namen deutscher Soldaten kennen, die nachweislich seit 1945 vermisst sind?«, fragte er in seinem Hör-Feature. Das allein war doch schon ein schlagender Beweis. Dazu kam Tatuncas nachdrückliches Angebot, ihn in die Hauptstadt seines Volkes zu führen.

Zitate wörtlich, buchstabengetreu:

Brugger: »Wären Sie denn bereit, mit mir nach Akakor zu gehen?«

Tatunca: »Selbstverständlich.«

Brugger: »Was würde da mit mir geschehen?«

Tatunca: »Sie wären willkommen in meinem Haus und Ihre Abreise wäre jederzeit in Ihr eigenes Ermessen gestellt.«

Nach »dreimonatiger, mühseliger Recherche« war Brugger von Tatuncas Glaubwürdigkeit überzeugt. Er, Tatunca und der brasilianische Fotograf Giorgio Bodan traten die Reise nach Akakor an, »einer Stadt, wie sie eure Zivilisation selbst heute nicht hervorbringen könnte«.

Die Reise im Kanu war beschwerlich. Aber es blieb genügend Zeit, weiter in Tatunca zu dringen. Wie es sich mit Regierung, Recht und Ordnung verhalte, wollte Brugger wissen: »Sie haben also davon gesprochen, dass in Akakor zwei Millionen Menschen (!) leben. Zwei Millionen Menschen brauchen ja eine Regierung. Wie werden die zwei Millionen denn regiert?«

»Vom Hohen Rat. Wir haben ... Es ist kein Machtmissbrauch in Akakor möglich. Der Hohe Rat entscheidet über das Volk, die Priester selbst regieren das Volk, können aber nicht eine Regierungsbildung ohne die Hilfe des Fürsten ausüben. Somit ist eine Dreierlei-Erlaubnis notwendig für eine Gesetzesänderung.«

»Wie ist denn das Verhältnis zwischen den Mongulala und den Indianern?«

»Zurzeit gut. Früher war es sehr schlecht, es gab sehr viele Kriege. Seitdem meine Mutter Fürstin von Akakor geworden ist, hat sich das sehr verbessert. Seitdem die Deutschen ebenfalls bei uns sind, viele Deutsche haben auch Indianer geheiratet und sind nach Akakor gezogen, hat sich das ziemlich kunterbunt vermischt, wie auch die Sprachen, es gibt Indianersprachen, Ketschua, Deutsch, das ist alles kunterbunt durcheinander.«

»Haben Sie in Akakor Gesetze, gibt es geschriebene Gesetze?«

»Es gibt geschriebene Gesetze und ungeschriebene Gesetze.«

»Was ist zum Beispiel ein geschriebenes Gesetz?«

Tatunca weiter wörtlich: »Ein geschriebenes Gesetz ist die Pflicht, ein Stück Land anzubauen. Wie auch dem anderen, sobald er krank ist, zu helfen, und so weiter, dies Gesetz der Gemeinschaft, wenn man es so nennen will.«

»Und ein ungeschriebenes Gesetz?«

»Wenn ein Mann verheiratet ist und mit einer noch Unverheirateten schlafen würde, ist ein ungeschriebenes Gesetz, folgt automatisch die Todesstrafe.«

»Sie haben also Gerichte, die darüber entscheiden?«

»Ja.«

»Und wer ist in diesem Gericht, wer entscheidet darüber?«

»Das sind die Priester, den Vorsitz des Gerichtes stellen die Priester. Die Beisitzer sind hohe Angesehene aus dem Volk.«

»Angenommen, ein Mongulala möchte essen. Woher bekommt er sein Essen?«

»Es gibt Verteilerstellen, die ihm Lebensmittel nach der Größe der Familie zubilligen.«

»Treiben Sie auch Handel mit den Indianern?«

»Nicht direkt, es existiert ein Tauschgeschäft.«

»Sie haben vorher davon gesprochen, dass es sehr viele Sprachen bei Ihnen gibt. Welche Sprache ist denn die Hauptsprache Ihres Volkes?«

»Im Moment ist in Akakor selbst Deutsch die Hauptsprache.«

»Was für eine Schrift haben Sie denn?«

»Wir (haben) eine Hieroglyphenschrift, schreiben auch im Alphabet der Zivilisation, aber meistenteils schreiben wir in Hieroglyphen, die wir umgeändert haben in Alphabet.«

»Und woher kommt diese Schrift der Hieroglyphen?«

»Die Hieroglyphenschrift ist 12 000 Jahre alt.«

»Können Sie einmal den Tagesablauf beschreiben eines Mannes, eines Mongulala?«

»Der Tagesablauf ist schwer zu beschreiben. Ich müsste den Jahresablauf beschreiben. Warum, ein Mann ist nur verpflichtet, höchstenfalls drei Monate im Jahr zu arbeiten. Und diese drei Monate sind auf das Jahr verteilt.«

»Was isst denn ein Mongulala? Welches Essen haben Sie?«

»Wir haben hauptsächlich Kartoffeln, Mais, Fleisch wie auch Früchte.«

»Wie ist denn ein Mann gekleidet?«

»Wir haben meistens Kleider wie Frauen an, wie Mäntel, Kapuzen, im Hochgebirge mehr.«

»Und wie ist eine Frau gekleidet?«

»Eine Frau hat nur einen Schurz, wie auch einen Überhang über der Brust.«

»Haben Sie so etwas wie einen Kalender?«

»Ja, unser Kalender ist genauer wie der der Zivilisation. Wir haben dreizehn Monde im Jahr.«

»Sie haben also dreizehn Monate?«

»Ja.«

»Und wie heißen diese Monate?«

»Huascha, Dias, Tutogo, Menia, Meni, Nogo, Kemi, Se das, Lob, Pakido, Andersche, Nuhoda, Imuhana.«

»Gibt es bei Ihnen auch die Sieben-Tage-Woche?«

»Nein.«

»Sondern?«

»Wir haben nur alle 56 Tage, also das ist jedes Mal bei Vollmond, drei Tage Fest.«

Bald kommt Brugger nicht mehr zum Fragen. Laut Hörspiel wird die Reise täglich riskanter. Die letzte Siedlung, Sena Madurera, wird erreicht.

Ein Goldsucher »warnt« Brugger und Konsorten.

»Diese Indianerstämme sind bis heute dem Kannibalismus verfallen. Oft genug sah ich im Kochtopf die Fleischstücke weißer Gefangener. Im Allgemeinen ziehen sie jedoch das Fleisch ihrer roten Brüder vor.«

»Haben Sie auch schon von diesem Fleisch gekostet?«, will Brugger wissen.

Der Goldsucher: »Sie dürfen nicht vergessen, dass ich gefangen war. Wenn ich mich geweigert hätte, könnte ich Ihnen diese Geschichte jetzt nicht erzählen.«

Und nach einer kleinen Wirkungspause ergänzte er: »Außerdem schmeckt es gar nicht so schlecht. Es erinnert ein wenig an Affenfleisch.«

Brugger ist mutig. Er will dennoch weiter. Tatunca erteilt Unterricht im Umgang mit Waffen und in Religion. Zitat weiter wörtlich:

»Meine Religion lehrt eigentlich nur, aus was man nicht bestehen kann. Denn auf was ich sehe, aus was ich nicht bestehen kann, das kann ja nicht ich sein. Somit ist der höchste Grundsatz meines Volkes: Was ich entstehen und vergehen sehe und infolge dieser seiner Vergänglichkeit mir Leiden bringt, das kann nicht mein Ich sein. Ich sehe in vollem Umfange meinen Körper entstehen und vergehen, durch Nahrungseinnahme wird mein Körper ständig ein anderer. Somit kann mein Körper nicht mein Ich sein. Nachdem einer gestorben ist, dann wird der Kopf abgeschnitten. Der Kopf wird aufbewahrt in Fächern unterhalb des Tempels. Der Körper wird den Flammen übergeben. Die Aufbewahrung des Kopfes entspricht aus der Antike, aus der Vorzeit, indem man gegenüber Gott oder dem Allmächtigen beweist, dass dieser Mann oder diese Frau rechtschaffen gelebt hat. Als Wohnstätte der Seele den Kopf bezeichnet, soll der Kopf eben da sein, bis er von selbst zerfällt. Also, es ist eine Demonstration gegenüber den Göttern, dass dieser Mann seine Pflicht gegenüber der Gemeinschaft erfüllt hat.«

Langsam, aber sicher schürt Tatunca die Angst Bruggers. Er will ihn zur Umkehr bringen. Plötzlich sogar in gutem Deutsch. »Die wichtigsten zwei Vokabeln für euch in unserer Sprache sind alta, das bedeutet Freundschaft, und marne, das heißt Hilfe. Das wird von allen Indianern in der Umgebung respektiert.« Doch dann schränkt er ein: »Ich bin mir nicht sicher, ob die Indianer auch euch Weißen helfen würden. Im Busch werden die Weißen gehasst. Schließlich sind sie verantwortlich für den Untergang der Indianer. Und vielleicht auch für den Untergang unseres Volkes. Ich selbst habe miterlebt, wie Weiße die Sintas Largas mit Zyankali vergifteten. Ich war Zeuge, wie peruanische Kampfhubschrauber die Dörfer der Mongulala bombardierten. Ich habe gegen die venezolanische Nationalgarde gekämpft, die den mit uns verbündeten Caribe-Indianern nachstellt. Und ich habe mit eigenen Augen gesehen, wie Indianer gegen die Starkstromleitungen der Trans Amazonica gelaufen sind. Die Liste ist endlos.«

Brugger: »Tatuncas Angaben klingen glaubwürdig, weil sie aus anderen Quellen bestätigt werden. Außerdem haben uns gegenüber weiße Siedler mehrmals mit den gleichen Heldentaten geprahlt: Wir haben die Kinder in die Luft geworfen und sie mit der Messerspitze wieder aufgefangen. Wir haben den gefangenen Indianer an den Baum gebunden und als Zielscheibe benutzt.«

Brugger wird klar: »Wenn sich die Mongulala nach dem Beispiel der Weißen richten, kommen wir sicher nicht lebend in die Zivilisation zurück.«

Um den Wahrheitsgehalt dieser Äußerungen zu bekräftigen und um Spannung aufzubauen, kramt Brugger für sein Opus die peruanische Tageszeitung *El Comércio* vom 8. Juli 1969 hervor: »30 Soldaten fanden den Tod oder wurden verletzt, als sie von einem regelrechten Indianerheer angegriffen wurden, das von Weißen angeführt wurde.«

Und die Situation für den Entdecker Brugger wird, laut Feature, immer bedrohlicher. Er und seine beiden Begleiter stoßen erneut auf Goldsucher. Einer berichtet: »Ich bin erst vor wenigen Tagen zum Fischen flussaufwärts gefahren. Da wurde ich plötzlich von einer Gruppe rothaariger Indianer angegriffen. Es waren große, blaurot bemalte Indianer. Sie standen am Ufer und schossen mit Pfeilen. Ohne meine Winchester wäre ich verloren gewesen.«

Der Bericht dieses *garimpeiros* trifft Brugger »wie ein Schlag«. Gott sei Dank hat er ebenfalls eine Winchester. Aber ihm wird klar, »wie tollkühn unser Unternehmen eigentlich war«.

In einem weiteren Gespräch mit Tatunca will er sich ablenken.

»Tatunca Nara, welches war denn der erste Kontakt Ihres Volkes mit Menschen aus Europa?«

»Das war vor 1 500 Jahren, da kam eine Flotte den Amazonas hoch, diese Menschen nannten sich Goten.«

»Sie sprechen von einer Flotte. Mit welcher Art von Schiffen kamen diese Leute denn?«

»Es waren Drachenschiffe.«

»Wie groß waren diese Schiffe?«

»Zwischen 30 und 60 Meter lang.«

»Wie kommen Sie auf diese Zahl? Gibt es diese Schiffe noch?«

»Bruchteile davon.«

»Die Goten waren also Ihr erster Kontakt mit einem fremden Kontinent. Wann kam es denn zum zweiten Kontakt?«

»Um 1500, als die ersten spanischen Segler an der Küste anlangten.«

»Und der dritte Kontakt?«

»Der dritte Kontakt war 1930 mit meiner Mutter, später 1938 mit hohen deutschen Offizieren, die uns besuchten, und '39 mit mehr als 3 000 deutschen Soldaten.«

»Wie kam es eigentlich, dass 3 000 deutsche Soldaten nach Akakor kamen?«

»Wie es kam? Sie kamen an, sie bauten erst mal Stützpunkte auf und dergleichen mehr.«

»Ich meine, hatten Sie sie eingeladen? Wie hatten Sie den Kontakt hergestellt mit der Bundesrepublik?«

»Nicht mit der Bundesrepublik, sondern mit dem deutschen Volk, damaliger Zeit war Hitler an der Macht. Und das kam durch meine Mutter zustande. Meine Mutter war mehrmals in Deutschland. Sie erhielt aus Deutschland Waffen, Medikamente, also wenn ich Waffen sage,

Jagdgewehre, am Anfang Kochtöpfe, Wolldecken, Messer, alle die üblichen Gebrauchsgegenstände, die bei uns sehr kostbar waren.«

»Und wie viele Soldaten, sagen Sie, kamen dann?«

»Es waren mehr als 3000.«

»Was für Pläne hatten die Deutschen eigentlich in Akakor?«

»Nun, sobald Deutschland den Krieg in Europa gewinnt und an der Küste landen sollte, würde ohne weiteres die Zivilisation Südamerikas in die Urwälder zurückgehen und dadurch einen Dschungelkrieg heraufbeschwören, also einen Guerilla-Krieg. Dieser Guerilla-Krieg kann von uns unterbunden werden, denn wir sind die eigentlichen Beherrscher der Urwälder, die noch nicht zivilisierten Indianer, noch mit keiner Zivilisation bekannt gewordenen Indianer unter unseren Befehl stehen. Das beweist, ich hab letztes Jahr den Befehl gegeben, sämtliche Indianer in Rondônia, die uns angehörig sind, zurückzuziehen.«

»Nach dem Kriege sind diese Deutschen zurückgegangen oder sind sie dort geblieben?«

»Sie sind alle bei uns geblieben, es ist kein Einziger zurück, im Gegenteil, es sind noch mehr Familien nach dem Krieg zu uns gekommen.«

»Haben die Deutschen die Kleidung von Akakor übernommen oder haben die Mongulala sich an die Kleidung der Deutschen gewöhnt?«

»Die Deutschen haben die Kleidung von Akakor übernommen. Wir sind aber bei einer gewissen Schutzkleidung geblieben und wir haben Schmelzöfen gebaut, zum Gewinnen vom Erzen und dergleichen. Und da ist eine andere Kleidung erforderlich.«

»Warum kommt es eigentlich, dass keiner dieser Deutschen zurückgegangen ist?«

»Wissen Sie, wir leben in einem Paradies, in einer Insel, die vollkommen unberührt ist von der Schlechtigkeit der Zivilisation. Wir sind ein eigenes Volk im Volksgebilde, eigentlich auch in der Regierung, und hätten wir nicht das Problem mit der fortschreitenden, zunehmenden Zivilisation, ich würde bestimmt nicht den Kontakt mit der Zivilisation herstellen.«

»Ja, Sie sprechen davon, dass die Zivilisation immer weiter vorrückt, aber wie kommt es denn, dass trotz der Flugzeuge und der Vermessungen des Amazonasgebietes Akakor bis heute unentdeckt geblieben ist?«

»Nun, man muss das Land kennen, die ungeheuren weiten Entfernungen, 1000 Kilometer sind nichts. Und nun, wenn ein Flugzeug übern Busch dahinfliegt, dann, entweder fliegt es in großer Höhe und kann unten nichts sehen oder aber es fliegt tief und so ist die Aussicht wiederum gering. Weiter ist der Spritmangel, wie auch im Hochgebirge die Aufwinde, in den Felsen und dergleichen gefürchtet von jedem Piloten.«

»Sind eigentlich, sind schon Weiße nach Akakor gekommen?«

»Ja, mehrere.«

»Was waren das für Leute?«

»Abenteurer, Vagabunden, Wissenschaftler, internationale Expeditionen, wir haben alles gefangen genommen.«

»Und was ist mit denen passiert?«

»Die sind Sklaven. Die haben gegen unser Gesetz verstoßen.«

Die Tollkühnen des Brugger-Kommandos biegen in den Emirar-Fluss ein, der laut Brugger »die giftigsten Kobras der Welt beherbergt und Frösche, die größer als kleine Kinder sind«.

Am Emirar-Fluss arbeitet Tatunca weiter am Scheitern der Expedition. Er wird wortkarg, bemalt sich schwarz, schmückt sich mit einem Stirnband und tauscht seine Shorts gegen einen Lendenschurz. Dann endlich stellt er fest: »Die Zeichen stehen nicht günstig. Wir erreichen Akakor vor Vollmond nicht mehr. Das ist schlimm, weil wir ein wichtiges Gesetz unseres Volkes verletzen.« Aber immerhin lässt er Brugger einen Rest Hoffnung. »Ich hoffe, die Götter sind uns gnädig gestimmt.«

Natürlich sind sie es nicht. Dafür wird Tatunca schon sorgen. Er gibt sich unnahbar und schläft abseits vom Camp. »Ich muss mich ungestört mit meinen Priestern unterhalten.«

Am nächsten Morgen, dem 13. Oktober 1974, erfährt Brugger das Resultat der Unterredung.

»Die Priester sind ungehalten. Wir kommen zu spät. Die Regenfälle versperren die Eingänge nach Akakor.«

Als Brugger dennoch weitermachen will, lässt Tatunca bei günstiger Gelegenheit kurzerhand das Boot kentern.

Die Ausrüstung ist futsch. Brugger und sein Begleiter Giorgio kehren um. Aber: »Tatunca geht auf dem Landweg allein zu seinem Volk.« Offensichtlich gibt es für ihn keine festen Öffnungszeiten. Brugger: »Wir überlassen ihm einen Teil des Proviants, die Winchester, dazu den letzten uns noch verbliebenen Fotoapparat (War also doch nicht alles verloren?). Er will die Regenzeit bei seinem Volk verbringen und dann mit Beweismaterial in die Zivilisation zurückkehren: Fotos, Unterschriften der deutschen Soldaten und Dokumenten aus der Chronik von Akakor.«

Als Brugger nach Rio de Janeiro zurückkehrt, liest er am 12. November 1974 im *Journal do Brasil* von blutigen Kämpfen im Gebiet der peruanischen Hafenstadt Bulcalpa. »Nach Augenzeugenberichten sollen unbekannte Indianer mehrere Vorposten der Zivilisation überfallen haben. Die Herkunft der geheimnisvollen Angreifer sei zur Stunde noch nicht bekannt.« So die Zeitung. Aber Brugger weiß mehr: »Für mich ist die Herkunft dieser geheimnisvollen Indianer längst kein Geheimnis mehr.«

Als Brugger dann in den siebziger Jahren seine *Chronik von Akakor* herausgab, empörte sich vor allem Tatunca. Bei meiner Begegnung mit ihm meinte er: »Der Mann hat mich nicht mal gefragt, ob er das schreiben darf. Ich habe auch gar nicht gewusst, dass er Journalist ist. Vor allem ist das alles gelogen. 90 Prozent seines Buches sind unwahr.« Und er fährt fort: »Als mein Freund Ferdinand Schmid, Ex-Swissair-Pilot, gar noch entdeckte, dass und wo Brugger sich bedient hatte, so zum Beispiel beim Südseehäuptling Tuiavii (»Der Papalagi«), gab Brugger klein bei. Er zahlte mir 1000 Mark und damit war die Sache aus der Welt. Er hat mir versprochen, das Buch nicht wieder aufzulegen, weil es ohnehin eine Pleite war.«

Den Vorwurf des Plagiats erhebt nicht nur Ferdinand Schmid. Auch ein gewisser Ralf Sonnenberg empfahl, die Chronik mit Vorbehalt zu lesen:

»Ich will hier nur eins von mehreren Beispielen geben: Brugger-Chronik: Verzweifelt rannten sie hierhin und dorthin. Sie trachteten auf die Bäume zu steigen, und die Bäume schleuderten sie weit weg. Sie trachteten in die Höhlen zu gelangen, und die Höhlen stürzten über ihnen ein.«

In einer Nacherzählung des altindischen Nationalepos Mahabharata und einer Übersetzung der originalen Ausgabe des Popol Vuh der Quiché-Maya machte Sonnenberg diese Entdeckung:

»Verzweifelt rannten jene hierhin, dorthin. Sie trachteten auf die Häuser zu steigen, und die Häuser stürzten ein ... Sie trachteten auf die Bäume zu steigen, und die

Bäume schleuderten sie weit davon. Sie trachteten in die Höhlen zu gelangen, und die Höhlen schlossen sich vor ihnen.«

1982 hatte ich die Gelegenheit, Brugger selbst zu sprechen und zu seinem Buch zu befragen. Seine Antwort: »Nach anfänglicher Skepsis gewann ich von Gespräch zu Gespräch mehr und mehr die Überzeugung, dass Tatunca Nara die Wahrheit sagte.«

Wissenschaftler vieler Sparten waren da anderer Meinung. Sie zerpflückten das Werk und ließen keinen Buchstaben mehr am anderen.

Brugger zu mir (1982): »Das Buch hätte mich beinahe meinen Job bei der ARD gekostet. Gott sei Dank haben sich die Wogen geglättet.«

»Was von alle dem, das du über ihn geschrieben hast, kannst du denn echt beweisen?«, fragte ich ihn.

Ehrlich und ohne Umschweife räumte er ein: »Gar nichts. Aber ich habe es geglaubt und glaube es noch. Es scheint mir nach wie vor gesichert. Außerdem habe ich immer gesagt ›laut Tatunca‹ oder ›wie mir Tatunca sagte‹.«

Sollte er es doch geglaubt haben, also auf Tatunca reingefallen sein, wie es andere Zeugen wissen wollen, so könnte man als Trost hinzufügen: Er ist auf Tatunca reingefallen, weil der ein brillanter Erzähler ist. Und er ist nicht der Einzige, dem es so erging. Brasilianische Behörden schenkten Tatunca inzwischen Glauben und einen Pass und der Wissenschaftler Jacques Cousteau verewigte ihn in seinem Buch über Amazonien. Mochte man Jacques Cousteau noch zugute halten, dass er alt war und begrenzt aufnahmefähig, so traf das auf zwei andere Männer nicht zu: Sie gingen dem großen Häuptling auf den Leim. Gemeint sind die ZDF-Redakteure Dieter Kronzucker und Franz Tartarotti, wie wir noch lesen werden.

Das Buch von Karl Brugger ist inzwischen noch eimmal neu aufgelegt worden. Covertext (Auszug): »Der Fernsehjournalist und Südamerika-Experte Karl Brugger hat in diesem Buch einen ihm mündlich übermittelten Bericht aufgezeichnet, der ihm nach anfänglicher Skepsis absolut authentisch erschien ... Die Authentizität und der Wahrheitsgehalt dieser außergewöhnlichen Chronik können aufgrund neuerer Entdeckungen in Amazonien nicht mehr in Zweifel gezogen werden ...« Welche neueren Entdeckungen das sein sollen, erfuhr der neugierige Leser nicht. Das Buch schweigt darüber.

Entschuldigend für den Verlag mag man gelten lassen, dass er das Opus trotz dessen »Authentizität« vorsichtshalber und richtig unter »Esoterik« eingestuft hat. Aber es war dieses Brugger-Buch, das Tatuncas Image als Indianer aufbaute und festigte und das letztlich böse Folgen auslöste.

»Vorsicht, Kannibalen!«

»Nach meinen Erfahrungen hast du wenig Chancen, lebend zurückzukommen.«

Wer mich da warnte, war kein Geringerer als ebendieser Tatunca Nara, der große Häuptling a. D. derer von Ugha Mongulala. Das sollte mich einschüchtern. Denn ich wollte zu den Yanomami-Indianern und Tatunca war mein Traumpartner, auserkoren als Führer.

Es sollte mein erster Besuch bei ihnen werden. Wir schrieben das Jahr 1982. Ich saß auf der Terrasse des Hotel Oasis in Barcelos am Rio Negro. Vor mir ein frisch gepresster Orangensaft. Über mir die Wipfel hoher Uferbäume, die mich mit ihrem Schatten kühlten. Steil neben mir der Abhang mit den hölzernen Treppenstufen hinunter zum großen Schwarzen Strom, dem Rio Negro, und zur anderen Seite, unmittelbar neben mir, mein kleines Zimmer. Einer von insgesamt zwei Räumen, die das Hotel Oasis damals zu bieten hatte. Tja – und mir vis-a-vis, gleich hinter dem Orangensaft am Tisch: Senhor Nara.

Nicht nur das genannte Buch, auch viele Gerüchte waren mir zu Ohren gekommen und hatten mich einerseits neugierig und andererseits äußerst skeptisch gemacht. Die einen vergötterten ihn immer noch als den großen Häuptling, der hier auf verlorenem Posten für sein Volk im Dschungel kämpfte, das aber immer noch niemand gesehen hatte. Andere bezeugten ihm ängstlich Respekt, weil er die Fähigkeit besaß, Ereignisse vorherzusagen. Wieder andere nannten ihn kurz einen Spinner und Hochstapler. Auf jeden Fall schien sicher, dass er den Urwald gut kannte. Als Waldläufer hatte Tatunca durchaus seine Qualitäten. Das war unbestreitbar, auch wenn seine Tochter Angelique ihn dreimal in die Tasche steckte. Immerhin hatte er jahrelang am Rio Padauiri eine Pflanzung betrieben, und solche Siedler kennen den Wald fast so gut wie die Indianer. Sie gehen damit nur nicht so gut um wie diese.

Während Tatunca Nara weiter auf der Hotelterrasse auf mich einsprach und seine Sprechorgane mit Bier geschmeidig hielt, hatte ich Gelegenheit, ihn zu mustern. Er war asketisch gebaut, hatte das lange schwarze Haar der Indianer und ausgeprägte Wangenknochen, wie wir sie von den slawischen Völkern kennen und wie sie auch für Indianer typisch sind.

Tatunca, der selbst ernannte Volksführer, Kriegsherr, Prophet und Wahrsager, gab sich inzwischen zivilisiert. Zwölf Jahre war es her, seit er »aus den Wäldern an der Grenze zu Peru« gekommen und mit seinem Lendenschurz auch in Manaus aufgetaucht war. Er trug jetzt weiße Shorts und ein gleichfarbiges kurzärmeliges Hemd, das er bis zum Nabel geöffnet hatte. So fiel mir auch gleich sein Erkennungszeichen auf: die tätowierte Schildkröte.

Er hatte meinen Blick wohl gesehen, denn unaufgefordert präsentierte er die Erklärung. »Das ist das Zeichen meines Stammes. Wer es nachmacht, den muss ich töten. Stammesgesetz.«

Dabei beobachtete er mich scheinbar gleichgültig. In Wirklichkeit tastete er ab, wie weit ich für solche Geschichten empfänglich wäre. War ich ein neuer potenzieller Kunde?

»Kennen Indianer denn Tätowierungen? Ich dachte immer, das sei ein Produkt *unserer* Welt.«

»Das denken viele. Aber so wie die Kartoffel, der Kakao, das Curare und der Tabak aus dem indianischen Kulturkreis kommen, stammt auch das Tätowieren daher.«

Ich sagte nichts. Ich konnte es nicht widerlegen. Es mochte wahr sein oder nicht. Im Hinterstübchen meines Hirns speicherte ich die Aussage, um sie später zu überprüfen.

Nochmals kam ich auf seine eingangs ausgesprochene Warnung zurück.

»Wie kommst du darauf, dass ich kaum Chancen habe, durchzukommen?«

»Das ist leicht erklärt«, erwiderte er. »Weil die Yanomami auf dem Kriegspfad sind.«

Und dann erfuhr ich erstmals die Geschichte von John Reed, einem 23-jährigen US-Amerikaner.

»Er wollte, genau wie du, zu den Yanomami. Er hat Barcelos in Richtung Norden verlassen. Sein Plan war, ihr Land zu durchqueren und in Venezuela wieder rauszukommen. Aber da ist er bis heute nicht aufgetaucht.«

Tatunca machte eine Pause und ließ die Mitteilung wirken. Und während sie das bei mir tat, leerte er sein kühles Bier.

Solche Geschichten hörte man im Urwald allerorten wie bei uns Verkehrsunfall-Ereignisse. Immer wieder verschwand jemand im Wald auf geheimnisvolle Weise, und wenn man nie mehr von ihm hörte, dann war es eben eine Schlange, die Malaria oder der Betreffende war inzwischen womöglich Häuptling bei einem Indianervolk.

»Vielleicht ist er Häuptling geworden«, testete ich nun ihn. Doch »Wasserschlange« schüttelte sogleich ihr weises Haupt.

»Das mit dem Häuptlingwerden ist bei vielen Indianern durchaus möglich. Nur von den Yanomami habe ich das noch nie gehört.« Er gab sich als sachlicher, objektiver Fachmann. »Es ist eigentlich nicht ihr Stil. Sie haben ganz andere Bräuche.«

»Und welche zum Beispiel?« Ich merkte, dass er noch etwas in petto hatte. Tatunca war ein Mann, der überlief von Mitteilungsdrang. Man brauchte nur bestätigend zu nicken oder fragend den Kopf zu heben – und gleich sprudelte er los. Wie die durchtrennte Arterie eines Selbstmörders.

»Sie könnten ihn auch aufgegessen haben. Das ist da so üblich.«

Ich war einen Augenblick perplex. Denn das war schon starker Tobak. Die Yanomami sind keine Kannibalen, die irgendjemanden töten, um eine tolle Grillfete zu feiern und sich ordentlich satt zu essen nach dem Motto: »John medium« und »Marion well done« mit Pommes frites.

Aber was sie tatsächlich essen, ist die Knochenasche ihrer eigenen Toten. Wohlgemerkt: nur die von ihresgleichen. Nicht aber die von Fremden oder gar die der Feinde.

Sie verbrennen ihre Toten und zermörsern die Knochen. Sie verzehren die Asche auch nicht aus Hunger oder Mineralienmangel, sondern aus völlig anderen, nämlich religiösen Gründen. Glaubwürdig für unsere Hirne klingt die Erklärung, dass die Yanomami annehmen, in den Knochen und somit in der Asche befände sich die Seele des Menschen. Und damit diese liebe Seele nicht umherirren muss und dem Zugriff allgegenwärtiger böser Geister ausgesetzt ist, isst man sie auf. Somit ist sie wieder wohlverpackt in einem lebenden Körper, der sich normalerweise gegen Gefahren verteidigt und der der Seele Sicherheit gewährt. Die Asche wird aber nicht sogleich verzehrt. Sie wird in kleine Flaschenkürbisse verpackt und gut bewacht. Kein Feind und kein böser Geist soll sich ihrer bemächtigen können. Sie bleibt so lange in Verwahrung, bis das Totenfest gefeiert wird. Das ist alljährlich einmal der Fall. Es ist das größte Ritual, das sie kennen, und bei einer späteren Reise habe ich mit zwei Freunden selbst daran teilgenommen.

»Die Yanomami Kannibalen, hast du gesagt?« Er merkte mir die Skepsis an.

Während ich noch überlegte, ob mich Tatunca Nara mit seiner Kannibalen-Bemerkung nur verschaukeln oder den Preis erhöhen wollte, reagierte er blitzschnell, lenkte schon wieder ein und sagte: »Es gibt hier so viele Dinge, die den Weißen verschlossen bleiben und die sie nicht glauben. Fest steht jedenfalls, dass John Reed nie wieder aufgetaucht ist.« Und um seinen Kannibalen-Flop weiter abzuschwächen, ergänzte er: »Du weißt ja sicher, dass sie auf dem Kriegspfad sind. Die Goldsucher machen ihnen das Leben zur Hölle. Vielleicht haben die Yanomami John Reed einfach für einen Goldsucher gehalten.«

Okay. Das hielt ich dann schon eher für möglich. Der große Häuptling wollte mich nur schocken. Ich sollte

Angst kriegen und aus Sicherheitsgründen ihn als Führer nehmen. Gegen viel Cash, versteht sich. »Was nichts kostet, ist nichts wert.« So lehrte es mich Tatunca bei anderer Gelegenheit. »Und man muss immer etwas exklusiv sein«, eine andere seiner Weisheiten. Und tatsächlich ließ er die Katze sehr bald aus dem Sack wie die Banane aus der Schale. Er blickte mich durchdringend an, mimte den Menschenkenner und weissagte gekonnt: »Ich spüre, du willst dennoch gehen.«

»Ja, auf jeden Fall!« Schließlich hatte ich einen weiten Weg von Europa hinter mich gebracht. Da wollte ich mich nicht gleich vom ersten Warner zur Umkehr drängen lassen.

»Du solltest auf keinen Fall ohne mich gehen. Doch dann musst du dich noch zwei Wochen gedulden. Im Moment kann ich nicht. Morgen kommt Karl Brugger. Wir sind verabredet und wollen die Pyramiden suchen.«

Nun muss man wissen, dass ich damals vorgab, als »Journalist« einer größeren Illustrierten zu reisen. Ich hatte sogar entsprechende Visitenkarten dabei, die ich auf Verlangen freizügig verteilte. Auch ohne Verlangen war ich damit großherzig. Das sollte Eindruck schinden und ich ließ durchblicken, dass Geld keine Rolle spiele. In Wirklichkeit war mein Budget recht begrenzt. Andererseits brauchte ich tatsächlich jemanden, der mich irgendwo im Yanomami-Grenzgebiet absetzte.

Dass es durch einen Zufall schließlich doch nicht zur Begleitung durch Tatunca Nara kam, dürfte mein Glück gewesen sein. Aber das ahnte ich damals in keiner Weise. Das erfuhr ich erst später, als John Reed wieder auftauchte. Allerdings tot.

Ich ahnte also nichts. Tatunca wusste sehr wohl, sich sympathisch und Vertrauen erweckend darzustellen. So willigte ich grundsätzlich ein. War Tatuncas Lohn auch ungleich höher als der eines normalen Kleinbootbesitzers, so hatte der »Weiße Häuptling« für mich zwei wesentliche Vorteile: Er sprach fließend Deutsch und war ein begnadeter Erzähler. Das gab womöglich zusätzlichen Buchstoff. Hatte Karl Brugger in seinem Opus die »Geschichte« des Volkes der Ugha Mongulala erzählt, so blieb mir noch immer die viel spannendere Fortsetzung, nämlich *der* Teil des Häuptlingslebens vom Tage seines Auftauchens an. Allein das war so bizarr und verrückt, dass es mir berichtenswert erschien. Zumindest als Märchenbuch.

Inzwischen hatte Tatunca Nara ein weiteres Glas Bier geleert.

»Du wirst es nicht bereuen, mich als Führer zu nehmen. Denn *mir* tun die Yanomami nichts. Mich respektieren sie als Häuptling ihres jetzigen Nachbarvolkes, und damit bist du auch sicher. Es sei denn, dass sie aus irgendwelchen Gründen keinen Besuch wünschen. Aber dann setzen sie vorher ein unübersehbares Zeichen oder sie schalten den Magnetkreis ein. Dann müssen wir eben umkehren. Doch so was liegt jenseits meiner Beeinflussung.«

»Wieso Nachbarvolk?« fragte ich. »Ich denke, deine Leute wohnen in Akakor an der peruanischen Grenze?«

Die »Große Wasserschlange« lächelte nachsichtig.

»Du bist nicht auf dem neuesten Stand, mein Lieber. Seit mein Volk von der peruanischen Armee immer mehr bedrängt wurde und nur noch in unterirdischen Höhlen leben konnte, habe ich es umgesiedelt. Die Habgier der Weißen kannte keine Grenzen. Sie engten unsere Jagdgebiete immer mehr ein und zerstörten unseren Lebensraum. Jetzt leben wir unweit der Yanomami. Der neue Ort heißt Akahim. Er liegt im Teufelsgebirge an der Grenze zu Venezuela.«

»Und die Yanomami lassen euch da wohnen?«

»Ja, wir waren schon immer Verbündete.«

»Wie groß ist denn dein Volk?«

»Noch 2000 Seelen.«

»Und die leben alle da oben? Das verkraftet der Wald doch gar nicht.«

»Wer hat denn gesagt, dass Akahim im Wald liegt? Meine Leute wohnen unterirdisch. Wie vorher in Akakor.«

»Sie müssen doch Nahrung anbauen oder sie sammeln. Sie brauchen Licht und sie müssen jagen. 2000 Leute – da hätte man doch längst Spuren gefunden.«

»Ein guter Indianer hinterlässt keine Spur.«

»Aber 2000 Leute müssen doch irgendwann einmal eine Spur verursachen«, zweifelte ich hartnäckig.

»Du denkst zu deutsch. Denk doch mal indianisch! Das ist im Grunde ganz simpel. Du weißt doch, dass wir Indianer perfekt sind im Spurenlesen. Oder?«

Demonstrativ hatte er ein Stück Papier zerknüllt und es auf den Boden geworfen.

»Siehst du das? Jetzt wüsste man, dass hier jemand gewesen ist.«

Ich nickte. »Ja, das ist mir klar.«

»Gut. Und wenn jemand fähig ist, selbst die geringste Spur zu entdecken, dann wird er bestimmt auch dazu in der Lage sein, sie zu verwischen, bis selbst er sie nicht mehr sieht. Und das ist des Rätsels Lösung: Mein Volk ist perfekt im Spurenverwischen. Du kannst auch sagen: Wir haben eine Art Scheibenwischer an den Hacken.«

Er lachte brüllend über den treffenden Vergleich und hob das Papier wieder auf. »So einfach ist das.«

»Das leuchtet mir ein«, gab ich scheinbar klein bei, »aber 2000 Leute brauchen so viel Nahrung, dass sie weite Streifzüge unternehmen müssten.«

»Das stimmt. 2000 Leute können ganz schön was wegessen. Was die Nahrung betrifft: Wir haben reichlich

Fische in unterirdischen Seen, wir züchten Tiere und wir haben selbstverständlich auch Plantagen.«

Taktvollerweise lächelte ich nur, statt zu lachen oder ihn einfach sitzen zu lassen.

»Du sagtest Plantagen? Die hätte man doch längst vom Flugzeug aus gesehen und von Satelliten aus gefilmt. Brasilien hat erstklassige Infrarot-Aufnahmen seines Landes.«

Jetzt war er es, der lächelte. Wir wechselten uns damit brav ab wie zwei Schachspieler, die jeder nach einem neuen Zug meinen, den anderen ins Matt manövriert zu haben.

»Das ist typisch ›weißer Mann‹. Wenn das so einfach wäre, wären wir längst entdeckt und vollends ausgerottet worden. Infrarot-Strahlen. Das ist immer eure ganze Weisheit. Hast du schon mal was von Gamma-Strahlen gehört?«

»Ich kenne ›Strahlen‹ und den griechischen Buchstaben ›Gamma‹, aber von Gamma-Strahlen habe ich noch nie etwas gehört.«

»Wenn du Bruggers Buch gelesen hast, wirst du wissen, dass wir diverses Gerät von anderen Sternen haben. Mit einer dieser Apparaturen erzeugen wir die Gamma-Strahlen. Das ist unser ganzer Trick. Damit decken wir das Tal ab. Da nutzt den Satelliten auch die beste Infrarot-Fotografie nichts.«

Ich war enttäuscht. Das Bier hatte wohl seine Wirkung getan. Schon mancher Tatunca-Zweifler hatte mich auf diese Storys vorbereitet: »Wenn Senhor Nara sein Bierchen intus hat, übertrumpft er sogar die Däniken-Geschichten.«

»Ob du es nun glauben willst oder nicht«, fuhr er fort, »mir ist es egal. Ich bin kein Missionar, der irgendjemandem sein Wissen aufzwingen möchte. Ich weiß, was ich weiß, und kann, ehrlich gesagt, immer nur mitleidig lächeln, wenn da so gebildete Besserwisser-Typen aus Europa kommen. Die Neunmalklugen mit ihren anstudierten Meinungen, neben denen solche Dinge keinen Platz haben.«

»Dazu kannst du mich getrost auch rechnen. Das sind für mich Fantastereien. Es sei denn, du würdest die Behauptungen beweisen.«

Er ließ mich sehr fein seine Verachtung spüren.

»Warum soll denn immer ich alles beweisen? Beweist doch ihr Besserwisser, dass das *nicht* möglich ist.«

Die Pyramide im Regenwald

Zunächst dachte ich, ich hätte mich verhört, als Tatunca von der Pyramide sprach. Aber es stimmte: Am nächsten Tag kam Karl Brugger und wollte mit »Großer Wasserschlange« den Beweis erbringen, dass es »die Pyramide« doch gäbe.

Ja, die Pyramide. Irgendwann hatte der bleiche Häuptling sie nach eigenen Angaben entdeckt. Er war auf der Pirsch nach Pekaris gewesen.

»Da erhob sie sich plötzlich wie aus dem Nichts neben mir in die Höhe. Nicht wie jene in Kairo: sondern grün überwuchert, das Mauerwerk nur zu erahnen, aber doch unverkennbar eine Pyramide. Als hätte sie nur darauf gewartet, entdeckt zu werden.«

Und voller Entdeckerstolz und -glück tat Tatunca ihr diesen Gefallen. Er posaunte es in alle Welt hinaus.

»Die Meldung schlug ein wie eine Bombe. Aber gleichzeitig hieß es von so genannten Experten, das könne gar nicht sein, die gäbe es am Nil und in den Anden oder in

Zentralamerika – niemals jedoch hier. Und da habe ich mich geweigert, sie ihnen zu zeigen. Solche Klugscheißer müssen bestraft werden.«

Zeitungen, Archäologen und staatliche Expeditionen hätten ihn seitdem bedrängt.

»Sie sind mir heimlich gefolgt und haben mich sogar bedroht.«

Er ließ mir Zeit, ihn zu bedauern.

Um eventuelle Zweifel meinerseits zu zerstreuen, hatte Tatunca Nara plötzlich große Generalstabskarten ausgebreitet und deutete vage auf den vermeintlichen Fundort.

»Hier irgendwo muss es gewesen sein.«

Er fuhr mit dem Finger den Rio Padauiri hoch, glitt in den Rio Castanhal und kreiste dann ziellos vor dem Grenzgebirge zu Venezuela. Deutlich hatte er dort bereits einige Kreuzchen eingezeichnet und ein paar Fragezeichen.

»Eins verstehe ich nicht, Tatunca.«

»Was denn? Du kannst es gern sagen, ich habe nichts zu verbergen.«

»Du hast mir des Langen und des Breiten von den Indianern und deinen Spurenlese-Fähigkeiten erzählt. Du hast mir gesagt, dass du an der Fährte des Jaguars erkennst, was er gefressen hat. Du hast mir erzählt, dass du nach zehn Jahren ein Dorf wiederfindest, das 3 000 Kilometer von Akakor entfernt irgendwo im Regenwald liegt. Wie erklärst du dir dann und vor allem mir, dass du die Riesenpyramide nicht mehr wiederfindest?«

Ich dachte, ich hätte ihn verunsichern können. Aber da hatte ich mich getäuscht. Vielleicht jeden anderen, aber nicht den großen Mongulala.

»Ich finde alles wieder, was für mich wichtig ist. Das könnte ein winziger Angelhaken sein, den ich irgendwo nachts verliere. Aber die Pyramide hatte für mich nicht annähernd solchen Wert. Und da ich damals auf der Jagd war, habe ich nur das Pekari im Kopf gehabt und die Pyramide mehr nebenbei registriert.«

Er wandte sich wieder der Karte zu.

»Sie ist ja nicht verschwunden. An so was glaube ich nicht. Ich habe damals nur nicht die Nebenflüsse gezählt. Sie muss etwa hier liegen. Zwischen diesem und diesem.«

Er zeigte zwei Flüsse, zwischen denen noch einige andere in den Castanhal mündeten.

»Hier habe ich schon gesucht. Mit Brugger will ich nun die nächsten abklappern.«

Ich erfuhr, das sei gar nicht so einfach, weil alles dicht zugewuchert sei.

»Dazu kommt, dass die Flüsse häufig ihr Bett wechseln und plötzlich woanders fließen. Wie bei uns in Akakor vor vielen tausend Jahren, als es ein Erdbeben gab und alle Flüsse plötzlich rückwärts flossen. So was gibt es. Darüber sind Laien sich oft nicht recht im Klaren.«

Er verstand es sehr geschickt, Misstrauen zu zerstreuen, war er doch schon mit viel offensichtlicheren Lügen und Verdachten fertig geworden. Um mein Nachdenken und damit unangenehme Fragen zu blockieren, hatte er schließlich die ganz große Idee.

»Weißt du was? Ich werde mit Brugger reden. Er wird sicher nichts dagegen haben, wenn du mitkommst. Natürlich nicht bis zur Pyramide. Aber weit vorher gibt es einen Pfad, der direkt zu den Yanomami führt. Dort setzen wir dich ab.«

Und während ich die freudige Wende gerade verdaute, schob er noch einen Bonbon hinterher.

»Und außerdem ist das viel billiger. Wenn du mir 500 Mark gibst, bin ich einverstanden. Den Preis kann ich machen, weil Brugger die Reise ja sowieso bezahlt. So habe ich einen Vorteil und du auch, weil 500 Mark sehr günstig sind.«

Klar, dass ich begeistert zustimmte.

Heute stellt Tatunca den Vorgang anders dar: »Dann bot Rüdiger mir 500 Mark. Lächerlich, diese Summe. Wenn dem Mann da oben, wenn er allein weitergeht, etwas passiert, dann bin ich dran. Ich bin für die Sicherheit meiner Leute verantwortlich.« Und nach einer kurzen Unterbrechung: »Für 1000 Mark hätte ich mir die Sache überlegt.«

Anderntags kam Brugger. Schlank, groß, hektisch, getönte Intellektuellen-Brille.

»Mensch, ich brauche erst mal ein kaltes Bier!«

Erschöpft und gestresst ließ er sich fallen. Zu mir nickte er nur andeutungsweise herüber. Damals kannten wir uns noch nicht. Ich war für ihn ein zufällig anwesender Gast.

»Wahnsinnshitze heute«, stöhnte er und zog sein Hemd aus.

Ich war überrascht. Zur Schildkröte auf Tatuncas Brust hatte sich ein Weibchen auf der von Karl Brugger gesellt. Frei nach der Devise »Gleich und Gleich gesellt sich gern«. Entweder hatten sich da zwei gesucht und gefunden oder Brugger musste mit seiner Tötung rechnen, »weil niemand anderer sich mit dem Tier schmücken darf. Stammesgesetz«, hatte Tatunca gesagt.

Die beiden Oberschildkröten tuschelten zusammen. Sie steckten unter einer Decke. Oder besser: unter einem Panzer, an einem Tisch. Ich ließ sie ungestört. Sie hatten sich bestimmt erst einmal viel Neues zu erzählen.

Es war mir aber deshalb keineswegs langweilig. Denn ich konnte ihrer Unterhaltung gut folgen.

»Ist alles klar?«, wollte Brugger wissen.

»Natürlich. Ich habe die ganzen Sachen schon im Schiff.«

»Auch genügend Konserven?«

»Ja, reichlich. Eben das, was es hier so gibt.«

»Und Waffen? Hast du die Waffen?«

»Na klar. Auch reichlich Munition.«

»Und Filme?«

»Wieso Filme? Davon weiß ich nichts und hier in Barcelos gibt es keine.«

»Mach keinen Blödsinn! Hat meine Sekretärin dich deswegen nicht angerufen?«

Sie hatte nicht. Und Brugger tobte, dass das Bier ihm nur so aus den Poren schoss.

»Diese Scheiß-Nutte! Die kann wirklich nur ficken. Was soll ich ohne Film? Stell dir vor, wir finden die Pyramide. Wie wollen wir das beweisen?«

Plötzlich wurden sie leiser. Tatunca erzählte von mir. Ich schaute gelangweilt auf den Rio Negro hinab und zu Tatuncas Schwiegermutter Friedel Katz. Sie betrieb dieses Hotel mit ihrem Mann. Und es war eine Freude, ihr bei der Arbeit zuzuschauen. So sicher, elegant und gekonnt ging ihr alles von der Hand. Wenn man vom Hotel Rückschlüsse auf die beiden Schwiegerleute zog, waren sie solide und glaubwürdig.

Schließlich räusperten sich die Herren. Brugger erhob sich und kam zu meinem Tisch.

»Tatunca hat mir eben von deinem Vorhaben erzählt. Finde ich ganz interessant. Aber ich habe zunächst ein großes Problem. Kannst du mir einen Film verkaufen?«

Ich konnte. Denn das verpflichtete ihn ein wenig und schaffte das nötige Gesprächsklima.

»Was kriegst du dafür?«, fragte Brugger.

»Nichts. Ich habe sie ja auch nicht bezahlt. Du weißt, ich fahre für die Illustrierte. Und da gibt's Filme satt.«

Ich spielte den großen Crack und half dem »Kollegen« aus der Patsche. Brugger packte den Film in seine Kamera. Dann kam er zur Sache.

»Ich hörte, du möchtest mit uns fahren?«

Ich nickte und harrte gespannt seiner Entscheidung.

»Nun, damit bringst du mich in eine blöde Lage.« Er druckste herum. »Grundsätzlich bin ich der Letzte, der nicht einem Kollegen gefällig wäre. Aber in diesem Falle muss ich echt passen.«

Ich war ehrlich enttäuscht. Obwohl ich an seiner Stelle genauso entschieden hätte. Denn immerhin »arbeitete« ich für die »Konkurrenz«.

»Du kennst ja sicher mein Buch«, erläuterte er. »Und du glaubst gar nicht, wie viel Ärger mir das eingebracht hat. Ich sollte sogar meinen Job bei der ARD verlieren, weil die so genannten Experten Sturm dagegen liefen. Und nun stehe ich kurz vor der Chance, es ihnen heimzuzahlen. Wenn du jetzt mitkommst, passiert auf jeden Fall eine von zwei Möglichkeiten: Entweder wir finden die Pyramide auch diesmal nicht. Dann könntest du mich blamieren. Oder aber wir finden sie und du könntest mir den Erfolg stehlen.«

Ich merkte – er malte sich den Erfolg schon in herrlich grünen Urwald-Wucherfarben aus.

»Denn das weißt du genauso wie ich: *Wenn* wir sie finden, ist das die Weltsensation. Alleroberste Sahne.«

Das war mir inzwischen auch klar. Denn eine unentdeckte Pyramide an einer Stelle, wo anstandshalber überhaupt keine hingehörte – das wäre wirklich ein *Hammer amazoniensis*. Das wäre so, als würden Frauen die Einhundertmeterstrecke schneller laufen als Männer oder als ließe sich das Meer plötzlich pflügen. Meinen Einwand, ich würde ja bereits weit vorher aussteigen und dann einen anderen Weg nehmen, ließ er nicht gelten.

»Mal ehrlich, Rüdiger. Es wäre doch für dich mit deinem Survivaltraining kein Problem, uns am Ufer zu folgen.«

Das war zwar ein tolles Kompliment, aber auch gleichzeitig eine arge Überschätzung meiner Qualifikationen – doch ich widersprach nicht. Ich zuckte nur mit den Schultern. Tatunca bedauerte mit Achselzucken. Wohl wegen der entgangenen 500 Mark.

Jetzt, wo alles klar war, lockerte sich auch Karl Brugger. Als wir uns genügend beschnuppert hatten, fragte ich ihn: »Glaubst du eigentlich tatsächlich an die Pyramide?«

»Ja, ich bin ganz sicher.«

Ich nutzte die Gelegenheit zu weiteren Fragen. »Du schreibst auch, Tatunca spreche nur sehr schlecht Deutsch. Ich finde, er spricht es mit allen Nuancen.«

»Ja, Moment mal. Ich schrieb, wie es *damals* war, als ich ihm 1972 begegnete. In der Zeit war sein Deutsch miserabel.«

»Aber wieso spricht er denn inzwischen so perfekt? Er konnte es doch nirgends verbessern.«

»Du bist wohl nicht so genau informiert. Inzwischen hat er Anita geheiratet, die Tochter der Eheleute Katz, die dieses Hotel betreiben. Die sind deutschstämmig und sprechen nur deutsch, wenn sie unter sich sind.«

Okay – das war eine plausible Erklärung. Ich nahm sie hin.

Schließlich hielt es die beiden Pyramideiros nicht mehr im Hotel. Nach einer letzten Erfrischung – Eistorte von Mutter Katz – schnappten sie ihr restliches Gepäck und gingen an Bord.

Das Boot *Anita II* lag am Fuß der Treppe. Es war ein etwa fünf Meter langes »Ruderboot«, auf das der Eigner nach Landesart in der Mitte einen Holzverschlag, eine Kajüte gesetzt hatte. Das Heck war nur überdacht. Es hatte keine Seitenwände. So konnte man dort an der freien Luft träumen, die Landschaft genießen oder kochen, ohne vom Regen nass zu werden. Das Fahrzeug war kein Prachtstück. Eher schäbig. Das Holz war stellenweise verrottet, die weiße Farbe blätterte ab und Tatunca träumte von einem größeren – wie alle Bootseigner der Welt, egal wie groß ihr Schiff ist und egal ob sie ein altes oder ein neues Fahrzeug besitzen .

Dann warf der »Chef-Entdecker« den Diesel an. Es knatterte, pufft e, ruckte und stank, aber mehr war es nicht, was der Motor von sich gab. Erst nach weiteren Versuchen und gutem Zureden tuckerte er schließlich dienstbeflissen und regelmäßig. Doch er wirkte schwach auf der Brust, ohne Power. Der Enthusiasmus der beiden Skipper hatte sich auf ihn nicht übertragen.

Mutter Katz und ich standen am Ufer und winkten. Ganz langsam entfernte sich das Boot. Selbst nach zwei Stunden konnte ich es immer noch hören und sehen.

»Ist das alles, was der Motor leistet?«, fragte ich die Schwiegermutter.

»Ja. Wieso, ist das zu langsam?«

»Wie wollen sie denn in vierzehn Tagen bis zu der Pyramide und zurück gelangen? Da sind ja selbst sechs Wochen zu wenig.«

Als das Boot aus dem Gesichtsfeld verschwunden war, befragte ich die Eheleute Katz zu ihrem Schwiegersohn.

»Eines habe ich an Bruggers Buch nicht verstanden. Das hat mich skeptisch werden lassen. Und zwar die Geschichte, wie Tatunca angeboten hatte, ihm die Stätte seiner Herkunft zu zeigen, ihn mitzunehmen nach Akakor – wie auf einmal das Boot in eine Schnelle geriet und umschlug. Sie verloren ihre gesamte Ausrüstung und retteten nur das Boot und ihr Leben.«

Ich beobachtete sie scharf.

»Frau Katz, wie konnte das geschehen? Nie würde einem wahren Indianerhäuptling ein voll bepacktes Boot umkippen! Und selbst wenn es passiert wäre – warum hat Brugger dann nicht gleich die Ausrüstung erneuert und einen zweiten Anlauf genommen? Geld hätte doch für ihn überhaupt keine Rolle gespielt.«

Frau Katz winkte müde ab: »Herr Nehberg, ich bitte Sie. Die sind doch nie los gewesen! Die Geschichte, die Brugger da erzählt, ist mal gegenüber auf dem Rio Demini passiert. Da waren sie zum Fischen, haben im Boot rumgealbert und sind umgeschlagen. Das war alles.«

Und Vater Katz ergänzte: »Und dann saß Brugger hier abends beim Abendbrot und rief laut über die Terrasse: ›Diese Episode wird mein Einstieg ins Buch! Nur dass ich sie geografisch verlegen werde.‹« Man merkte Vater Katz an, was er von der Sache hielt, und er sagte es noch deutlicher: »Ich glaube überhaupt gar nichts von all diesem Gerede. Das sind reine Spinnereien.«

»Sehen Sie das auch so, Frau Katz?«

Sie wurde verlegen.

»Darüber möchte ich nichts sagen. Der Junge ist unser Schwiegersohn. Wir stellen uns diese Fragen natürlich auch immer wieder, wenn die Leute uns diesbezüglich ansprechen oder wenn in Manaus gehässige Artikel über ihn veröffentlicht werden.«

Und sie erzählte, dass es ihrer Tochter Anita einmal sehr schlecht gegangen wäre.

»Sie war hochschwanger und Tatunca waren die Götter erschienen. Sie warnten ihn. Sie sagten, Anita werde eine lebensgefährliche Geburt haben. Der Junge schaltete sofort, denn die beiden lieben sich zutiefst. Er packte Hals über Kopf ein paar Sachen zusammen und dann fuhren sie nach Manaus zum Hospital.«

»Quatsch, Götter«, brummte Vater dazwischen, »der wollte nach Manaus. Der wollte Stadtluft atmen. Das war alles.«

Friedel unterbrach ihn schnell.

»Auf dem Weg dorthin passierte es dann tatsächlich. Anita glitt auf dem Schiff aus und rutschte die Treppe hinab. Sie hatte eine Fehlgeburt und lag auf Leben und Tod.«

»Wenn sie nicht gefahren, sondern hier geblieben wären, wäre auch nichts passiert«, murrte Herr Katz erneut. »Aber Tatunca war der Unfall nicht unangenehm. Er untermauerte seinen Ruf als Wahrsager. Darum und wegen der vereinzelten Treffer haben die Leute hier ziemlichen Respekt vor ihm. Oder Angst. Wie man's nimmt.«

»Ja. Das stimmt. Und in diesem schlimmen Zustand hat Anita den Tatunca angefleht, ihr die Wahrheit über sein Leben zu sagen. Das hat er getan ...«

»Was bei ihm so Wahrheit ist.« Vater war nicht stumm zu kriegen. Man merkte ihm deutlich den Verdruss an, den ihm solche Unterhaltung bereitete. Aber Katzen-Muttern fuhr fort: »Und von diesem Geständnis hat sie mir einen Teil weitererzählt. Aber ich musste ihr zusichern, mit niemandem darüber zu sprechen. Aber im Prinzip stimmt die Geschichte, die der Junge erzählt.«

Auch wenn sie das Gespräch damit beendete – mir sagte es genug. Nichts kann durchaus viel sein. Mein Bild von Tatunca rundete sich.

Während Tatunca und Brugger unterwegs zur Pyramide waren, begab ich mich zu den Yanomami. Knapp drei Monate später kehrte ich zurück. Ich war ziemlich ausgemergelt und freute mich gewaltig auf ein Sonderessen von Friedel Katz im Hotel Oasis. Und ich war gespannt auf Tatunca. Ich war begierig, zu erfahren, ob die beiden »Schildkröten« ihre Pyramide gefunden hatten oder nicht. Ob mir da eine historische Sensation entgangen war oder nicht!

Es war 22 Uhr und dunkel, aber sternenklar. Ein Siedler hatte mich am Rio Aracá aufgegriffen und setzte mich nun am Ufer des Rio Negro unterhalb des Hotel Oasis ab. Ein kleines Schild, das von einer 15-Watt-Birne und vielen Insekten umschwärmt wurde, hatte uns die Stelle mühelos finden lassen. Es war damals der letzte Lichtpunkt von Barcelos flussabwärts. Ich wankte geschwächt, aber glücklich die Holzstufen hinauf.

Die letzten Gäste des Restaurants waren gegangen. Frau Katz räumte ab. Nur Tatunca war noch da. Er wollte gerade gehen, als ich kam. Wie der Zufall so spielt.

Das übliche Hallo. Ich genoss den bequemen Stuhl und die Behaglichkeit und das Gefühl, meine Reise damit erfolgreich beendet zu haben.

Trotz der vorgerückten Stunde hockten wir noch lange beieinander. Auch Vater Katz gesellte sich dazu. Ich erzählte von den Yanomami. Sogar Tatunca, der den Wald besser kannte als wir anderen, war begierig, Details meiner Reise zu erfahren. Irgendwann hatte ich alles Wesentliche erschöpfend berichtet und nebenbei verschiedene Anläufe unternommen, Tatunca nach dem Verlauf *seiner* Reise zu befragen. Er schien die Fragen zu überhören oder aber er war wirklich an meinen Erlebnissen interessiert. Womöglich dachte er daran, so etwas auch seinen Touristen anzubieten. Denn Touristen-Touren waren inzwischen seine Haupteinnahmequelle, nachdem er als Siedler und Holzfäller gescheitert und auch kein Häuptling vom Dienst mehr war. Er gab sich ganz als Trendsetter, das Ohr total am Markt. »Man muss immer etwas exklusiv sein«, ist ja sein Lieblingsmotto. Nun – exklusiv – das war er auf jeden Fall, wenn man ihn mit der Konkurrenz verglich. In Barcelos war er sowieso der einzige Anbieter und durch das kleine Spitzenhotel seiner Schwiegereltern hoben sich auch *sein* Ansehen und seine Stellung.

»Viel ist das nicht, was ich mit dem Tourismus verdiene«, klagte er.

Deshalb fragte ich ihn: »Warum gehst du denn nicht als Häuptling zurück zu deinem Volk? Da hättest du doch sicher ein viel zufrieden stellenderes Leben als hier im Dorf.«

Tatunca blickte traurig zu Boden.

»Die Zeit ist noch nicht reif«, jammerte er. »Die anderen Häuptlinge zürnen mir, weil ich ohne ihre Zustimmung eine weiße Frau geheiratet habe. Deshalb dürfen weder Anita noch die Kinder mein Volk besuchen.«

Barcelos ist nicht groß. Eine Gemeinde von etwa 5 000 Seelen, 2 000 Kokospalmen, ein paar Läden, eine Anlegestelle für die Schiffe und eine alles überragende Salesianer-Mission. Barcelos ist ein schöner Ort und für Rio-Negro-Verhältnisse gar eine Stadt. Die erste, die man nach zwei Tagen und Nächten Fahrt mit dem Schiff von Manaus aus erreicht. Da gibt es einen kleinen Markt, da findet man Bootsbauer, da werden Gummiballen und Paranüsse angelandet und man sieht und riecht den Urwald. Er kriecht förmlich in den Ort hinein und wird täglich von vielen fleißigen Leuten mit Haumessern in Schach gehalten.

Das Oasis-Hotel liegt ziemlich am Ortseingang. Und da saßen wir nun immer noch. Ich hatte alles erzählt. Mitternacht war längst vorüber und ich ließ mir die Rindsrouladen, die Sachertorte, den Mokka und das Zitronen-Parfait schmecken wie ein Bär nach dem Winterschlaf. Nach dem Aufenthalt im Wald erschien mir Barcelos wie das Paradies.

Aber irgendwann war ich tatsächlich am Ende mit meiner Geschichte. Die Eltern räumten ab. Sie verschlossen das Tor zur Straße und bereiteten das Frühstück vor. Da schließlich konnte ich Tatunca gezielt fragen.

»Und nun erzähl mir doch endlich, wie es bei euch gelaufen ist.«

»Normal. Wieso?«

Er schien meine Frage nicht ganz verstanden zu haben. »Was heißt normal? Habt ihr also die Pyramiden gefunden?« Erstaunt, aber wortlos öffnete er den Mund. »Pyramiden? Ach so. Die Pyramiden. Nein. Aber darum ging es doch gar nicht. Wir waren jagen und fischen. Du hast es doch selbst erlebt, wie gestresst Brugger war. Dem ging es vor allem darum, sich mal zu entspannen.«

Mir blieb fast die Spucke weg. Das sind Momente in meinem Leben, wo ich einfach nicht mehr weiß, was ich sagen soll! War ich nun verrückt oder normal? Hatte ich Alzheimer? Bestimmt nicht, sonst würde ich mich wohl nicht so genau erinnern. Da hatten sie sich um den Diafilm gestritten und waren froh, dass ich ihnen einen überlassen konnte. Da hatten sie mich ausgeschlossen, weil ich ihnen die Schau stehlen könnte, da hatte er mir die Landkarten mit den möglichen Fundorten gezeigt – und nun war das alles nicht wahr?

»Und wofür war mein Film? Warum war er so wichtig? Du willst mich verarschen.«

»Okay. Wenn wir sie *zufällig* wiedergefunden hätten, klar, dann wäre das toll gewesen. Aber hauptsächlich wollten wir jagen und fischen. Zu den Pyramiden braucht man viel mehr Zeit.«

Nun, immerhin konnte ich ja noch Brugger dazu befragen. »Ruf mal an, wenn du zurück bist«, hatte er gesagt. Seine Nummer hatte ich notiert: Rio de Janeiro 287 67 67. Als ich eine Woche später nach Manaus zurückgekehrt war und bei *Teleamazon* ein funktionierendes Telefon fand, war dieser Anruf meine erste Zivilisationstat. Die Sekretärin verband mich sofort. Demnach hatte er ihr nicht gekündigt.

»Hallo, hier ist Rüdiger. Bom dia, Carlo. Ich bin von den Yanomami zurück und wollte nur mal hören, wie es bei euch gelaufen ist. Habt ihr die Pyramiden gefunden?«

Am anderen Ende ein paar Sekunden Sendepause.

»Hallo, Karl, bist du noch da?«

»Ja, ja. Ich hatte deine Frage nicht ganz verstanden. Wieso Pyramiden? Wir sind doch nicht wegen der Pyramiden losgefahren. Ich musste hier mal aus dem Idiotenstress raus. Wir haben geangelt und waren jagen. Für die Pyramiden hatten wir doch gar keine Zeit. Da müsste man ja mindestens zwei Monate ansetzen.«

Nun war mir klar, dass die beiden Pseudo-Archäologen einander in nichts nachstanden. Ein eingespieltes Team, denn Einigkeit macht stark und »immer etwas exklusiv«.

Ich kehrte zurück nach Deutschland, schrieb mein erstes Buch über die sich anbahnende Yanomami-Tragik, den drohenden Völkermord durch Goldsucher.

Das Kopfgeld

»Hamburger Abendblatt. Ich verbinde mit Herrn Schüler.«

Es klickte und Horst Schüler war dran. Seit jeher gehört er zu meinen besten Beratern.

»Hör mal, Rüdiger, wir erhielten heute einen Beschwerdebrief. Der dürfte dich interessieren.«

»Eine Beschwerde über mich?«

»Ja, aus Brasilien. Dein Freund Tatunca hat geschrieben.«

(Auszug aus dem Brief von Tatunca Nara an die Redaktion des Hamburger Abendblattes)

... über mir Tatunca Nara wurde von einem deuschen ein Buch geschrieben das 80 % gelogen ist, auf der deutschen

Botschaft erklarte man mir das ich als Brasilianer kein Recht in Deutschland habe das Buch sowieso ein Maerchenbuch sei usw. Das mein Name beschmutzt und missbraucht wurde, keine Rede davon! Ein kleine Indio in Urwald um einen Rechtsanwalt zu zahlen daran ist nicht zu denken und so verging die Zeit

Letztes Jahr kam Ruediger zu uns nach Barcelos hat mir 500 deutsche Mark, US, Dolar 200, 00 und wunste ins in das Intio Gebiet bebracht zu werden. Das Ersuchen lehnte ich ab, Verrueckt! Wenn der Mann da Umkommt gehe ich wegen Totschlag ins gefaengnis wer immer einen Menschen im Urwald aussetzt, zeichnet da fuer verandwordlich .... koennen an Hand von Zeugenaussagen Dukumentieren, was ihr Helt aus Hambur fuer ein Till Eulenspiegel ist!

Tatunca Nara

Soweit der Brief des »armen Indios«, der keinerlei Rechte hat.

Ich antwortete wie folgt (Auszug):

9.8.83

Hallo Tatunca,
über Deinen unsachlichen Brief haben wir herzlich gelacht ...

... Hättest Du etwas genauer gelesen, hättest Du festgestellt, dass ich Deine Fähigkeiten als Waldläufer gar nicht in Frage gestellt habe. Worüber ich nur mitleidig schmunzeln kann, und was ich angezweifelt habe, das sind Deine Sciencefiction-Storys. Aber das hätte Dir nicht neu sein dürfen, denn das hatte ich Dir auch schon in Barcelos gesagt.

Ausgerechnet jemand wie Du, der die größten Betrügereien begeht, regt sich auf, wenn ich ein paar Anekdoten zum besten gebe? Der redet plötzlich von »verlorener

Ehre«? Der redet davon, dass »80 % gelogen ist« ... obwohl er selbst nie einen einzigen Beweis für seine Schwindeleien erbracht hat, und der weiter mit einem Mann wie Brugger zusammenarbeitet, den er mir selbst als Lügner hinstellte? Warum wolltet Ihr denn die Pyramiden suchen? Warum hat denn Brugger sich auch solch eine Schildkröte à la »Der letzte Mohikaner« auf die Brust tätowieren lassen? Weil Ihr zusammenarbeitet.

Und ausgerechnet der Tatunca redet groß von Ehre, der mir angeboten hat, mit ihm eine Rauschgift-Plantage im Urwald zu starten? Sei froh, daß ich das diskret verschwiegen habe ...

... Du hast mit Deinem Brief genau das Gegenteil von dem erreicht, was Du wolltest: Nun wissen noch mehr Leute, welch armselige Kreatur Du bist.

Rüdiger

Als ich den Brief in den Kasten geworfen hatte, war mir klar, dass ich ab jetzt am Rio Negro nicht nur einen Freund weniger besaß. Ich hatte auch einen Feind mehr. Das wurde deutlich, als Sigbert Fimm aus Kiel mich anrief. Er und sein Freund Horst K. waren mit Tatunca auf Abenteuerreise gewesen. Zwar nicht zum geheimnisumwitterten Akahim, sondern zu einem Yanomami-Dorf unweit des Rio Aracá.

Mehrere Wochen, so berichtete F., seien sie zusammen gewesen und zwangsläufig sei die Rede auf mich gekommen.

»Er war unglaublich sauer auf dich und hat allen Leuten flussauf, flussab ein Gewehr versprochen, wenn sie dich ihm melden.«

Nach Fimms Warnung erhielt ich noch vier weitere. Unabhängig voneinander. Tenor: Tatunca wolle mir die »Kehle durchschneiden«, mich »abknallen«, mir den

»Schädel einschlagen«. Ich dürfte sein »Hoheitsgebiet« nicht mehr betreten.

Nun sei ich ein »Anunciado«, ein »Angekündigter«, wie das in Brasilien heißt. Dort hat sich der schöne Brauch eingebürgert, das Opfer vorher von der beabsichtigten Tötung in Kenntnis zu setzen. Ob man dessen Todesangst zur eigenen Freude damit verlängern will oder ob man erreichen möchte, dass der Bedrohte noch alles Nötige zu Lebzeiten regelt, weiß ich nicht. Mich amüsierte die Drohung.

Diese Warnungen in Ohr und Hirn, mied ich 1985 aber das Betreten des Ortes Barcelos, als ich fürs ZDF erneut in das Waldgebiet der Yanomami wollte. Ich blieb an Bord unseres Schiffes, das im Hafen festgemacht hatte. Nur Daniel und Ulli, meine beiden Begleiter, trieb die Neugier ins Hotel Oasis. Den Mitreisenden gegenüber spielte ich den Malaria-Kranken, zitterte und schwitzte unter einer Decke und hatte mich mit Brille und Perücke getarnt.

Das Geringste, was mir hier widerfahren konnte, war, dass Tatunca mir mit Hilfe der Polizei Schwierigkeiten bereiten würde. Allein der Verdacht, dass ich ins »Sperrgebiet« zu den Yanomami wollte, könnte die Polizei veranlassen, mich zurückzuschicken. Und dieses Risiko wollte ich vermeiden.

Auch als Daniel und Ulli vermeldeten, Frau Katz habe gesagt: »Tatunca ist nicht zu Hause, er ist bei seinem Volk« (Hatte er sie inzwischen auch umgepolt?), harrte ich an Deck aus. Denn trotz Verkleidung blieb die Gefahr, durch andere Dorfbewohner wiedererkannt zu werden und Tratsch in Gang zu setzen oder Leute zu aktivieren, die sich partout die Kopfprämie verdienen wollten.

Klar, dass ich es mir auch in einem zweiten Buch (*Im Tretboot über den Atlantik*) nicht verkneifen konnte, zu berichten, was wir über Tatunca Neues in Erfahrung gebracht hatten. Doch auch hier hielt ich mich zurück und verriet nicht annähernd, was ich wirklich alles wusste, um die Ermittlungen nicht zu stören, die inzwischen seitens des Bundeskriminalamtes (BKA) in Gang geraten waren.

Dennoch erwähnte ich die Notwendigkeit, verkleidet Barcelos zu umgehen, und ich erzählte von der Begegnung mit Charly, einem ehemaligen Komplizen des Herrn Nara. Inzwischen hatten die beiden sich zerstritten und Charly war so frei, einen der üblichen Tricks preiszugeben, mit dem er und der Pseudo-Indio die Klienten neppten:

»Er verspricht ihnen, sie zu ›wilden Indianern‹ zu führen. Das kann er meist nicht einhalten, weil er sich bei einigen unbeliebt gemacht hat und nicht mehr blicken lassen darf. Das kann er natürlich nicht zugeben, denn dann verlöre er seinen Anspruch auf Honorar. Um sich den Lohn für seine Führung dennoch zu sichern, inszeniert er – nach wie vor – den beliebten Bis-hierher-und-nicht-weiter-Trick mit den gekreuzten Pfeilen oder dem Affentotenschädel oder Fußspuren, die er selbst trampelt.«

Sogar die Expedition des Franzosen Jacques Cousteau beendete er auf diese Weise. Dies ist mir deshalb so genau in Erinnerung, weil ebendiese Episode in einem der für mein Empfinden katastrophal niveaulosen Cousteau-Filme über die Amazonas-Expedition gezeigt wurde. Die Serie lief weltweit. Unter anderem auch in der BRD, der DDR, Österreich und Brasilien, von wo mir Leser meiner Bücher überraschend Videokopien des Filmteils mit Tatunca zuschickten.

Darin kam Tatunca aufgeregt ins Lager gestürmt, berichtete von den Warnzeichen feindlicher Indianer und der große Forscher Cousteau befahl (sinngemäß) »mit Rücksicht auf die Sicherheit meiner Leute« den Rückzug.

Normalerweise läuft solcher Betrug dann noch so ab, dass der begnadete Waldläufer den Kunden anheim stellt, sie dennoch weiterzuführen.

»Ab hier geschieht das aber auf Ihre eigene Verantwortung«, warnt er jedoch eindringlich. Und das klingt so tödlich. Wer dann noch nicht mit einer Gänsehaut umkippt, kriegt einen »Nachschuss«.

»Sie müssen das richtig verstehen. *Mir* tun die Indianer nichts. Mich sehen sie als einen von ihnen, zumal ich hier schon oft war. Die Zeichen gelten Ihnen.«

Sollte selbst das nicht den gewünschten Erfolg bringen, bittet er die Leute, ihm die Entbindung von der Verantwortung schriftlich zu geben. Nach diesem psychologischen Schachzug hat noch nie jemand darauf bestanden, weiterzugehen. Es wirkt zu endgültig, zu testamentmäßig.

Bestimmt hätten sie's aber doch getan – hätten sie nur geahnt, dass ihr »zuverlässiger« Führer bündelweise Pfeile und Affenschädel besaß und sie nachts höchstpersönlich kunst- und wirkungsvoll arrangierte.

So waren es schließlich stets die Touristen, die »freiwillig« aufgaben, und er, der Meister, der Herr der Tricks, bewahrte sich den Anspruch auf sein Honorar.

»Hatte die Gruppe gut gespurt«, so Charly, »das heißt, wenn ihre Angst und Gänsehaut echt waren, so dass hinterher keine Komplikationen zu erwarten waren, hatte Tatunca noch ein Extra in der Hinterhand: ›Macht meinetwegen noch schnell ein Foto und dann nichts wie weg hier.‹«

Ein Gebiss spricht

Das Schweizer Zahnarzt-Ehepaar Kunz war in die Heimat zurückgekehrt und hatte das Gebiss sofort der Polizei überreicht. Die leitete es weiter an das Gerichtsmedizinische Institut der Universität Zürich.

In seiner März-Ausgabe im Jahre 1985 veröffentlichte das *Bulletin für Standesfragen* der Schweizerischen Zahnärzte-Gesellschaft das Resultat dieser Untersuchung. Obwohl die Oberkieferzähne sämtlich fehlten, wurde dennoch festgestellt, dass der Eckzahn No. 5 oben rechts bereits vor dem Tode gefehlt hat. Verriet der Oberkiefer demnach nicht viel, so plauderte das Gegengebiss umso mehr: Mäßige Parodontose und vor allem die sieben Amalgam-Füllungen ließen sich auch postmortal nicht an ihrer Aussage hindern. Jedenfalls waren dem Institut und der Kantonspolizei Zürich klar, dass es sich bei dem gefundenen Toten um jemanden aus dem deutschsprachigen Europa handeln musste.

Doch das Resultat nutzte zunächst gar nichts. Weder in der Schweiz noch in der BRD oder Österreich wurde jemand vermisst, auf den das Resultat gepasst hätte.

Reiseveranstalter Bernhard Rutz (Slogan: bernhard trekking, wo wenige viel erleben) fürchtete um seinen Ruf. Er appellierte an die ehemaligen Reiseteilnehmer, die Angelegenheit nun auf sich beruhen zu lassen. Er fürchtete geschäftlichen Schaden.

Am 17. 8. 84 schrieb er dem Ehepaar Kunz und den übrigen »lieben ehemaligen Brasilien-Trekker/innen«, »zum Schutze der Gastgeber auf keinen Fall irgendwelche Namen herauszugeben, weil man ja nun selber wisse, welche Gefahren damit verbunden sein könnten«.

Kunz beeindruckte das nicht. Er blieb auch dann fest, als Rutz, der Trekker, ihm *offiziell* den Mund verbieten lassen wollte. Ein extra dafür eingesetzter Ombudsmann (Schiedsrichter) musste unverrichteter Dinge wieder abziehen.

Doch dann erhielt die schweizerische Polizei unerwartet eine Anzeige. Das Ehepaar Wanner aus Zofingen meldete seinen Sohn Herbert als vermisst. Und mit einem Schlag passten alle Mosaiksteinchen zusammen: das Barett, die Initialen H. W., die Turnschuhe, Ort und Zeit und vor allem das Gebiss.

Die Polizei wurde aktiv. Wer war dieser Tatunca Nara? Man recherchierte und stieß auf zwei Hinweise: das Brugger- und das Nehberg-Buch. Während das erste ihn hochlobte, sprachen aus dem anderen Zweifel und Spott. Da er nach meiner Einschätzung kein Indianer war und Deutsch perfekt sprach, lag der Verdacht nahe, dass er deutscher Staatsbürger war. Deshalb bat die Schweizer Staatsanwaltschaft das Bundeskriminalamt (BKA) um Hilfe und das wandte sich an mich. So lernte ich Kriminalhauptkommissar Kurt Hartert und Kriminalkommissar Dirk Locher kennen.

»Kennen Sie einen Tatunca Nara?«, fragten sie.

»Aber gewiss doch. Einer meiner ganz speziellen Freunde.« Ich grinste mitteilungsbereit.

»Ja, das wissen wir natürlich. Wir haben Ihr Buch gelesen. Aber Papier ist geduldig. Sie kennen ihn also tatsächlich persönlich. Können wir Ihnen eine Frage stellen und Sie bitten, die ohne großes Nachdenken ganz schnell und spontan zu beantworten?«

»Aber klar doch. So was liebe ich ganz besonders.«

Ich war höllisch neugierig. Irgendwie musste es spannende Neuigkeiten geben, wenn die beiden extra aus Wiesbaden angereist kamen.

Sie blickten sich kurz an, so, als stimmten sie schnell ab, wer die Frage nun stellen sollte. Dann schoss Locher sie hervor: »Trauen Sie Tatunca Nara einen Mord zu?«

Meine spontane, überzeugte Antwort: »Nein!«

Und nach sekundenkurzer Pause bekräftigte ich die Antwort noch mit einer Ergänzung: »Niemals. Er ist ein Gauner, ein Spinner und Betrüger – aber ein Mörder, da würde ich rundweg *nein* sagen.« Meine Überzeugung geriet ins Wanken, als Hartert und Locher mir ihre neueren Erkenntnisse offenbarten. Sie berichteten kurz über den toten Herbert Wanner.

Er war 22 Jahre jung und Förster aus Zofingen in der Schweiz. Er hatte Tatunca Nara in den Jahren zuvor über Bruggers Buch kennen gelernt und war ihm und seiner Erzählkunst verfallen. Es erfüllte ihn mit Stolz, dass ein solch großer Häuptling ihn zum Freund auserkoren hatte. Seine stille Hoffnung war, von Tatunca Nara eines Tages dessen geheimnisvollem Volk vorgestellt zu werden. So investierte Wanner viel Geld in Tatunca Nara. Man reparierte dessen brüchiges Schifflein und Wanner brachte Waffen und Uhren als Geschenke mit nach Barcelos. Und die Eltern wussten: »Beim zweiten Besuch hat er 15 000 Schweizer Franken bei sich gehabt.«

Am 13. November 1983 verließ Herbert Wanner sein Elternhaus zum dritten Mal, um sich mit Tatunca zu treffen. Er traf am 15. November 1983 in Barcelos ein. Wieder hatte er Geld und Traveller-Schecks bei sich. Und diesmal schien es sich für ihn zu lohnen. Denn Anfang Dezember 1983 schrieb er nach Hause, dass er nun wirklich das Glück habe, vom großen Häuptling nach Akahim, dem geheimnisumwitterten neuen unterirdischen Wohnort derer von und zu Mongulala, geführt zu werden.

Das war gleichzeitig das letzte Lebenszeichen, das die Eltern Wanner von ihrem Sohn erhielten. Zunächst waren sie nicht beunruhigt – konnten sie sich doch denken, dass Expeditionen nicht in wenigen Tagen abzuwickeln sind und nicht immer termingerecht enden können.

Als dann Mitte Mai 1984 (nach fünf Monaten) immer noch kein Brief eingetroffen war, schrieben sie an Tatunca Nara. Sie wollten wissen, ob die Reise inzwischen beendet und wo Herbert geblieben sei.

Am 6. Juni 1984 antwortete Tatunca Nara in einem halbseitigen, maschinengeschriebenen Brief, dass sie bereits im Februar '84 zurückgekehrt seien und Herbert dann plötzlich Barcelos verlassen habe: »... mit kurzen worden mich hat er Ueberrascht, als ich nach Hause kam er war weg, läst schön grüssen ...«

Es befänden sich noch ein Seesack mit Wäsche und Bücher bei ihm. Wohin Wanner gegangen sei, wisse er nicht genau. Mal habe er zurück in die Schweiz gewollt, mal wieder zu den Indianern, mal nach Venezuela.

Am 23. 9. 1984 kam ein zweiter Brief. Diesmal doppelt so lang. Eine ganze Seite. »Bilder von Herbert allen Flug-Taxi-Piloten von Manaus welche auch die endferndesden Goldgräber Cambs anfliegen in Staade Roraima Fazendas besuchen und kennen ich habe Bilder gegeben um Herbert der mein Freund ist zu finden!«

Im Widerspruch zum ersten Brief wusste er nun auch, dass Herbert über Manaus nach Boa Vista gefahren ist. Er wollte von dort für 24 Stunden nach Venezuela. Nach einem Tag im Ausland und bei erneuter Einreise erhält man dann wieder ein Visum mit dreimonatiger Gültigkeit.

Diese Mitteilung stand auch im Gegensatz zu einer anderen Behauptung im ersten Brief. War da doch zu lesen, dass »... Brasilien hat seine Grenzen zugemacht«.

Grund genug für die Eltern, misstrauisch zu werden. Aber sie wurden ein wenig getröstet von Tatuncas Ehefrau Anita.

Am 30. 10. 1984 schrieb sie von Hand auf fünf Seiten, dass die Dimensionen im Urwald »kontinental« seien,

Zeit und Distanz hier andere Werte besäßen und sie, weil sie das Land kenne, nicht so beunruhigt sei wie die Eltern.

Fest stand – nach den Ermittlungen –, dass Herbert Wanner zwischen Mitte und Ende Januar 1984 umgekommen sein musste.

Schon im Februar desselben Jahres wurden Herberts Reiseschecks in Zahlung gegeben. Der Erste, der sie entgegennahm, war Aloisio Dias, ein stadtbekannter Geldwechsler in Manaus. Von ihm liefen die American-Express-Schecks über Korrespondenz-Banken zur Kennedy-Bank in den USA.

Aber Aloisio Dias erinnerte sich nicht mehr an diese Geldpapiere. Er nimmt täglich viele davon entgegen und gibt sie wieder weiter. Wohl wusste er, dass Tatunca ihm des öfteren Schecks angeboten hatte. Ob es jedoch diese und zu jener fraglichen Zeit waren, erinnerte er nicht.

Auf der Suche nach Beweismitteln überlegte ich gemeinsam mit dem BKA, ob mir wichtige Details entgangen waren, ob ich vielleicht unbewusst selbst von Tatunca bedroht gewesen war, ob ich mich an seine Waffen erinnerte oder Fotos hätte. Ich bemühte mein Hirn und mein Fotoarchiv. Und ich filzte erneut mein Tagebuch. Und darin fand sich eine weitere sehr entscheidende Notiz. Sie deckte sich mit einer gleich lautenden Aussage des *Stern*-Reporters Volker von Conte. Auch ihm hatte Tatunca die interessante und tragische Geschichte des kleinen Indianers erzählt, der Fernweh nach Deutschland, dem Land seiner verstorbenen Mutter, hatte.

In dieser zu Herzen gehenden Geschichte beging er einen weiteren gravierenden Fehler. Vielleicht den entscheidenden schlechthin.

Der Pass

»Ich weiß nicht, ob du das verstehen kannst, Rüdiger«, so Tatunca Nara zu mir bei der ersten Begegnung im Jahre 1982, »meine Mutter und die Hitler-Soldaten hatten mir so viel über Deutschland erzählt, dass ich nur noch von einem Wunsch beseelt war: Ich musste dieses Land kennen lernen.«

Doch wie sollte ein einfacher und staatenloser Indio das zuwege bringen?

Pfiffig, wie Tatunca aber immer schon war, horchte er sich um.

»Sehr bald hatte ich herausgefunden, dass die Weißen einen so genannten Schwarzmarkt hatten. Dort konnte man alles erstehen. Auch einen Pass. Es war nur eine Frage des Preises. Und da stand ich vor dem Problem: Woher sollte ich als unbedeutender Indio Geld nehmen? Es über saubere Arbeit zu verdienen war hoffnungslos. Wer bezahlt einem Indio schon einen korrekten Lohn?«

Doch bei dieser Gelegenheit erfuhr der pfiffige Urwaldjunge sehr bald, dass die Weißen von einer unglaublichen Gier nach Gold und Smaragden beherrscht werden.

»Das Zeug lag bei uns haufenweise rum. Für uns hatte das gar keinen Wert. Ich brauchte nur hin und es aufzusammeln.«

Das tat er, und so erwarb Tatunca Nara seinen ersten Reisepass. Er lautete auf den Namen Günther Hauck. Stolz schiffte er sich nach Deutschland ein. Zielhafen: Hamburg.

Doch wieder einmal wurde unser Mischblut von seinem Instinkt im Stich gelassen, wieder einmal wurde er von den Weißen aufs Kreuz gelegt. Tatunca hatte den Pass für sauber gehalten. Doch er sollte eine böse Enttäuschung erfahren.

Heute hört sich die Passgeschichte so an:

»Ende 1959 fuhr ich zum ersten Mal mit einem deutschen Schiff nach Hamburg. Ich hatte die Besatzung in Manaus kennen gelernt. Die Matrosen sagten: ›Du bist ein Indianer und sprichst Deutsch? Komm doch einfach mit nach Deutschland‹, und so fuhr ich mit. Es war mein erster Besuch in Europa. Die Indianerbehörde SPI (heute FUNAI) hatte mir einen Ausweisersatz gegeben. Darauf stand Tatunca Nara, Nation: Indio.

Als ich in Hamburg ankam, sagte die Seepolizei: ›Nationalität Indio gibt es nicht.‹ Ich kriegte einen Staatenlosen-Ausweis.

Mit diesem Papier in der Tasche bummelte ich eines Tages durch Nürnberg. Da begegnet mir ein junger Mann und ruft: ›Hey, Günther, wie geht's?‹

Ich sage: ›Günther? Ich heiße Tatunca.‹

›Erzähl keinen Blödsinn. Du wirst doch wohl deinen alten Schulkameraden wiedererkennen.‹

Ich sag: ›Bitte schön, Schule? Ich bin im Regenwald nie in eine Schule gegangen. Meine Schule war der Dschungel. Mein Abitur waren die Kämpfe gegen Peru.‹

Aber dennoch kamen wir ins Gespräch. Ich musste eine verblüffende Ähnlichkeit mit einem gewissen Günther Hauck haben. Diese Gelegenheit nutzte ich. Der Mann erinnerte sich noch genau an diesen Schulfreund und auch an dessen Geburtsort. Es war Grub am Forst bei Coburg. Ich also an das Einwohnermeldeamt geschrieben, ich bäte um eine Geburtsurkunde. Rückporto hatte ich beigelegt, und ein paar Tage später hatte ich das Dokument in den Händen. Im Bahnhof von Nürnberg habe ich mir dann im Fotoautomaten zwei Fotos gemacht und bin damit auf die Polizeibehörde. Ich sag, ich hab meinen Pass verloren, kann ich wohl einen neuen haben? Und zehn Minuten später hatte ich den Pass.

Aber zurück zur Urfassung der Passgeschichte:

»Ich kam in Hamburg an und das Erste, was mir in meinem Mutterland widerfuhr, war meine Verhaftung. Ich war total fertig. Alles hätte ich erwartet. Nur das nicht.«

»Ja, aber weshalb denn?«, fragte ich voller Mitgefühl ob der behördlichen Willkür.

»Das kann ich dir sagen. Weil gegen diesen Günther Hauck ein Haftbefehl vorlag. Nichts Schlimmes, Gott sei Dank, nur 'ne Unterhaltsklage seiner Frau aus Nürnberg. Später erst erfuhr ich, dass dieser Hauck sich in die Fremdenlegion abgesetzt hatte. Aber dennoch. Für mich war es schlimm genug. Ich wurde am 24. November 1967 nach Nürnberg ins Untersuchungsgefängnis gesteckt. Das Datum vergesse ich nie.«

»Und da konntest du den Irrtum klären?«

»Ja. Aber erst, als es zum Prozess kam. Das war nach drei Monaten. Solange war ich in Untersuchungshaft. Bis zum 21.1.1968. Da wurde ich in den Gerichtssaal geführt und dieser Frau Hauck gegenübergestellt.«

Da er nicht weitererzählte, hakte ich nach. »Na und?«

»Wieso na und? Dann ging alles ganz schnell. Die Frau sagte: ›Das ist doch nicht mein Mann‹, und ich sagte, dass ich das ja immer schon erklärt hatte. Ich sei Tatunca Nara. Aber mir hatte man ja nicht geglaubt. Da wurde ich freigesprochen und die drei Monate wurden *dafür* angerechnet, dass ich mit falschem Pass gereist war. Ich weiß noch genau, wie der Richter mich zur Seite nahm und sagte: ›Lassen Sie sich von mir einen persönlichen Rat geben. Bleiben Sie am besten dabei, der Günther Hauck zu sein. Dann kann ich Sie sofort entlassen. Wenn Sie nämlich auf Tatunca Nara bestehen, muss ich das in Brasilien überprüfen. Und das dauert erfahrungsgemäß ein Jahr, so lange muss ich Sie in Haft halten.‹ Und so sagte ich damals, nach dem Prozess, okay, ich bin Günther Hauck. Heute dreht man mir daraus einen Strick oder wie das auf Deutsch heißt.«

Für mich gab es an dieser Geschichte damals, 1982, keinen Zweifel. Zumal ich ihn zu jener Zeit ja nur für einen Gauner à la Felix Krull gehalten hatte.

Doch Kurt Hartert vom BKA gab sich damit nicht zufrieden und suchte sich den Fall Hauck aus Nürnberg hervor.

»Ich hatte mehr Glück als Verstand«, gab er zu, »die Akten des betreffenden Jahres waren längst vernichtet. Aber dieser Vorgang existierte noch. Er lag völlig verstaubt auf dem Boden des Amtsgerichts zu Nürnberg.«

Und aus diesen Akten erfuhren Hartert und Locher ganz andere Fakten.

»Frau Hauck hatte sehr wohl ihren Mann wiedererkannt. Es gab nicht den geringsten Zweifel an seiner Identität. So war auch nie die Rede davon, dass er Indianer und der Prozess ein Irrtum sei. Im Gegenteil: Günther Hauck, alias Tatunca Nara, war voll geständig. Und da er gelobte, ab jetzt zu zahlen, erhielt er ein halbes Jahr Gefängnis und wurde auf Bewährung freigelassen. Und die Sache mit dem Richter, der ihm einen ›persönlichen‹ Rat gegeben haben soll, ist ja wohl ein Witz. Stellen Sie sich mal einen solchen Richter vor, mit all den Beisitzern, Protokollführern, Zeugen, Publikum – der Mann wäre ja wohl vollkommen wahnsinnig, ein solches Abkommen mit einem dubiosen Angeklagten zu treffen. Allerdings hat Tatunca es bei seiner Entlassung fertig gebracht, dass man folgenden Eintrag ins Gefangenenbuch der Justizvollzugsanstalt Nürnberg machte: ›Hansi Richard Günther Hauck, genannt Tatunge Nare‹.«

Mit einem Schlag stellte sich Tatuncas Identität nun in einem völlig anderen Licht dar. Aus war der Traum vom bedrängten, bedrohten, betrogenen und gejagten Indio. Von einer Sekunde zur anderen hatte er sein Regenwald-Image eingebüßt und sich zurückverwandelt in einen normalen, sterblichen Deutschen, wie ich es in meinem Buch »Yanonámi« bereits 1982 geäußert hatte. Nun war meine Vermutung doch noch Gewissheit geworden. Ich machte mich auf nach Bayern, um etwas über Tatuncas neue (alte?), jedenfalls wahre Identität zu erfahren.

Die andere Identität

Deutschland, Sonntag, 5.Oktober 1941. Adolf Hitler ist Staatschef. Europa bebt unter dem Zweiten Weltkrieg. Meta Hauck, geborene Sigleur, aus Grub am Forst bei Coburg in Franken bemühte sich nach besten Kräften, ihren Pflichten als deutsche Frau nachzukommen. Sie schenkte sich, ihrem Mann und dem Führer einen Sohn. Es war ihr drittes Kind und sie nannte es Hansi Richard Günther. So hatte sie es mit ihrem Mann Johann abgesprochen, der längst wieder an der Ostfront war.

Dass dieser 5. Oktober 1941 für manche Leute noch einmal von Bedeutung sein würde, ahnte wohl niemand. Es sollte dem neuen Erdenbürger Günther vorbehalten bleiben, das zu arrangieren. Vielleicht waren es ja die Ereignisse diesseits und jenseits des Atlantiks, die an seiner Wiege Pate standen und ihn prägten und die er später auf seine Art und Weise verarbeitete. Am wenigsten ahnte das Mutter Meta. Sie überlegte sicher, wie sie ihre drei Kinder durch den Krieg bringen könnte. Schade, dass der Vater sie nicht, wie damals bei ihrer ersten Tochter Elfriede, besuchen konnte.

Meta war stolz auf ihren Mann. Wie viel Zuversicht doch aus seinen Feldpostbriefen sprach! Leningrad wollten sie einfach überrollen und dann auf den Ural zumarschieren. Johann war ein richtiger Held. Wäre doch der Krieg endlich zu Ende und er wieder daheim! Meta sehnte sich nach ihm. Das letzte Mal war er vor genau neun Monaten auf Kurzurlaub zu Hause gewesen. Deshalb nun der Sohn.

Die Kinder kannten ihren Vater gar nicht. Elfriede und Irmgard waren noch zu jung und Hansi sollte ihn nie kennen lernen. Denn Vater Johann fiel bei Leningrad.

»Ich weiß noch wie heute«, erinnerte sich Elfriede bei dem Gespräch mit mir. »Der Bürgermeister überbrachte die Todesnachricht. Das war dann auch Mutters Ende. Sie wurde krank und nie wieder gesund. Sie siechte dahin, wurde mehrfach operiert und starb 1955 an Krebs.«

Aber Meta blieb keineswegs ständig im Bett liegen. So gut es ging, arbeitete sie, um sich und ihre drei Kinder durchzubringen. Sie nahm jede auch noch so geringe Arbeit bei den Nachbarn an und meistens arbeitete sie nur gegen Kost.

Deshalb mussten auch die Kinder früh lernen, mit anzupacken. Elfriede zog sogar schon mit zehn Jahren ganz zu Bauer Ewald Krauß und seiner Frau und fiel damit der Mutter nicht mehr zur Last. Die Kraußens nahmen sie auf wie eine eigene Tochter und sie fühlte sich dort sehr geborgen. Die übrigen Haucks wohnten in einem winzigen Häuschen mit drei Mini-Zimmern in Roth, einem Dorf mit 115 Einwohnern. Das Haus lag nur zwölf Meter entfernt von den Bahngleisen und Metas große Sorge war stets, die Kinder könnten beim Spielen unter den Zug geraten.

Heute wäre das Leben in diesem Hause noch viel gefährlicher. Zwar wurde es renoviert und vergrößert – es erhielt jetzt sogar eine lila gestrichene Garage –, aber genau auf der Seite zum restlichen Dorf hin hatte man die B 303 durch den Ort gelegt, die Coburg mit Mitwitz verbindet. Nur fünf Meter von den Fenstern entfernt donnert Tag und Nacht die Autolawine vorüber. Haucks Haus liegt nun wie auf einer kleinen, meerumtosten Insel.

Wer sich nicht zu Fuß über diese Straße wagt, kann die Brücke benutzen. Denn in nur 100 Metern Entfernung überführt sie die B 303. Sie verbindet Roth mit Grub, dem Nachbarort. Heute sind beide Orte eingemeindet zu »Grub am Forst«.

Noch heute erinnern sich viele Nachbarn an den Hauck Günther. Ich besuchte einige von ihnen.

»Der Junge war ein bedauernswertes Kind. Eine kranke Mutter und keinen Vater. Er musste immer schon beim Bauern helfen, damit sie alle satt wurden«, erinnerte sich Alois Lipske, sein Lehrer. »Deshalb hatte er auch sehr häufig keine Schulaufgaben gemacht und ich weiß noch, dass er immer eine andere Ausrede hatte. Darum war er nie verlegen.«

Doch Herr Lipske konnte sich nicht um alle seine Zöglinge in der angemessenen Weise kümmern.

»Wegen Lehrermangels – wir waren nur drei Lehrkräfte in den ersten Nachkriegsjahren – mussten immer zwei Jahrgänge zusammengelegt werden, und das ging natürlich zu Lasten der Schüler.«

Deshalb habe man den Hauck Günther, nachdem er einmal sitzen geblieben war, schließlich aus der siebten Klasse entlassen.

Der Lehrer erinnerte sich aber auch daran, dass Günther in den praktischen Dingen viel begabter war als in den schulischen, den theoretischen.

»Theorie lag ihm nicht, aber wenn es galt, zuzupacken, dann war es immer der Hauck Günther, der sich sofort freiwillig meldete.«

Und je länger Lehrer Lipske sich die Vergangenheit ins Gedächtnis rief und vor allem, als er Günther auf einem von mir mitgebrachten Foto noch einmal betrachten konnte, fielen ihm weitere Kleinigkeiten ein.

»Einmal kriegte die Schule ihre Holz- und Kohlenzuteilung. Die Schüler durften das, streng genommen, nicht rauftragen, denn Schülerarbeit war verboten. Aber Günther meldete sich freiwillig und im Handumdrehen hatte er alles hochgeschleppt und das Holz sauber gestapelt.«

Immer deutlicher erschien der junge Hauck nun im Geiste vor ihm.

»Eine Geschichte gibt es da, die habe ich bis heute noch nicht klären können.« Ruhig und sicher kommen seine Worte. Er lächelt.

»Unser Dorf hatte die erste Wasserleitung gelegt bekommen, und das sollte gefeiert werden. Die Schule verteilte Luftballons, die wir mit Gas aufbliesen. Die Kinder verkauften sie dann in den einzelnen Häusern, damit die geschmückt werden konnten. Jedes Kind erhielt eine bestimmte Menge Ballons und musste das entsprechende Geld abliefern. Aber fast alle Kinder brachten weniger Geld ran. ›Einer ist mir weggeflogen‹, hieß es, ›zwei sind mir geplatzt‹, entschuldigten sich die anderen. Nur der Hauck Günther hatte solche Probleme nicht. Er holte sogar noch ein paar Ballonbündel nach und machte den größten Umsatz. Er verkaufte nicht nur die meisten, sondern er brachte sogar stets mehr Geld mit, als er hätte abliefern müssen. Bis heute weiß ich nicht, wie er das gemacht hat. Er muss sie ja wohl teurer verkauft haben. Aber was mich dabei beeindruckt hat, war, dass er den Überschuss nicht für sich behalten hat. Schließlich galt seine Familie als ausgesprochen arm.«

Und nach weiterem kurzem Nachdenken ergänzte Lipske: »Ich habe mir das damals so erklärt, auch seine

Hilfsbereitschaft, dass er seine schlechten schulischen Leistungen damit ausgleichen und sich bei den Lehrern beliebt machen wollte.«

Interessant für mich war dann auch Herrn Lipskes Analyse eines heutigen Tatunca-Briefes.

»Sehen Sie hier«, erklärte er. »Das ist ein Hinweis auf die hiesige Gegend. Hier bei uns wird das ä sehr gedehnt gesprochen. Und da er in Rechtschreibung nie eine Leuchte war, spiegelt sich das in seiner Schreibweise wider. Er schreibt ›währen‹ statt ›wären‹, ›erklährte‹ statt ›erklärte‹. Selbst ›nähmlich‹ schreibt er falsch, obwohl ich den Kindern immer eingeprägt habe: ›Wer nämlich mit h schreibt, ist dämlich.‹«

Und dann fand sein Scharfsinn noch etwas heraus: »Wenn seine Mutter eine deutsche Nonne gewesen sein soll, die in den dreißiger Jahren von seinem Vater geraubt wurde, dann hat sie zwei Schriften gelernt. Die ›deutsche Schrift‹ und die abgewandelte Schreibweise: zum Beispiel das lange S. Das S schreibt man in Deutschland seit 1947 nicht mehr. Ich musste mich damals auch zur Umstellung zwingen. Günthers Mutter, die Nonne, kann also die neue Schreibweise nicht gekannt haben. Dennoch behauptet der so genannte Tatunca, Deutsch in Schrift und Sprache von ihr gelernt zu haben, er schreibt aber die neue Version, nämlich s und sowieso nirgends die so genannte deutsche Schrift, und nur die hätte er können dürfen!«

Auch Ida Schwämmlein erinnert sich an die Haucks. Sie hatte seinerzeit ein kleines Lebensmittelgeschäft in Roth.

»Frau Hauck konnte überhaupt nicht mit Geld umgehen. Immer ließ sie anschreiben und an jedem Ersten bangte ich um mein Geld, aber letztlich hat sie es immer beglichen. Sie hatte es als Witwe auch nicht leicht. Deshalb hat sie die Elfriede mit zehn Jahren schon zur Familie Krauß auf den Hof gegeben.«

Die Kraußens schwärmen heute noch von Elfriede. »Bis zum 21. Lebensjahr hat das Mädchen hier gearbeitet. Dann ist es fortgegangen, weil es Schwierigkeiten mit seinem Onkel August hatte. Aber noch heute kommt die Elfriede her und verbringt hier ihren Urlaub.«

Und Ida Schwämmleins Sohn Günther erinnert sich: »Der Junge war robust und nicht zimperlich. Als er beim Pötsch Ewald das Maurerhandwerk lernte, badete er sich am liebsten in dem Wasser, in dem die Kollegen ihr Werkzeug gereinigt hatten. Das machte ihm nichts aus.«

Ähnliches bestätigt auch Gastwirt Kurt Alex Hanft vom Gasthof *Zur Sonne*.

»Ständig las er Tarzan-Bücher und fühlte sich auch wie sein Comic-Held. Er lief gern barfuß und mit der Badehose rum. Er war ein robuster Typ. Im Herbst half er uns bei der Kartoffelernte. Wenn wir dann mit dem vollen Wagen den Weg runterfuhren, lief er schon vorweg, kletterte auf die Bäume und schwang sich dann von Ast zu Ast und sprang schließlich mit schaurigem Tarzan-Gebrüll auf den vorüberfahrenden Wagen runter.«

1955 verließ Günther die Schule, wurde von Pastor Johannes Hanselmann – heute Landesbischof – konfirmiert und begann die Maurerlehre in der Firma Ewald Pötsch.

Als im selben Jahr die Mutter starb und die drei Kinder Vollwaisen wurden, kam Günther zum Bruder des Vaters, zum Schuhmachermeister Onkel August Betz im benachbarten Niederfüllbach. Der Onkel ist inzwischen verstorben, aber sein Sohn Hilmar erinnert sich noch an Günther.

»Der hatte einen ausgeprägten Drang nach Freiheit und Unabhängigkeit. Immer wieder riss er aus und radelte in

Richtung Frankreich. Zweimal musste die Polizei ihn wieder zurückbringen. Schließlich wurde es meinem Vater zu bunt. Er übergab ihn der Fürsorge und die steckte ihn in die Rummelsburger Anstalten, eine Art Erziehungsanstalt bei Nürnberg.«

Aber auch da türmte er und versteckte sich auf dem Krauß-Hof bei seiner Schwester Elfriede.

»Daran erinnere ich mich noch wie heute«, sagte die. »Denn das sind Momente, die man nie vergisst. Irgendein Nachbar hat ihn bei uns entdeckt und die Polizei alarmiert. Er wurde in Handschellen abgeführt. Einen Siebzehnjährigen in Handschellen, wie einen Schwerverbrecher! Wie ein Hund musste er neben dem Fahrrad des Dorfpolizisten herlaufen. Später hatte er mir geschrieben. ›Willst Du Deinen Bruder retten, schick ihm Geld und Zigaretten.‹«

Daraufhin buk Elfriede einen Kuchen und wollte ihren Bruder in der Erziehungsanstalt besuchen. »Ich hatte mich sogar angemeldet. Aber ich wurde nicht reingelassen. Den Kuchen musste ich wieder mitnehmen.«

Auf Onkel August ist sie gar nicht gut zu sprechen. »Der war geizig und gewalttätig. Der wog ihm die Butter aufs Gramm genau ab und zählte ihm die Kekse vor. Er sagte immer: ›Du frisst für zehn, so viel Waisenrente kriege ich gar nicht, wie du verfrisst‹, und verprügelte ihn, wenn Günther sich in seinem Hunger etwas aus dem Kühlschrank holte. Er hatte manchmal richtige Striemen auf dem Rücken.«

Elfriede sprach den Onkel auf das miese Essen an.

»Am 10. eines jeden Monats verkündete der Onkel regelmäßig: ›Jetzt hast du deine Waisenrente und deinen Lehrlingslohn verfressen‹, und dann kriegte mein Bruder nur trocknes Brot mit zur Arbeit. Da haben die Kollegen ihm aus Mitleid eine Scheibe Wurst darauf gelegt. Als ich meinem Onkel das vorwarf, prügelte er auch mich. Seinetwegen bin ich dann schließlich mit 21 von Roth fortgegangen. Ich konnte ihn nicht mehr ertragen.«

Tenor aller Erzählungen: Günther war ein typischer Lausebengel, er war hilfsbereit und pfiffig und träumte vom großen Glück und dem Abenteuer in der weiten Welt. Welch ein Wunder auch, wenn man kein Zuhause hat und abends nur im Lesen und Träumen ein wenig Zuflucht, Trost und Hoffnung findet.

Während seine Schulkameraden nach des harten Schultages Arbeit die Nestwärme des Elternhauses genießen und dort auftanken konnten, war Hansi Richard Günther Hauck abends allein. Während andere sich den Bauch mit leckeren Speisen voll schlagen konnten, knurrte Hansi ständig der Magen vor Hunger. Während andere von Eltern oder Freunden notfalls Nachhilfeunterricht erfuhren, gab es für Hansi niemanden, der ihm geduldig etwas erklärt hätte, und so fühlte sich der junge Hauck ständig ungeliebt und unbedeutend. Klar, dass er sich so in eine Traumwelt flüchtete. In die Tarzans, Old Shatterhands, Winnetous und der Comic-Helden. Kein Wunder, dass sein Wunsch, allen zu beweisen, was wirklich in ihm steckte, immer deutlicher wurde.

Elfriede: »Das kann ich verstehen. Stellen Sie sich mal diese Geschichte vor: Eines Tages kam mein Bruder mit einer Glatze nach Hause. Er hatte um fünf Mark gewettet und sich die Haare abgeschnitten. Von dem Geld hatte er sich etwas zu essen gekauft, Leckereien, um einmal richtig satt zu werden. Das erfuhr prompt Onkel August. Er verprügelte ihn wie von Sinnen und schrie: ›Weil du dein Geld nicht abgeliefert hast und immer nur an dich denkst, denke ich ab jetzt nur noch an mich und an meine Familie. Ab jetzt musst du jeden Keks, den du willst, bezahlen.‹

Sogar Weihnachten musste sich Günther die Kekse von Onkel August kaufen. Mein Bruder hat da die Hölle durchgemacht. Die Erziehungsanstalt hinterher war das reinste Sanatorium für ihn.«

Seine Cousine Thea Kimmling bestätigte die Vorwürfe gegen Onkel August aus vollem Herzen.

»Der Onkel? Das war kein Mensch. Das war der reinste Unmensch. Er verglich Günthers ›Fresssucht‹, wie er es nannte, immer mit dem ›Normalappetit‹ seines Sohnes Hilmar. Doch der war von ganz anderer Statur als Günther. Er war kränklich und häuslich, während mein Cousin arbeitete und tobte und deshalb einen ganz anderen Appetit entwickelte.«

Thea hatte immer Mitleid mit Günther gehabt und eine gewisse Zuneigung für ihn empfunden. Obwohl sie mit ihren 17 Jahren damals selbst kaum etwas verdiente, steckte sie, was immer sie entbehren konnte, dem Jungen zu: Geld, Naschereien und auch schon mal ein Stück Garderobe.

»Und wie stand er zu seiner späteren Frau?«, wollte ich wissen.

»Gehen Sie mir weg mit der!«, empörte sich Thea. »Ich vergesse nie, wie die einmal in meinem Beisein zu Günther sagte: ›Hätte ich dich doch bloß nie geheiratet, sondern den Kapitän. Dann ginge es mir jetzt besser.‹«

Als ich Grub am Forst verließ, sah ich Tatunca Nara in etwas anderem Licht. Unwillkürlich sah ich die Jugend von Tom Sawyer und Huckleberry Finn vor mir, und ich konnte ein ganz anderes Verständnis für seinen Drang, mal »ganz groß rauszukommen«, aufbringen.

In den Rummelsburger Anstalten blieb er bis zum 18. Lebensjahr. Dann wurde er entlassen. Aus den dortigen Akten ist zu erfahren, dass er ein Einzelgänger war, der ständig in Abenteuer- und Sciencefiction-Bücher vertieft war und der den Kontakt zu seinen Gefährten mied.

Umso enger waren aber damals schon seine Beziehungen zu den »Außerirdischen«. Völlig außer Atem vermeldete er eines Abends der Anstaltsleitung die Landung eines Ufos auf dem Anstaltsgelände. Er tat es so überzeugt oder überzeugend, dass ein Fürsorger ihn zum Landeplatz begleitete. Aber ehe sie dort eintrafen, war das Flugmobil längst wieder gestartet. Man sah nur ein paar undefinierbare Abdrücke auf dem Rasen. Günthers Fantasie begann sich zu entwickeln.

Aber dann schien er die ersehnte Geborgenheit doch gefunden zu haben. Mit zwanzig traf er seine spätere Frau. Sie standen in derselben Warteschlange vor dem Schalter der Nürnberger Ortskrankenkasse. Er sprach sie an und faszinierte auch sie von Anbeginn mit seiner Erzählkunst.

Hilmar Betz, Sohn des Onkel August: »Sie war die Beste, die er je kriegen konnte. Eine wirklich gute und ordentliche Frau. Meine Frau und ich waren zu seiner Hochzeit. Da hat meine Frau mal heimlich in ihren Kleiderschrank geguckt. Nur mal so. Und ob Sie's glauben oder nicht: Die Wäsche lag tipptopp sauber, gebügelt, gefaltet und wie mit dem Lineal gestapelt. Eine gute Frau.«

Elfriede sieht das gänzlich anders: »Dass er schließlich abgehauen und verschwunden ist, liegt nur an ihr. Da hätte er wirklich 'ne Bessere verdient gehabt. Die waren kaum verheiratet, da hat er sie schon mit 'nem anderen Kerl erwischt. Hat er mir selbst erzählt. Natürlich hat er den am Schlafittchen gepackt und achtkantig die Treppe runtergeworfen. Und als der sich dann nicht mehr rührte, dachte er, der sei tot, und deshalb ist er abgehauen. Das ist nur die Schuld der Frau.«

Ich reiste auch zu Tatuncas geschiedener Frau. Sie wohnt auch heute noch in demselben Haus wie damals. An der Klingel noch immer das alte Schild: *G. Hauck*.

Inzwischen war sie 50 Jahre alt. Nur widerstrebend empfing sie mich. Die Günther-Ära war für sie abgeschlossen. Eigentlich wollte sie darüber nie mehr reden. Zu ihrer Unterstützung hatte sie vorsorglich ihre drei Kinder, Günthers Kinder, dazugeladen. Sie bestätigte mir, was BKA-Hartert bereits gesagt hatte: An der Identität war nicht zu rütteln.

»Immerhin habe ich drei Kinder mit dem Mann. Da werde ich ihn wohl wiedererkannt haben. Nach dem Prozess kam er abends nach Hause, nahm seine letzten Sachen aus dem Schrank und verschwand für immer.«

Für sie setzte sich eine schwere Zeit fort. Denn Tatunca zahlte natürlich nie – besonders hart, weil Christa Hauck sich tagsüber um die Kinder kümmern musste und nachts mit Putzarbeiten das Geld für die Familie verdiente.

Auf Anraten von Freunden bat sie dann die Fürsorge um Unterstützung und erhielt sie. Die Fürsorge war es auch, die die Klage gegen Günther Hauck angestrengt hatte. Wäre das unterblieben, wäre Tatuncas Identität nie mehr geklärt worden. Wieder so ein Zufall.

»Haben Sie zufällig noch ein Foto von Günther aus jener Zeit? Es interessiert mich brennend, wie der Große Häuptling damals ausgesehen hat.«

Und diesmal hatte ich Glück. Hatte sie mir schon nicht erlaubt, sie zu fotografieren oder das Gespräch auf Band aufzuzeichnen, so zeigte sie mir doch eine Kopie des einzigen Bildes, das sie noch aus dieser Zeit besaß: eine Reproduktion des schon zerrissenen Hochzeitsbildes. Aufnahmedatum 15.2.1962. Neben der glücklichen Braut unverkennbar, wenn auch mit Anzug, Krawatte und lächelnd: Hansi Günther Richard Hauck, alias Tatunca Nara, mein indianischer Maurer vom Amazonas.

»Als die Kriminalpolizei mich das erste Mal nach Fotos fragte, sagte ich aus Überzeugung, ich hätte keine. Ich hatte alles, was mit Hansi zu tun hatte, vernichtet. Nach der Scheidung in seiner Abwesenheit sollte mich nichts mehr an ihn erinnern. Als Herr Hartert vom BKA dann immer wieder bohrte, fiel mir auf einmal ein, dass ich doch noch eins hatte. Es war dieses Hochzeitsbild. Ich habe es einmal mitten durchgerissen und auf den Wohnzimmerschrank geworfen. Dabei ist es dahinter gefallen, und ich habe es da liegen gelassen, weil ich den langen schweren Schrank nicht bewegen konnte. Jetzt haben wir den Schrank mit mehreren Personen vorgewuchtet und tatsächlich lag das Foto noch da. Dies ist eine Reproduktion. Hier sehen Sie noch den Riss.«

Nachdem Günther im Januar 1966 Frau und drei Kinder in Nürnberg im Stich gelassen hatte, heuerte er in Hamburg auf der *Dorthe Oldendorff* an, die auf der Südamerika-Linie den Hafen La Guaira in Venezuela anlief.

Im Juni 1966 fiel er dort dem Kapitän wegen »geistiger Ausfälle« auf. Als der Hilfsmaschinist Hauck dann ohne Erlaubnis des Kapitäns im Hafen von Caracas von Bord ging, schaltete dieser die einheimischen Behörden und die Botschaft ein. Die Botschaft stellte fest, dass Günther Hauck in Deutschland gesucht wurde, weil er seiner Familie keinen Unterhalt zahlte. Die venezolanischen Behörden nahmen ihn einige Tage später fest und führten ihn einer psychiatrischen Untersuchung zu, da der deutsche Seemann behauptete, ein Indio zu sein.

Der Gerichtssachverständige Dr. Jerome, der die deutsche Sprache in Wort und Schrift beherrscht, diagnostizierte eine *schizoide Psychopathie* und empfahl den Behörden die Unterbringung des deutschen Seemannes in einer geschlossenen Anstalt. Doch dazu kam es zunächst nicht.

Denn Hauck gelang die Flucht aus dem Gewahrsam der Polizei in Caracas. Er trieb sich fast ein Jahr in Venezuela umher, bis er erneut festgenommen und in Begleitung eines Arztes und der Polizei am 22. 11. 67 per Flugzeug nach Deutschland abgeschoben wurde.

Nach Untersuchungshaft und Gerichtsverhandlung in Nürnberg heuerte der inzwischen geschiedene Maurer Günther Hauck am 15.2.68 bei einer anderen Hamburger Reederei an und fuhr schließlich mit der *Luise Bornhofen* nach Rio de Janeiro. Dort verliert sich seine Spur endgültig.

Anderthalb Morde

»Hier! Weißt du, was das ist? Das sind die Knochen eines Menschen. Das sind Rippenknochen. Ich hab's ja geahnt. Das musste ja so kommen. Hier sind auch seine Haarbürste, sein Kamm, seine Zahnbürste und vor allem die grüne Nylon-Hängematte mit den schweren Metallringen zum Aufhängen.«

»Bist du dir da ganz sicher, Tatunca?«

»Hundertprozentig. Schließlich war ich ja ein paar Wochen mit ihm zusammen.«

Ferdinand Schmid, ein pensionierter Swissair-Pilot, war gerade im Begriff gewesen, sein Lager zu bereiten. Er hatte den Boden von Geäst gereinigt und die jungen Baumsprösslinge mit der Machete abgeschlagen. Dann hatte er seine Hängematte gespannt. Reine Routinearbeit. Das machte er jeden Abend in jedem Camp.

Ferdinand war nicht zum ersten Mal hier. Es war seine achte Reise. Und alle galten Akahim. Und immer wieder hatten sie auch diesen Rastplatz gewählt. Er gehörte quasi zum Pflichtprogramm. Fast konnte man sagen: Tatunca und er hatten schon ihre festen zwei Bäume für die Hängematte. Sie wählten diesen Lagerplatz deshalb, weil er besonders schön war und für Ferdi ein Stück Geschichte, denn vor ihnen ergoss sich jener Wasserfall, dem Ferdinand seinen Namen geben durfte. Nie würde er den Moment in seinem Leben vergessen, als sie das *erste* Mal hierher gekommen waren. Tatunca und er waren damals ein wenig auf einem erhöhten Felsen herumgeklettert. Ferdinand verliebte sich sofort in diesen Flecken Erde. Wunderschöne Blumen blühten da und nach den täglichen Regenfällen flatterten Tausende gelber und weißer Schmetterlinge über den Schlammpfützen.

Schon bei dem Gedanken an all die Geheimnisse, die kurz vor der Entdeckung standen, überkam Ferdinand ein wohliger Schauer. Morgen würden sie wahrscheinlich die Stadt betreten. Sofern alles gut ging. Hoffentlich kam nicht wieder etwas dazwischen wie bei den vergangenen sieben Malen. Unvorstellbar, wenn ihm jetzt im letzten Moment noch ein anderer Entdecker zuvorkam.

Ferdinand Sch. versuchte, sich selbst zu beruhigen. Tatunca sollte seine Nervosität nicht merken, also zwang Ferdinand sich zur Gelassenheit. Schließlich, so sagte er sich, lagen die Stadt und auch die Pyramiden schon seit Tausenden von Jahren dort und niemand hatte sie gefunden. Warum sollte also gerade jetzt jemand darüber stolpern? Tatunca würde bestimmt den Mund halten. Die Sicherheit seines Volkes ging ihm über alles. Nur ein ganz besonders Auserwählter dürfte, wenn überhaupt, die Stadt je erblicken. Das hatte Tatunca immer wieder betont, und dieser eine Auserwählte, das war er, Ferdinand aus Gossau in der Schweiz. Es sei denn, die Priester würden im letzten Moment aus unerklärlichen Gründen noch einen Sinneswandel erfahren und ihre Gunst einem neuen Bewerber zuwenden, einem, der vielleicht finanzkräftiger war. Denn es ging nicht zuletzt um viel Geld. Mit Groschen oder Rappen waren die Ugha Mongulala nicht zu retten.

Aber warum sich ständig darum sorgen? Geld war gottlob nicht das einzige entscheidende Kriterium. Sonst hätte Tatunca schon Hunderte von Menschen hierher bringen können. Auch die innere Einstellung spielte eine Rolle, die Anteilnahme am Schicksal der Indianer, der ehrliche Respekt vor ihnen und ihrer Lebensweise. Und die brachte Ferdinand mit. Das konnte man ihm nicht abstreiten. Wäre es anders, hätte Tatunca das Geheimnis schon längst lüften können. Die Interessenten standen Schlange. Und das schürte auch ständig Ferdinands Angst. Gegen einen Indianerfreund *und* Millionär hätte Ferdinand sicher kaum eine Chance. Zwar hatte er sich nie lumpen lassen. Er hatte Tatunca ein Boot gekauft und ihn mit den vielen Bedarfsartikeln des täglichen Lebens versorgt – aber um ihm jetzt 5000 Gewehre und kistenweise Munition zu liefern, fühlte er sich überfordert. Und dass es Konkurrenz gab, war Ferdinand völlig klar. Ganz Amazonien munkelte von Akahim und der Weltsensation, die kurz vor ihrer Enthüllung stand. Die Neugierigen bedrängten Tatunca von allen Seiten. Staatliche Institutionen, Millionäre und Journalisten waren es, die Tatunca den Hof machten. Aber Tatunca hatte sich immer zurückgehalten. Nicht um alles Geld der Welt und nicht unter Folter gäbe er sein Volk preis, wenn es dafür letztlich überrannt und ausgerottet würde. Es musste der »richtige« Mann sein. Jemand, der genauso verschwiegen war wie der große Häuptling selbst. Diese unendlich wichtige Entscheidung durfte Tatunca deshalb nicht selbst fällen. Das bestimmten letztlich die hohen Priester des »auserwählten« Volkes, und die informierten Tatunca telepathisch. Sie machten sich die

Entscheidung wahrlich nicht leicht. Immer wieder schienen sie Schmid noch testen zu wollen, und je näher man dem Ort kam, desto häufiger musste Tatunca mit ihnen in Kontakt treten. In der Endphase hielt er eine Dauerverbindung mit ihnen aufrecht. Aus diesem Anlass schminkte er sich in besonderer Weise und verließ das Lager, um einen ruhigen Platz zum Meditieren zu suchen. Manchmal kehrte er erst nach Stunden zurück und verkündete die Befehle seiner Chefs. Er hatte zwar ein Mitbestimmungsrecht, aber ausschlaggebend war doch das Votum der heiligen Männer von Akahim. Zumal sie in der Überzahl waren und Tatunca leicht überstimmen konnten. Da nutzte es letztlich gar nichts, dass Tatunca ihm persönlich wohlgesinnt war. Hier, bei dieser schwierigen epochalen Entscheidung, ging es um das Sein oder Nichtsein eines ganzen Volkes und in letzter Konsequenz war Tatunca Indianer und nicht Weißer. Er gehorchte den Priestern und ließ sich nicht von schönen Worten einlullen.

Tatunca und Ferdinand blickten hinab ins Tal. Wie eine riesige gelbe Anakonda wand sich der Rio Padauiri durch den grünen Wald und da vorne, da war der Wasserfall, in dessen Nähe sie stets ihr Camp aufschlugen.

Tatunca streckte seinen Arm aus und wies über die Wälder. »Dies ist alles unser Jagdgebiet. So weit du gucken kannst. Das ist Ugha-Mongulala-Land.«

Ehrfurcht überkam Ferdinand. So still, friedlich und unberührt lag die Landschaft vor ihm. Wenn man diese Ruhe und den Frieden in sich aufnahm, wenn man das vielstimmige Vogelgezwitscher genoss, dann konnte man sich gar nicht vorstellen, dass in genau diesen Wäldern schon erbitterte Kriege stattgefunden hatten, als Kolumbus noch gar nicht geboren war. Und es schien unfassbar, dass die Menschen sich ohne unsere technischen Geräte in unvorstellbarer Mühe diese unterirdischen Refugien gebaut und es so tatsächlich geschafft hatten, bis dato unentdeckt zu bleiben und zu überleben.

Und wahrscheinlich war morgen der Tag der Wende. Denn von hier war es, Tatuncas Worten zufolge, nur noch ein Tagesmarsch bis Akahim, geradezu ein Katzensprung angesichts der zehn Tage Bootsfahrt von Barcelos, die sie bis hier hinter sich gebracht hatten.

Hoffnung, Zweifel und Angst ließen Ferdi von einem Schauer in den anderen fallen. Tatunca in seiner umfassenden Weisheit hatte Ferdinands Gefühle offensichtlich erraten. Er deutete erneut über den Urwaldteppich und hinunter zum Fluss. Den anderen Arm legte er ihm kameradschaftlich auf die Schulter. Nie würde Ferdinand diesen Moment vergessen.

»Weißt du, dass du der erste Weiße bist, der diesen Wasserfall erblickt?«

Ferdi verschlug es fast die Sprache und Tatunca ließ ihn diesen historischen Moment allein bewältigen. Er schwieg. Erst nach vielen Minuten ergriff der Häuptling wieder das Wort.

»Sag mal, Ferdi, ist es bei euch Weißen nicht üblich, dass sie das, was sie entdecken, mit ihrem Namen bezeichnen?«

Die beiden Männer schauten sich an. Auf die Idee wäre Ferdinand nie gekommen. Tatuncas Bemerkung musste er erst mal sacken lassen und verdauen. Die Größe dieser Offenbarung wurde ihm erst ganz langsam bewusst. Schließlich war es das erste Mal, dass ihm so etwas widerfuhr.

»Ja«, sagte er langsam, »ja, ich glaube, ja.«

Tatunca lächelte verständnisvoll und schlug vor: »Dann gib ihm doch einen Namen. Wie soll er heißen?«

Ferdinand musste nicht lange überlegen. Heiß und kalt überrann es ihn. Wem von all den vier Milliarden Menschen war es schon vergönnt, heute, am Ende des 20. Jahrhunderts noch etwas zu entdecken? So wie einst Kolumbus und Humboldt.

Er zögerte noch immer. Aber dann hatte er sich entschieden.

»Lass ihn uns ›Chachoeira de Fernando Schmid‹ nennen, den Wasserfall des Ferdinand Schmid.«

Tatunca nickte wohlwollend. »In Ordnung. Dann zeichne ihn gleich in deine Karte und später meldest du die Entdeckung den Behörden, damit sie in die Geschichtsbücher eingeht. Mich kannst du als deinen Zeugen zitieren.«

Das alles mag Ferdinand in Sekundenschnelle durch den Kopf geschossen sein, als Tatunca ihm die Hängematte mit den Überresten des John Reed präsentierte. Es war schon eine verrückte Gegend hier. Sie wimmelte von Aufregendem, Sensationellem und Schönem.

»Ich habe ihn gewarnt«, sagte Tatunca erneut, während er den Inhalt der Hängematte ungerührt in den Fluss schüttete. »Ich habe ihn immer wieder und ausdrücklich gewarnt, nicht allein weiterzugehen. Aber er wollte nicht hören. Er war wie besessen von der Idee, jetzt hier und sofort nach Akahim zu marschieren. Obwohl die Zeichen sich unerwartet ungünstig verändert hatten. Er hat mir dann aber ein paar schriftliche Erklärungen geschrieben, und so war es mir egal, ob er von hier aus allein weiterging.«

Großzügig schenkte er die Hängematte dem Indianerjungen Clovis, der sie begleitete, und fotografierte sogar diesen Moment mit Ferdinands Kamera. Dann hockten sie sich ums Feuer und Tatunca rief sich den Abschied von John Reed weiter in Erinnerung.

»Ich hatte ihm gesagt, dass die Zeichen nicht mehr günstig seien für den Weitermarsch zu meiner Stadt, und schlug vor, umzukehren und es im nächsten Jahr erneut zu versuchen. Aber John wollte partout weiter. Er meinte, er wolle nicht umkehren, wo er schon so nah heran wäre. Doch erst, als er sich bereit erklärte, mir entsprechende schriftliche Erklärungen zu verfassen, die mich von jeglicher Verantwortung entbanden, habe ich ihn ziehen lassen. Da sagte ich, okay, du kannst gehen. Aber allein.« Tatunca stocherte in der Glut herum.

»Er ist dann gegangen. Ich habe ihm noch meine Waffe mitgegeben, denn John Reed wollte nur mit Pfeil und Bogen los. Auch Lebensmittel habe ich ihm gegeben.« Er legte neues Holz nach. »Als er gegangen war, machte ich mir doch Sorgen. Der Urwald ist unberechenbar, und John hatte keine Survival-Erfahrung. Er war ein guter Mensch, der niemandem Böses tun konnte und zutraute. Deshalb habe ich ihn seinen Weg zwar allein suchen lassen, aber ich habe ihn auf einem parallelen Pfad überholt. Ich bin ihm vorausgeeilt und habe meinen Leuten gesagt: ›Passt auf‹, habe ich gesagt, ›da kommt so ein Amerikaner. Das ist ein lieber Kerl. Nehmt ihn auf, auch wenn die Zeichen es anders wollen. Er will bei euch leben.‹ Meine Leute waren einverstanden und ich ging wieder zurück, hierher zum Wasserfall.«

»Aber wie mag er denn umgekommen sein?«, wollte Ferdi wissen.

Auch dafür hatte Tatunca sofort eine plausible Erklärung.

»Das wollte ich dir gerade sagen. Ich habe es von meinem Schwager erfahren, der die Sache aus erster Hand hat. John lebte also bei meinem Volk und hat irgendwann einen Streifzug durch den Wald unternommen. Er wollte jagen. Dabei gelangte er an einen See, wo gerade zwei Mädchen badeten. Und dann beging er seinen tödlichen Fehler. Weil mein Volk ihn stets nett behandelt hatte, schloss er daraus, Narrenfreiheit zu haben. Er missbrauchte unsere Gastfreundschaft. Er näherte sich einem der Mädchen und wollte es vernaschen. Das musst du dir mal vorstellen! Aber das beobachtete jemand aus der Familie des Mädchens, und damit war Johns Schicksal besiegelt. Der Mann schoss ihm einen Pfeil direkt in die Schläfe.«

Tatunca ließ die Worte wirken. Es herrschte eine beklemmende Stille am Feuer. Nur das Rauschen des Wassers ließ sich nicht von des großen Meisters Erklärung beeindrucken.

Endlich fasste auch Ferdinand sich wieder ein Herz und fragte: »Aber wie kommt die Leiche denn hierher? Das verstehe ich nicht.«

Tatunca brauchte nicht zu überlegen.

»Das kann ich dir sagen. Sie haben seine Leiche in die Hängematte gepackt und seine paar Habseligkeiten ebenfalls. Dann haben sie sie den Fluss runtergefahren und hier abgelegt. Als warnendes Beispiel. Zur Abschreckung gewissermaßen.«

»Und wo sind die restlichen Sachen geblieben? Ich meine die übrigen Knochen und so weiter?«

»Die haben sich die wilden Tiere geholt. Der Jaguar, die Ozelots, was weiß ich. Im Urwald bleibt nichts übrig. Alles wird gefressen, zersetzt, verschwindet. In ein paar Monaten hätten wir nicht mal mehr diese Plastiksachen entdeckt.«

Wieder einmal hatte Tatunca eine Geschichte glaubhaft an den Mann gebracht. Ferdinand kamen jedenfalls nicht die geringsten Zweifel an der Wahrheit. Sonst hätte er sicher beim amerikanischen Konsularischen Agenten James Fish in Manaus Meldung erstattet und einen Verdacht geäußert.

»Ich habe immer wieder gehofft, dass es irgendwann doch klappen würde, denn dass es sich bei allen Gründen für das Scheitern um von Tatunca arrangierte ›Unfälle‹

handelte, dämmert mir erst jetzt. Jedenfalls kam alle acht Mal etwas Unvorhergesehenes dazwischen.«

Das gab Ferdinand Schmid zu, als mein Freund, der Filmemacher Wolfgang Brög, ihn im Sommer 1990 mit der Kamera für den WDR interviewte. Demzufolge schlummerte Ferdinand bei einem anderen Versuch selig in seiner Hängematte, als ihn plötzlich vier, fünf Schüsse aus dem Schlaf rissen. Es war noch stockdunkel, aber ein Blick auf die Uhr verriet, dass es kurz vor Morgengrauen war. Tatunca kam aus dem Dunkel ins Lager gestürzt und schrie: »Um Himmels willen, Fernando, pack die Sachen, schmeiß sie ins Boot, wir werden angegriffen.«

Im gleichen Moment warf sich Tatunca hinter einen Baum in Deckung.

»Los, beeil dich. Sie können jede Sekunde hier sein.«

Clovis, der Indianer, schlotterte vor Angst und war fast unfähig, sich zu bewegen. Ferdinand, als erfahrener Swissair-Pilot, hatte sich schnell gefangen. Katastrophensituationen hatte er während seiner Ausbildung zu beherrschen gelernt. Er kappte die Hängematte und warf, was er in der Dunkelheit erwischen konnte, ins Kanu. Tatunca fuchtelte derweil wie wild um sich und schrie weiter: »Haut ab, verschwindet ins Boot, lasst den restlichen Scheiß liegen, los, los, los ...«

Sie stießen sich vom Ufer ab, weit hinaus in die Strömung. Tatunca warf den Motor an, zu aller Erleichterung sprang er auch sofort an und das Boot schnurrte davon.

Erst jetzt sah Ferdinand, dass Tatunca eine blutüberströmte Hand hatte. Auch sein Dolch war blutbesudelt. Zitternd vor Kälte und Angst, brachten sie sich zunächst auf Distanz zu diesem verdammten Unglücksort. Erst als sich alle sicher waren, die Verfolger abgeschüttelt zu haben, klärte der Häuptling seine Begleiter auf.

»Ich hatte verdächtige Geräusche gehört und bin leise aus der Hängematte, um nachzusehen, was das sein könnte. Zunächst dachte ich, es seien vielleicht Wildschweine, und ich machte mich schussbereit. Ich wollte dir Schwein zum Frühstück servieren. Doch plötzlich sehe ich eine Horde Menschen, die sich an unser Camp anschleichen. Sie waren über und über behaart, richtige Affenmenschen. Ja, genau, richtige Affenmenschen. Da schoss ich sofort. Es gab ein riesiges Durcheinander. Die meisten flohen. Einen hatte ich aber angeschossen. Der raste wie von Sinnen auf mich los – und da habe ich ihm das Messer in die Seite gestoßen. Notwehr.«

Er betrachtete noch einmal seine Hand und wusch sie dann im Fluss, während der Indianerjunge Clovis das Steuer übernahm. Tatunca hatte sich ein kleines Päuschen redlich verdient, schließlich hatte er seine Mannen unter Einsatz des eigenen Lebens vor dem Tod bewahrt.

Dass auch dies eine Ente war, reimte Ferdinand sich erst viele Jahre später zusammen, als er von einem ähnlichen Fall hörte, über den noch zu lesen sein wird.

Erst als es auch bei diesem achten Versuch, Akahim zu besuchen, ebenfalls wieder zu einem Zwischenfall kam, beschloss Ferdinand, seine Träume um die sagenhafte Stadt zu begraben. »Wir waren nur noch einen Tagesmarsch von Akahim entfernt, wie Tatunca sagte. Aber dann kam er erneut mit dem Argument, die Zeichen stünden unerwartet schlecht, die Priester hätten ihm heute Nacht bedeutet, umzukehren.« Da platzte selbst Ferdinand der Kragen. »Ich hatte schließlich immense Summen in dieses Dauerprojekt investiert und sagte ihm, diesmal würde ich nicht umkehren, diesmal würde ich dann eben alleine weitergehen.«

Immerhin hatte Tatunca ihm noch tags zuvor wiederholt versichert, er würde bereits von seinen Leuten erwartet. Das stärkte Ferdinands Mut und seinen Entschluss. »Ja, ich bot ihm sogar an, ihm einen Entlastungsbrief zu schreiben – wie John Reed das getan hatte –, damit man Tatunca nicht zur Verantwortung ziehen würde, wenn mir aus irgendeinem Grunde doch etwas zustoßen sollte.«

Doch dazu kam es nicht. Tatunca ging auf den Brief nicht weiter ein, weil er annahm, Ferdi würde nur bluffen. Aber der Schweizer ging los. Mit kleiner Marschausrüstung und einer Art Überlebensgürtel tauchte er in den Wald ein, Richtung Norden, Richtung Akahim.

Es war ein mühsames, hartes Stück Arbeit, denn einen erkennbaren Pfad gab es nicht. Er nahm sein Messer zu Hilfe und arbeitete sich Meter für Meter seinem Traumziel entgegen. Eine Dreiviertelstunde lang.

Anstrengung, Aufregung und auch eine Portion Angst sorgten dafür, dass er sehr bald Durst bekam. Es ist schon ein gravierender Unterschied, ob man von einem Landeskundigen geführt wird oder ob man sich den Weg selbst suchen und frei schlagen muss. Als er eine Möglichkeit entdeckte, an den Fluss zu gelangen, tat er das. Aufatmend bückte er sich, um Wasser zu trinken. Und in genau diesem Moment passierte es: Sein Gürtel platzte und fiel zur Seite.

»Ich bückte mich im Reflex sofort, um ihn aufzuheben, als in genau dieser Sekunde ein heftiger Stoß die Stelle traf, auf der ich mich gerade noch zum Trinken niedergebeugt hatte. Ich kann nicht mehr sagen, ob der Stoß vom Sprung ausgelöst worden war oder ob Tatunca Ärgeres vorgehabt hatte. Denn ich misstraute Tatunca ja nie. Auf jeden Fall hatte ich ihn vorher überhaupt nicht bemerkt. Er war mir also in irgendeiner Absicht nachgeschlichen.«

Jetzt, als sich die beiden Männer Aug' in Aug' gegenüberstanden, gab sich Tatunca geistesgegenwärtig als Retter.

»Siehst du«, sagte er, »das nennst du ›vorsichtig durch den Wald gehen‹? So leicht kann man sich an dich ranschleichen? So kommst du nie lebend durch den Wald. Und deshalb lasse ich dich auch nicht alleine weiterziehen. Also – lass uns zurückgehen.« Ferdinand wurde unsicher und kehrte um.

Wahrscheinlich hat ihm dieser Entschluss das Leben gerettet. Denn eins konnte sich Tatunca nicht leisten: dass jemand sein Volk auf eigene Faust suchte und dann zurückkehrte und verkündete, dass es dieses Volk gar nicht gab.

Der Mord an Karl Brugger

Am 1. Januar 1984 um 22 Uhr wurde Karl Brugger in Rio de Janeiro erschossen. Da er ARD-Korrespondent war, ging die Tat kollegialerweise durch alle Medien. Und nicht nur groß, sondern – bei all der Medienvielfalt – auch in verschiedensten Interpretationen. Dem Erfindungsgeist schienen keine Grenzen gesetzt.

So hieß es, Brugger sei am betreffenden Abend in Begleitung seines Nachfolgers Ulrich Encke aus dem Restaurant gekommen, als plötzlich ein Mann auf sie zutrat und fragte: »Sind Sie Karl Brugger?« Als der bejahte, so hieß es, zog der Unbekannte eine Waffe und schoss gezielt in die Schildkröte. Genau übers Herz. Ein Ritualmord also? Immer wieder hatte Tatunca verlauten lassen, seine Schildkröte sei einzig das Privileg der Häuptlinge.

»Wer sich damit schmückt, beleidigt meine Götter. Der gräbt sein eigenes Grab.«

Das hätte den Schluss zugelassen, dass Tatunca Nara dahinter steckte. Zwar sei er es nicht selbst gewesen, wie

Encke meinte, aber unter Umständen jemand in seinem Auftrag, wie andere vermuteten. Killer kann man in Brasilien ab 50 Dollar dingen.

Hatte sich die Drohung, oder nennen wir's Prophezeiung des »Häuptlings von Akahim«, Tatunca, bewahrheitet? Hatten seine »Götter« Rache genommen für die so dreist auf die Brust tätowierte Schildkröte? Oder hatte Brugger doch an Tatunca geglaubt und endlich Verdacht geschöpft und war er ebenfalls kurz vor der Entlarvung des Tatunca Nara? Wie Reed und wie Wanner?

Oder war Brugger drauf und dran, die Pyramiden auf eigene Faust zu suchen? Wollte er Tatunca ausschalten und den Ruhm alleine einheimsen?

Dieser Verdacht erhielt Erhärtung, als sich Roland Stevenson meldete. Seines Zeichens Kunstmaler von gewissem Ansehen in Manaus. Diverse Museen und Politiker schätzen sich glücklich, ihren kahlen Wänden mit seinen Bildern ein prächtiges Toupet verleihen zu können.

Aber Stevenson geht auch auf Expeditionen. Alljährlich fuhr und fährt er, auf eigene Kosten und meist allein, die Rios Negro und Branco hoch, um nach »El Dorado« zu suchen. Einmal gingen wir (1985) ein Stück Weges mit ihm gemeinsam. Ulli Krafzik, 1985 Kameramann, nach drei Tagen des Zusammenseins: »Der hat 'n Farbklecks am Hirn. Die Art seiner Recherche ist ein Witz. Er hat sich in eine Idee verrannt und ist keinem logischen Argument mehr zugänglich. Der sucht altes Gemäuer und hat nicht mal einen Spaten mit oder Behältnisse für Erdproben. Er setzt sechs Wochen Zeit für die Anfahrt über die Flüsse an und vor Ort lässt er sich nicht einmal einen einzigen vollen Tag fürs Suchen Zeit.«

Brugger und Stevenson passten insofern gut zusammen. Sie fuhren zwar ständig und mit einigem Aufwand in die Gebiete, um ihrer Fantasie Nahrung zu geben, aber dann kehrten sie schnell wieder um, um ihre Illusionen nicht zerstören zu müssen und um sie ins nächste Jahr hinüberzuretten.

Inzwischen will Stevenson erfolgreich gewesen sein. Im August 1990 erschien in der angesehenen *Revista Geográfica Universal* ein großer Artikel von ihm über die Entdeckung El Dorados. Titel: *Parima, der See von El Dorado*.

So wunderte es uns jedenfalls nicht, als also auch Stevenson sich zu Wort meldete und den Namen des Täters gleich laut in der Presse verkündete: »Tatunca Nara und kein anderer.« Seine Begründung: »Am 4. Januar, also drei Tage nach dem Mord, wollte ich mich mit Brugger in Manaus treffen. Wir hatten beschlossen, die Pyramiden gemeinsam zu suchen, und ich wollte ihm beweisen, dass es bei den Yanomami absolut kein anderes Indianervolk gab und schon gar kein unterirdisches. Tatunca hatte Brugger schon zu oft hingehalten oder irregeführt. Brugger traute ihm nicht mehr. Und deshalb musste er sterben. Tatunca hat in Rio Helfer.«

Doch auch Tatunca Nara blieb nicht untätig. Wer immer es hören wollte, dem verkündete er: »Brugger wollte mit *mir* nach Akahim. Ich hatte schon die ganze Ausrüstung gekauft. Da rief mich seine Sekretärin an und berichtete von seiner Ermordung. Ich musste alles wieder verkaufen. Das war ein großer Verlust für mich.«

So wie Stevensons Aussagen sprachen auch andere Gründe gegen Tatunca Nara. Denn er erhob plötzlich Anspruch auf die Buch-Tantiemen. Über den Reiseunternehmer Heinz Riedel in München ließ er diese Forderung an die Brugger-Erben weitertragen. »Wir hatten bezüglich der Tantiemen halbe-halbe abgemacht. Ich habe aber nie etwas gesehen.«

Die Erben lehnten den Anspruch ab, weil von dieser Vereinbarung niemandem etwas bekannt war. Sie taten gut daran. Denn Wolfgang Brög erzählte er: »Natürlich war das gelogen. Aber ich versuchte es.«

Auch in Sachen Fahndung nach dem Täter des ermordeten Karl Brugger gab es interessante Meldungen. Da war die Rede vom Großeinsatz der Polizei. Tausende von Polizisten hatten demnach Rio de Janeiros Favelas abgeriegelt, mit dem Erfolg, dass der Täter verhaftet worden sei. Woanders wollte man wissen, dass die Polizei in Wirklichkeit gar nicht reagiert und folglich auch keinen Täter habe.

Weiteren Nachrichten zufolge verdächtigte man »alte Nazis«, die Rauschgiftszene (Tatunca: »Brugger nahm Drogen«), die »Funai« und schließlich sogar Ulrich Encke, den Begleiter Bruggers an jenem Abend. Und zu guter Letzt, durch Herrn Nara persönlich, auch mich. Ehre, wem Ehre gebührt.

»Ich habe zwei Zeugen.« Tatuncas Begründung: »Nehberg hatte den Brugger in seinem Buch beleidigt. Deshalb hatte sich Brugger mit Nehberg in Hamburg getroffen. Sie wollten sich aussprechen. Nehberg sollte seine Behauptungen zurücknehmen oder er würde Brugger mal kennen lernen. Dann würde er ihn fertig machen. Da hatte Nehberg natürlich die Hosen voll und versprach, den betreffenden beleidigenden Absatz zu streichen. Hinterher aber hat sich dieser Nehberg – das ist meine Version – überlegt, dass er unheimlich blamiert wäre. Er, der große Survival-Held, sollte etwas zurücknehmen? Niemals! Und deshalb hat er Brugger ermordet. Oder er hat ihn ermorden lassen, weil er sogar dazu zu feige ist ...«

Blieb nur die Frage offen: Was hatten seine Zeugen denn nun gesehen?

Um den Tathergang genauer zu erfahren, wandte ich mich an Ulrich Encke, Politik-Redakteur beim Bayerischen Rundfunk. Er zweigte 15 Minuten ab, als ich durch

München kam und die Gelegenheit zu einem kurzen Gespräch nutzen wollte. Encke war der *einzige* Tatzeuge.

»Viel kann ich Ihnen zum Fall Brugger auch nicht sagen. Und schon gar nichts, was nicht längst in den Zeitungen gestanden hätte.«

»Nun«, sagte ich, »in den Zeitungen hat so viel Widersprüchliches gestanden. Vielleicht erzählen Sie mir am besten erst einmal den Tathergang.«

»Es war am 1. Januar 1984, abends um 22 Uhr. Wir kamen aus einem Restaurant, als ein junger Mann aus einem Gebüsch auf uns zusprang und Geld forderte. Er fuchtelte sehr nervös mit der Pistole zwischen Brugger und mir hin und her.«

»Hat er nicht gesagt: ›Sind Sie Herr Brugger?‹«

»Nein, mit keiner Silbe. Es ging ihm nicht um Brugger, sondern um Geld. Als Brugger in die Brusttasche griff, um ihm etwas Geld zu geben, schoss er. Ich bin fest davon überzeugt, dass der Schuss sich infolge der Nervosität des Täters versehentlich gelöst hat. Er hätte genauso gut mich treffen können. Das war kein Profi. Das war ein nervöser Anfänger. Er hat Bruggers Bewegung falsch gedeutet.«

»Also war es auch Zufall, dass die Kugel in die Schildkröte ging?«

»Sie ging ins Herz und nicht in die Schildkröte. Die Tätowierung saß viel höher. Über der linken Brust. Der Täter floh in Panik und ohne jegliche Beute. Brugger war wenige Augenblicke später tot. Er hatte nicht mehr sprechen können. Die Polizei hat tatsächlich eine Großfahndung ausgelöst und mich beschlich das Gefühl, man wollte unbedingt einen Täter präsentieren.«

»Hat man einen präsentiert?«

»Ja. Einen jungen Mann zwischen 25 und 30 Jahren. So alt, wie der Täter etwa gewesen sein könnte. Die Polizei schien fest davon überzeugt zu sein, dass er es war. Denn er hatte sich gerade ganz frisch alle Haare abgeschnitten. Aber ich konnte ihn nicht identifizieren. Später hat man mir noch Videoaufnahmen geschickt. Auf ihnen sollte ich den Täter per Film bestimmen. Ich habe das rundweg abgelehnt.«

Für Encke steht fest: Der Täter war nicht Tatunca Nara persönlich. Denn ihn hatte die Polizei ebenfalls verdächtigt und sein Alibi angeblich überprüft.

»Außerdem war das Lokal, vor dem es geschah, nicht etwa Bruggers Stammlokal, wo ihn jemand gezielt hätte suchen können. Vielmehr hatte *ich* das Restaurant völlig spontan vorgeschlagen. Brugger war da zum ersten Mal.«

Da Encke Bruggers Nachfolger werden sollte, hatte man die Amtsübernahme bei einem Essen gefeiert. So war man zwangsläufig auch auf Tatuncas und Bruggers Lieblingsgeschichten Akahim und die Pyramiden zu sprechen gekommen. Aber da hatte Encke keine Zweifel aufkommen lassen: »Komm, Karl, verschon mich mit deiner Esoterik.« Und so mied man das Thema.

»Glaubte Brugger an die Geschichten?«

»Ja, davon bin ich überzeugt.«

»Stimmt es, dass er am anderen Tag mit Tatunca oder Roland Stevenson aufbrechen wollte, die Pyramiden zu suchen?«

»Nein. Ganz sicher nicht. Er hatte noch konkrete andere Pläne und konnte gar nicht. Ich weiß aber, dass er ab April eine solche Reise vorhatte. Also drei Monate später.«

Ein kurzes Gespräch. Aber ein aufschlussreiches. Es machte mir klar, dass dieser Mord nichts mit Tatunca Nara zu tun hatte. Oder doch? Traute Tatunca Brugger nicht mehr? Ein Satz in einem der Abschiedsbriefe John Reeds könnte solche Vermutungen bestärken.

Christine Heuser

Christine hatte die Beine übereinander geschlagen und saß im Buddhasitz in ihrem Yogastudio am Vasaplatsen 3 in Göteborg, Schweden. Zwischen einigen Kissen auf dem Holzfußboden hatte sie es sich bequem gemacht. Eine Kerze sorgte für Gemütlichkeit, leise Klänge der Indianerballade Glooscap füllten den Raum, übertönten die Stille und mitten im Raum glimmte ein Weihrauchstäbchen. Genau das richtige Ambiente, um in aller Ruhe die Post durchzugehen. Winter 85/86. Der Assam-Hochland-Tee musste noch einen Moment ziehen, und den nutzte sie, die Briefe schon mal grob vorzusortieren. Da waren die wertlosen Postwurfsendungen. Ihnen gönnte sie nur einen Streifblick und warf sie gleich in den Papierkorb an ihrer Seite. Aus dem verbleibenden Rest bildete sie zwei Häufchen: eins mit der Geschäftspost und eines mit den persönlichen Briefen von Angehörigen und Freunden. Auf private Briefe freute sie sich jeden Tag. Die nachmittägliche Teestunde war ihr ganz persönliches Ritual. Da sie selbst gern und häufig schrieb, erhielt sie auch entsprechend viele liebe Grüße. Fast wusste sie schon des Morgens, wessen Antwort sie heute erwarten konnte. Denn auf die Zuverlässigkeit ihrer Freunde war sie stolz, so, wie sich auch jeder auf Christine verlassen konnte.

Den kleinen Stapel persönlicher Briefe sortierte sie noch einmal extra. Die liebsten Grüße wollte sie sich bis zuletzt aufheben und die der entfernteren Freunde zuerst lesen. Das sorgte für eine leichte Spannung und Steigerung. Nur selten hatte ihr feines Gespür sie betrogen, nur selten hatte sie sich in der Reihenfolge vertan.

Doch diesmal sollte sie sich irren. Verhängnisvoll irren.

Als Erstes wollte sie die Drucksache aus Deutschland öffnen. Sie wusste, was das dünne Päckchen enthielt. Lesen würde sie den Inhalt später. Jetzt wollte sie nur einmal darin blättern. Ihr Freund Siegfried Schindler aus Freiburg hatte es ihr empfohlen, und so hatte sie es sich kommen lassen. Es war das Buch *Aufbruch der Götter* (heute: *Die Chronik von Akakor*), jenes Werk Karl Bruggers. Sie wollte sich jetzt nur kurz die Aufmachung anschauen, es einmal durchblättern und vielleicht heute Abend mit dem Lesen beginnen. In groben Zügen wusste sie ja, wovon es handelte. Siegfried Schindler hatte ihr schwärmerisch und begeistert eine Kurzfassung verraten. Er konnte nicht ahnen, dass sein Buch für Christine zum tödlichen Verhängnis werden sollte.

Vorsichtig schlürfte sie einen Schluck Tee. Er war heiß und aromatisch. Sie setzte die Tasse ab und die kleine Tonkanne auf ein Stövchen. Dann nahm sie das Buch zur Hand und ließ die Seiten zwischen Daumen und Zeigefinger durchlaufen. Sie wollte schauen, ob es Bilder gab, eine Landkarte, und was das Inhaltsverzeichnis verriet.

Doch sie kam nicht weit. Mitten im Blättern hielt sie wie elektrisiert inne. Hastig befeuchtete sie ihren linken Zeigefinger und den Daumen und blätterte ein paar Seiten zurück. Vor Nervosität verknickte sie die Seiten, aber dann hatte sie das Foto wiedergefunden, das ihr beim oberflächlichen Durchblättern in die Augen gesprungen war und das den Stromstoß verursacht hatte. Obwohl sie es nur Bruchteile einer Sekunde gesehen hatte – sie hatte sich nicht getäuscht.

Ihr Herzschlag beschleunigte von 60 auf 120, die Hände wurden schweißfeucht, sie zitterte. Wie gebannt starrte sie auf das Foto. Sie hörte weder die Musik noch sah sie das Kerzenlicht. Sie sah nur noch das Foto des Mannes im Buch und der schien sie daraus zu betrachten.

Dann stieß sie einen Schrei aus. Er löste auch gleichzeitig ihre Starre. Sie ließ das Buch fallen, griff zum Telefon und rief Berit an, ihre beste Freundin hier in Göteborg.

»Stell dir vor«, schrie sie enthusiastisch in die Muschel. »Ich habe ihn sofort wiedererkannt. Es ist mein Mann. Da gibt es nicht den geringsten Zweifel. Komm schnell zu mir, damit ich ihn dir zeigen kann.«

Berit war nicht minder aufgeregt. Zwar war sie von Christine einiges an Spontanem und Verrücktem gewöhnt, aber das war ein Novum. Da war sie so froh gewesen, nach sieben Ehejahren endlich von Hasse Nyström geschieden zu sein, und nun flippte sie offenbar völlig aus, nur weil sich ein Bild von ihm in einem Buch fand? Was war denn in sie gefahren? Oder hatte sie ihn doch noch immer im Stillen geliebt?

Berit war neugierig geworden. Es würde schon etwas Besonderes auf sich haben, denn eine solche Aufgeregtheit war auch bei Christine nicht alltäglich. Berit wollte noch etwas fragen, aber Christine hatte schon aufgelegt. Wahrscheinlich rief sie nun Gott und die Welt zusammen, und gleich würde ihr Yogacenter überquellen von Freunden.

Die Eingangstür stand auch bereits sperrangelweit offen, als Berit ankam. Mit der ganzen Vehemenz ihrer impulsiven Persönlichkeit stürzte ihr Christine entgegen, das Buch geöffnet und triumphierend auf das Bild deutend.

»Hier. Da ist er. Ich habe es ja immer gefühlt, dass wir uns wieder begegnen würden. Wie oft habe ich das gesagt! Und hier ist der Beweis. Meine Intuition hat mich nicht getrogen.«

Berit blieb zunächst die Sprache weg. Denn der Mann auf dem Foto war ihr unbekannt. Auf gar keinen Fall war es Hasse Nyström, Christines geschiedener Mann. Darüber gab es nicht den geringsten Zweifel, so schlecht die Druckqualität auch sein mochte. Und Berits erster Gedanke war: Nun ist sie völlig übergeschnappt.

»Ich muss sofort zu ihm. Er wartet bestimmt genauso auf mich wie ich auf ihn«, sprudelte es aus ihr heraus und fast wollte man glauben, sie packte bereits den Koffer.

Endlich wagte Berit leisen Widerspruch: »Aber Christine, das ist doch nicht dein Mann. Das ist doch nie und nimmer Hasse Nyström. Der hat nicht mal die geringste Ähnlichkeit mit ihm. Und hier steht doch auch: Der Mann heißt Tatunca Nara.«

Christine schaute sie verblüfft an. Zum ersten Mal hielt sie in ihrer Hyper-Hektik inne. Nun war sie es, die da sprachlos schien. Aber nur Sekunden. Dann hatte sie sich wieder gefangen. »Das ist doch auch nicht mein geschiedener Mann. Das ist mein allererster Mann. Das ist mein Mann aus meinem letzten Leben! Verstehst du?«

Christine startete einen Briefwechsel. Voller Überschwang und Glück äußerte sie den Wunsch, Tatunca zu treffen. Seit Bruggers Buch war sie sich »sicher wie nie, früher in Amazonien gelebt zu haben«, und sie offenbarte Tatunca ihren »Drang, dich zu treffen«.

Jetzt wurde ihr auch klar, warum sie sich, noch ohne Tatunca zu kennen, immer schon für Indianer stark gemacht hatte. Sie berichtete von ihren Bemühungen in Schweden, die Navajo-Indianer in den USA vor einer Zwangsumsiedlung zu bewahren. Sie tat es mit Zeitungsartikeln, Vollmond-Meditationen und Rundfunkinterviews.

»Jeden dritten Sonntag im Monat mache ich mit dem Vedda-Homa-Feuer eine Friedensmeditation auf dem Vasaplatsen zur Reinigung unserer Gedanken«, schrieb sie Tatunca. Und sie verriet ihm sogar das Rezept für das Feuer: »Salbei und Incense sowie weiße und rote Blumen.«

»Zwar bin ich im weißen Barbarenreich aufgewachsen, aber mein Herz ist bei euch, und ich will diese Welt zur Vernunft bringen.«

Immer wieder tauchte aber auch ihre bange Frage auf, ob ihn ihre Post überhaupt erreiche, weil sie keine Antwort erhielt. Aber schließlich beendete ein Einschreibebrief aus Barcelos ihr banges Warten.

»Himmel, welch ein Tag, als heute dein Lebenszeichen kam!«, jubelte sie.

Ein Freund aus Peru hatte ihr November und Dezember als optimale Reisemonate empfohlen. Dann stünden die Sterne günstig. Am liebsten würde sie mit ihm alleine reisen, schrieb sie ihm. Und nicht im Kollektiv.

»Ich habe es schwer in der Gruppe«, gestand sie weiter. Aber allein und im Duo hätte sie keine Probleme. »Ich bin stark und demütig und kann sehr spartanisch leben.«

Und um ihm Perspektiven aufzuzeigen, schmiedete sie in anderen Briefen bereits Pläne für ihn. »Wir könnten auch in Schweden für deine Leute arbeiten, an Universitäten, im Yogacenter, Studienverbänden, Schulen, Museen ... Ich bin wie du: ein Weltenkind, ein Sonnenkind, ein Sternenkind ... Tatunca, lieber Freund, sei umworben mit meinen Gedanken an das Gute und Schöne und dem Gefühl, dass wir uns nicht verlieren! Ich weiß auch jetzt, dass mir ein Bruder aus dem Höheren Jenseits, ein Indianer, viel Hilfe und Inspiration zur Glooscap-Arbeit gegeben hat. Ich habe es bei meinen Gebeten gefühlt, dass mir JEMAND zur Seite stand, jedoch kein Mensch in unmittelbarer Nähe oder im Körper – verstehst du mich? Ich weiß jetzt auch noch stärker, dass ich meine letzte Inkarnation, also mein voriges Leben, im brasilianischen Urwald verbracht habe. Du glaubst wohl auch daran, dass deine Seele weiterleben wird und du bereits gelebt hast. Nur die verrückte weiße Kirche und die meisten ihrer Pfaffen (Pfarrer) predigen das Gegenteil, damit sie den Menschen Angst und Bange vor Gott, der ALL-MACHT, dem Großen Geist, machen können. Dann verfügen nämlich sie über die MACHT, irdische/weltliche Macht, jedoch die ALL-MACHT können sie nicht erreichen, und so werden sie OHN-MÄCHTIG vor Wut.«

Und sie schloss mit der Frage: »Was brauchen deine Leute, kann ich dir helfen?«

Und schließlich flog sie zu ihm. Es war November/Dezember 1986, etwa ein Jahr nach dem Erhalt des Buches *Aufbruch der Götter*. Etwa vier Wochen erlebte Christine die Erfüllung ihres Lebens. Zusammen mit Tatunca fuhr sie auf der *Anita II*. Sie campten an den weißen Stränden, meditierten, tummelten sich in den teebraunen, aber sonst klaren Fluten des Rio Negro und seiner Nebenflüsse, schwangen sich an Lianen von Baum zu Baum und überschütteten sich mit »Erinnerungen« aus vergangenen Leben. Fotos dokumentierten das wiedergefundene Glück. Zwei verwandte Seelen hatten sich gesucht und gefunden.

Dann kam die Stunde des Abschieds, das Versprechen, sich zu schreiben und wiederzusehen. Aber die Einlösung des Versprechens blieb recht einseitig. Christine schrieb fleißig, aber Tatunca reagierte nicht. Sein Fleiß beschränkte sich darauf, Christines Briefe konsequent zu ignorieren. Ihre Freundinnen fürchteten, dass sie ihm wohl damals schon zu sehr auf den Pelz gerückt war. Berit: »Sie hatte eine ungeheuer stürmische Art. Wo Christine auftauchte, beherrschte sie die Szene total: Dann verblasste alles andere. Sie war der Mittelpunkt.«

Auch Freund Siegfried Schindler in Freiburg erhielt einen Brief. Sie bedankte sich noch einmal dafür, dass er ja quasi »ein Wegbereiter« zu ihrem Glück gewesen sei, und sie wünschte auch ihm viel Glück bei seinen »neuen Recherchen mit den Sumerern = Erohimen von Atlantis«.

Aber dann, es war am 8. Juni 1987, klingelte bei Christine das Telefon. Fast fiel ihr der Hörer aus der Hand – denn es war Tatunca höchstpersönlich. Höflich entschuldigte er sich für das lange Schweigen. »Ich hatte totalen Stress (Anmerkung Nehberg: Sprachmäßig immer voll up to date). Ständig war ich mit Touristen auf Achse. Aber jetzt will ich mal ausspannen. Anita muss nach Porto Alegre zur Kur und ich hätte zwei Monate Zeit. Wenn du willst, können wir sie zusammen verbringen.«

Welch eine Frage! Und ob sie das konnte! Noch am selben Tag leitete sie den zweiten Urlaub mit Tatunca in die Wege. Sie rief in ihrem Überschwang ihre Freunde an und verkündete allen telefonisch oder schriftlich: »Ja, das ging schnell: Wir wollen sehen, was sich der eine Gott und alle Engel ausgedacht haben für ihr Töchterchen.«

Und ihrer Mutter in Kehl am Rhein sowie ihrer Schwester verriet sie: »Tatunca wird mich als erste Weiße zu seinem Volk führen. Er hat es mir am Telefon versprochen.«

»Ich bin am 11. oder 18. 8. (87) zurück«, schrieb sie Maria, einer anderen Freundin, deren »Tennisschuhe und alle schönen Gaben« sie eingepackt habe, um Tatunca damit zu erfreuen. Am 21. 6. 1987 startete Christine Heuser via Frankfurt nach Rio de Janeiro. Ein letzter Anruf bei Mutter und Schwester. Danach sah man Christine in Europa nie wieder.

Fest steht, dass sie sich, wie vereinbart, mit Tatunca getroffen hat, dass sie sich gewaltig stritten und er sie auch geschlagen hat.

Als sie am 18. 8. nicht zurückkehrte, schwante einigen Freunden nichts Gutes. Sie hatten Tatunca immer mit

Zurückhaltung und gesunder Skepsis betrachtet. Zu dubios war ihnen Bruggers Buch, zu fantastisch die außerirdischen Histörchen dieses Berichtes erschienen. Auch die Mutter in Kehl war sofort beunruhigt. »Wenn Christine einen Termin vereinbarte, konnte man sich darauf verlassen, dass sie ihn unter allen Umständen einhielt. Sonst hätte sie irgendeinen Weg gefunden, uns zu benachrichtigen und die Änderung mitzuteilen.«

Die Angehörigen und Freunde setzten eine ungewöhnliche Kampagne in Gang. Sie erhielt besonders dann Schub, als unerwartet von Tatunca ein Brief an Christine eintraf, den die Freunde öffneten. Darin bat er sie um Entschuldigung für die Heftigkeit des Streites. Er habe Rücksicht auf seine Familie in Brasilien zu nehmen und hoffe, dass sie inzwischen dafür Verständnis habe.

Freundin Berit glaubte sogleich, diesen Brief zu durchschauen.

»Damit wollte er uns glaubhaft machen, dass sie sich nach dem Streit getrennt hätten und er sie nicht wieder gesehen habe. Dass er also, wenn sie seitdem verschwunden war, mit dem Verschwinden nichts zu tun habe.« Und in einem Brief vom 12.9.1987 an Gun-Brit, eine andere aktive Freundin, behauptete er sogar, bei der brasilianischen Bundespolizei vorgesprochen zu haben, als er erfahren hatte, dass Christine seit dem Streit verschwunden war. Und diesen Streit konnte er schlecht leugnen. Dafür gab es Zeugen. Unter anderem den damaligen deutschen Brauermeister der Brahma-Brauerei. Diesen Aussagen zufolge stellte Christine bei ihrem Treffen gewisse Forderungen. Als Tatuncas »Ex-Ehefrau« aus dem letzten Leben wollte sie Anita, seiner jetzigen Angetrauten, den Rang ablaufen. (Tatunca hatte Anita Mitte der siebziger Jahre geheiratet und zwei Kinder mit ihr: Angelique und Seder.) Er sollte sich scheiden lassen und sie, Christine, heiraten. Und das war genau der Punkt, wo es ihm zu viel wurde. Er mochte Anita, er hatte zwei Kinder mit ihr und eine Trennung kam für ihn nicht in Frage.

So kam es zu den tätlichen Auseinandersetzungen und Tatunca machte von seinem »Recht als Kapitän« Gebrauch, Christine vom Schiff zu verweisen. Natürlich tat er es auf seine Art: Er jagte Christine mit einigen ordentlichen Schlägen von Bord. Mit ihr eine Reise geplant, ihr gar eheliche Hoffnungen gemacht oder ihr Akahim offeriert zu haben, bestritt er energisch. »Ich bin ausgebucht gewesen und habe Christine deshalb gar nicht mitnehmen können. Wir haben uns bös gestritten und ich habe sie von meinem Schiff entfernt. Sie konnte nicht verstehen, dass ich Rücksicht auf meine Familie nehmen muss«, schrieb er nach Schweden.

Für Berit Eriksson sind das Lügen. Sie glaubt nicht, dass die Reise gar nicht stattgefunden haben soll. Immerhin hat Tatunca Christine telefonisch eingeladen, sie hat es allen erzählt und sich das keinesfalls aus den Fingern gesogen. Warum sollte sie? Da konnte er nicht plötzlich ausgebucht sein.

Tatunca will sogar die brasilianische Bundespolizei gebeten haben, in Schweden nachzufragen, »ob alles nicht ein schlechter Scherz von Christine ist. Sie war böse und sauer auf mir und nunja, wir haben uns schon wieder verstanden nur mit ihrem Dickschädel ist sie eben abgehaut.«

Tatunca beließ es nicht nur bei seinem Entschuldigungsbrief. Er wandte sich auch Rat suchend an das Multitalent Herbert St., einen Bekannten der verschwundenen Christine Heuser in Wiesbaden. Dieser Seelentröster besitzt nicht nur die Fähigkeit, mit allen Menschen dieser Erde »inneren Kontakt« aufzunehmen, sofern er über dessen Foto und seine Schrift verfügt, sondern Herbert

»arbeitet täglich mit Wesen, die (schon) gar nicht mehr auf dieser Erde sind«!! Christine hatte er eigens für Tatuncas bedrängtes Volk ein Fläschchen »Lebens-Elixier« mitgegeben, das er noch zusätzlich mit »Pyramiden-Energie« angereichert hatte. Klar, dass Herbert St. sich für den »sehr geehrten Herrn Tatunca Nara« auf die Pirsch nach Christine machte. Er wolle, so schrieb er am 1.1.1989 an den »Indianer«, nicht den Kriminologen spielen, sondern ganz einfach »unerlöste Seelen und dadurch Schizophrene und Hypnotisierte befreien«. Das könne er mühelos, denn das sei sein tägliches Brot. »Ich helfe in Lebensfragen und suche in der Vergangenheit, da ich das innere Tagebuch aufblättern kann. Ich berate auch in Ernährungsfragen, gebe Yoga- und Shi-Atsu-Unterricht.« Ein Multitalent. Ich sagte es ja bereits.

Im Falle Tatunca-Christine »habe ich noch einmal nachgependelt und bekomme immer das Gleiche raus: Christine ist in Brasilien an einer ansteckenden Krankheit gestorben. Sie haben damit rein gar nichts zu tun! Es ist gemein, dass man Ihnen so viel Ärger und Schaden bereitet hat. Wie viele Neider werden Sie denn wohl haben?«

So gut Herbert angeblich Schriften zu deuten verstand – bei Tatunca blieb ihm die wahre Erkenntnis versagt. Vielmehr gratulierte er ihm zu seinem guten Deutsch und meinte, böswillige Menschen könnten fast glauben, »dass Sie in Deutschland eine Schulbildung bekommen haben«.

Klar, dass Tatunca mit diesem »entlastenden« Brief gern hausieren ging.

Die Freunde und die Familie von Christine Heuser wandten sich an Interpol, recherchierten selbst vor Ort, baten die schwedische Königin Silvia um Vermittlung und gründeten eine Hilfsorganisation, um die finanziellen Mittel für eigene Nachforschungen aufzubringen und um Christines laufende Lebenskosten bestreiten zu können.

Rechtsanwalt Gösta Lundholm verwaltete zu treuen Händen das Spenden-Konto.

Für Kriminalhauptkommissar Kurt Hartert vom BKA taten sich deutliche Parallelen zu den Fällen Reed, Wanner, Brugger auf.

»Günther Hauck entwickelt wieder einmal die übliche, ungewöhnliche Aktivität, spielt den Entrüsteten und Unschuldigen und wirft mit Ideen um sich, die das Verschwinden Christines erklären sollen. Er bringt Pseudo-Zeugen ins Gefecht, bietet haufenweise Schein-Alibis an und persönliche Hilfe.«

Brief des Tatunca-Hauck vom 8. 12. 1987:

- Er glaubt, dass sie (Christine) im Boot hinter ihm hergefahren sein könne und sich verfahren habe.
- Er behauptet, dass er überall in Manaus mit ihrem Bild herumlaufe, in der Hoffnung, jemand könne Auskunft über ihren Verbleib machen.
- Er vermutet, dass sie womöglich von Indianern festgehalten werde.
- Er gibt zu bedenken, dass sie unter monatelang wirkenden Drogen stehen könne,
- und er fürchtet, dass sie sich im Territorium Roraima einer Sekte angeschlossen haben könnte.

»Auf jeden Fall fühle ich, dass sie lebt«, und er erklärt sich bereit, bei der Suche nach ihr zu helfen. Sofern jemand für die Kosten aufkäme. Denn letztlich hätte er Familie, die es zu versorgen gälte. Also alles wie gehabt: wie bei Wanner, wie bei Reed. Für ihn eine gute Gelegenheit, sogar mit den Suchaktionen nach seinen Opfern noch etwas Geld dazuzuverdienen.

Berit indes versuchte, auch unkonventionelle Wege zu beschreiten. Eine Wahrsagerin wurde vor Ort bemüht. Sie kam zu der »Erleuchtung«, dass Christine hinterrücks angeschossen worden sei. Das Verbrechen sei aber von einem ganz jungen Indio beobachtet worden. Man habe versucht, sie gesund zu pflegen – ihr Lebenslicht sei dennoch am Erlöschen.

Die Wahrsagerin kam zu dem Schluss, dass es Akahim nur im verwirrten Geist des Tatunca Nara gäbe und Christine auf dem besten Wege gewesen sei, das Geheimnis zu lüften. »Sie war neugierig. Das wurde ihr zum Verhängnis.«

»Tatunca Nara ist sehr in sich gekehrt«, heißt es weiter. »Einzelgänger. Sehr unausgeglichen-empfindlich. Fähig zu Affekthandlungen. Keine Kontrolle über sich, wenn irgendwie in die Enge getrieben. Bewusst wird ihm sein Handeln erst, wenn es schon vorbei ist.«

Auf mich wirkten die Vermutungen der Wahrsagerin wenig überzeugend. Ganz offensichtlich hatte sie über Tatunca bereits sehr viele Informationen besessen, die sie nun zu einer zu nichts verpflichtenden und nach jeder Seite offenen Geschichte verwob. Die Wahrsagerin ahnte sicher nicht, wie sehr sich dennoch ihre Erkenntnis mit der des Bundeskriminalamtes in Wiesbaden deckte.

Christine Heuser jedenfalls war und blieb verschwunden. Spurlos.

Wolfgangs Film

»Rüdiger Nehberg hat Karl Brugger umgebracht.« So heißt es in einer seitenlangen Epistel Tatuncas an das BKA in Wiesbaden. Er sei es leid, von allen Seiten, auch vom BKA, verdächtigt zu werden, jemand anderer zu sein als der Häuptling. Seine Weste sei rein, dafür habe er genügend Zeugen.

»Kommen Sie rüber und vernehmen Sie mich. Aber hören Sie gefälligst auf, mich zu beschuldigen.« Und schon gar nicht käme er für den Mord an Brugger in Betracht.

»Das war Nehberg. Ich habe dafür zwei Zeugen. Er ist von Kolumbien aus verkleidet nach Brasilien gekommen, wenn er hier je wieder auftaucht, werde ich ihm die Kehle durchschneiden.«

Tatuncas Beschuldigung war schnell entkräftet. Zur Tatzeit hatte ich in Deutschland täglich einen Vortrag. Aber dennoch wurde diese Attacke zum Wendepunkt in meinem Verhältnis zu Tatunca Nara. Er wollte mir etwas unterjubeln, für das ich nicht verantwortlich war. Ich hatte Glück, hieb- und stichfeste Alibis zu haben. Aber was würde sein, wenn er sich erneut Verdächtigungen aus den Fingern sog? Sollte ich geduldig abwarten, bis das geschah? Und hoffen, dass ich jedes Mal ein Alibi hatte? Solche Glücksspiele sind nicht mein Stil. Eher befolge ich die Maxime vom Vorbeugen, das besser als Heilen und Heulen ist.

Aber ich beriet mich zunächst mit Kurt Hartert vom BKA. Er hatte mir gesagt: »Der verhöhnt uns regelrecht. Er spielt den zu Unrecht Verdächtigten und wagt diese dicken Töne nur, weil er genau weiß, dass wir nicht ohne offizielle Genehmigung rüberkönnen, und er weiß auch, dass wir sie nicht bekommen werden. Für uns steht fest, dass er gedeckt wird. Und zwar von höchster Stelle.«

»Das kann ich mir nicht denken«, sagte ich, »der hat nicht die geringsten Beziehungen. Er hätte gar nicht das nötige Geld, um höchste Stellen zu bestechen.«

»Das mag durchaus zutreffen. Aber Tatsache ist, dass ihm zum Beispiel unsere als ›streng vertraulich‹ deklarierten Briefe, die offiziell nie beantwortet wurden, zugänglich gemacht worden sind. Denn sein Brief hier ist eine einwandfreie Antwort auf unseren Antrag an das Justizministerium. Von dem hätte er nie etwas wissen dürfen. Uns drängt sich die Vermutung auf, dass er für die Abwehr gearbeitet hat und die ihn dafür deckt. Es ist also keine Frage des Geldes, der Bestechung.« Tatunca in der Abwehr? Ich hielt es eher für ein von ihm eingefädeltes Gerücht.

»Was könnte ein Tatunca Nara für die Abwehr leisten?«

»Das kann ich noch nicht beurteilen. Aber unsere Anträge werden nicht beantwortet. Das ist zwar völlig unüblich, aber es steht fest. Als wir noch einmal nachhakten, ließ man den Sachbearbeiter der deutschen Botschaft in Brasília wissen, die Akte sei gerade ›auf dem Weg zu den damit befassten Behörden‹. Man würde sich jedoch ›melden, sobald sie wieder zurück sei‹. Das ist in diplomatischen Kreisen die Formulierung für eine verbindliche Absage. Tatunca hat Helfer.«

»Wie lange wollen Sie noch warten? Werden Sie den Antrag wiederholen?«

»Da muss ich Sie leider enttäuschen. Das ist nicht üblich. Uns sind die Hände gebunden. Wir sind auf den Dienstweg angewiesen. Trotz der beachtlichen Beweislage werden wir den Fall zu den Akten legen müssen.«

»Und Sie sehen keine Möglichkeit für einen weiteren Vorstoß?«

»Im Moment nicht. Sie als Nicht-Beamter hätten es da wesentlich leichter.«

»Bisher habe ich mir nie darüber Gedanken gemacht. Ich fand, der Fall war bei Ihnen in allerbesten Händen. Mit Rücksicht auf Ihre Ermittlungen habe ich mich in meinen Büchern stets zurückgehalten und nie auch nur annähernd das preisgegeben, was ich wusste, um Tatunca nicht über den Stand der Recherchen in Kenntnis zu setzen.«

Und nach kurzem Grübeln fragte ich: »Was meinten Sie denn mit ›Sie hätten es leichter‹?«

»Damit meinte ich nichts Konkretes. Ich wollte nur sagen, einer Institution wie dem BKA sind die Möglichkeiten vorgegeben, internationale Regeln, an die wir uns zu halten haben. Sie könnten zum Beispiel jederzeit zu ihm nach Barcelos fliegen und ihn befragen. Ich hielte das zwar nicht für sinnvoll. Aber ich als Amtsperson könnte es gar nicht. Nicht einmal, wenn ich privat hinführe.«

Allmählich formten sich in mir einige Gedanken zur Idee, zu ersten Plänen.

»Wie wäre es denn, wenn ich ihn finge und Ihnen nach Wiesbaden brächte ...?«

Hartert schmunzelte. »Genau das habe ich schon vermutet. Aber das hätte nur Sinn, wenn er freiwillig käme. Wie wollen Sie ihn denn hierher schaffen?«

»Ich denke, dass ich ihn in Manaus auf ein deutsches Linienschiff bringen könnte.«

»Da werden Sie wohl schwerlich einen Kapitän finden, der das zuließe.«

»Okay. Mag sein. Darüber habe ich ja auch noch nicht nachgedacht. Ich könnte ihn ja auch mit meinem eigenen Schiff, dem Tretboot, über den Nordatlantik nach Europa schaffen.«

Ich sprudelte die Ideen völlig unsortiert heraus, genau wie Tatunca, weil ich es nicht glauben wollte, dass Tatunca weiterhin unbehelligt seinem »Broterwerb« nachgehen konnte. Mal abgesehen von seiner Macke gegen mich und der meinen gegen ihn, bestand ja dann latent die Möglichkeit, dass weiteren Fans Akahim versprochen würde, mit all den damit verbundenen Risiken.

»Herr Nehberg – wir leben in einem Rechtsstaat. Ich müsste Tatunca Nara sofort wieder nach Brasilien entlassen. Er würde sich ins Fäustchen lachen, denn dann müsste ich Sie wegen Freiheitsberaubung zur Rechenschaft ziehen. Ich kann den Fall nur wieder aufrollen, wenn sich völlig neue Gesichtspunkte ergeben.«

Doch dann hatte ich die zündende Idee. Niederlagen machen ja bekanntlich erfinderisch. Und als ich sie Kurt Hartert vorstellte, blieben ihm die Gegenargumente aus. »Ich halte den Fall und das Verhalten des Justizministeriums in Brasília für so skandalös und unverantwortlich, dass ich dann auf meine Weise den Fall an die Öffentlichkeit bringen werde. Das ist etwas, das solche Behörden fürchten und scheuen. Damit könnte man sie vielleicht zur Kooperation zwingen. Ich werde versuchen, seine Geschichte über das Fernsehen und als Buch publik zu machen und die Behörden so in Zugzwang bringen.«

Die Strategie stand bald fest. Ein kurzes Telefonat mit meinem Freund, dem Münchner Filmemacher Wolfgang Brög, gab mir die Gewissheit: Wolfgang war begeistert von dem Vorschlag und sagte zu. Er würde den Film auch ohne Auftrag eines Senders übernehmen und ich würde das Buch schreiben.

Die Idee: Wir würden mit Tatunca über Tatunca einen Film drehen. Das Ganze sollte so ablaufen, dass er gar nicht mitbekäme, um was es Wolfgang tatsächlich ging. Wir würden einen anderen Grund vorschieben.

Hartert hörte sich mein Konzept an. Er malte sich schon die Dreharbeiten im Kopf aus, wägte Vor- und Nachteile ab und meinte dann: »Unterschätzen Sie das Risiko nicht. Dem Mann wurde von zwei anerkannten Sachverständigen attestiert, dass er schizophren ist. Seit 20 Jahren lebt er in der von ihm selbst geschaffenen Identität eines Indianers. Er hat die Seele und die Haut des weißen Maurers Hansi aus Nürnberg abgestreift. Er glaubt inzwischen selbst daran, der Häuptlingssohn Tatunca zu sein, und wer dieses Bild beschädigen will, der ist potenziell gefährdet.«

»Glauben Sie wirklich, dass jemand schizophren ist, der so exakt seine zwei Leben auseinander hält, der alles so präzise plant? Halten Sie ihn wirklich für gefährlich?«

»Das Erste kann ich nicht beurteilen. Aber für gefährlich halte ich ihn. Und zwar deshalb, weil seine Handlungen eben nicht vorhersehbar sind. Sie, Herr Nehberg, stehen auf seiner Liste ganz oben an. Sie sind die Nummer eins, denn Sie erfüllen gleich mehrere Kriterien, die bei Tatunca den Kurzschluss zu Affekthandlungen auslösen können.«

»Und was sind das für Kriterien?«, interessierte ich mich. Einige kannte ich ja bereits. Vielleicht erfuhr ich etwas Neues.

- »Wer partout Akahim sehen will, das durch die Fantasie des Hansi entstand und mittlerweile von Pseudo-Wissenschaftlern und Sorglos-Journalisten in deren Schriften zu einer Quasi-Realität erhoben worden ist;
- wer seine Legende zerstören will;
- wer alleine mit ihm nach Akahim reist;
- wer ihn, ›sein Volk‹ oder ›seine Götter‹ verhöhnt;
- wer sich die Schildkröte auf die Brust tätowieren lässt;
- und last not least, wer Rüdiger Nehberg heißt, den Tatunca aus voller ›Indianer-Seele‹ hasst, da Sie es waren, der als Erster öffentlich die Identität des Häuptlingssohnes anzweifelte, die mittlerweile als amtlich zerstört anzusehen ist.«

Hartert tat seine Pflicht. Er wollte mich eindringlich warnen. Er zündete sich zum wiederholten Male eine Zigarette an und betätigte sich als Philosoph: »Die ganze Geschichte um Tatunca ist verrückt, wir sind doch alle irgendwie verrückt, genau wie Hansi aus Nürnberg, für mich der erste ›Aussteiger‹, den ich kennen gelernt habe. Nehberg ist ja auch als Konditormeister ausgestiegen, verwirklicht seine Jugendträume. Hartert aus Wiesbaden kann das nicht mehr, hat Familie und ist eingebunden in die behördliche Beamten-Hierarchie. Dieses verdammt kurze Leben ist verrückt, manchmal Wahnsinn, aber schön.«

Und so nahm die Geschichte ihren Lauf. Wolfgang schrieb einen Brief an Tatunca Nara. Daraus konnte der Indianer entnehmen, dass er, Wolfgang, einen Filmauftrag hätte, für dessen Ausführung er jemanden brauchte, der ihn und das Team auf den Flüssen Amazoniens transportiere. Ob er Zeit und Lust habe, den Auftrag zu übernehmen, und wie teuer das wäre.

»Bei den Dreharbeiten«, so weiter in Wolfgangs Brief, »geht es um zwei deutsche Frauen, die sich nach einem Flugzeugabsturz als einzige Überlebende im Urwald verirrt haben und fast darin umkommen, weil sie überhaupt keine Kenntnisse über ihn haben. Sie empfinden ihn als feindlich, geraten in Panik und verhalten sich völlig falsch. Aber kurz bevor sie sterben, begegnet ihnen ein Einheimischer, jemand, der den Wald genau kennt und der ihnen zeigt, wie toll der Biotop Regenwald ist, wenn man dort aufgewachsen ist. Er zeigt ihnen, dass er Schutz, Nahrung, Medizin und Geborgenheit bietet und man sich dort durchaus pudelwohl fühlen kann.«

Der Brief endete mit der Frage: »Sicher kannst du uns auch einen solchen waldkundigen Einheimischen besorgen, damit wir keine Zeit verlieren und zügig drehen können.«

Natürlich war Tatunca einverstanden. Pro Tag berechnete er 150 US-Dollar.

»Darin ist alles enthalten. Also auch Treibstoff und Kost. Das macht für die geplanten zehn Tage Dreharbeiten 1500 Dollar. 50 Prozent Anzahlung beim Start, den Rest beim Einlaufen im Endhafen Manaus.«

Und als Bonbon bot er an: »Die Kosten für den Einheimischen kannst du sparen, den Waldkenner kann ich selbst spielen, sofern dir das Recht ist, denn wer kennt den Wald besser als ich?«

Wir jubelten. Denn genau das war unser Plan gewesen. Er sollte diese Hauptrolle spielen, ohne es zu merken. Hätten wir sie ihm direkt angeboten, wäre er womöglich skeptisch geworden. Blieb jetzt nur noch die Frage zu lösen, wie kriegte man ihn dazu, sein bizarres Leben vor laufender Kamera zu erzählen. Aber auch dafür hatten wir einen Plan. Zunächst sollten die Dreharbeiten völlig normal ablaufen. Tatunca sollte keinerlei Misstrauen empfinden, denn mit Filmern kannte er sich aus. Leute wie Jacques Cousteau und Dieter Kronzucker gaben sich in Barcelos die Klinke in die Hand.

Unser Team bestand aus vier Personen. Ich war das fünfte Rad am Wagen. Ich ließ mich zunächst nicht blicken und vermied per Perücke und Brille, vorzeitig von ihm und etwaigen Freunden erkannt zu werden. Meine Stunde sollte kommen, wenn die Reise beendet war.

Die beiden »Frauen ohne Walderfahrung« waren Mercedes, Wolfgangs spanische erste Ehefrau, und Maggy, meine eigene Angetraute. Als wir ihnen die Idee unterbreitet hatten, waren sie sofort einverstanden, den Part des Spiels zu übernehmen.

Natürlich reiste Maggy nicht unter Maggy Nehberg. Den Namen könnte er aus meinen Büchern kennen. Sie hieß Margret Hahne, war Journalistin einer Zeitschrift und konnte das mit Visitenkarten belegen. Ihre Foto-Kamera und der Kassettenrecorder wiesen diese Geräte als »Eigentum« dieser Zeitschrift aus: Registrier-Nr. 0 69 / 89 und 112 / 88. Schon Wochen vorher hatten wir sie mit »Margret« angesprochen, damit wir uns daran gewöhnten. Wer versehentlich Maggy sagte, musste für alle einen Fruchtsaft ausgeben.

Und dann war da neben Wolfgang, Maggy und Mercedes noch Thomas Rehlinger, ein junger Mann, den wir alle als mutig und sportlich kannten. Er hatte eine Doppelfunktion. Er war Assistent und Leibwächter der Gruppe. Denn eins war uns allen klar: Sollte Tatunca die Falle wittern, würde er Wolfgang leicht ausschalten können und die Frauen wären ihm schutzlos ausgeliefert. Um dieses Risiko zu vermindern, fuhr Thomas mit.

Campingidylle à la Tatunca

Meine Crew hatte einen weiteren Drehtag hinter sich gebracht. Man hatte an einer Sandbank angelegt. Das Feuer knisterte, das Essen duftete und die Frösche stimmten das Abendkonzert an. So weit das Auge reichte, sah man nichts als Wasser und Wald. Eine Landschaft zum Träumen, ein Abend zum Erzählen. Gleich würde Tatunca wieder ein paar Histörchen aus seinem Fantasie-Leben zum Besten geben, gleich würde es wieder spannend werden. Denn das musste man dem Häuptling lassen: Mit ihm hatte man immer Gesprächsstoff.

Wolfgang baute bereits die Kamera auf und legte Holz nach, damit er genügend Licht zum Filmen hatte. Und dann war es endlich so weit. Tatunca war satt. Er hatte die Ankerseile noch einmal überprüft und war zufrieden. Er hockte sich zwischen die anderen und spielte den Bescheidenen. Nur nicht aufdrängen, war seine Devise. Die werden schon von selbst fragen. Und dann war es immer noch früh genug, loszulegen. Wolfgang stellte die Kamera an. Tatunca hatte ja ausdrücklich erlaubt, ihn auch jederzeit beim Erzählen zu filmen. Auf ein verstecktes Zeichen von Wolfgang hin begann Mercedes, die heutige allabendliche Diskussion einzuleiten.

»Eins verstehe ich nicht, Tatunca«, sagte sie, »wenn du in solch massiver Weise von allen Seiten diskriminiert wirst – warum beweist du denen nicht einfach das Gegenteil? Warum zeigst du denen nicht dein Volk?«

Da hatte Mercedes aber einen Punkt angeschnitten! Er brauste auf wie ein Topf kochendes Wasser.

»Warum soll immer *ich* alles beweisen? Alle kommen und sagen ›beweise, beweise, beweise‹ – lass die doch ihre Beweise bringen. Ich habe weiß Gott genug bewiesen. Ihr wollt mich nur provozieren. Das ist doch ganz billig von euch.«

Es entstand eine längere Pause, in der er sich wieder beruhigte. Er blickte ziellos in die Ferne, nach dort, wo der Rio Negro den Himmel berührte.

»Ja, ja. So ist das. Das Hochwasser nimmt alles fort. Nur nicht den schlechten Ruf eines Menschen.« Fast glaubte man, er wolle sich, geschundene Kreatur, eine Träne aus dem Auge wischen. »Das ist ein altes indianisches Sprichwort.«

»Dann lass mich mal andersrum fragen«, bohrte nun Wolfgang weiter. »War schon mal irgendwann jemand von deinen Leuten in der Zivilisation?«

»Nein. Nie.«

»Warum nicht? Wäre das für sie nicht sehr aufschlussreich? Und das wäre doch auch ein Beweis.«

»Mag sein. Aber das ist unvorstellbar. Ebenso gut könnte ich eine Glühbirne zu ihnen tragen und ihnen klar machen, dass man damit Licht machen kann. Das geht nicht. Wie soll ich beweisen, dass das einer von *meinen* Leuten ist?«

Wolfgang und die ganze Mannschaft mussten bei dem Vergleich lachen. Und sofort hatte Tatunca zu seiner Normalform zurückgefunden. Vergessen waren die Niederlagen der vorausgegangenen Befragung.

»Die kriegen mich nicht unter. Wer so viel durchgemacht hat wie ich, wird sich auch weiter durchs Leben schlagen. Wenn sie mir meinen Tourismus wirklich ganz kaputtmachen, dann arbeite ich eben wieder als Bauer. Ich werde Kartoffeln pflanzen, Bohnen, Reis. Mich kriegen die nicht fertig, diese Schweine. Aber ärgern tu ich mich wahnsinnig.«

Was er da mit »viel durchgemacht« meinte, hatte er meiner Crew des Langen und des Breiten wiederholt erzählt: »Allein 1970 habe ich den Peruanern 71 Kriege geliefert. Welche Bedeutung die Peruaner mir und meinem Volk beigemessen haben, vermögt ihr vielleicht zu bewerten, wenn ich euch sage, dass sie 100 000 Mann gegen mich aufgeboten haben. Sie legten einen regelrechten Bombenteppich über mein Gebiet. Tiefflieger mähten dann meine Leute zu Tausenden dahin. Es war wie eine Revolution. Daraufhin habe ich eine Gegenrevolution in Gang gesetzt. Ich habe meine ganzen Truppen in der Madre de Dios zusammengezogen und den Gegnern blutige Schlachten geliefert. Überall waren sie unterlegen.« Er legte ein Päuschen ein, um die drohenden Tränen unter Kontrolle zu halten.

»Aber wenn ich es dann nüchtern betrachtete, stellte ich fest, es gab keinen Sieger und keinen Verlierer. Aber den Blutzoll, den hatten *wir* gezahlt, mein Volk und ich. Und als sie dann noch 100 000 Goldtaler auf meinen Kopf aussetzten, tot oder lebendig hieß es in der Fahndung, sind wir umgezogen nach Akahim.«

»Und leben nun alle in Akahim? Auch die Hitler-Soldaten?«

»Ja. Alle. Auch meine einzige Schwester Reina. Aber jedes Mal, wenn ich sie besuche, werde ich trauriger. Seuchen haben die Leute dahingerafft. Malaria, Grippe, TBC. Die Alten sind inzwischen gestorben und die jungen vermischen sich mit den Yanomami. Es ist eine Schande. Sogar ihre Sprache vermischt sich mit den Dialekten der Yanomami. Ich kann sie zwar noch verstehen, weil ich auch Yanomami rede, aber sie verstehen mich nicht, wenn ich Mongolalisch rede. Dazu kommt, dass die Stadt immer mehr versinkt. Ich weiß nicht, ob ihr wisst, dass ganz Amazonien auf Sand gebaut ist. Da hält nichts. Ich sehe schon den Tag kommen, wo einfach alles versunken ist.«

Der große Held baute also vor. Ein irrer neuer Schachzug! Genial! Eines Tages würde er irgendwo andächtig mit seinen Touristen stehen bleiben. An einer Stelle mit Sekundärvegetation, wo früher vielleicht eine Plantage gewesen war, würde er Blumen niederlegen und beten und sagen: »Hier unter uns liegt Akahim. Hier lebte mein Volk. Nun ist alles versunken.«

Fantasie hatte er ja ohnehin immer bewiesen. Auch als Wolfgang ihn fragte: »A propos Sprache. Kannst du mir mal einen Satz in deiner Sprache sagen?«

»Na klar. Was denn?«

Normalerweise fragen die Leute Zahlen – eins, zwei, drei ... – oder Monate, wie Brugger in einer Rundfunk-Reportage über Tatunca. Deshalb hatte ich Wolfgang geraten, ihn unkonventionelle Sätze zu fragen und sie anderntags wiederholen zu lassen.

Doch dazu kam es gar nicht erst. Die Angelegenheit erledigte sich von selbst.

»Irgendeinen Satz. Um mal den Klang hören zu lassen. Ist doch ganz interessant für den Film.«

»Irgendwas? Nein, sag du, was du hören willst. Sonst heißt es hinterher, er hat nur unkontrollierbares Blabla gesagt.«

»Okay. Also sag mal: ›Guten Tag, wie geht es euch?‹«

Tatunca lächelte. »Ein Indianer grüßt nicht.«

»Ach ja. Richtig. Dann sag doch ›Wiedersehen, ich gehe jetzt‹.«

»Ein Indianer verabschiedet sich auch nicht. Er geht einfach.«

Wolfgang blieb geduldig. Ohnehin waren das nur Simpelsätze zum Anködern. Auf Redewendungen wäre er bestimmt programmiert.

»Dann sag: ›Ich habe einen Tapir geschossen. Ich lade euch zum Essen ein.‹ Sagt man das bei euch?«

Tatunca überlegte ein wenig. Dann gestand er: »Ja, das sagt man. Das kann man sagen.« Aber mehr kam nicht.

»Ja, dann sag es doch. Die Kamera läuft.«

»Ja – aber man sagt es nicht so. Bei uns wird immer das Wichtigste zuerst gesagt: Tapir – habe ich einen geschossen.«

»Ist doch egal. Dann sag es endlich.«

»Ich finde das aber wichtig. Denn wir haben eine ganz andere Grammatik als alle Sprachen, die du so kennst.«

»Das will ich alles nicht wissen. Sag ›Tapir – habe ich einen geschossen‹!«

»Ja. Sofort. Selbst die Yanomami-Grammatik ist anders, obwohl man auch bei uns einige Elemente dieser Sprache findet. Das kommt daher, weil Akakor immer schon mit Akahim freundschaftlich verbunden war.«

»Saaaag enddddlich den Saaatz!!!« Wolfgangs Geduldsfaden näherte sich dem Ende seiner Belastbarkeit. Jedenfalls tat er so.

Und da sprach der Große Häuptling. Er sagte, was ›Ich habe einen Tapir geschossen‹ heißen sollte. Allerdings sagte er es sehr, sehr, sehr leise.

»Hmbedf grkml bstznnl qtvwygh mkjfrst.«

Wolfgang blickte von der Kamera hoch.

»Das war ja viel zu leise. Das kann kein Mensch verstehen. Selbst wenn ich voll aufdrehe.«

Und so wiederholte Tatunca, jedoch nur ein halbes Phon lauter: »Ctvbmmk rswxzhk nlkgstv prrhftt fffftttp.«

Kurz und gut und aufschlussreich: Es blieb bei dem unverständlichen Gebrummel und Gemurmel, das weder mit dem geschossenen Tapir zu tun hatte noch mit einem simplen Pekari, noch überhaupt eine Sprache war. Wie auch immer die Grammatik gestaltet sein mochte. Es ähnelte nur einem Reifen, dem die allerletzte Luft entweicht. Wie sollte Tatunca auch Indianisch sprechen können, sprach er doch heute, nach 25 Jahren, immer noch fehlerhaft Portugiesisch.

Um auf neue Gedanken zu kommen, legte Wolfgang die Kamera beiseite. Mercedes packte sie ein. Maggy räumte das Geschirr ab und wusch es im Fluss. Thomas behielt die Situation im Auge und Wolfgang sprang ins Wasser, um ein erfrischendes Bad zu nehmen. Das hätte er nicht tun sollen. Wie von einer Killerbiene in den Hintern gestochen, schrie Tatunca auf.

»Bist du waaaahnsinnich? Hier wimmelt es von Piranhas! Ich befehle dir: Komm sofort raus! Ich habe die Verantwortung.«

Er kappte die Leinen, warf den Motor an und steuerte auf Wolfgang zu. Er warf einen Rettungsring und beschwor ihn: »Beeil dich. Mach schnell. Um Himmels willen. Kann man euch denn keine Sekunde ohne Aufsicht lassen?«

Tatunca ließ den ganz umsichtigen Beschützer raushängen. Wahrscheinlich schien es ihm das geeignete Mittel, von den blamablen Sprachstudien abzulenken. Mercedes erschreckte sich bei dem Geschrei so, dass sie ihren Mann schon zerfetzt sah, und Maggy ließ fast die Plastiktassen abtreiben. Nur Thomas zog cool sein Hemd aus. Vor allem, als Wolfgang zurückschimpfte. »Sag mal, du bist wohl nicht ganz dicht, du Spinner. Du willst uns wohl total verarschen. Wo sind hier Piranhas? Seit wann greifen die unverletzte Menschen an?«

Und in genau diesem Moment, »Jipiiiih!«, sprang auch Thomas ins Wasser.

Als die beiden Frauen die vergnügt plantschenden Männer sahen und sich das Wasser nicht blutig färbte, wie Tatunca es prophezeite, und als Wolfgang noch rief: »Na, los, kommt doch auch. Es ist herrlich warm«, da sprangen sie ebenfalls, und das Einzige, was brodelte, war Tatunca. Er kochte vor Zorn. Verdammt, seine Lebensrettermasche hatte diesmal nicht funktioniert. Dabei war sie doch sonst immer eine beeindruckende Sondernummer bei seinen Touristen. Eine glatte Doppelniederlage also, sprach- und piranhamäßig.

Solche Geschichten waren ansonsten schon zur Alltagsroutine für ihn geworden. Fantasie, Selbstdarstellungsdrang und Schauspieltalent hatte er reichlich, dass davon auch gut und gerne zwei oder drei solcher Menschen ihren Lebensunterhalt hätten verdienen können. Hier noch ein weiteres Beispiel von vielen. Ein in Manaus ansässiger Schweizer gab es zum Besten und er hatte es aus erster Hand, von den Leuten, denen es widerfahren war.

Diese lagerten auch an einem Strand wie meine Leute jetzt und richteten sich das Camp ein. Tatunca war in den Wald gegangen.

»Vielleicht finde ich etwas zu essen«, hatte er in Aussicht gestellt.

Nach geraumer Zeit, der Abendtee war längst trinkfertig, kam der große Herr des Dschungels zurück ins Lager. Er wankte ein wenig.

»Was ist denn mit Tatunca los?«, fragte einer der Teeschlürfer, als er des Häuptlings ansichtig wurde. Vor Schreck verschluckte er sich und hustete seinem Gegenüber den Tee ins Gesicht. Seine entsetzensgeweiteten Augen taten ein Übriges und ließen den Rest der Gruppe ebenfalls in Panik die Köpfe wenden.

Was sie sahen, verschlug ihnen die Sprache und ließ sie erstarren. Dass sie nicht aufsprangen und flohen, lag lediglich daran, dass Tatunca selbst überhaupt keine Angst oder Aufregung erkennen ließ. Er kam langsam auf sie zu. Wie in Trance.

»Was ist los, Tatunca?«, fragte aber dann jemand, der die Sprache wiedergefunden hatte. Fast flüsterte er es, aus Angst, ein unberechenbarer, grausamer und übermächtiger Feind könnte ihn hören und erneut zuschlagen. Tatunca verstand die Frage offenbar nicht. Er wunderte sich: »Was soll los sein? Ist hier etwas passiert?«

»Nein, sieh dich mal an. Du bist ja völlig blutüberströmt!!! Bist du überfallen worden oder hast du dich verletzt?« Nun sprangen alle auf, eilten ihm entgegen und fragten durcheinander. Das reinste Fragenpüree und ein Durcheinander wie im Starmix.

Die Touristen und vor allem deren angststarre Augen veranlassten ihn letztlich, an sich hinabzublicken. Und da sah er es selbst: Er war über und über mit Blut besudelt. Entweder hatte jemand versucht, ihn zu schlachten, oder er hatte sich selbst mindestens vier Schlagadern zerfetzt. Dass er, so wie er aussah, nicht längst völlig leer gelaufen war und noch gehen konnte, grenzte wirklich an ein Wunder.

»Oh, Götter meiner Ahnen«, rief die leere Körperhülle betroffen aus und schaute kurz gen Himmel. Und dann begann seine gekonnte Inszenierung. Wie eine italienische Oper.

»Entschuldigen Sie bitte.« (Intervallo.) »Entschuldigen Sie wirklich. Tut mir Leid. Es muss wieder über mich gekommen sein.« Ohne weitere Erklärungen schritt Tatunca ans Wasser und versuchte im Zeitlupentempo, das einem Faultier harte Konkurrenz gemacht hätte, das Blut abzuwaschen. Er tat das sehr geschickt. Nur ein paar Hände voll des reinigenden Nasses spritzte und rieb er sich über die Haut. Zu wenig, um das Blut abzuwaschen, aber genau die Menge, die nötig war, um es zu verdünnen und damit zu vermehren und noch wirkungsvoller zu verteilen.

»Er sah wirklich so aus, als hätte ihm jemand die Haut vom Leib gezogen«, erinnerte sich einer der Augenzeugen.

Dann hielt Tatunca in der Reinigungsprozedur inne.

»Ich bitte Sie nochmals um Verzeihung. Es ist ganz offensichtlich wieder über mich gekommen.«

Er verstummte und genoss die völlig perplexen Touristen und kassierte deren Ratlosigkeit als seinen gerechten Lohn für diese Inszenierung.

»Was ist über dich gekommen, Tatunca?« (Alle im Chor).

Ein paar Sekunden ließ er die Frage unbeantwortet über den Fluss fortschweben und blickte nur schweigend an sich herunter. So, als könne er es auch selbst immer noch nicht glauben. Dann endlich bequemte er sich zu einer Erklärung. Er schaute ins Leere oder zurück in die Vergangenheit und murmelte mehr, als er sprach, verzauberte eine Lüge in einen religiösen Akt.

»Sie werden das vielleicht nicht verstehen. (pianissimo, Pause) Auf jeden Fall gibt es keinen Grund zur Sorge. (piano, ma non troppo) Also wirklich, gar keinen. (piú alto) Ich weiß nicht, ob ich's Ihnen schon mal erzählt habe? (moderato) Oder doch – habe ich das nicht längst erzählt? (intervallino) Vor drei Jahrzehnten waren mein

Volk und ich noch Kannibalen. (detonazione, intervallo) Natürlich ist das längst vorbei. (forte) Sie müssen mir das glauben. Über dieses Stadium sind wir alle hinweg, mein Volk und ich. Und ich glaube wirklich, dass das auch so besser ist. Man kann nicht einfach seine Feinde aufessen! Töten ja – aber aufessen nein. Also da haben wir, den Göttern sei Dank, dazugelernt. Aber manchmal ist da immer noch dieses Bedürfnis, zumindest alle paar Wochen einmal frisches Tierblut zu trinken. Und das habe ich gerade getan (allegro, ma non troppo).«

Jetzt erst wusch er sich richtig, reinigte die Fingernägel, durchspülte die Zähne, gurgelte und betrachtete wohlgefällig sein Spiegelbild im Wasser. Dann nahm er (violentamente) mit gewaltigem Platsch ein abschließendes Bad. Natürlich im völlig flachen Wasser, wegen der Piranhas.

Nun wieder ganz Mensch der Gegenwart, harter Realist, schritt er forsch in den Wald und holte eine Schildkröte. Sie war ihm zufällig über den Weg gekrochen und er hatte die Gunst des Augenblicks genutzt, diese beeindruckende Vorstellung zu geben. Er hatte ihr die Kehle durchgeschnitten und sich das Blut über den Körper laufen lassen.

»Hier, etwas Fleisch zum Abendbrot«, sagte er, als er das Tier mit gespielt bescheidenem Jägerstolz neben das Feuer warf.

Und so erfährt auch die Geschichte mit Ferdinand, dem Überfall der Affenmenschen und der blutigen Hand ihre logische Aufklärung.

Die Konfrontation

Ich lag am Strand des Rio Negro oberhalb des Hotels Tropical in Manaus. Ein wolkenloser, heißer Tag. Heute war bereits der zweite Tag, an dem ich hier der Rückkehr meiner Freunde harrte. Gestern schon hatte ich hier die endlos scheinenden Stunden mit Baden, Angeln und Lesen verbracht. Und mit Beobachten. Denn hier wollten meine Leute mit Tatunca Nara aufkreuzen und die zehntägige Reise beenden. Mit Wolfgang war vereinbart, dass sie den Landesteg des Hotels Tropical zwischen neun und 17 Uhr anlaufen würden.

Ich konnte also morgens in aller Ruhe aus der Innenstadt mit dem Taxi hierher rausfahren und war abends noch vorm Dunkelwerden wieder zu Hause, im Hotel Rio Mar.

Zu jeder vollen Stunde schaltete ich das Funkgerät zehn Minuten auf »standby« und hoffte, dass Wolfgang sich meldete. Auch der nächste Tag verstrich ohne ein Lebenszeichen. »Was ist, wenn sie auch in fünf Tagen noch immer nicht da sind?«, fragte ich mich.

Bei diesem Gedanken wurde mir ein wenig mulmig zumute. Da hatten wir diese Reise und den damit verbundenen Zweck so oft besprochen. Nur eines hatten wir völlig außer Acht gelassen, die Festlegung eines Rückkehr-Ultimatums, den Zeitpunkt, an dem ich spätestens Alarm schlagen müsste. Was war, wenn Tatunca Wolfgangs wahre Absicht doch bemerkt hätte? Und wenn er hörte, dass Maggy meine Frau war? In Ermangelung besseren Trostes sagte ich mir immer wieder »Gut, dass Thomas bei ihnen ist«. Offiziell war Thomas ja Wolfgangs Assistent, denn jeder Filmer, der was auf sich hält, hat einen Assistenten. Aber seine wirkliche Aufgabe war es, Tag und Nacht und immer Tatunca und die Gruppe im Auge zu behalten und sofort einzuschreiten, wenn der Häuptling in irgendeiner Weise aggressiv werden sollte. Dass Thomas trotz seiner Jugend dafür der richtige Mann war, stand für mich fest. Er beherrschte wichtige Kampfsportarten und war körperlich topfit. Die 14 Etagen unseres Hotels in Brasília bewältigte er schneller zu Fuß als ich im Lift.

Da Tatunca, wie ich wusste, reichlich bewaffnet war, trugen auch meine Leute alle zumindest Reizgas oder einen Elektroschocker. Wolfgang und Thomas hatten außerdem je zwei Revolver. Tatunca selbst trug Berichten zufolge auf den Reisen einen 38er Revolver. Aber wenn man sich genauer auf seinem Schiff umsah, entdeckte man noch bis zu vier Gewehre. Sie befanden sich unter der Matratze, hinter Pfosten und unter Planken. Nur eines stand sichtbar im Führerhaus. Es sollte so aussehen, als sei das alles und als hätte man ihn entwaffnet, wenn dieses Gewehr fort wäre. Die anderen Waffen waren seine Reserve. Darüber hinaus trug Tatunca einen schießenden Kugelschreiber.

Um nicht allzu viel an diese mangelhafte Absprache zwischen meinem Team und mir zu denken, fotografierte ich »Akahim«. Das Ufer bestand nämlich aus vielen kleinen Sandstein-Terrassen. Da gab es Mini-Höhlen, Säulen, Überhänge und Canyons. Alles en miniature. In Puppenstubengröße. Ich fertigte kleine Brennholzstapel, baute Treppen und stellte Leitern an. Vor einer Höhle glimmte ein Feuerchen – und diese Szenerie fotografierte ich mit einer Polaroid-Kamera. Auf diesem Foto fielen die kleinen Unstimmigkeiten nicht gar so krass auf. Beim Anblick der Aufnahmen malte ich mir Tatuncas ratloses Gesicht aus, wenn wir ihm nach unserer noch bevorstehenden Recherche in den Gebieten seiner Reisen diese Aufnahmen zeigen und behaupten würden, »Akahim« auch ohne ihn gefunden zu haben. Wir würden uns bei ihm entschuldigen für das bisherige Misstrauen, wollten seine Ehre unverzüglich wieder herstellen und der Welt die Sensation präsentieren.

»Wenn du einverstanden bist, Tatunca, sollten wir aber die wahre Örtlichkeit geheim halten und unbedingt nach woanders verlegen.«

Mit solchen Spielchen vertrieb ich mir die Zeit. Aber dann am vierten Tag um zehn Uhr ertönte das Piep-Signal. Ich meldete mich.

»Hier alles o.k. Ich liege in Bereitschaft. Over.«

Es war Wolfgang, der antwortete. »Ich liege auf dem Dach des Schiffes. Tatunca steuert. Er kann mich nicht hören. Mercedes hat ihn in ein Gespräch verwickelt und Maggy und Thomas stehen Schmiere. Lass es uns dennoch kurz machen: In einer Stunde laufen wir den Steg vorm Tropical an. Bist du bereit?«

»Ja. Ich bin zur Stelle. Ist alles gut verlaufen? Hat er nichts gemerkt?«

»Nein. Er hat keinen blassen Schimmer. Aber ich habe noch eine ganz wichtige Bitte: Komm nicht verkleidet. Lass auch die Schildkröte weg. Komm direkt und ohne Umschweife als Rüdiger. Ich erkläre dir das später. Es gibt nämlich eine interessante Neuigkeit. Over and out.«

Ich war in gespannter Erregung. Endlich kam der Moment, auf den ich schon so lange gewartet hatte. Er würde dem bösen Nehberg gegenüberstehen, dem er die Durchreise durch »sein Gebiet« verboten, auf dessen Kopf er eine Prämie ausgesetzt und dem er die Kehle durchzuschneiden versprochen hatte. Immer wieder hatte ich mir sein überraschtes Gesicht ausgemalt und war neugierig, wie er reagieren würde, wenn sein Hobby, der Nehberg, nun wirklich vor ihm stand.

Natürlich fand ich es schade, ihm direkt als Rüdiger unter die Augen zu treten, denn ich hatte viel Zeit und einiges an Geld investiert, um von ihm nicht erkannt zu werden; blonde Perücke, Fensterglasbrille, Hut auf, Bart ab und – die Schildkrötentätowierung über der linken Brust. Natürlich war sie nicht echt, sondern ein Stempelabdruck. Den Stempel hatte ich mir nach meinen alten Fotos anfertigen lassen. So wollte ich mich ursprünglich vor ihm aufbauen und mich erst peu à peu entblättern: zunächst die Brille putzen und wegstecken, dann den Hut beiseite legen und das Hemd öffnen.

Als Erklärung für die Schildkröte wollte ich sagen, dass ich ein Fan von Tatunca Nara wäre, den ich jetzt zu besuchen gedächte. Dann würde er sich gewiss zu erkennen geben und schließlich wollte ich die Perücke abnehmen. Dieses Spielchen sollte eine lockere Einlage in Wolfgangs Film werden. Diese Freuden blieben mir nun leider versagt. Immerhin hatte ich die Ausstattung nicht ganz umsonst mitgenommen. Während der ersten drei Tage in Manaus hatte sie mir wertvolle Dienste geleistet.

Durchs Fernglas sah ich das Boot am Horizont auftauchen. Tatunca stand am Steuer, meine Crew auf dem Oberdeck. Sie blickte ihrerseits durchs Fernglas und suchte mich. Maggy hatte ihre Habseligkeiten gepackt. Sie wollte hier von Bord. Das war so abgemacht, Wolfgang wollte die Bezahlung und den Abschied filmen. Auf diese Weise war es ganz natürlich, dass er die Kamera in der Hand hatte und mein Auftauchen filmen konnte. So sah es nicht nach Arrangement aus.

Dann war es so weit. Maggy hatte bezahlt. Mercedes gab ihr den Abschiedskuss, mein Einsatz-Zeichen. Ich schlenderte heran. Wie angewurzelt blieb ich plötzlich stehen, erst auf Wolfgang, dann auf Tatunca starrend.

»Das darf nicht wahr sein«, rief ich aus. »Wolfgang Brög, der Filmer, und Tatunca Nara, der Große Häuptling. Jetzt sagt bloß nicht, dass ihr über den größten aller Meister einen Film gedreht habt! Womöglich über sein Leben als Indianer?«

Dass ich Wolfgang von früher kannte, wusste Tatunca. Deshalb durften wir uns wiedererkennen. Wolfgang hatte aber vorgesorgt und immer wieder betont, dass er mich inzwischen hasse, weil ich ihn betrogen habe, und Tatunca mit seiner Einschätzung meiner Person genau ins Schwarze getroffen habe.

»Nehberg ist ein mieser Hund«*, hatte er immer wieder geflucht.

Tatunca entgleisten die Gesichtszüge. Für ein paar Augenblicke versagte ihm die Sprache. Allein für diesen Anblick hatte sich das Warten gelohnt. Dann endlich, nach einigen Schluckern, hatte er sich gefasst.

»Stimmt ja gar nicht!«

»Was stimmt nicht? Dass du der Große Häuptling bist oder was?«

»Dass Wolfgang so einen Film gedreht hat.«

»Ach so. Ich befürchtete schon, es stimme nicht, dass du ein Indianer bist. Der bist du doch, oder? Oder heißt du gar Hansi? Oder Richard? Oder Günther?« Da mischte sich Maggy ein.

»Wer sind Sie denn überhaupt, wenn ich mal fragen darf?« Sie legte richtig schön viel Zickigkeit in die Stimme. Tatunca antwortete ihr.

»Das ist Rüdiger Nehberg aus Hamburg. Der große Held und Würmerfresser, der mal quer durch Deutschland ohne Nahrung gelaufen ist.«

»Und das ist Hansi, seines Zeichens Maurer aus Nürnberg.«

---

* Na warte, Brög, das kriegst du heimgezahlt.

»Stimmt ja nicht. Das haben schon viele versucht, mir anzudichten. Dass das nicht so ist, dafür habe ich viele Zeugen. Das ist längst gerichtlich entschieden. Ich bin Tatunca Nara.« Er hatte sich wieder gefangen. Sein Oberwasser stieg schneller als die Flut der Regenzeit.

»Ach – ist das der, dessen Buch du uns gezeigt hast?«, fragte Maggy.

»Ja. Genau der!« Das Gespräch wurde heftiger.

»Das trifft sich ja gut, Häuptling Hansi. Ich wollte dich nämlich in Barcelos besuchen. Ich habe in den letzten Jahren den Eindruck gewonnen, dass du vielleicht nicht ganz richtig im Kopf bist. Kann das sein?«

»Was willst du damit sagen?«

»Das ist schnell erklärt. Mich wunderte dein Brief ans *Hamburger Abendblatt*, worin du behauptetest, mein Buch wäre gelogen und ich hätte deine Indianer-Ehre verletzt.«

»Was ist denn das *Hamburger Abendblatt*? Kenne ich nicht.«

»Aber Tatunca ...«

»Hast du es da? Nein? Na bitte. Kann ja jeder sagen. Warum hast du es nicht da, wenn du so was sagst? Ich habe immer alles da. Ich habe alle Belege auf dem Schiff. Ich kann alles beweisen.«

»Auch Akakor und Akahim? Aber lassen wir das mit dem Abendblatt. Dann hörte ich, du habest eine Kopfprämie auf mich ausgesetzt und du wolltest mir den Hals durch ...«

»Also sag mal! Spinnst du oder ich? Eine Kopfprämie? Wofür? Und ›Hals durchschneiden‹ – das sagt man so dahin. Ich habe auch während dieser Reise gesagt, ›dem Nehberg würde ich den Schädel einschlagen‹. Aber tue ich das?«

»Nein. Bis jetzt nicht. Hier sind ja zu viele Menschen. Du arbeitest in der Einsamkeit, ohne Zeugen und von hinten.« Ich lief zu guter Form auf. Wolfgang gab mir ein Zeichen aufzuhören.

»Rüdiger, du tust Tatunca Unrecht. Er will mir den Beweis antreten, dass es sein Volk und die Stadt tatsächlich gibt. Er hat sich bereit erklärt, sie mir zu zeigen. Ich werde dann der Erste sein, dem das vergönnt ist.«

Er sagte das voller Glück und Stolz. Ich dachte schon, jetzt ist auch Brög überbelichtet und übergeschnappt. Aber da entdeckte ich gerade noch rechtzeitig sein Augenzwinkern.

»Er will dir sein Volk zeigen? Heißt das, Maurer Hansi will dir die Franken zeigen, oder wen meint er mit ›seinem Volk‹?«

»Nein, ich will ihm Akahim zeigen«, stellte Tatunca klar.

»Na klar, Akahim. Ich hatte ja ganz vergessen, dass du ein ehrenwerter Häuptling bist. Ehrenwert wie im Falle des Arthur Grolimund?«

»Arthur Grolimund? Was ist mit Arthur Grolimund? Das ist mein Freund.«

»Oh. Das ist mir neu.«

Ich wandte mich jetzt mehr an Wolfgang.

»Dem hat er seine Farm Tartaruga verkauft. Sie liegt am oberen Padauiri, an den ›Wasserfällen der Allianz‹.«

»Na und?«, meinte Wolfgang.

»Ja – der Gag ist, dass sie Tatunca gar nicht gehörte. Er hat sich mit falschen Unterlagen eine Anzahlung von 10 000 Schweizer Franken erschlichen.«

»Das ist ja gar nicht wahr!«, erboste sich Tatunca.

»Natürlich ist das wahr. Du hast ihm ja dafür eine Quittung gegeben. Hier ist sie!« Diesen Beleg hatte ich tatsächlich dabei. Ich zeigte ihn kurz Wolfgang.

»Das ist aber noch nicht der Knüller, Wolfgang. Der ergab sich erst abends, als Arthur den Kauf im Hotel

Monaco begießen wollte. Da saßen am Nebentisch ein paar Amerikaner, die auch feierten. Man kam ins Gespräch. Einer von ihnen hatte ebenfalls eine Farm erworben. Wenn das kein Grund zum Feiern war! Man prostete sich fleißig zu – bis man ins Gespräch kam, Preise verglich, Erfahrungen austauschte und merkte, auch der Amerikaner hatte die Farm Tartaruga gekauft. Tatunca hat sie mindestens zweimal verkauft, obwohl sie ihm grundbuchlich nicht einmal gehörte.«

Tatunca war während dieser Offenbarung ins Boot geeilt. Thomas, das Tränengas in der einen, den Elektroschocker in der anderen Hand, gleich hinterher. Aber Tatunca wollte keine Waffe holen. Er kam mit einer Visitenkarte des Arthur Grolimund zurück.

»Wolfgang, glaub mir, Arthur ist mein bester Freund. Letzte Woche haben wir uns noch getroffen. Da hat er mir diese Visitenkarte gegeben. Am besten, du gehst hin und fragst ihn selbst. Dann weißt du, was Rüdiger für'n Märchenerzähler ist.« Im Bluffen war Tatunca geübt. Bei so viel Dreistigkeit neigt ein Neuling instinktiv dazu, ihm zu glauben. Wer würde schon einen solchen Vorschlag machen, wenn er ihm schaden könnte? Nun – Tatunca Nara würde es tun und er hatte es getan. Er rechnete aber nicht damit, dass Wolfgang seinen Rat tatsächlich befolgte. Und natürlich bestätigte Arthur später jedes meiner Worte. Sogar in die Kamera.

Um ihn noch ein wenig mehr zu provozieren, sagte ich dann mitten in die Kontroverse hinein: »Ach so, ehe ich's vergesse, ich soll dich ganz herzlich von deiner Frau grüßen.« Er blickte mich sprachlos an und schien fieberhaft zu überlegen, was ich denn damit schon wieder meinen könnte. Ich half ihm auf die Sprünge.

»Nicht von Anita. Von Christa soll ich dich grüßen.«

»Von Christa? Wer ist Christa? Welche Christa?«

»Aber Hansi, nun wollen wir doch nicht wieder ganz von vorne anfangen. Von Christa, deiner Erstfrau aus Nürnberg, und von deinen drei Kindern übrigens auch. Von Richard, Dagmar und von Werner.«

»Sag mal, spinnst du, was für eine Erstfrau? Und ich hör' immer ›Kinder‹.«

»Aber Hansi, wer wird denn so vergesslich sein. Ich war nämlich bei ihr – sie wohnt immer noch da, wo ihr damals zusammen eingezogen seid – also ich war bei ihr, weil ich mal hören wollte, wer damals bei dem Prozess als Angeklagter erschienen war.«

»Ich weiß nicht, wovon du redest.«

»Das kann ich mir gut denken. Denn du warst ja auch nicht da, bei dem Prozess. Jedenfalls war kein Indianer als Angeklagter erschienen. Wer da auf der Armesünder-Bank saß, war vielmehr Christas echter Ehemann, ein gewisser Hansi Hauck. Da gab es gar kein Missverständnis. Er hatte sich ausgewiesen, sie hat ihn persönlich und ohne jeden Zweifel identifiziert und er war ja auch voll geständig. Das Verrückte an der Sache ist, dass dieser Hansi genauso aussah wie du.«

Ich wandte mich an die anderen und sagte: »Wenn es euch interessiert, kann ich euch das Tonband vorspielen, auf dem sich dieses Gespräch befindet. Tatunca, willst du mal hören, wie deine Frau den Prozess schildert?«

»Du kannst dir dein Tonband an den Hut stecken. Mich interessiert nicht, welche Frau da was von mir behauptet. Das ist wahrscheinlich wieder so eine, die sich an meine Popularität anhängen will. Diese Spinnertypen laufen mir zuhauf die Bude ein.«

Ich hatte die Kassette schon in der Hand. Aber Tatunca wollte partout nicht. Zu gern hätte ich beobachtet, wie er reagierte. Was er nicht wissen konnte: Es war gar nicht seine Erstfrau Christa, die er vom Band gehört hätte, denn seine Frau hatte sich gegen den Mitschnitt ihrer Aussage ausgesprochen. Was er vernommen hätte, wäre das nachträglich mit einer anderen gleichaltrigen Frau nachgestellte Gespräch gewesen. Da er seine Christa ja 20 Jahre nicht gesehen und gehört hatte, bestand keine Gefahr, dass er den Gag durchschaut hätte. Nun – den Spaß der Anhörung hatte er mir verdorben. Deshalb spielte ich den nächsten Trumpf aus.

»Ach so, hier, beinahe hätte ich das ganz vergessen, sie hat mir ein Hochzeitsbild von euch beiden geschenkt.«

Ich zeigte es ihm kurz, erfreute mich seiner Stielaugen, genoss seinen herzhaften Kehlkopf-Hüpfer und – steckte die Aufnahme schnell wieder weg.

»Tut mir Leid. Das war nicht für dich bestimmt. Das hat sie mir dafür gegeben, dass ich ihr die schöne Geschichte von dir erzählt habe. Und stell dir vor: Sie hatte es schon zerrissen und hinter euren Wohnzimmerschrank geworfen. Aber plötzlich erinnerte sie sich wieder daran und hat es vom BKA zusammensetzen lassen. Hier kannst du noch den Riss sehen.«

Ich besaß natürlich nicht nur dieses eine Foto, sondern ihrer zehn. Man konnte nie wissen, wofür man sie noch benötigte. Wie genau Tatunca sich aber trotz seines gespielten Desinteresses alle diese Worte eingeprägt hatte, merkte ich ein Jahr später, als er bei Staatsanwalt Valente in Manaus auftauchte und ebendiesen Riss in einen Pluspunkt für sich ummünzen wollte: »Hier, sehen Sie, eine einwandfreie Fotomontage. Da ist die Klebestelle.«

Die Debatte wogte noch hin und her. Auf Wolfgangs Zeichen hin beendete ich sie schließlich und fuhr mit dem Taxi nach Hause. Tatunca und der Rest der Crew schipperten nach Manaus in den Hafen *Gloria*. Nachmittags trafen wir uns alle in meinem Hotel. Wolfgang war in Eile. »Um 16 Uhr besprechen wir an Bord seines Schiffes den

Vertrag wegen der Reise nach Akahim. Er ahnt immer noch nicht, dass wir zusammenarbeiten. Er hat aber gleich gesagt, dass er dich niemals mitnehmen würde. Ich hatte es ihm vorgeschlagen, damit ihr ›Frieden‹ schließen könntet.«

»Darauf lege ich auch keinen Wert«, stellte ich gleich klar. »Das ist vergeudete Zeit. Meinst du, ich will mich eingliedern in die Reihe der Akahim-Gefoppten? Mich wundert, dass du den Schmarren glaubst. Hat er euch alle umgepolt?«

»Nein, das nicht«, meinte Wolfgang. »Ich weiß natürlich, dass er ein fränkischer Bayer ist. Aber andererseits lebt er schon so lange im Wald. Ich denke manchmal, dass er auf seinen Streifzügen tatsächlich ein Indianervolk gefunden hat, das unterirdisch wohnt, und das hat er geschickt für sich umgemünzt. Wie sonst hätte er mir das so siegessicher anbieten können?«

Ich brachte nur ein staunendes »Wolfgang?!« heraus. Aber da hatte der schon das nächste Argument zur Hand. »Hier. Schau mal. Das hat er mir als Beweis gegeben. Eine Tonscherbe von einem Krug, der 2 000 bis 3 000 Jahre alt sein soll. Er hatte sie zufällig an Bord. Wie eine Kostbarkeit hat er sie aus einer Serviette ausgewickelt und sie mir geschenkt. Ich solle sie, wenn ich ihm nicht glaube, im Archäologischen Museum von São Paulo untersuchen lassen. Dann hätte ich den Beweis.«

Wolfgang tat das später. Und erstaunlicherweise hatte Tatunca beinahe Recht. Er hatte sich lediglich um drei Nullen geirrt. Die hübsche Scherbe mit dem Kopf des Nasenbären war zwei bis drei Jahre alt.

Aber auch Maggy und Mercedes waren von Tatunca in die Mangel genommen worden. »Rüdiger, der Tatunca ist in eine Verkettung unglücklicher Umstände geraten. Er ist nun mal immer der Letzte oder der Erste, den Touristen treffen, wenn sie in den Wald gehen oder wenn sie wieder herauskommen. Und wenn dann wirklich mal einer verschwindet, dann nutzt das die Konkurrenz, um ihm daraus einen Strick zu drehen. Wir begehen einen großen Justizirrtum.«

Es schlug mich fast um. Von solchen »Argumenten« boten sie mir noch mehr. Ein reichhaltiges Repertoire. Tatunca hatte meine Crew einer richtigen Gehirnwäsche unterzogen. Nur Thomas war standfest geblieben. Ihn hatte Tatunca nicht irritieren können.

»Um noch mal auf den Vertrag zurückzukommen«, nahm Wolfgang das Gespräch wieder auf, »mich wundert, dass er sogar bereit ist, einen Vertrag zu unterzeichnen, der ihm nur dann Honorar zugesteht, wenn wir die Stadt finden. Das Einzige, was ich ihm im Voraus geben würde, wäre Benzingeld.«

Da mischte sich Maggy ein, die wieder zu meinem Kurs zurückzukehren begann. »Keinen Pfennig kriegt der. Sonst zahlt ihr ihm den Treibstoff nach Hause und da eröffnet er euch dann, dass er aus dem und jenem Grunde leider doch nicht könne.«

Maggy hatte Recht. Erst Akahim und ohne jegliche Vorleistung – und dann Geld. Entweder nahm er den Vorschlag an oder er ließ es bleiben. So argumentierten wir auch an Bord der *Anita II*. Tatunca, Wolfgang, Mercedes und ich. Mich hatte er inzwischen akzeptiert. Wolfgang hatte erfolgreich den Vermittler gespielt, weil Tatunca ja eigentlich mit mir absolut nichts mehr zu tun haben wollte.

»Mensch, ihr seid doch erwachsene Menschen ...« und »Ich kenne Rüdiger ja ganz gut, weil ich, wie ich dir schon gesagt habe, den Tretbootfilm über ihn gemacht habe. Wenn der sieht, dass es Akahim *doch* gibt und er dir jahrelang Unrecht getan hat, wird er dich voll rehabilitieren.

Und außerdem: Da du ja nach eigenen Worten sicher bist, uns die Stadt präsentieren zu können, ist dir ja auch das Honorar gewiss. Dann gehst du ja keinerlei Risiko ein.«

Wir vereinbarten ferner, dass er ohne Waffen zu fahren habe und jedwede Ausrede von uns als sein Eingeständnis gewertet werden dürfe, dass es diesen Ort Akahim gar nicht gibt. »Also weder Blinddarmentzündung noch feindliche Spuren, noch Hochwasser oder Motorschaden«, erklärte Wolfgang den Paragraphen. »Oder Vollmondprobleme oder eingeschaltete Magnetkreise.«

»Ja. Ist klar. Ihr werdet Akahim sehen.«

Ferner definierten wir den Begriff Akahim und die Ugha Mongulala: eine Stadt im Fels, zum Teil unterirdisch, die Bewohner sind keine Yanomami.

Tatunca gab sein Okay. Die Vertragsbesprechung war beendet, die Parteien waren sich einig. Wir eilten ins Hotel und tippten alles fein säuberlich nieder. Am anderen Morgen war die Vertragsunterzeichnung angesetzt.

Endlich fanden wir Zeit, über die Dreharbeiten im Wald zu sprechen.

»Ist alles planmäßig gelaufen?«, wollte ich wissen. Ich war wahnsinnig gespannt. Immerhin hatte ich fast zwei Wochen Zeit gehabt, mir alle möglichen Abläufe durch den Kopf zu jagen.

»Ja, es ist genau nach Plan gelaufen. Er ist uns voll auf den Leim gegangen. Die ersten zwei Tage habe ich ganz normal gedreht und ihn kaum beachtet. Darunter litt er spürbar. Um sich aus der Bedeutungslosigkeit gebührend ins Licht zu rücken, erzählte er dann abends seine ›Lebensgeschichte‹. Du kennst das ja. Ohne Pause, ohne Komma, aber faszinierend, spannend, überzeugend. Die anderen drei kannten das ja noch nicht und hörten gebannt zu.«

Erst nach zwei Tagen hatte Wolfgang dann den Redefluss unterbrochen.

»Mensch, Tatunca, wenn ich deine Lebensgeschichte höre, dann empfinde ich das, was ich hier zu drehen habe, als den reinsten Schwachsinn. *Dein* Leben ist es, was man verfilmen müsste. Ich finde das so umwerfend faszinierend, dass ich darüber am liebsten einen Hollywood-Film drehen würde.«

Tatunca gab sich bescheiden.

»Ach, Quatsch. Das ist doch kein Thema. Wen interessiert schon das Leben eines Indianers?«

»Wen? Die ganze Welt, sage ich dir. Das interessiert alle.«

Beide legten eine Pause ein und Wolfgang ließ seinen Worten die nötige Zeit zu wirken. Wir hatten uns diesen Köder ausgedacht. »Aber ich kann mir lebhaft vorstellen, was mein Chef-Redakteur sagt, wenn ich ihm das wiedergebe, was du eben erzählt hast. Weißt du, was er dann sagen wird?«

»Ja – er wird sagen ›Interessiert mich nicht‹.«

»Nein, das wird er nicht sagen. Er wird sagen, ›Brög will mich verarschen‹, und ich verliere meinen Job. So sieht das aus. Deine Geschichte ist einfach zu gut. Die glaubt keiner.«

»Genau das hat mir auch der Staatsanwalt Valente gesagt. Er hat gesagt, Tatunca, du hast einen Fehler und darum wirst du von allen Seiten mit Neid überhäuft und angegriffen: ›Deine Geschichte ist zu gut.‹«

»Genauso ist es. Und ich würde meine Glaubwürdigkeit einbüßen und meinen Job verlieren. Schade – denn ich halte die Story wirklich für einen Knüller.«

Dabei beließ es Wolfgang. Die ganze Nacht über konnte Tatunca sich nun seinen Träumen vom verpassten Hollywood-Auftritt hingeben. Denn das war allen klar: Ein internationaler Kino-Film, der seine Geschichte über die gesamte Welt verbreitete, sogar bis Grub am Forst bei

Coburg in Bayern, das wäre das Nonplusultra, der absolute Höhepunkt seiner Laufbahn.

Morgens dann nahm Wolfgang das Gespräch wieder auf. Ganz aufgeregt überfiel er Tatunca schon beim morgendlichen Bad mit seiner Idee.

»Tatunca«, schrie er ihm zu, »mir ist heute Nacht eine Idee gekommen. Was hältst du davon, wenn ich, während du wieder so toll erzählst, einfach nebenbei die Kamera laufen lasse? Dann kann ich meinem Chef Bild und Ton als Dokument vorweisen und er kann mich nicht als Fantasten abtun. Und wenn der dann anbeißt, kann ich gleich mit Hilfe des übrigen Materials eine Art Drehbuch erstellen. Ich wette, dann wird der Sender anbeißen. Und wenn deine Story erst mal im Fernsehen gelaufen ist, wird Hollywood dir die Bude einrennen. Das schwör ich dir.« Tatunca konnte seine Freude kaum verhehlen. Dennoch gab er sich diszipliniert.

»Wenn du davon wirklich überzeugt bist, mach es. Mich stört es nicht, wenn die Kamera läuft.«

Und von diesem Moment an filmte Wolfgang eigentlich nur noch Tatunca. Fast vergaß er darüber, dass er ja eigentlich die »hilflosen« Frauen drehen musste.

Aber zurück zur Gegenwart. Am nächsten Morgen fuhren wir zu seinem Schiff im Hafen von *Gloria*, wo die Vertragsunterzeichnung stattfinden sollte.

Schon von der neuen Brücke bei der Brahma-Brauerei sahen wir Käpt'n Tatunca aufgeregt auf seinem Schifflein hin- und herlaufen wie die Jaguare im Zoo von Manaus. Kaum betraten wir vertragsschwenkend das Deck, als er auch schon loslegte. »Scheiß auf den Vertrag. Davon will ich jetzt nichts hören. Es haben sich Dinge ereignet, die Vorrang haben. Den Vertrag unterzeichne ich nicht. Jedenfalls nicht jetzt.«

Ich konnte mir's nicht verkneifen zu sagen: »Ich finde es fair, dass du es bereits hier machst. Irgendwo hättest du es ja tun müssen. Aber so sparen wir viel Zeit. Du bist ein prima Kumpel.«

Scheinbar ganz aufgeregt berichtete er nun, dass er heute bei seinem Anwalt gewesen war.

»Endlich ist ein Termin anberaumt. Ich habe nämlich die *A Crítica* verklagt, weil sie mich ständig wegen irgendwelcher Morde beschimpft. Ich muss mich jetzt bereit halten und ich muss vorsichtig sein. Ich kann mir bis dahin keine zusätzlichen Probleme aufhalsen. Wenn mich zum Beispiel die Funai mit euch sieht, würde mir das sehr schaden. Das kann ich mir nicht erlauben.«

Unseren Einwand, dass er darauf ja noch nie Rücksicht genommen habe, ließ er nicht gelten. »Wenn ihr es nicht glaubt, kommt mit zu meinem Anwalt.«

Wir waren so frech und gingen mit – gespannt auf seine Ausrede, wenn er uns diesen Advokaten nun doch nicht zeigen konnte. Aber von wegen! Schritt für Schritt, ohne das geringste Zaudern, führte er uns tatsächlich in eine echte und außerdem noch vornehm wirkende Kanzlei.

Da saßen wir dann einem krawattierten Eleganzmann gegenüber, der Tatuncas Erklärungen tatsächlich und Wort für Wort bestätigte.

»Haben Sie etwas Geduld«, riet er, »bis der Prozess vorbei ist. Der ist für meinen Mandanten sehr wichtig.«

Draußen, wieder auf der Straße, hatte Tatunca noch einen Nachschlag für Wolfgang. »Dann habe ich heute in Barcelos angerufen und erfahren, dass die vier Amerikaner zugesagt haben, die da noch mit Fragezeichen in meiner Warteliste standen. Sie wollen eine 14-tägige Reise mit mir machen. Das kommt genau hin. Danach ist der Prozess.«

»Moment mal«, geriet Wolfgang in Rage, »was heißt hier ›Amerikaner und 14-tägige Reise‹? Ich habe mit dir sogar vier Wochen und diese sogar verbindlich fest vereinbart.«

»Ja, mag sein. Aber ich habe nichts unterschrieben. Oder habe ich das? Schließlich wusste Anita nichts von unseren Vorbesprechungen, und deshalb hat sie den Amerikanern fest zugesagt. Die sind nun schon auf dem Wege nach Barcelos. Das lässt sich nicht mehr ändern.«

»Erzähl mir doch nichts von ›Amerikanern‹. Davon hast du bisher keine einzige Silbe erwähnt«, zürnte Wolfgang weiter.

»Wie komme ich denn dazu, dir mein ganzes Leben zu berichten und wann ich mit wem warum wohin fahre?«

Wir trennten uns. Im Grunde unseres Herzens waren wir aber froh. Überrascht hatte uns die völlig neue Ausrede. So richtig stilvoll mit Anwalt und so. Aber lieber hier und heute Schluss als beim Trip nach Akahim, als Zeit vergeuden. Denn irgendwann musste die Ausrede ja kommen.

Plötzlich blieb Wolfgang stehen. Sein Blick fixierte irgendetwas am Himmel. Dann legte er seine Hand auf meine Schulter und sagte: »Lass uns zur *A Crítica* gehen. Mal gucken, ob das mit dem Prozess stimmt.«

Wir sprachen mit Francisco Pacífico. Er war der Tatunca-Experte der Tageszeitung. Er bestätigte, was Wolfgang instinktiv vermutet hatte: Niemand im Hause wusste etwas von einem Prozess gegen das Blatt.

»Dann lass uns auch noch checken, was mit den US-Touristen ist.«

Wir stürzten ins *Teleamazon* und wählten die Nr. 10, den Telefonanschluss des Hotels Oasis in Barcelos.

»Grüß Gott, Frau Katz. Wir sind eine Gruppe von sechs Österreichern und möchten fragen, ob Tatunca Nara ab etwa übermorgen für uns Zeit für eine 14-tägige Reise hätte.«

Er hatte. Es war nichts gebucht.

Recherchen an einsamen Flüssen

Ein zweites Mal gelang es uns, Tatunca sprachlos zu machen, als wir nach der ersten Konfrontation jetzt plötzlich unerwartet in Barcelos auftauchten und uns im Hotel seiner Schwiegermutter einnisteten. Am liebsten hätte er uns rausschmeißen lassen. Aber das Hotel der Frau Katz und das bescheidene Reiseunternehmen Tatuncas waren zu dem Zeitpunkt noch zwei getrennte Unternehmen. Darauf legte vor allem Friedel Katz großen Wert. Außerdem hätte Tatunca mit einem Rausschmiss allen seine ohnmächtige Wut offenbart. Tatuncas Arbeitsweise war anders: still, subtil. So spielte er den Erfreuten und wir die, die zu den Yanomami-Indianern wollten.

»Ist deine Reise mit den Amerikanern schon beendet?«, fragten wir unvermittelt, obwohl er gerade jetzt mit ihnen unterwegs sein musste.

»Äh, ja, hm – ja, ja – die haben verkürzt. Der eine wurde krank. Äh – und dann haben sie ganz abgesagt.« Wir schmunzelten.

»Ja, wir wissen schon. Wir hatten nach deinem Rechtsanwalt-Gag hier angerufen. Wir waren übrigens auch bei der *A Crítica*. Wolfgang will den Prozess filmen.«

Unser nächstes Ziel war, Erkundigungen einzuziehen. Hier in Barcelos und an den Flüssen Aracá und Padauiri, wo Herbert Wanner und John Reed umgekommen waren. Und zuletzt wieder in Manaus. Und überall wollten wir uns nach Christine Heuser erkundigen. Wir hatten Fotos von ihr bei uns.

Da lief mir ein alter Freund über den Weg: Es war Walter Brito, der mich 1982 mit seinem Schiff *Sandokan* den Rio Aracá hochgefahren hatte. In meinem Buch *Yanonámi* (ja, so schrieb man das damals noch. Erst später hat man sich international auf *Yanomami* geeinigt) – *Überleben im*

Urwald hatte ich mich bei ihm für die interessante Reise und die nützlichen Unterweisungen bedankt.

Als ich Friedel Katz und Tatunca Nara je ein Exemplar dieser Ausgabe geschickt hatte, legte ich auch je eins für Walter Brito und einen gewissen Padre Pedro bei. Mit namentlicher Widmung. Weder der eine noch der andere hatte es je erhalten. Stattdessen entdeckte Maggy beide Exemplare in der Bibliothek des Hotels Oasis. Wegen meiner Tatunca betreffenden Äußerungen hatte er sie nicht weitergegeben. Ich holte das jetzt nach. Ich brauchte sie nur der Bibliothek zu entnehmen und ein paar Häuser weiter zu tragen. Als Walter einen Blick hineingeworfen hatte, sagte er: »Nun wird mir manches klar. Du hast mich als Führer gelobt und empfohlen. Also deshalb meidet mich Tatunca seitdem. Er grüßt nicht mal mehr.«

Der erste Zeuge, den wir an den Flüssen befragten, war Anísio. Er war beim Fund der Wanner-Leiche dabei.

»Auch als der Mord hier Ortsgespräch war, wurde ich nie von der Polizei befragt«, gab er zu Protokoll. Klar, dass Leute wie Tatunca in Ländern mit solch schlampiger Recherche ein leichtes Spiel haben. »Und natürlich habe ich mich nicht aufgedrängt. Dann kriegt man nur Ärger. Tatunca hatte mir gedroht für den Fall, dass ich den Mund aufmache.«

Obwohl die Ereignisse schon lange zurücklagen, waren wir erstaunt, wie genau sich die Fluss-Anwohner an Einzelheiten erinnerten. So hatte man Tatunca mit Herbert den Rio Aracá rauf-, aber ohne ihn runterfahren sehen. Auch Christine glaubten die Leute wiederzuerkennen, was Tatuncas Aussage widersprach, sie in Manaus von Bord gejagt und nie wieder empfangen zu haben. »Wer hier dummes Zeug über mich verbreitet, wird mich kennen lernen«, hatte er stromauf, stromab verkündet. Und die Leute hatten Angst. Es war schwer, ihnen diese Aussagen zu entlocken.

Sehr genau erinnerte sich ein Ehepaar am Padauirí an das Verschwinden John Reeds.

»Es war zwischen Weihnachten und Neujahr 1980. Wir wissen das deshalb so genau, weil damals unser Sohn geboren wurde. Tatunca fuhr mit einem Fremden rauf, kam aber anderntags allein runter. Und ein paar Wochen später war er erneut hier. Mit einem älteren Ausländer und dem Indianer Clovis, einem etwa 14-jährigen Jungen.« Mit dem »älteren Ausländer« meinten sie offenbar Ferdinand.

Wieder daheim im Hotel Oasis war Tatunca sehr aufgeregt. Natürlich hatte er erfahren, was wir an den Flüssen und in seiner Nachbarschaft gewollt hatten. So war er unter anderem zur Funai geeilt und hatte uns angezeigt. »Die wollen in Wirklichkeit zu den Yanomami«, stachelte er den Chef der Indianerbehörde auf.

So lernten wir João Mineiro kennen. Er musste der Anzeige nachgehen und besuchte uns an Bord des Kanus, als wir einen Zwischenaufenthalt in Barcelos machten.

»Schauen Sie«, überraschte er mich, »alle beide, Anita und Tatunca, waren heute Morgen bei mir – hier ist das Buch, das Sie geschrieben haben. Anita hat mir die Stellen angekreuzt, an denen Sie schlecht über unsere Institution, die Funai, gesprochen haben, und ich weiß also, dass Sie illegal bei den Yanomami waren.« Ein leiser Schreck fuhr mir durch die Glieder. Aber João hatte die beiden Denunzianten zu ihrer größten Enttäuschung und zu meiner Erleichterung abgewimmelt. Das sei »weit vor seiner Zeit« gewesen, das interessiere ihn nicht, hatte er dem Ehepaar Nara mitgeteilt. »In Wirklichkeit liegt das daran, dass ich beide nicht mag. Vor allem diesen Tatunca. Immer wieder taucht er hier auf und will als Indianer anerkannt werden.

Aber er ist der einzige ›Indianer‹, der nicht ins Indianer-Sperrgebiet darf. Er ist ein Betrüger und seine Frau unterstützt ihn. Sie hat sich sogar bei mir als Bürokraft beworben, aber ich habe sie abgelehnt, denn automatisch hätte ich dann auch Tatunca am Hals. Letztes Jahr kam er mit einem neuen Trick. ›Sein Volk‹ sei an Tuberkulose erkrankt. Er müsse ganz dringend rauf, um Penicillin hinzubringen. Ich willigte zum Schein ein und er fuhr los. Als er fort war, funkte ich meinen Wachtposten am Wasserfall *Aliança* an. Ich sagte dem Mann: ›Pass auf, der Tatunca kommt. Halt ihn an und sag, er darf nur unter drei Bedingungen durch. Erstens muss er einen Fotoapparat von dir mitnehmen und Akahim und die Leute fotografieren und den Film abgeben. Zweitens muss er einen Kulturgegenstand mitbringen, der keinesfalls von den Yanomami sein darf. Und drittens muss er bei seiner Rückkehr sich und das Boot lückenlos untersuchen lassen.‹ Ich hatte nämlich den Verdacht, dass er Diamanten schmuggelt.«

Sein Mitarbeiter tat, wie ihm geheißen. Nichts ahnend tauchte Tatunca ein paar Tage später auf und erfuhr die Bedingungen.

»Kein Problem. Gib den Fotoapparat her. Wenn's mehr nicht ist.«

»Wenn du dich an eine einzige dieser Abmachungen nicht hältst, darfst du nie wieder im Leben hier durch und du kriegst sofort eine Anzeige wegen Betruges und unbefugten Betretens des Sperrgebietes.«

Da es bereits Abend war, rastete Tatunca unterhalb der Wasserfälle, an denen die Funai-Station liegt. Man kann die Fälle nicht umfahren. Am nächsten Morgen wollte er sein Boot hochtragen und dann sollte es weitergehen.

João: »Am anderen Morgen kam Tatunca ganz außer Atem zu meinem Außendienstler und schrie schon von weitem: ›Hast du hier jemanden gesehen? Es muss jemand hier gewesen sein. Mein Tank ist aufgestochen und das ganze Benzin ausgelaufen.‹«

So kehrte er um. Die Tuberkulose seiner Leute interessierte ihn nicht mehr.

Tatuncas Versionen vom Verschwinden seiner Fans

Sechs Stunden konzentriertes Filmprotokoll brachte Wolfgang von der Reise mit Mercedes, Maggy, Thomas und mir mit. 360 Minuten von und mit Tatunca. Geschichten aus seiner angeblichen Indianer-Jugend, Schilderungen seiner Intermezzi in der Bundesrepublik Deutschland und seiner vergeblichen Versuche, Hilfe für sein bedrohtes Volk zu suchen. Für das BKA, dem Wolfgang Kopien des Materials gab, war es sehr aufschlussreich. Erstmals sahen sie den Mann in Bild und Ton, den sie bisher nur von Fotos und von Zeugenaussagen als Phantom kannten. Jetzt konnten sie in seine Augen sehen, wenn er sprach, sie erlebten seine Art der Argumentation, hörten seine widersprüchlichen Aussagen und lernten seine Strategie der Verteidigung kennen. Besonders interessant und aufschlussreich waren Tatuncas Versionen über das Verschwinden der Opfer.

- Zum Verschwinden des John Reed:

  »Den habe ich kaum gekannt. Ich bin mit ihm ganze drei Tage zusammen gewesen. Er tauchte in Barcelos auf und sagte, er sei Geologe. Er wollte nach Bodenschätzen suchen und zahlte mir 1000 Dollar für den Transport. Und erst als wir da oben waren, eröffnete er mir, dass er da oben bleiben wollte. Er schnallte sich plötzlich einen Revolver um, seinen Rucksack und Angelhaken und stellte mich vor vollendete Tatsachen. Erst auf meine eindringlichen Bitten hin hat er mir Entlastungsschreiben für die Bundespolizei mitgegeben und für seine Familie. Darin steht, dass ich ihn ausdrücklich gewarnt habe und er auf eigenes Risiko oben bleiben wollte. Und überhaupt nichts weiß ich, dass irgendwo Reste seiner Leiche aufgetaucht wären. Das höre ich zum ersten Mal.«

- Zum Verschwinden des Herbert Wanner:
  »Man sagt, ich wäre zuletzt mit ihm gesehen worden. Das ist Quatsch. Er ist mit mir nach Barcelos zurückgekommen. Ich habe dafür jede Menge Zeugen: meine Frau, die Hotelangestellten, meine Schwiegermutter, die Polizei, den Kommandanten des Fährschiffes, den Koch des Fährschiffes und vor allem die Staatsanwältin von Barcelos, Frau Dr. Sandra. Sie war es auch, die ihn mit der Polizei aufs Fährschiff hat bringen lassen, damit er nach Manaus zurückmusste, weil meine Frau immer schon Angst hatte, dass er da oben verschwindet. Das ist alles protokollarisch festgelegt. Ich habe mit diesem Schweizer überhaupt nichts zu tun. Wenn ich jemanden umbrächte, fände man den nie. Ich würde ihn nicht einfach liegen lassen, sondern ins Wasser schmeißen.«
- Zum Mordfall Brugger:
  »Das war einwandfrei Nehberg. Inzwischen habe ich noch zwei Zeugen. Zwei hatten ja gesehen, wie er von Kolumbien aus verkleidet hier illegal nach Brasilien eingedrungen ist. Und nun habe ich noch zwei weitere, die ausgesagt haben, dass Nehberg zur Tatzeit zwei Häuser vom Tatort entfernt gewohnt hat. Das sind vier Zeugen. Aber für mich war das auch ohne Zeugen klar. Denn Brugger hatte mich angerufen und gesagt, dass er

den Nehberg in Hamburg getroffen hatte. Sie haben sich dort ausgesprochen, wegen der Beleidigungen, die Nehberg in seinem Buch *Yanonámi – Überleben im Urwald* geschrieben hatte. Und Nehberg war plötzlich so klein mit Hut. Er hat zu Brugger gesagt, er nimmt das in der Neuauflage raus. Er musste das tun. Sonst hätte Brugger ihn fertig gemacht. Immerhin hatte Brugger beste Beziehungen zu den Sendern der ARD. Aber kaum war Brugger weg – das ist meine Version –, da hat der Nehberg gedacht, das kann ich doch nicht zurücknehmen, wie stehe ich denn da vor meinen Fans – Nehberg, der große Held, muss was zurücknehmen –, da hat er den Brugger lieber umgebracht.«

- Zum Verschwinden der Christine Heuser:
»Die Heuser war eine Spinnerin. Sie sagte, sie sei meine Frau vom früheren Leben und lauter so'n Schmarrn. Meine Frau hatte gesagt, ›die Frau betritt nie mehr dein Schiff‹. Und dann stand sie in Manaus plötzlich vor mir. Ohne sich anzumelden, ohne zu fragen. Und von wegen, ich hätte sie eingeladen. Lachhaft. Ich kann doch die Frau nicht von Manaus hier ... und nach Hause gehen. Dann wäre meine Ehe kaputt. Also nehme ich sie von Manaus mit und erschieße sie hier am Rio Negro? Was soll das? Sie wollte sich am Treibstoff beteiligen. Aber ich kann doch keine Liebesfahrt machen, ich muss Geld verdienen und meine Maschine abzahlen. Da meinte sie, ich sei ein Verräter. Da habe ich sie rausgefeuert. Weiter nichts. Das war alles. Nur ihre Kamera ist zurückgeblieben. Später habe ich ihr geschrieben und mich entschuldigt. Ich hatte an jenem Tage Manaus des Morgens verlassen und sie hat man noch um 16 Uhr gesehen. Da hat sie im Hafen mein Schiff gesucht. Ihr Akahim zeigen zu wollen habe ich nie versprochen. Keinem habe ich das je versprochen.

Nicht einmal meine Frau und die Kinder haben die Stadt je zu sehen bekommen. Die Priester haben es verboten, weil ich sie, Anita, geheiratet habe, statt der Indianerprinzessin, die man für mich auserwählt hatte. Der Einzige, der Akahim je gesehen und sogar fotografiert hat, das war Ferdinand Schmid.«

Dass all das so nie und nimmer gewesen war, sollte sich schon sehr bald rausstellen. Wir kehrten zurück nach Manaus und dort suchten wir als Allererstes den US-Konsul James Fish auf. Er wartete mit einer Überraschung auf uns.

Während wir noch auf den Flüssen unterwegs waren, hatte uns Frau Reed aus Kalifornien geschrieben und die Abschiedsbriefe ihres Sohnes beigelegt. Jene Briefe, die Tatunca damals (1981) stolz im Konsulat abgegeben hatte, um zu dokumentieren, welch wackerer, verantwortungsbewusster Fremdenführer er war. Jetzt musste man die Briefe in völlig anderem Licht sehen.

Denn inzwischen war ja zweifelsfrei erwiesen, dass Tatunca unter gar keinen Umständen ein Indianer, sondern der Hauck Günther aus Grub am Forst bei Coburg in Bayern ist. Und ist er kein Indianer, so gibt es auch kein Akahim, wo er jemanden hätte absetzen können. Außerdem waren Leichenteile gefunden worden. Und Akahim hatte er allen versprochen.

Auszug aus einem Brief John Reeds vom 21. November. 1980:

»Gestern Abend, als ich mit Tatunca redete (er spricht etwas Englisch), war ich überzeugt, dass seine Geschichte wahr ist. Deshalb gab ich ihm meine Pfeile und Bogen. Seine Aufrichtigkeit und die Berichtigungen der Karl-Brugger-Version dieser Geschichte überzeugten mich. Ich bin begeistert. Er wird mir sein Volk zeigen, das jetzt komplett in Akahim lebt (Venezuela) und das außerirdische Gerät (das noch funktioniert)...

... Morgen treten wir unsere Reise den Rio Negro aufwärts zu seiner Farm an. Zweieinhalb Tage Fahrt auf einem großen Flussboot werden uns zu ihr bringen. Dann, einen Tag später, brechen wir auf nach Akahim ...

... Der Hinweg wird zwei Wochen dauern mit einem kleinen Außenborder-Boot. Morgen will Karl (Brugger) entscheiden, ob er mit uns geht oder nicht.«

29. November 1980

»Tatunca kam soeben herein, um mir seine curarevergifteten Pfeile zu zeigen. Ich gab ihm meine Bogen-Ausrüstung. Karl ist nicht mitgekommen. Er hatte nicht den festen Glauben, der dafür nötig ist. Aber er (Tatunca) sagte, dass ich derjenige bin, der Akahim (und somit Akakor) entdecken sollte.

Die Priester haben Tatunca gesagt, dass sie ihn in Begleitung einer Person mit etwas Geld erwarteten. Tatunca hat gesagt, dass diese Person ICH bin.«

Vorletzter Brief von John Reed:

»8. Dez. 1980

Liebe Familie,

hi! Wie ist das Leben in der Zivilisation? Ich liebe es hier. Ich jage und lebe wie ein Naturmensch. Im Moment sieht es so aus, dass ich wohl bis zum Frühjahr bleiben werde – mindestens.

Einige Fotos werden bei euch über kurz oder lang eintrudeln. Diesen und ein paar andere Briefe gebe ich Tatunca bei meinem Schritt von der einen in die andere Welt mit.

Einer der Briefe ist für die brasilianischen Behörden, damit sie sich keine Sorgen machen über meinen Aufenthalt und damit sie Tatunca nicht behelligen. Ich habe darin auch gesagt, warum ich hier bin – um die Natur zu studieren.

Der Lendenschurz, den Sandy mir gemacht hat, gefällt mir sehr gut.

Tatunca trägt auch so einen.

Ich war jagen und habe schon alles Mögliche gegessen. Vor mir tut sich ein neuer Horizont auf, farbenprächtig und fantastisch, wie ich es immer erhofft habe.

Meine Erwartungen an Tatunca und die Dinge, die ich entdecke, sind nicht ganz exakt so, wie ich sie erwartet habe. Aber sie sind noch wahrlich verblüffend.

Ich werde über euch in neuen Zusammenhängen denken und gespannt sein, wie eure Leben inzwischen verlaufen.

Lasst auch Frau Barrouis einige Fotos sehen usw. ... und sagt ihr die Neuigkeiten.

Ich vertraue Tatunca mehr als irgendjemandem, mit dem ich je bis zur gegenwärtigen Ära meines Lebens verbunden war – außer euch.

Ich liebe euch alle.

Johnny

PS: Bitte lasst es nicht zu, dass irgendjemand Tatunca meinetwegen behelligt.«

Letzter Brief von John Reed. Kein Datum:

»1 oder 2 Tage von Akahim entfernt

Liebe Familie,

hi! Heute bin ich los nach Akahim. Mehr denn je glaube ich an Tatuncas Ehrbarkeit und seine guten Absichten. Macht ihm bitte keinen Ärger – er ist mein guter Freund! Wahrscheinlich werde ich im Frühjahr zurückkehren. Tatunca sagt, dass er meinetwegen um diese Zeit wieder herkommt.

Karl und ich haben ein Codewort vereinbart, das meinen sicheren Aufenthalt in Akahim beweisen soll. Hier ist es: ›William Britton‹ = ›Ich bin sicher!‹ John

PS: Ich habe ein paar Fotos gemacht. Ihr werdet sie von Tatunca oder Karl erhalten.«

- Zitat aus Tatunca Naras Stellungnahme in Wolfgangs Kamera:
  »John wollte unbedingt allein weiter, aber nicht nach Akahim. Davon war nie die Rede. Wie käme ich auch dazu? Ich kannte den Mann ja gar nicht. Wie schon gesagt: Er war ein zufällig auftauchender Geologe, der da oben wohl Untersuchungen durchführen wollte. Ich riet zur Umkehr und habe ihn dringend gewarnt, allein weiterzugehen. Als er dennoch darauf beharrte, habe ich ihn gebeten, einen entsprechenden Abschiedsbrief zu schreiben, der mich rehabilitierte.«

Die vorhandenen Briefe sprechen da zweifelsfrei eine eigene, ganz andere Sprache. Vergeblich suchten wir nach Mitteilungen, wie sie Tatunca in den Briefen gelesen haben wollte. Kein Wort war dort zu entdecken, dass John trotz Tatuncas Warnung allein und auf eigene Verantwortung weitergehen wollte. Vielmehr fanden wir nur die Jubelmeldungen, dass sie beide gemeinsam kurz vor den Toren der Stadt ständen. Vielleicht hatte Tatunca vermutet, die Briefe seien längst verschwunden. Auf jeden Fall hat er sie schlecht gelesen oder die Missverständnisse sind auf seine mangelhaften Englischkenntnisse zurückzuführen.

Noch im Jahr des Verschwindens von John schrieb der amerikanische Konsul in Manaus, James Fish, einen Brief an Familie Reed in Kalifornien.

»Ich schreibe Ihnen wegen Ihres Sohnes John. Der Führer (Tatunca Nara) versuchte, ihn zu überzeugen, umzukehren, aber Ihr Sohn war entschlossen, zu bleiben. Der Führer kam inzwischen einige Male in unser Büro und erbot sich, gegen eine Zahlung von 1500 US-Dollar erneut in das Gebiet zu gehen, um zu versuchen, John zu finden ...«

Kurz danach, im Dezember 1981, also ein Jahr nach Johns Verschwinden, erreichte die Mutter auch ein Brief von Karl Brugger. Er war am 4. September 1981 geschrieben, aber erst am 5. Dezember abgestempelt.

»Wie versprochen, habe ich Tatunca in Manaus kontaktet. Er hat mir erneut erzählt, dass John jetzt bei seinem Stamm lebt, dass er aber keine neuen Informationen habe.

Leute, die John vor Beginn seiner Expedition in den Dschungel in Manaus getroffen haben, versichern, dass er von Anfang an die Absicht hatte, definitiv bei den Indianern zu leben.

Ich glaube nicht, dass Tatuncas Idee, jetzt nach John zu gucken, sehr gut ist. Im Augenblick ist in Amazonien die Regenzeit. Da ist es sehr schwer, die Verlorene Stadt zu erreichen.

Ich habe die Absicht, Anfang nächsten Jahres eine sehr gut ausgerüstete Expedition zu starten. Selbstverständlich ist es Ihre Entscheidung, Tatunca Geld zu schicken (für dessen Such-Expedition) oder auf meine Expedition zu warten.

Ich verspreche Ihnen, dass ich alles dransetzen werde, Ihren Sohn zu finden, aber bewahren Sie bitte Verschwiegenheit wegen meiner Pläne.«

Wieso Verschwiegenheit? Wollte er etwa nach all den Fehlversuchen mit Tatunca allein auf die Suche nach Akahim gehen? War er misstrauisch geworden? Oder hatte er diese Reise mit jemand anderem als Führer geplant?

Hatte also Stevenson doch Recht, als er Wolfgang sagte, sie beide wollten den Gegenbeweis zu Akahim antreten.

Immer wieder hatte er Brugger vor Tatunca gewarnt: »Glaube mir, Karl, dieses Volk und die Stadt gibt es nicht. Tatunca will nur dein Geld und mit deiner Hilfe sein geheimnisvolles Image ausbauen. An der Sache mit Akahim ist nichts dran.«

Und so beschloss Brugger Anfang 1984, mit Roland Stevenson zusammenzuarbeiten: »Auf gar keinen Fall stimmt es, dass Brugger mit Tatunca fahren wollte. Ich war es, mit dem er reisen wollte. Seit Monaten hatten wir diese Tour fest geplant und vorbereitet. Aber wir haben sie auch geheim gehalten, damit Tatunca nichts davon erfahren konnte.«

»Hatte Brugger denn inzwischen Zweifel an Tatuncas Seriosität?«

»Ja. Das ist unbestritten. Er sagte mir: ›Wenn ich dahinter komme, dass Tatunca mich immer nur belogen und betrogen hat – denn Brugger hatte Wahnsinnssummen in Tatunca gepumpt –, dann werde ich mich nicht scheuen oder schämen, das bekannt zu machen.‹ Auch wollten wir nach dem verschwundenen Amerikaner forschen. Ich hatte immer schon meine Zweifel an der Richtigkeit von Tatuncas John-Geschichte. Heute weiß ich – und da bin ich mir ganz sicher –, dass Tatunca von Bruggers Zweifeln und Plänen erfahren hat.«

Nach und nach erfuhren wir, dass auch die anderen Verschwundenen viel Geld bei sich gehabt und investiert hatten.

Christine Heusers Mutter, Emma Pranzas aus Kehl am Rhein: »Als sie zu Tatunca startete, hatte ich ihr noch schnell 4000 Mark geschickt und natürlich hatte sie auch eigenes Geld mit.«

Familie Reed: »Natürlich hatte John ausreichende Geldmittel mit. Er wollte sich in Brasilien aber auch noch mit Comic-Zeichnungen für Zeitungen was dazuverdienen.«

Die Wanners in Zofingen, Schweiz: »Herbert war insgesamt dreimal bei Tatunca. Beim zweiten Mal hat er 15 000 Schweizer Franken mitgenommen. Davon hat Tatunca sein Schiff *Anita II* gekauft. Sein altes Schiff, so hatte er Herbert immer gesagt, sei zu schwach für die Reise nach Akahim. Als sie dennoch nicht fuhren, wollte Herbert das Geld zurückhaben oder die Stadt sehen, da dachte er, jetzt tue ich ihn vernichten, dann habe ich das Geld.«

Zwei Monate nach Wanners Tod tauchten Traveller-Schecks im Wert von 2 000 Dollar auf. Sie trugen alle dasselbe Datum.

Vater Wanner: »Hier können Sie deutlich sehen, dass sie gefälscht sind. Die Schrift ist vor allem viel dicker. So kräftig hat unser Sohn nie geschrieben.«

Unsere Recherchen führten uns weiter. Wir flogen nach Brasília.

Im Justizministerium

»Meine Herren, das gibt es gar nicht. Ich will nicht etwa ausschließen, dass so etwas mal vorkommt. Aber es ist die Ausnahme. Ein Fall unter tausend.«

Der Herr im Justizministerium war sich völlig sicher. Wir saßen in bequemen Ledersesseln inmitten der beachtlichen Galerie sämtlicher brasilianischer Justizminister, deren Porträts die Wände des Raumes schmückten. Es ging um die Frage, warum Brasilien auf das Amtshilfe-Ersuchen des BKA nicht reagiert hatte. Darin ging es um die Bitte, Tatunca Nara, alias Günther Hauck, in Brasilien in deutscher Sprache vernehmen zu dürfen, um den Tod des Schweizers Herbert Wanner klären zu können. Auch die schwedischen und amerikanischen Behörden hatten erfolglose Versuche unternommen.

»Ich darf Ihnen einmal erklären, wie das abläuft. Da kommt also der Brief des BKA nach Brasilien. Automatisch landet er bei uns. Wenn wir dann sehen, um was es sich handelt, leiten wir ihn an die zuständige Stelle weiter. In Ihrem Falle ist das die Polícia Federal, die Bundespolizei. Dort wird der Vorgang in den Computer gegeben. Deshalb ist es das Beste, Sie gehen gleich dorthin. Ich melde Sie schon mal an. Wenden Sie sich bitte an Dr. Marra.«

Zehn Minuten später saßen wir im Büro des Pressesprechers Dr. Marra, einer gut aussehenden, turbodynamischen Type. Ein Mann, bei dem kein Ganove eine Chance hat, ein Energiebündel, bei dem Recht noch Recht ist und auch bleibt. *Ordem e progresso*, die brasilianische Maxime. So jedenfalls der erste Eindruck.

»Das werden wir sofort haben. Eine Frage von zehn Minuten. Trinken Sie doch bitte schon mal einen *Cafezinho*. Habe ich die Namen hier richtig geschrieben? Günther Hauck alias Tatunca Nara? Ja, also bis gleich, in zehn Minuten.«

Nach 20 Minuten kurze Zwischenmeldung eines ratlosen und nur schnell um die Ecke schauenden Dr. Marra.

»Irgendwas ist da schief gelaufen. Nehmen Sie sich noch eine Tasse Kaffee. Ich bin gleich zurück.«

Nach einer Stunde Rückkehr eines inzwischen reichlich geschlauchten Pressesprechers namens Marra.

»Das ist mir ein Rätsel. Da ist nur ein alter Brief des BKA. Sonst nichts. Geben Sie mir bitte bis morgen Zeit. Dann werde ich alles beisammenhaben.«

»Kann es sein, dass Tatunca Nara besondere Beziehungen zu irgendeiner ranghohen Stelle oder Person hat, die die Daten löscht?«

»Möglich ist natürlich alles. Aber ich glaube es nicht. Das ist ein technischer Fehler. Wenn es Ihnen nichts ausmacht, werde ich die Angelegenheit bis morgen klären lassen. Könnten Sie um 15 Uhr herkommen?«

Ich will es kurz machen: Weder war anderntags etwas gefunden worden noch nach einer weiteren Frist von 14 Tagen, noch bis heute. Erst jetzt, zwei Jahre später, gab es zumindest verbale und schriftliche Floskeln. Sie hatten einen Grund.

Als im März 1990 der neue Justizminister Bernardo Cabral sein Amt antrat, schrieb ich ihm im Namen der drei Mütter Reed, Wanner, Pranzas. Sie hätten eins gemeinsam: nämlich in Brasilien ein Kind verloren. Alle drei Kinder seien mit demselben Mann zu demselben Ziel aufgebrochen, nach Akahim. Ein Ziel, das es erwiesenermaßen nicht gäbe, und mit einem Mann, der sich unter falschen Angaben die brasilianische Staatsbürgerschaft erschlichen habe, einem Mann, der nachweislich Deutscher und keinesfalls Indianer sei. Warum man das BKA nicht zur Vernehmung der Verdächtigen nach Brasilien ließe.

Ich gab den Brief am 5. Juni 1990 per Einschreiben mit Rückantwort auf. Nur drei Tage später, am 8. Juni, wurde im Ministerium um elf Uhr vier der Empfang bestätigt. Eine Kopie des Briefes hatte ich an Francisco Adelson in Novo Airão geschickt, einem kleinen Ort am Rio Negro. Francisco war beim Fund der Leiche Wanners zugegen gewesen. Er war es, der den ersten Verdacht gegen Tatunca geäußert hatte. Wegen des Geschosses. Und deshalb hatte Tatunca ihn bei günstiger Gelegenheit auf die Seite genommen und gedroht: »Wenn du das weiterhin behauptest, könnte dir dasselbe passieren.« Francisco hatte das jedoch nicht beunruhigen können: »Ich habe ihm geantwortet: ›Das wäre schade um dich, Tatunca. Ich habe eine sehr große Familie. Vergiss das nie.‹« Und er hatte ihn lachend stehen gelassen. Eine große Familie – das ist die beste Lebensversicherung.

Ich hatte Francisco in Manaus kennen gelernt. Er kaufte gerade Beschläge für Boote, die auf seiner Werft gebaut wurden. Beiläufig erzählte er mir, Bernardo Cabral, der neue Justizminister, sei sein Onkel und mit dem wolle er den Fall sowieso demnächst bereden. So kam ich auf Cabral. Und diesmal kamen gleich zwei Reaktionen. Brasiliens oberster Polizeichef Romeu Tuma verkündete am 11. Oktober 1990 in der *A Crítica* in Manaus: »Wir haben bereits mit den Ermittlungen begonnen.«

Und in einem Schreiben an mich, unter dem Zeichen C. / MJ / CDDPH/Nr. 227, bestätigte das Ministerium am 29. Oktober 1990 diesen Sachstand. Was immer das heißen mochte. Denn längst waren wir skeptisch. Auch damals, nach unserer Bootsfahrt mit Tatunca, hatte man uns Kooperationsbereitschaft signalisiert.

Staatsanwalt Dr. João Bosco Valente in Manaus war es, der uns damals ebenso fassungslos erklärte, er könne nicht verstehen, wie die Briefe des BKA verloren gegangen sein könnten, und der uns vorschlug, das BKA zu bitten, einen erneuten Antrag direkt an ihn persönlich zu richten. Doch Kriminalhauptkommissar Hartert vom BKA in Wiesbaden musste uns enttäuschen.

»So läuft das nicht. Wir müssen uns an die diplomatischen Regeln halten. Unser Ansprechpartner ist nicht Dr. Valente, sondern das Justizministerium in Brasília. Wir haben alles getan und die Staatsanwaltschaft in Hamburg hat alles getan. Das Rechtshilfeersuchen liegt den brasilianischen Behörden seit über einem Jahr vor. Doch auch auf Nachfragen gibt es keine Reaktion. Vom Schreibtisch aus kann man keine Straftat beweiserheblich aufklären, schon gar nicht ein Tötungsdelikt.«

»Eventuell könnte man ja Staatsanwalt Valente ›anschieben‹. Wir kennen Valente doch bereits persönlich gut«, schlug Wolfgang vor. »Er hat uns sogar dringend um diese Vermittlung gebeten.«

Hartert: »Wenn Sie immer noch glauben, dass die Behörden drüben mitziehen und die Verschleierung nicht Methode hat, dann tun Sie, was Sie nicht lassen können.«

Und so trug Wolfgang an Staatsanwalt Valente die Bitte heran, den nachfolgenden Brief an die Staatsanwaltschaft Hamburg zu senden.

»An die Staatsanwaltschaft
beim Landgericht Hamburg
2000 Hamburg 36
Postfach 30 52 61

Betreff: Ihr Ermittlungsverfahren, AZ 170 Js 20/87, gegen Hansi Richard Guenther Hauck, alias »Tatunca Nara«, wegen Verdachts des Mordes.

Sehr geehrter Kollege,
aus diplomatischen Kreisen und durch Presseveröffentlichungen habe ich erfahren, dass Sie gegen Hauck alias »Tatunca Nara« Ermittlungen führen und über umfangreiches Beweismaterial verfügen.

Mir ist weiter bekannt, dass Sie in dieser Angelegenheit auf diplomatischem Weg ein Rechtshilfeersuchen an meine Behörde gerichtet haben, in dem Sie um diverse Maßnahmen und Teilnahme von deutschen Polizeibeamten in Brasilien bitten. Bedauerlicherweise liegt mir Ihr Rechtshilfeersuchen noch nicht vor.

Um weitere Verzögerungen zu vermeiden, darf ich Sie deshalb bitten, mir Ihr Rechtshilfeersuchen in portugiesischer Sprache direkt per Post oder Telefax zu übermitteln.

Sobald mir Ihr Ersuchen vorliegt, werde ich im Einvernehmen mit meinen übergeordneten Stellen eine Entscheidung herbeiführen.

Ich hoffe, dass Sie mit dieser Verfahrensweise einverstanden sind.

Mit vorzüglicher Hochachtung
Bosco Valente, Staatsanwalt, Manaus/Amazonas«

Bis heute ist dieser Brief in Hamburg nicht eingetroffen, obwohl wir wissen, dass Valente die Vorlage erhalten hat. Wurde Valente unter Druck gesetzt? Sollte er verschleiern? Hat Tatunca womöglich doch Helfer? Sollte es stimmen, dass er für die Spionage gearbeitet hat oder/und »ein Mann aus höchsten Regierungskreisen sein Freund ist«, wie sogar Friedel Katz glaubhaft machen möchte?

Aber offenbar gab es diesen Freund doch. Unerwartet erhielt das BKA von Tatunca seitenlange Antworten auf Fragen, die ausschließlich für die brasilianische Staatsanwaltschaft bestimmt waren. Kriminalhauptkommissar Hartert vom BKA: »Nur so kann das sein, denn seine Briefe waren direkt und namentlich an unseren Amtschef Boge gerichtet. Bei unseren Auslandsschreiben steht nämlich immer dessen Unterschrift unter den Briefen, obwohl er mit den Ermittlungen gar nicht befasst ist. Und dessen Namen konnte er nur kennen, wenn man ihm unser Ersuchen gezeigt hat.«

Für einen Kontakt zum Militär spricht auch ein Papier, das uns in die Hände fiel. Es befindet sich in den Akten des Staatsanwaltes Dr. Valentes. Der Verfasser möchte unter keinen Umständen genannt werden. Darin heißt es:

»Neue Fakten über Hansi Richard Günther Hauck – Tatunca Nara.

Der Informant unternahm im Jahre 1972 mit einer Militärpatrouille eine Excursion zum Rio Padauiri und hatte hier erstmals Kontakt mit Tatunca Nara. Bei diesem Anlass erfuhr der Informant, dass Tatunca Nara Agent des brasilianischen Staatssicherheitsdienstes SNI und des Militärkommandos von Manaus war und guten Kontakt zum damaligen Major Thaumaturgo hatte, der heute General ist.«

Dass dem so ist, bestätigte Dr. Valente dann sogar in Wolfgangs Kamera: »Es gibt Anzeichen dafür, dass das stimmt. Ohne Zweifel verdient das höchste Aufmerksamkeit, da es sich um einen ganz besonders schwer wiegenden Fall handelt.«

Sandy Reed greift ein

Als Sandy Reed und ihre Mutter Virginia von uns im Jahre 1989 erfuhren, dass man die sterblichen Überreste ihres Bruders und Sohnes gefunden hatte und dass Tatunca als mutmaßlicher Täter in Frage kam, brach für sie eine Welt zusammen. Wenngleich ihre Hoffnung nach all den Jahren des Wartens nur noch gering gewesen war, so war der letzte Funke Hoffnung nie erloschen. Bis zum Januar 1989 hatten sie gehofft, John könne doch noch am Leben sein. Immerhin hatte er in seinen letzten Briefen keinen Zweifel darüber gelassen, dass für ihn eine neue Ära bei den Indianern von Akahim beginnen sollte und dass das alte Leben abgeschlossen war. Und dass Tatunca über jeden Verdacht erhaben sei, falls ihm, John, im Wald je etwas zustoßen solle.

Dennoch hatten die Reeds bis dato gebetet, dass John eines Tages zurückkehren oder ihnen zumindest ein Lebenszeichen senden würde. Aber nichts dergleichen war geschehen. Wiederholt hatten sie sich brieflich an Konsul

Fish und an Tatunca gewandt. Hier ein paar bezeichnende Ausschnitte aus dem Briefwechsel (Fehler unverändert):

- Fish an Familie Reed, 29. 9. 81: »... Tatunca ist sehr fähig und verantwortungsbewusst ...«
- Virginia Reed an Anita Nara, 8. 2. 83: »... wir möchten nichts weiter als wissen, ob John lebt und gesund ist ... John hatte eine sehr hohe Meinung von Tatunca und seiner Familie ...«
- Fish an Familie Reed, 22. 2. 83: »... Als Tatunca das letzte Mal in jenem Gebiet war (April 1981), hat er versucht, eine Spur von John zu entdecken, aber ohne Erfolg. Es kann sein, dass er mit freundlichen Indianern ins Landesinnere gezogen ist ...«
- Virginia Reed an Tatunca, 1. 9. 83: »... wir haben keine Antwort auf unseren Brief vom 8. 2. 83.«
- Tatunca Nara an Virginia Reed, 5. 10. 83: »Ich lese Ihre Karde mit Verwunderung ... Dass John in diesem unerforschten Gebiet bleiben wollte, erfuhr ich erst, als er mir die vielen Abschiedsbriefe mitgab ... und zwischen den Bäumen verschwand ... Ich sollte ihn 3–4 Monate später wieder abholen, aber von John keine Spur. Leider bin ich nicht Reich um Wochen hinder einen her zu laufen und noch Benzin zu verfahren.

  Ich lebe recht wie schlecht, drei Mal ich war bei den Konsul der USA in Manaus, ich wünsche John zu Suchen und die Unkosten von Benzin sowie eine kleine Unkosten vergütung.

  Mister Fish teilte mir mit, dass die Familie von John nicht interessiert sei und in der Annahme lebe das John Tot sei. Somit war es für mich schon peinlich noch einmal bei einen Vertrehter der USA vorzusprechen. Eine Adresse von Ihnen hatte ich nicht!

  Nebenbei habe ich folgendes erfahren: John muss Tage in den Bergen umhergeirrt haben bis er zu einen

Stamm kam der keinen Kondakt mit Indio und auch keinen mit der Zivilisation hat. Nach Angaben anderer Indios haben diese Indios Angst vor Krankheiten und leben vollkommen Isoliert! Ich war mit Jacques Cousteau in diesem Gebiet und wir zogen uns zurück mit den Hubschrauper noch bevor ein näherer Kontakt zustande kam. Sonst ist mir nicht bekannt. Desto mehr Zeit vergeht, desto leichter ist es ihn, sofern er bei einen Stamm ist Auszureisen! Meine Indios sprechen von einen weisen blonden Mann der in den Gebied gesichtet wurde.
Mit freundlichen Grüßen verbleibe ich in Freundschaft

Hochachtungsvoll

Tatunca Nara

Nachsatz:
Bitte schreiben Sie an die Adresse von Manaus, denn die Post ins Landesinnere ist den Zufall oder den Glück zu verdanken wenn sie ankommt. Telegramme oder Telefon, soweit kein Gewitter in der Nähe ist kommt an.«

- Virginia Reed an Tatunca, 29. 4. 86*:* »... Meine Familie und ich hoffen immer noch, eines Tages zu hören, dass John am Leben ist.

  Ich würde 2000 Dollar zahlen für den Beweis, dass John am Leben ist, und 1000 Dollar extra für eine Nachricht von ihm.

  Als Beweis könnte John die Namen seiner Jugendfreunde nennen. Könnte ich doch nur meinen John wissen lassen, dass wir immer noch Hoffnung haben, ihn wiederzusehen. Das ist mein einziger Wunsch. Es ist so traurig zu warten und nicht zu wissen, was man denken und machen könnte.«

- Fish an Reed, 7.4.87: »... Ich habe Tatunca von Ihrer Belohnung für Beweise erzählt, aber seine Reaktion war nicht sehr positiv. Er schüttelte nur seinen Kopf, um anzudeuten, dass solche Beweise nicht leicht zu erhalten seien.

  Persönlich, liebe Frau Reed, denke ich, dass es eine gute Chance gibt, dass John lebt. Vielleicht lebt er genau das Abenteuer, das er leben wollte, und wenn ihm danach ist, wird er eines Tages den Fluss runterfahren in die Zivilisation ...«
- Sandy Reed an Tatunca und Anita, 26.10.88: »... Ich möchte nach Brasilien kommen und mit Ihnen persönlich sprechen.«
- Anita an Sandy Reed, 9.11.88 (8 Seiten): »... wir würden uns glücklich schätzen, Ihren Besuch jederzeit zu empfangen.

  ... aber kommen Sie nicht mit Träumen und Illusionen.

  ... Ich habe John dringend gewarnt, aber er hat meine Ratschläge in den Wind geschlagen.

  ... Tatunca hat alles versucht, John zur Umkehr zu bewegen.

  ... Deshalb bat Tatunca ihn, die Briefe zu schreiben, worin er erklärte, auf eigenen Wunsch und gegen die Ratschläge seines Führers gegangen zu sein.

  ... Das Land ist immens groß und unerforscht. Noch 1982 sah Jacques Cousteau eine neue Gruppe und machte 1984 Kontakt.

  ... die Indianer stehen in ständigem Krieg miteinander.

  ... Die Region Ihres Bruders ist nur bei Schönwetter und mit dem Außenborder und Kanu zu erreichen. Von Dezember bis April nicht, weil es zu trocken ist ...
- Konsul Fish an Virginia Reed, 8.2.89 (nach unserem Gespräch mit ihm): »... es haben sich Neuigkeiten ergeben.

... es sind noch mehr Leute mit Tatunca verschwunden.

... senden Sie mir Fotokopien von Johns Briefen.«

- Virginia Reed an Konsul Fish, 24.2.89: »... Ich möchte mit den deutschen Untersuchern in Verbindung treten ...«
- Fish an Reed, 9.3.89: »... Tatunca scheint ein Deutscher zu sein. Das BKA kann Ihnen Fakten nennen. Die Untersucher sind Rüdiger Nehberg und Wolfgang Brög. Ich habe die US-Botschaft informiert.«
- BKA an Virginia Reed, 14.4.89: »... leider müssen wir Ihnen mitteilen, dass die Informationen, die Rüdiger Nehberg Ihnen gegeben hat, zutreffen ...«

Nach unserer Einschätzung war John offenbar der erste Fan, der nicht bereit war, umzukehren, der sich nicht auf die Tricks Tatuncas einließ, wenn dieser Gründe zur Umkehr inszenierte. Er stellt Tatunca damit unbewusst und in gutem Glauben vor eine Entscheidung, deren Folgen er nicht ahnen und abschätzen konnte, weil er Tatunca voll vertraute und davon überzeugt war, dass es Akahim tatsächlich gab. Unabhängig davon, ob John alleine weitergehen wollte oder sie beide zusammen marschiert wären, für Tatunca gab es in diesem Moment nur eine einzige Möglichkeit: er musste John gestehen, dass es Akahim gar nicht gab. Das hätte aber für ihn unabsehbare Folgen gehabt. Entweder spielte John dieses Spielchen mit oder er würde in alle Welt hinausposaunen, dass Tatunca ein Betrüger war. Und da John ihm uneingeschränkt vertraut hatte und ihn geradezu anbetete, war diese Möglichkeit die wahrscheinlichere. Johns tiefe Enttäuschung wäre unberechenbar geworden. Und das wiederum hätte dann zur Folge gehabt, dass Tatunca bis auf die Knochen blamiert wäre, dass er, wie in seiner trostlosen Jugendzeit, wieder

der frustrierenden Bedeutungslosigkeit preisgegeben wäre und – last not least – dass seine Haupteinnahmequelle damit versiegen würde. John hatte also, ohne es zu wissen, Tatunca in die Enge getrieben.

Als Sandy Reed im Besitz des BKA-Briefes war, reagierte sie mit ungeahnter Energie. Sie kündigte ihren Job, verkaufte ihr Auto, hob ihre bescheidenen Ersparnisse vom Konto ab und begann mit eigenen Recherchen. Zu sehr hatte sie ihren Bruder geliebt, zu sehr hasste sie jetzt Tatunca, der sie und ihre Mutter nicht nur neun Jahre hingehalten, sondern auch noch Geld für eine Suchaktion herauszuschinden versucht hatte.

»Wenn ihr John gekannt hättet, würdet ihr mich verstehen. Wenn John ein Draufgänger oder Schläger gewesen wäre, wäre ich bestimmt weniger verbittert. Aber John war in meinen Augen der ehrbarste Mensch, den ich kenne. Er hat nie gelogen. Könnt ihr mir so jemanden aus eurem Leben nennen?«

Erst im Februar 1989 also erhielten die Reeds die Nachrichten über den Fund der Gebeine und die traurige Gewissheit, dass John tot war. Ja, viel schlimmer noch, dass er wahrscheinlich ermordet wurde und Tatunca als Täter in Frage kam. Jener »Ehrenmann« Tatunca, dem er, John, vollstes Vertrauen entgegengebracht hatte, dessen raffiniert suggerierte Abschiedsbriefe er in Treu und Glauben geschrieben hatte. Mit John Reed hatte Bruggers Buch das erste Todesopfer gefordert.

Wolfgang und ich versuchten, nach Gesprächen mit Kurt Hartert vom BKA, uns in diese Situation hineinzuversetzen. Denn immerhin erfuhr die Mär um Tatunca, den Indianer, mit dem Verschwinden Johns eine entscheidende Wende. Was bisher noch der amüsante Schelmenstreich eines Gauners und Hochstaplers war, das erhielt nun eine ganz andere, eine tragische und hochdramatische Dimension. Hatte man als Nichtbetroffener bisher über diese besonderen Kabinettstückchen bewundernd und ein wenig schadenfroh lächeln oder herzhaft lachen können, so blieben einem jetzt die Lacher im Halse stecken.

Sandy war nach Manaus und quer durch Brasilien geflogen. Sie besuchte Zeugen in der Schweiz, das BKA und uns. Wir trafen sie bei Wolfgang Brög in München in der Häberlstraße. Und wir waren beeindruckt von dem, was Sandy nun ihrerseits alles ermittelt hatte. Ihre mehrmonatigen Untersuchungen ließen viele der bisherigen Ergebnisse in noch anderem Licht erscheinen und uns wurde immer deutlicher klar, warum sich Tatunca noch auf freiem Fuß befand. Sie kam gerade aus der Schweiz, wo sie sich mit Ferdinand Schmid getroffen hatte. Ich war überrascht, denn meine wiederholten Versuche, diesen ehemaligen Swissair-Piloten zu einem Gespräch zu bewegen, waren fehlgeschlagen. Selbst bei einem persönlichen Besuch ließ er sich verleugnen, obwohl er hinter der Tür stand. (Der Anruf eines Schweizer Freundes, gleich nach meinem vergeblichen Besuch, bestätigte diese meine Vermutung.)

»Ja«, meinte Sandy, »auf dich kamen wir auch zu sprechen. Dich mag er nicht. Er hatte eigentlich keinen konkreten Grund, aber im Laufe des Gesprächs spürte ich das Motiv heraus. Du hast ihm mit deinen Mutmaßungen über Tatunca einen Haufen Illusionen zerstört. Acht Expeditionen hat er mit ihm gemacht. Er gehört zu den Leuten, die Tatunca bedingungslos geglaubt haben. Genau wie sein Freund Siegfried Schindler aus Freiburg, der bei unserem Gespräch dabei war. Das Hauptargument der beiden mir gegenüber jedenfalls war: ›Der Nehberg, der will doch nur ein Buch darüber schreiben. Die Sache als solche interessiert ihn gar nicht. Und für so was sind wir uns zu schade.‹«

»Hast du Schindler gesagt?« unterbrach ich sie überrascht.

»Ja, ein Anthropologe oder so was aus Freiburg. Jedenfalls nennt er sich so. Ich glaube, er ist eher ein Pseudo- oder Hobby-Anthropologe. Ich würde ihn Schwindler taufen.«

Ich musste lächeln. »Dann war ja die richtige Clique zusammen.«

Ferdinand und Siegfried – für mich zwei von den vielen Unbelehrbaren. Letzterer hatte mich nach Erscheinen meines Buches *Yanonámi – Überleben im Urwald* und der Äußerung meines ersten Verdachts gegen Tatunca mehrfach in Hamburg angerufen und einmal nach einem Vortrag im Freiburger Audimax persönlich angesprochen. Seine Fragen waren endlos. Er habe Bruggers Buch gelesen und seitdem Tatunca »erforscht«.

Siegfried Schindler gilt als jemand, der ein recht brauchbares Archiv über Tatunca besitzt. Aber trotz aller Sammler- und »Forscher«-Leidenschaft war ihm die Wahrheit entgangen. Bitter für jemanden, der nicht nur viel Geld, sondern auch viel Zeit in das Projekt gesteckt hatte und der seine Arbeit als Forschung betrachtete. Auch Siegfried Schindler gehörte neuerdings zu meinen Kontrahenten. Ich erklärte es den anderen.

»Nachdem ich wusste, dass man Tatunca weit mehr als nur Betrügereien zutrauen durfte, und nachdem die Toten gefunden worden waren, habe ich Siegfried Schindler um einen Gegengefallen gebeten.« Diesmal wollte ich etwas von ihm wissen. Ich brauchte einen alten brasilianischen Illustriertenbericht, in dem über Tatunca berichtet worden war, und ich bat ihn um Ferdinands Adresse. Da ließ er seine Maske fallen. Statt des erhofften Artikels kam ein langer Brief, in dem er sich strikt weigerte, mir die erbetene Gefälligkeit zu erweisen. Hier ein paar Ausschnitte:

»… Waren die Leute bisher darauf aus, aus der fantastischen Geschichte des ›Indianerhäuptlings von Akakor‹ persönliches Kapital zu schlagen, so verleitet die jetzige Situation wiederum einige, aus der ›Entlarvung des Schwindlers Günter Hauck‹ einen persönlichen Vorteil zu ziehen. Tatunca ist kein Jagdwild, und wir sind keine Jäger. Klarheit in den Fall Hauck alias Tatunca zu bringen ist Aufgabe der deutschen und brasilianischen Polizei. Wir sind keine Hilfspolizisten. Leider hat uns diese jüngste Entwicklung in zwei verschiedene Lager geführt. Sie sammeln alle erreichbaren Informationen, suchen deutsche Verwandte und Kontaktpersonen von Tatunca auf, planen eine Expedition auf den Spuren der verschollenen Christine Heuser und wollen über alles ein Buch veröffentlichen. Ich habe es immer abgelehnt, aus meinem Wissen um die Tatunca-Geschichte Geld zu machen, und werde auch niemanden unterstützen, der dies vorhat. Egal unter welchem Vorwand und mit welcher Motivation dies geschieht. Ich bedaure diese Entwicklung, denn ich habe Sie bisher sehr geschätzt.

Bei Herrn Ferdinand Schmid habe ich telefonisch wegen der Weitergabe seiner Adresse an Sie nachgefragt, da er mich schon vor Jahren gebeten hat, seine Adresse nicht an andere Personen weiterzugeben. Er hat mir dies bei meinem Anruf strikt verboten und mir erklärt, dass er mit Dritten über die Tatunca-Geschichte nicht sprechen möchte. Dies trifft besonders für Sie zu, da Herr Schmid schon seit längerer Zeit von Ihren Buchplänen weiß.«

»Das ist ja ein richtiger Edelmann«, resümierte Wolfgang.

»Der wahre Grund wird ja wohl eher der sein, dass er bei Aufklärung der Dinge ziemlich blamiert sein wird. Wie hatte es Tatunca einmal zu mir gesagt: ›Ein Anthropologe, der seinen Doktor mit mir bauen wollte‹. Außerdem hat er sicher viel Geld in seine Recherchen gesteckt und verloren. Vom Image ganz zu schweigen.«

»Das ist interessant«, meldete sich Sandy wieder zu Wort, »was du da mit dem Buch sagtest. Ferdinand Schmid und Siegfried Schindler haben mich zehn Stunden ohne Pause bombardiert mit Fragen und Erzählungen. Und dabei hörte ich heraus, dass Siegfried Schindler nun selbst ein Buch schreiben will. Und für Ferdinand bricht ebenfalls eine Welt zusammen, weil er ja nun nicht einmal mehr sagen kann, dass er doch zumindest den Wasserfall am Padauirí entdeckt hat.«

»Glaubt er denn immer noch daran?«, wollte ich wissen.

»Ja. Voll und ganz. Das hat er gesagt. Er hat es sogar deutlich in seine Karte eingetragen ›Cachoeira de Fernando Schmid‹. Hier habe ich eine Kopie.«

Ferdinand erzählte Sandy natürlich auch die Geschichte vom Fund der sterblichen Überreste ihres Bruders.

»Seit acht Jahren weiß man von Johns Leiche und niemand hat uns davon erzählt! Dass Tatunca es uns nicht berichtete, ist mir klar und Ferdinand und Siegfried Schindler waren zu einfältig und zu feige. Aber dass unser eigener Konsul James R. Fish in Manaus uns so nachlässig informiert hat, finde ich unverantwortlich und unverzeihlich.« So kam sie auf James R. Fish zu sprechen und dabei brodelte sie innerlich vor Erregung.

»Der Konsul war mein erstes Ziel auf dem Weg der Recherche. Ich war mit ihm fest in Manaus verabredet. Doch als ich mit meinen genau disponierten Ersparnissen vor seinem Haus stand, war er nicht da. ›Er macht Urlaub in Recife‹, verkündete mir die Hausmaid, ›aber in ein paar Wochen kommt er zurück.‹«

Sandy war empört. Sicher zu Recht. Bestimmt hatte Fish gehofft, sie würde umkehren und er hätte fürs nächste Jahr seine Ruhe. Sie aber flog kurzentschlossen nach

Recife. Dort stellte sich Fish notgedrungen ihren Fragen. Sie durfte sogar das Tonband laufen lassen. Und was sie herausfand, war beachtlich.

»Stellt euch vor: Da sagt dieser Mann, er habe schon immer gewusst, dass Tatunca ein Deutscher sei! Ich fragte ihn, wie er uns dann im Laufe der letzten Jahre mehrfach habe versichern können, Tatunca sei ein Indianer, er sei ehrenhaft und über jeden Zweifel erhaben. Und wieso er bei diesem Sachstand Tatunca auch jetzt noch als vertrauenswürdigen Führer an Touristen empfehle!«

Sandy wurde immer wütender. Hatten wir sie bis jetzt als humorvolle, geistreiche und charmante Erzählerin kennen gelernt, spürte man nun einen Wandel ihrer Gefühle. Sie sah ziellos in Wolfgangs Wohnzimmer umher und holte sich das Gespräch in die Erinnerung.

»Fish tröstete mich dann mit Staatsanwalt Valente. Aber da war ich längst gewesen. Der Mann war genauso dubios. Mitten im Gespräch zeigte der mir auf einmal eine metallene Erkennungsmarke.

›Kennen Sie die?‹, wollte Valente wissen.

Mir genügte ein Blick und ich sah, dass es Johns *dog tag* war, seine Erkennungsmarke vom Militär.

›Tjaa‹, sagte er gedehnt bis gelangweilt, ›die hat mal irgendjemand beim Konsul abgegeben. Und den Pass auch.‹ ›Und wo ist der Pass jetzt?‹, fragte ich. Da meinte er, der sei komischerweise nicht mehr da. Vielleicht sei das mit dem Pass auch nur eine falsche Erinnerung. Denn Fish habe keine Aufzeichnungen darüber gemacht. Also auch nicht über die ›Hundemarke‹.«

Sandy musste erst mal einen Schluck Kaffee trinken, so erregte sie die Schlamperei dieser beiden Herren.

»Ich habe Fish das auch klipp und klar gesagt. Und sowohl er als auch Valente sagten übereinstimmend, Tatunca sei ein besonderer Fall, denn – und nun haltet euch fest – er sei 1972 bezahlter Söldner für die Regierung gewesen. Im Bundesstaat Acre habe er Militärpatrouillen *gegen* Indianer geführt!!!«

Jetzt war es ganz still im Raum. Immer mehr verdichtete sich der Verdacht, dass Tatunca doch Beziehungen hatte und dass er gedeckt wurde, weil sehr Bedeutungsvolles zu verschleiern war. Denn Geld konnte es nicht sein, mit dem er den General schmierte. Geld hatte er nicht.

Blieb die Frage: Was musste das Sensationelles oder für die Regierung Blamables sein, wenn man ihn dermaßen deckte?

Würden seine Kumpane ihn auch dann noch schützen, wenn die wahren Zusammenhänge durch Buch und Film bekannt wurden? War das, was offensichtlich verschleiert werden sollte, so gravierend, dass der große Meister des Waldes nun selbst auf der Hut sein musste, wenn seine wahre Identität offenbar und öffentlich wurde? Würden seine Gönner ihn auch dann noch schützen, wenn brasilianische Medien sich des Falles annahmen? Denn immerhin standen Brasiliens Werbung um Touristen und Tatuncas Tätigkeit als Touristenführer in krassem Kontrast.

So schien es jetzt auch klarer, wer Tatunca die geheimen Briefe des BKA zu lesen gegeben haben könnte und wer ihm so die empörten Antwortschreiben suggeriert hatte: Valente, der Staatsanwalt.

»Wenn schon Valente nicht reagiert – warum redet Fish denn nicht, sondern hilft ihm, zu verschleiern?«, fragten wir Sandy.

»Das kann ich dir sagen«, antwortete sie, »der steht unter Druck. Er ist mit einer Brasilianerin verheiratet und möchte unter allen Umständen in Manaus wohnen bleiben. Das ist sein Schwachpunkt.«

»Dann war auch sein Urlaub in Recife nicht langfristig geplant und ein versehentliches Vergessen eurer Verabredung, sondern eine spontane Idee zur weiteren Verschleierung? Er hoffte, dich erst einmal abzuschütteln«, folgerte Wolfgang.

»Auf jeden Fall. Als ich dann auch noch erfuhr, dass ihm ein gewisser Zuaso den Mordverdacht an meinem Bruder gemeldet und er uns davon nie in Kenntnis gesetzt hatte, habe ich diesen Vorgang sofort dem Citizens Emergency Center in Washington gemeldet, damit es für ihn Konsequenzen hat. Diese Institution befasst sich mit Beschwerden von Bürgern, die sich von Staatsdienern unzureichend betreut fühlen.«

Jetzt entschloss Sandy sich, Tatunca persönlich aufzusuchen und zu befragen. Sie hatte es schon oft vorgehabt. Aber immer wieder hatten Freunde ihr davon abgeraten. Auch Staatsanwalt Valente hatte ihr dringend empfohlen (!), nicht zu Tatunca zu gehen. Und allein hätte sie sich nicht nach Barcelos gewagt.

»Der Mann ist völlig in die Enge getrieben«, hatten alle gewarnt, »der kämpft mit dem Rücken zur Wand. Er wird vor nichts zurückschrecken, wenn er eine Entlarvung befürchten muss.«

Doch Wolfgang hatte ihr einen Plan unterbreitet. »Pass auf, Sandy, du besorgst dir einen Journalisten von eurer größten Zeitung. Jemanden, dem du vertrauen kannst. Dann fliegt ihr nach Barcelos und trefft euch mit Tatunca. Ich komme ebenfalls mit. Ich werde mich zunächst verstecken. Denn auf mich ist er nicht gut zu sprechen. Er wird inzwischen wissen, dass ich mit Rüdiger zusammenarbeite. Ich werde in der Nähe bleiben und in Habacht-Stellung sein. Mach dir also keine Sorgen. In Gegenwart von Zeugen ist Tatunca feige.«

Es wurde beschlossen, dass ein Freund Wolfgangs die Begegnung filmisch festhalten würde. »Dafür bezahle ich dir den Flug von Los Angeles nach Manaus«, bot Wolfgang noch an, denn er wusste, dass Sandy knapp bei Kasse war.

Im Juni 1990 war es dann so weit. Sandy flog in Begleitung eines Reporters des *Los Angeles Times* und des Kameramanns nach Barcelos. Sie hatte Glück. Tatunca war zu Hause. Eine Voranmeldung war nicht ratsam gewesen. Es sollte ein Überraschungsangriff werden. Und das wurde es.

Das Gespräch dauerte eine Stunde. Tatunca wechselte ständig seine Gesichtsfarbe von blass auf rot und stolperte vom Englischen ins Deutsche, weil der Kameramann ein Deutscher war. Hier ein paar Ausschnitte.

»Ich bin Sandy Reed.«

»Aah – die Schwester von John Reed?«

»Genau. Du hattest uns ja angeboten, herzukommen, aber Dr. Valente hatte mir dann abgeraten. Er hielt es für zu gefährlich.«

»Ja, ich weiß. Doctor me say, you were in Manaus, Consul America, so, why you no come to Barcelos? Miss Reed, I kill brother? Crazy!«

»Ich bin gekommen, dir diese Frage zu stellen: Was ist mit meinem Bruder geschehen?«

»Dein Bruder? Der kam vor neun oder zehn Jahren hierher. Er wollte Mineralien suchen. ›How much money is this‹, he ask, and I say 500 dollar.«

»Wolltet ihr zum Rio Padauiri?«

»Yes. Your brother come three days. I nimm an ouboat from the mission ...«

»Hast du ihn in Manaus getroffen und hergebracht?«

»Nein. Dein Bruder ist mit dem Schiff nach Barcelos gekommen.«

»Allein? Nicht mit dir zusammen?«

»Nein. Ich hatte gar keine Zeit damals.«

»Wann habt ihr Barcelos verlassen?«

»Daran kann ich mich nicht erinnern.«

»Du bist also nur drei Tage mit John zusammen gewesen?«

»Ich weiß jetzt, dass wir Niedrigwasser hatten. Also konnten es nur die Monate September bis April gewesen sein. Auf jeden Fall waren es nur drei Tage. Three days I go ... The river. John give me three, four card, oben in the river he say ›I like to go in the jungle‹. I say: ›What is this? I have family. I not go in the jungle, you crazy.‹«

Aber dann hätte John ihm Geld angeboten. »›I give you money‹, he say. I say: ›please‹.«

»Wie viel Geld hat er dir gegeben?«

»1 000 Dollar.«

»War das Johns Geld oder Bruggers?«

»Er sagte mir, Brugger habe ihm das gegeben, damit ich ihn zu meinem Volk führe.«

»Ach so. Du hast ein Volk?«

»Ja, ich habe ein Volk.«

»Wie heißt es?«

»Pachuana.«

»Ich denke Ugha Mongulala?«

»Hier in der Zivilisation nennt man sie Pachuana. Sie kommen aus der Gegend um Acre, bei Peru. Dort an der Grenze bin ich geboren. Es gibt viele Journalisten, die darüber berichtet haben.«

»Ja. Auch *Aufbruch der Götter* erzählt davon.« Doch da wird Tatunca böse.

»I don't schrift this book. It was Karl Brugger. I distance this book from me.«

»Ist alles in dem Buch Lüge?«, bohrte Sandy weiter.

»80 Prozent. I say, please, Mister, I don't say the name John: Set down here and schrift for the police a card para no say I kill you here in the jungle. Set down, one night, he schrift four cards.«

»Hat er dir sonst noch was ausgehändigt? Tickets zum Beispiel, einen Pass ...«

»Nein. Nichts. Er hatte einen 30 Kilo schweren Rucksack. Darin hat er alles mitgenommen.«

»Und er hat dir nicht diese Erkennungsmarke gegeben und den Pass?«

»Er hat alles mitgenommen.«

»Aber wir haben seine Flugtickets vom Konsul bekommen. Du warst es, der sie ihm aushändigte und auch diese Erkennungsmarke.«

»I not verstand. What that?«

Der Kameramann übersetzt: »Konsul Fish hat uns die Tickets damals geschickt und wir haben uns das Geld erstatten lassen.«

Tatunca: »Darin muss Fish irren. Ich habe nur die Briefe abgegeben.«

Sandy: »Ich glaube eher, dass du irrst. Denn Fish hat der US-Botschaft in Brasília schriftlich bestätigt, diese Sachen von dir erhalten zu haben.«

»John hat mir nur einen Bogen und Pfeile gegeben. Aber das war ein Geschenk. Dafür habe ich ihm ein Gewehr geschenkt. Brugger hatte ihm außerdem einen 32er Revolver geliehen.«

»Das wundert mich. Warum gabst du ihm ein Gewehr, wenn er doch einen Revolver hatte?«

»Weil mit einem Revolver macht man nicht viel im Urwald. I have Jaguar, I have much animals and one man not go, it is crazy, an indio go immer two man, three man, niemals geht ein einziger Mann in den Urwald, immer sind es zur zweit oder zur dritt. Der Einzige, der alleine geht, das bin ich.«

Und nach einer Sekunde der Stille: »Ich glaube aber, deine Sorgen sind unnötig. Vor einem Jahr kamen zwei Goldgräber von da oben. Sie meldeten, dass da ein großer blonder Mann unter den Indianern lebe. Er sei dort verheiratet, habe zwei Kinder und spricht ihre Sprache. Er hat die Goldsucher von dort vertrieben. Ich selbst habe ihn noch nicht gesehen. Ich habe deshalb immer noch die Hoffnung, dass es John ist, dass er lebt. Denn er liebte den Dschungel.«

»Ja. Das stimmt. Er liebte aber auch dich. Er hat dir voll vertraut.«

»Ja. He very good friend from me.«

»Du sagst also auch, dass es gelogen ist, dass John dich zweimal besucht hat? Du bleibst dabei, dass du ihn nur drei Tage gesehen hast?«

»Ja. So ist es.«

»Das würde bedeuten, mein Bruder und Brugger haben in all ihren Briefen gelogen?«

»Mein Englisch ist nicht gut ...«

»Und wie war das, als du Johns Überreste gefunden hast? Da hast du zu Ferdinand gesagt: ›Hier, das ist von John Reed.‹«

»Was soll ich gesagt haben? Das ist ja verrückt! Das ist nicht wahr.«

»Du hast seine persönlichen Sachen wiedererkannt und hast gesagt: ›Schau, und dies sind Johns Rippen, weil die anderen Teile 100-prozentig von John sind.‹«

»Ach du liebe Zeit. Damit wollte ich mich wichtig machen vor dem Ferdi.«

Tatunca lehnte sich zurück und lachte aus vollem Halse. Beifall heischend blickte er in die Runde: zum Reporter der *Los Angeles Times*, zum Kameramann und dann zu Sandy.

»Weißt du, was das für Knochen waren?« Er musste sich erneut unterbrechen, das Lachen erschwerte ihm das Sprechen.

»Das waren Wildschweinknochen und nichts anderes. Und das kam so: Ich war damals allein unterwegs. Zu meinem Volk. Ich machte Camp und lag in meiner Hängematte. Ich aß vom Wildschwein, das ich mir geschossen hatte. Mitten im Essen höre ich auf einmal Geräusche. Ich denk, das ist ein Überfall. Ich also sofort aus der Matte und weg mit dem Boot. Ich habe mein ganzes Camp im Stich gelassen. Und das Wildschwein habe ich natürlich auch in der Hängematte gelassen.«

»Siegfried Schindler aus Freiburg und Ferdinand Schmid hast du ganz was anderes erzählt. Da hast du gesagt, John habe sich an einem indianischen Mädchen vergriffen ...«

»Das ist doch alles Quatsch. Die wollen mich doch alle nur fertig machen. So ganz billig. Aber ist ja klar, so was verkauft sich gut: zweiter Rambo, Mutter Nonne, Vater Indianer, spricht Deutsch, ist Brasilianer, hat falsche Papiere ... Das verkauft sich wie geschnitten Brot. Ich wünschte nur, ich könnte dir endlich beweisen, dass dieser verfluchte John da oben noch lebt. Gib mir Geld und ich suche ihn.«

Sandy war mit ihrer Beherrschung am Ende. Tränen liefen ihr aus den Augen. Sie ballte die Fäuste gegen Tatunca. Nur mühsam gewann sie ein wenig von ihrer Fassung zurück: »Ich weiß, dass ihr vereinbart hattet, du würdest ihn zu deinem Stamm führen. Das konntest du nicht, denn den gibt es nicht. Darum musste er sterben. Vorher hast du ihn aufgefordert, die Briefe zu schreiben. Darin sollte er sagen, er sei dir davongelaufen, damit man dir keine Vorwürfe machen könnte. Nur – das hat er nicht geschrieben.« Wieder weinte Sandy heftig. »Du hast das alles geplant, als du merktest, dass er nicht zu denen gehörte, die umkehrten. Du hast zu Brugger gesagt, wenn John da oben bleiben wolle, müsse er dir die Briefe zu deiner Entlastung schreiben, weil Weiße nicht bei Indianern leben dürfen. Und er musste versprechen, für längere Zeit in Akahim zu bleiben. Ich weiß jetzt, Tatunca, du hast ihn umgebracht! Nicht ein einziges Mal hast du die Wahrheit gesagt. Ich schwöre dir: Du wirst für seinen Tod bezahlen!«

Die Ex-Frau

Es war die *Bunte*, namentlich ihr Berichterstatter Manfred Hart und der Fotograf Erwin Decker. Sie tauchten eines Tages, deklariert als Urlauber, mit Tatuncas Ehefrau Nr. 1, Christa Hauck (51), in Barcelos auf.

Erst während eines kleinen touristischen Ausflugs in die Umgebung von Barcelos gab man sich zu erkennen.

Zitate *Bunte*: »Tatunca ... warnt vor Krokodilen: ›Bitte nicht mit den Händen ins Wasser fassen!‹ Er reicht Christa Hauck die Hand, um sie über die glitschigen Planken zu führen.

›Du brauchst mir nicht zu helfen‹, zischte sie ihn an. ›Du bist auch kein Indianer.‹

›Sie hier?‹

›Ja‹, sagt sie.

›Wie geht's den Kindern?‹

›Gut. Es sind brave Kinder‹, sagt sie.

›Gut‹, sagt er. ›Sag ihnen, ich werde ihnen schreiben.‹«

Es folgten ihre Vorwürfe wegen des Im-Stich-Lassens. Aber da hatte sich Tatunca längst gefangen, und gekonnt hielt er ihr vor:

»Ich habe dir von Anfang an erzählt, dass ich Indianer bin. Du wusstest doch, dass ich mir in Nürnberg den Pass von einem besorgt hatte, der zur Fremdenlegion ging. Das war der Günther Hauck. Ich war immer Indianer.«

Der Bericht zeigte mir, dass Tatunca sich seine Vergangenheit für eventuelle Verhöre schon gut zurechtgelegt hatte.

Da war sein Sohn Werner. Als ihn die Gerüchte um seinen Vater erreichten, wurde er neugierig. Er konnte sich nicht vorstellen, dass er seine Mutter so schmählich im Stich gelassen hatte und nun drüben in Brasilien in anderen Verhältnissen den treu sorgenden Ehemann spielte, den liebenden Vater. Immerhin war es sein leiblicher Vater und Werner wollte ihn zumindest einmal gesehen haben.

»Was ich dann mit ihm mache, weiß ich noch nicht«, sagte er mir bei einem Gespräch in einer Eisdiele in Nürnberg. Und voller Stolz berichtete er von seinem ersten Erfolg.

Er hatte ihn von Deutschland aus angerufen und im Hotel Rio Mar tatsächlich an den Apparat gekriegt. Anschluss: 0055-92-2347409. Hier der ungefähre Wortlaut dieser Episode:

»Vater, hier ist Werner.«

»Was für'n Werner?«

»Dein Sohn aus Nürnberg.«

»Da müssen Sie sich irren. Ich habe keinen Sohn. Sie sind falsch verbunden.«

»Wenn du auflegst, Vater, werde ich Gott und die Welt alarmieren. Also bleib dran am Apparat.«

Und Tatunca blieb dran. Zu unvorhersehbar war das, was sich sonst daraus ergeben würde. Erst mal hinhören, den Anrufer seinen Überdruck verzischen und dann selbst den Verständnisvollen raushängen lassen, vertrösten und Zeit schinden. Wie in ähnlichen Fällen hundertmal erprobt und bewährt.

Die beiden kamen ins Gespräch und Tatunca machte Werner klar, dass das mit der Vaterschaft eine Lüge seiner Mutter Christa sei.

»Ich habe diese Frau nie gesehen. Aber wenn es dich beruhigt, komm gerne nach Brasilien. Dann werde ich dir das beweisen.«

Tatuncas übliche Masche also. Erst mal den Mann mit dem reinen Gewissen spielen, der Anschuldigungen standhält.

»Werner – das Problem ist nur, dass ich im Moment total ausgebucht bin. Und wenn du schon kommst, will ich ja auch Zeit für dich haben. Wie sieht es denn bei dir im späten Frühjahr 1989 aus?«

Nun – das schien doch immerhin ein ehrliches Angebot zu sein. Werner kam sich vor wie ein Gläubiger, dem der Schuldner unerwartet eröffnet, die noch ausstehenden 5 000 Mark zu zahlen.

Allerdings immer nur zehnmarkweise. Tatuncas besondere Spezialität.

»Okay. Einverstanden. Sagen wir im April/ Mai.«

»In Ordnung. Das ist auch klimamäßig besser.«

Werner zu mir: »Was dieses Schwein meiner Mutter angetan hat, ist ungeheuerlich. Wenn ich den Kerl treffe, werde ich ihn zusammenschlagen. Das schwöre ich.«

Irgendwann kam es tatsächlich zu der Begegnung von Vater Tatunca und Sohn Werner. Kaum zurück in Deutschland, traf der sich mit Wolfgang Brög und verlangte empört, die Beschuldigungen gegen seinen Vater entweder einzustellen oder aber endlich Beweise auf den Tisch zu legen.

»Man tut ihm Unrecht. Er hat mir klipp und klar gesagt, dass er nicht mein Vater ist, dass ich nicht sein Sohn bin. Und ich glaube ihm das. Er hat auch zugegeben, dass er tatsächlich mal kurz mit meiner Mutter befreundet war. ›Du kannst dir ja vorstellen, was im Kopf einer einfachen Putzfrau abläuft, wenn da plötzlich ein echter indianischer Fürst in ihr Leben tritt.‹«

So redete Tatunca über seine Ex-Frau. Und Werner, sein »Ex-Sohn«, glaubt ihm. Wen er zusammenschlagen wollte, das war nicht mehr Tatunca, das war nun ich.

»Eines war allerdings komisch«, verplapperte sich Werner dann noch. »Da Familie Nara sehr beengt wohnt, musste ich im selben Zimmer wie Angelique schlafen. Kurz bevor ich ins Bett ging, nahm er mich beiseite und warnte mich eindringlich: ›Denk dran, Werner – das Mädchen ist deine Schwester.‹«

Nachwort

Am 20.1.1991 wurde Wolfgang Brögs Film-Dokumentation *Das Geheimnis des Tatunca Nara* im WDR gesendet. Darin stellte Kriminalhauptkommissar Kurt Hartert zusammenfassend fest:

»Das BKA ermittelt gegen den 49-jährigen deutschen Staatsangehörigen Günther Hauck, der unter falscher Identität in Brasilien lebt und sich dort im Amazonasgebiet als Urwaldführer betätigt. Unsere bisherigen Ermittlungen begründen den Verdacht, dass Hauck, alias Tatunca Nara, verantwortlich ist für die Tötung des 23-jährigen Schweizers Herbert Wanner im Jahre 1984 und auch verantwortlich ist für das spurlose Verschwinden des 27-jährigen Amerikaners John Reed und der 47-jährigen schwedischen Staatsangehörigen Christine Heuser im brasilianischen Regenwald.

Wir haben weiterhin in die Ermittlung einbezogen den Mord an einem deutschen Journalisten am Neujahrstag 1984 in Rio de Janeiro. Alle Fälle stehen in einem engen Zusammenhang mit der Legende um Tatunca Nara. Es gibt keinen Zweifel, dass Günther Hauck und Tatunca Nara ein und dieselbe Person sind. Wir haben sein Leben von der Geburt in einem kleinen bayerischen Ort bis in den brasilianischen Regenwald mit allen familiären und beruflichen Stationen beweiserheblich nachvollzogen. In Deutschland lebende Zeugen, die ihn aus seiner Jugendzeit kennen, haben ihn anhand von vorgelegten Fotos zweifelsfrei identifiziert. Darüber hinaus haben wir ein Identifizierungsgutachten herbeigeführt, das diese Personengleichheit anhand von Fingerabdrücken und Fotos beweist, die ihn im Alter von 14, 16, 21 und 25 Jahren zeigen.

Wir haben in Zusammenarbeit mit den schweizerischen, amerikanischen und auch den schwedischen Behörden bereits alle Ermittlungsmöglichkeiten ausgeschöpft. Wie bereits gesagt, sind wir für die weitere Ermittlungstätigkeit dringend angewiesen auf die Zusammenarbeit mit den brasilianischen Behörden vor Ort.«

Der Film wurde auch in Brasilien ausgestrahlt. Tatunca wurde verhaftet. Aber schon drei Tage später war er wieder frei. Der große Unsichtbare im Hintergrund hatte seinen Einfluss geltend gemacht.

Als das BKA erneut beantragte, Hansi Richard Günther Hauck in Brasilien vernehmen zu dürfen, wurde ihm mitgeteilt, man habe von Senhor Tatunca Nara eine Blutprobe untersucht und die habe einwandfrei ergeben, dass er Indianer und damit Brasilianer sei. Die Akte um das Geheimnis des Tatunca Nara wurde geschlossen. Ob er weiteren potenziellen Opfern versprochen hat, ihnen Akahim zu zeigen, ist nicht bekannt geworden.

Martin Klenke, deutscher Konsul h.c. in Manaus: »Im Jahre 2003 hat er sich in Venezuela von einem angesehenen Arzt für verrückt erklären lassen.«

Hansi Richard Günther Haucks zunächst letzter Schachzug.

Ein anderer glaubwürdiger Zeuge: »Jetzt, wo er den Idiotenschein hat, legt er sich keine Hemmungen mehr auf. Er prahlt sogar mit seinen Morden.«

Auch Anita, seine Angetraute, musste ihre Maske fallen lassen. Hatte man bisher noch denken können, sie sei einfach von Tatunka verblendet und begrenzt wahrnehmungsfähig gewesen, stellte sich nun heraus, dass sich da zwei gesucht, gefunden und bestens ergänzt haben. Sie, die ihr Medizinstudium angeblich »mit höchstem Lob abgeschlossen« (Mutter Katz) und jahrelang eine Anstellung als Ärztin im Krankenhaus von Barcelos innehatte, musste ihren Posten von heute auf morgen räumen. Sie hat ihr Studium nie abgeschlossen. Ihre Papiere waren gefälscht.

Indessen schippert Hansi Richard Günther Hauck weiterhin unbehelligt Touristen durch Amazonien. Als Tatunca Nara.

Boa viagem! Gute Reise!

Rüdiger Nehberg
August 2005

Wunsch an meine Leserinnen und Leser

TARGET
(ZIEL)
RUEDIGER NEHBERG
Direct actions for human rights
Gezielte Aktionen für Menschenrechte

Durch dieses Buch haben wir uns ein wenig kennen gelernt. Jetzt möchte ich Ihnen erzählen, was mich zur Zeit am meisten bewegt. Es ist der Kampf gegen das Verbrechen der Weiblichen Genitalverstümmelung. Zusammen mit Annette, meiner Lebensgefährtin. Und mit einer besonderen Strategie: nämlich dem Islam als Partner, dem Koran als »Waffe«, eigenem Verein und ungeahntem Erfolg! Eigener Verein deshalb, weil konventionelle Organisationen dieser Strategie keine Chance eingeräumt hatten.

Wir haben allen das Gegenteil bewiesen. Auf einer von uns organisierten Gelehrten-Konferenz allerhöchster islamischer Geistlicher in der Azhar zu Kairo, und unter der Schirmherrschaft des Großmuftis von Ägypten, Seiner Eminenz Prof. Dr. Ali Gom'a, wurde der Brauch am 23. November 2006 zu einem schweren Verbrechen erklärt, das gegen höchste Werte des Islam verstößt. Jetzt kommt es einer Sünde gleich, Mädchen genital zu verstümmeln.

Mit dieser Fatwa (theologisches Rechtsgutachten) wurde die Grundlage geschaffen, das Verbrechen auch juristisch zu ahnden, zu bestrafen, zu ächten. Ein Verbrechen, das wir für den größten Bürgerkrieg aller Zeiten halten. Er währt bereits fünftausend Jahre und fordert täglich achttausend neue Opfer. Alle elf Sekunden eins. Nie gab es ein vergleichbares Verbrechen.

Die Fatwa von Kairo wollen wir nun in alle Moscheen der Welt tragen – unser erklärtes Ziel für die unmittelbare Zukunft.

Und neben dieser großen Aufgabe betreiben wir noch ein vergleichsweise kleines Projekt. Es ist unsere Fahrende Krankenstation im Gebiet des Nomadenvolkes der Afar in Äthiopien. Ziel des Hospitals ist vor allem die Betreuung der Mädchen und Frauen. Die Afar waren die Ersten, die den Brauch der Verstümmelung auf TARGETs Initiative hin per Stammesbeschluss zur Sünde erklärt und jetzt eine hohe Strafe festgelegt haben.

Möchten Sie uns bei allen diesen Aufgaben unterstützen? Dann schauen Sie gern auf unsere Homepage www.target-human-rights.com. Dort finden Sie das jeweils Aktuelle und die Möglichkeit, sich in diesen Kampf miteinzubringen, wenn Sie bei uns Förderer werden. Den Jahresbeitrag legen Sie selbst fest. Ab 15 Euro.

Wir würden uns glücklich schätzen, Sie als Verbündeten gewinnen zu können.
Herzlichen Dank!

Rüdiger Nehberg, Gründer TARGET
Annette Weber, 2. Vorsitzende

TARGET e.V. – Ruediger Nehberg
Poststr. 11
22946 Trittau
www.target-human-rights.com
E-mail: contact@target-human-rights.com
Spendenkonto 50500, Sparkasse Storman, BLZ 213 522 40
In der Schweiz: Konto 40-622117-1, Kontobezeichnung:
TARGET Ruediger Nehberg, Finanzinstitut: PostFinance

Bei der Überweisung bitten wir dringend um ihre Anschrift für die Spendenbescheinigung.

MALIK

Rüdiger Nehberg und Annette Weber

Karawane der Hoffnung

Mit dem Islam gegen den Schmerz und das Schweigen.
384 Seiten mit 24 Seiten Farbbildteil. Gebunden

Weibliche Genitalverstümmelung ein Verbrechen, das jede Vorstellungskraft sprengt. Die zwei Deutschen Rüdiger Nehberg und Annette Weber gründen ihre eigene Menschenrechtsorganisation, TARGET und die Pro-Islamische Allianz. Nehberg kennt den Islam von vielen Reisen und schuldet ihm Dank. Er setzt eine »Karawane der Hoffnung« in Gang; das Unfaßbare geschieht: Sultane, Großsheikhs und Minister öffnen den beiden Türen und Herzen, gestatten Konferenzen, erringen Stammesbeschlüsse, erklären den Brauch zur Sünde und für unvereinbar mit der Ethik des Islam. Der Großsheikh von Mauretanien läßt Rüdiger Nehberg seine Fatwa mit Kamelen in die Wüste zu den Nomaden tragen; der Großmufti von Al-Azhar übernimmt die Schirmherrschaft. Und Nehbergs Vision, die Verkündung der Unvereinbarkeitsthese in Mekka, wird immer wahrscheinlicher. Doch die Karawane ist erst dann am Ziel, wenn auch das letzte Mädchen nicht mehr grausam verstümmelt wird.

02/1072/01/L

Rüdiger Nehberg

Die Yanomami-Indianer

Rettung für ein Volk – meine wichtigsten Expeditionen. 414 Seiten mit 32 Farbfotos und einer Landkarte. Serie Piper

Zwanzig Jahre lang hat Rüdiger Nehberg, Deutschlands bekanntester Abenteurer und Überlebenskünstler, sich für die Yanomami in Brasilien engagiert. Das Indianervolk, das von der Goldsuchermafia ausgebeutet wurde und vom Aussterben bedroht war, hat inzwischen einen akzeptablen Frieden erhalten – Anlaß für eine persönliche Bilanz. In diesem Lesebuch erzählt Nehberg von seinen ersten Begegnungen mit den Yanomami und von den spektakulären Aktionen, mit denen er auf ihr Schicksal aufmerksam machte. Er verdingte sich als Goldsucher, arbeitete als Malariahelfer und überquerte im Tretboot und mit einem Floß den Atlantik. Die erreichten Ziele können sich sehen lassen: eine Krankenstation und eine Schule im brasilianischen Urwald – und die Hoffnung auf eine gesicherte Zukunft für das letzte frei lebende Indianervolk Amerikas.

05/1476/01/L

Rüdiger Nehberg

Mit dem Baum über den Atlantik

»The Tree« und andere Abenteuer. 240 Seiten 67 Fotos und 3 Landkarten. Serie Piper

Mit einer sensationellen Atlantiküberquerung sorgte Rüdiger Nehberg anläßlich der 500-Jahr-Feiern in Brasilien für Aufsehen. Er war 43 Tage auf See unterwegs, mutterseelenallein in einem 17 Meter langen Baumstamm. Neben dieser spektakulären Aktion, mit der er auf das Schicksal der indianischen Ureinwohner und des Regenwaldes aufmerksam machte, schildert »Sir Vival« in diesem Buch zwei weitere spannende Erlebnisse: seinen Gefängnisaufenthalt in Jordanien und den 600 Kilometer langen Marsch quer durch Australien im Wettstreit mit einem jungen amerikanischen Langstreckenläufer und einem 75jährigen Aborigine.

05/2188/01/R

Rüdiger Nehberg

Abenteuer Urwald

Ausgesetzt ohne Ausrüstung. Die Morde um Tatunca Nara. 368 Seiten mit 16 Seiten farbigem Bildteil. Serie Piper

Ausgesetzt im Urwald, allein und ohne Hilfsmittel: Fast vier Wochen ist Nehberg im Sommer 2003 allein unterwegs und gilt am Ende sogar als verschollen. Ehrlich und mitreißend dokumentiert Survivalexperte Rüdiger Nehberg sein einsamstes und letztes großes Amazonas-Abenteuer und erzählt, wie er angriffslustigen Kaimanen begegnete, wie er Schmerzen und Hunger überwand und wie er sich schließlich retten konnte. Außerdem enthüllt er das blutige Drama um den deutschen »Häuptling« Tatunca Nara, Hüter einer angeblichen indianischen Hochkultur, der bis heute für seine grausamen Machenschaften nicht zur Rechenschaft gezogen wurde.

05/2189/01/L

Rüdiger Nehberg

Echt verrückt!

Erlebte Geschichten. 270 Seiten mit 17 Cartoons von Kim Schmidt und zahlreichen Fotos. Serie Piper

Die gefönte Maus, der Grazer Yogi und Hausfrau Heike, die das Survival-Wochenende im Preisausschreiben gewann: Rüdiger Nehberg, der als wandelndes Insektenvertilgungsmittel salonfähig wurde, erzählt seine verrücktesten Erlebnisse – humorvoll, selbstironisch und schonungslos ehrlich.

»Freunde skurriler Lagerfeuergeschichten sollten sich das Buch nicht entgehen lassen.«
Outdoor

05/1831/01/R

SERIE PIPER

SERIE PIPER

Rüdiger Nehberg

Survival-Abenteuer vor der Haustür

Mit Illustrationen von Marian Kamensky. 296 Seiten. Serie Piper

Wer in eine bedrohliche Situation gerät, wird sich häufig instinktiv zu helfen wissen, denn Not macht erfinderisch. Aber darüber hinaus noch mehr zu können, schwierige Dinge schon mal praktiziert, geübt und wiederholt zu haben – das ist ungleich besser. Überlebenstraining stärkt das Selbstvertrauen, es verlagert die Angstgefühle, und es kräftigt den Körper. Dieses Survival-Buch von Deutschlands bekanntestem Abenteurer ist eine Fundgrube an Tips, Tricks und Vorschlägen für das Survival-Abenteuer gleich direkt vor der Haustür. Man muß dazu nicht in die Ferne schweifen! Rüdiger Nehberg zeigt in vielen erprobten Anleitungen, wie man sich trainiert, die Ausrüstung und einen Übungsplatz selbst baut oder wie man ein echtes Survival-Wochenende inszenieren kann.

05/1081/01/L

Rüdiger Nehberg

Medizin Survival

Überleben ohne Arzt. 288 Seiten mit zahlreichen Abbildungen. Serie Piper

Ein Unfall ist passiert, und kein Arzt weit und breit – was tun? Rüdiger Nehberg, der international berühmte Überlebensexperte, zeigt, wie man schnell und wirkungsvoll hilft. Mit Beschreibungen der einfachsten Hilfsmittel für den medizinischen Notfall und mit Anleitungen zur Selbsthilfe in allen Lebenslagen, die jeder praktizieren kann. Es ist ein unentbehrliches Handbuch für den Abenteuerreisenden, aber genauso hilfreich für Autofahrer, Bergsteiger und Wassersportler.

»Nehberg fasziniert dadurch, daß er sein Wissen und seine Tricks an die Menschheit weitergibt.«

Norddeutscher Rundfunk

05/2186/01/R

Rüdiger Nehberg

Survival-Lexikon

355 Seiten mit Zeichnungen von Julia Klaustermeyer. Serie Piper

Es ist noch nicht so lange her, daß Menschen wirklich nur überleben konnten, wenn sie sich in der Natur auskannten und sich zu helfen wußten. Genau dieses Wissen möchte Rüdiger Nehberg, Deutschlands berühmtester Abenteurer und Überlebenskünstler, wieder aktivieren. Er hat sein gesammeltes Knowhow und seine jahrzehntelange Erfahrung alphabetisch geordnet und in einem »Survival-Lexikon« zusammengestellt. Von A wie Abseilen bis Z wie Zivilcourage erfährt man alles über Laien-Chirurgie, Orientierung in der Wildnis, über Haie, Meerwasser-Entsalzung, Giftschlangen und vieles mehr – eine unendliche Quelle manchmal überraschend einfacher Tips, sich selbst zu helfen.

05/1082/01/L

Rüdiger Nehberg

Überleben ums Verrecken

Das Survival-Handbuch. 496 Seiten mit Illustrationen von Yo Rühmer und einem Farbbildteil. Serie Piper

Rüdiger Nehberg, Deutschlands Survival-Experte Nr. 1, präsentiert sein komplettes Wissen: faszinierende Überlebenstricks aus der Praxis, die zeigen, dass Gefahren kalkulierbar und zu meistern sind. Eine Bibel für Alleinreisende, Abenteurer, Einzelkämpfer und Großstadt-Survivors, ob Mann oder Frau, Jung oder Alt. Das Standardwerk mit konkreten Trainingsbeispielen, zweihundert Zeichnungen und Fotos, aus dem die ganze Erfahrung eines erfüllten und spannenden Lebens spricht – informativ, packend und mit oft tiefschwarzem Humor.

»Ein Buch, das auf sämtliche Arten von Unbill vorbereitet. Damit kann einem nichts mehr passieren.«

Sächsische Zeitung

05/2066/01/R